기술경영 기반의

특허경영

김성호 지음

저자약력

김성호

베를린공과대학교 기계체정보공학 석사 수료(제어시스템)
아주대학교 경영대학원 경영학 석사(e-Business전략경영)
서울과학기술대학교 IT정책전문대학원 박사 수료(특허경영 시스템)

전) 김&장 법률사무소 특허기계부
리인터내셔널 특허사무소 기계부
(주)일흥/부설기술연구소(설계부)
대구테크노파크 기술사업화팀장
부천산업진흥재단 기업지원총괄팀장
인천상공회의소 인천지식재산센터 특허전문위원(비상근)
인천테크노파크 기술이전센터 전문위원(비상근)
(주)특허와사업 공동대표
부천대학교 외래교수

현) 한국산업기술평가관리원 평가위원
농업기술실용화재단 기술가치평가 자문위원
특허법인 신우 비상근이사
기술거래사, 기술기업가치평가사 활동

논문 : 특허지표를 활용한 특허경영성과에 관한 실증적 연구
공저 : 제품개발과 기술사업화 전략

기술경영 기반의 **특허경영**

발행일 2013년 12월 26일 초판 1쇄

지은이 김성호
펴낸이 김준호
펴낸곳 한티미디어 | **주소** 서울시 마포구 연남로 1길 67 1층
등 록 제15-571호 2006년 5월 15일
전 화 02)332-7993~4 | 팩스 02)332-7995
ISBN 978-89-6421-174-8 (93320)
정 가 27,000원

마케팅 박재인 노재천 | **편집** 김윤경 박새롬 | **관리** 김지영
표지 디자인 김윤경 | **내지 디자인** 이경은 | **인쇄** 우일미디어

이 책에 대한 의견이나 잘못된 내용에 대한 수정정보는 한티미디어 홈페이지나 이메일로 알려주십시오.
독자님의 의견을 충분히 반영하도록 늘 노력하겠습니다.
홈페이지 www.hanteemedia.co.kr | 이메일 hantee@empal.com

- 이 책에 대한 의견이나 잘못된 내용에 대한 수정정보는 한티미디어 홈페이지나 이메일로 알려주십시오. 독자님의 의견을 충분히 반영하도록 늘 노력하겠습니다.
- 홈페이지 www.hanteemedia.co.kr | 이메일 hantee@empas.com

Preface

삼성과 애플의 세기적 특허소송으로 그 어느 때보다도 피부로 지식재산경영, 특히 특허경영이 필요하다는 사실을 부인하기가 어렵게 되었다. 기업이 보유하고 있는 특허권은 이제 수익과 비용적인 측면에서 기업의 경영성과에 많은 영향을 끼치게 되었다. 그런 까닭에 많은 기업의 리더들이 무형자산의 중요성을 점차 인식하면서도 실제로는 무형자산의 권리화 및 운용에 대해서는 상대적으로 취약한 편이다.

'특허경영'이라는 용어는 최근 들어 정부관련 부처, 학계, 산업계 등에서 자주 회자되고 있으나 보는 관점에 따라 다소 혼란스럽게 사용되고 있다. 지식재산경영이라는 용어도 사용되고 있는데 여기에는 특허 이외에 상표, 디자인, 저작권 등 모든 분야의 지식재산의 경영을 뜻하는 개념이 포함되어 있다. 넓은 개념으로는 모두 같은 내용을 의미하기도 한다.

그러나 본서의 특허경영은 이와는 달리 특허만을 대상으로 했다. 특허가 실시간 정보를 갖고 있는 유일한 데이터이며 이를 분석하고 가공할 수 있기 때문에 지식재산경영 가운데에서 매우 큰 의미가 있으므로 특허로만 제한하고자 한다. 또한 내용적인 면에서 특허경영은 단순히 특허를 관리하는 것이 아니라 수익과 비용적인 측면을 고려해야 하고, 특히 기업경영성과와 불가분의 관계에 있다는 사실을 기초로 하고 있다.

특허경영의 기능을 살펴보면 다음의 세 가지로 요약할 수 있다. 첫째, '기술의 창출', '기술의 축적', '기술의 활용'의 프로세스 계획과 조정을 통한 특허전략수단, 둘째, 특허정보의 올바른 평가, 셋째, 이를 통한 효과적인 특허 활용이 그것이다. 따라서 특허경영은 특허침해 및 이에 따른 법적 대응 등만을 중요 과제로 하는 것이 아니라 특허침해를 예방할 수 있는 강건 특허를 어떻게 만들 것이며, 이러한 특허를 질적 수준이 높은 양질의 특허로 만들기 위해서 무엇을 해야 할 것인지가 중요한 과제이다. 이러한 특허경영은 기업의 목표와 부합되도록 특허전략을 수립해 궁극적으로는 기업의 경영성과에 기여하고 보유 특허를 유사 특허로부터 보호하며, 더 나아가서 특허포트폴리오를 통한 유효 특허에 대한 선별에 의해 가치 있는 특허를 골라내고 이를 활용하여 수익을 얻어내는 공격적 경영으로 보아야 할 것이다.

이런 까닭에 특허경영은 두 가지 측면에서 특히 고려되어야 한다. 첫째는 특허침해에 대한 사전 예방 및 침해에 따른 법적 대응이고, 둘째는 전자에 대한 비용 절감과 지식재산권으로부터의 수익 극대화를 통한 기업 경영의 기여에 있다. 우리 속담에 '소 잃고 외양간 고친다'는 말이나 '호미로 막을 일을 가래로 막는다'는 말이 있다. 최근의 의료 경향도 치료 못지않게 예방을 강조하는 것처럼 일어날 일을 미리 예측하고 원초적으로 줄이는 것이 특허경영에서는 특히 중요하다.

본서는 크게 '특허경영입문편'과 '특허경영실전편'으로 나누어 모두 10장으로 구성했으며, 1장부터 4장까지를 '특허경영입문편', 5장부터 10장까지를 '특허경영실전편'으로 구성하였다. 특히 '특허경영실전편'에서는 기술경영에 기반한 특허경영도구에 대한 기법과 활용에 대해 살펴보고 특허경영의 구성요소라 할 수 있는 '특허기술의 획득', '특허기술의 축적 및 보호, 그리고 '특허기술의 활용'에 대해 기술했으며, 특허경영도구를 이용한 특허경영전략 수립에 대해 기술했다.

본서는 '특허경영'에서 입문서로서 다루어야 할 부분을 가능한 다루고자 했으나 지금 생각하니 여기 저기 부족한 점이 너무 많은 것 같다. 하지만 앞으로 관심 있는 연구자들의 지속적인 연구를 통해 특허경영이 명실상부한 지식재산 과목의 하나로 자리매김이 되기를 기대해 본다.

'용두사미'라 했던가...., 처음 의욕적으로 시작한 일이 작업을 진행하면서 많은 고민과 난관에 부딪치고 결국 많은 부분을 다른 연구자의 몫으로 남겨 놓게 되었다. 이제 부족한 부분은 다음 기회에 그들과 함께 채워지기를 바랄 뿐이다.

끝으로 본서 출간을 흔쾌히 수락한 한티미디어 김준호 사장님께 지면을 통해 감사함을 전하고 싶다.

2013년 11월

저자 씀

Contents

PART 1

특허경영 입문편

CHAPTER 1

지식재산권의 이해

1.1 지식재산권의 최근 동향

1.2 지식재산권의 중요성

1.3 지식재산권의 의의 및 체계

1.4 무형자산으로서의 지식재산권

학습목표

이 장에서는 지식재산에 대한 일반적인 사항을 소개하고 최근 동향을 통해 그 중요성에 대해 살펴보기로 한다.

1.1 지식재산권의 최근 동향

모바일 운영체제(OS)의 주도권을 차지하려는 구글과 애플의 분쟁에서 시작한 소송이 세기적 특허분쟁으로 비화된 삼성전자와 애플 간의 다툼은 벌써 2년이 지났지만 아직 해결되지 못하고 있고 오히려 미국과 유럽연합(EU)의 각국 법원, 특허청, 무역기구들의 각축전으로 변질되어 끝을 예단하기에 아직 이른 듯하다. 소송 초반에는 특허침해 대상이 디자인과 사용자 인터페이스(UI) 수준에 머물렀지만 삼성, 애플 두 기업의 싸움이 본격화되면서 점차 서비스 관련 특허로 분쟁의 범위가 확대됐다. 미국의 배심원 평결에서 삼성이 애플에 약 10억 5,000만 달러(약 1조 1,500억 원)를 배상하라고 명령했지만 판사의 최종 판결에서 5억 9,950만 달러(약 6,500억 원)로 대폭 낮아짐에 따라 배심원 평결에 대한 객관성이 결여되어 보인다.

보도에 따르면 삼성 제품의 미국 내 판매금지 가처분 신청이 기각되어 삼성에 유리한 쪽으로 반전되는 양상을 보이지만 삼성이 표준 특허를 남용하였다는 문제에 대해 인정될 경우에는 관련 연매출의 10%를 벌금으로 내야 한다고 한다. 이러한 상황을 두고 업계 일부에서는 두 기업의 소송이 특허 제도의 취지와 달리 혁신을 방해한다고 비난한다.

〈2010년 지식재산백서〉에 따르면 2009년 국내 특허 출원 건수는 16만 3,395건, PCT(특허협력조약) 국제특허 출원도 매년 증가해 8,066건으로 미국, 일본, 독일에 이어 세계 4위를 차지하고 있으며, 특허 건수만 본다면 세계 상위권이다. 또한 기술혁신을 위해 R&D 투자를 지속적으로 확대하고 GDP 대비 총 연구 개발 비중이 세계 5위 수준에 이르렀으나 2008년 31억 달러 기술무역수지 적자를 내는 등 적자폭은 계속 확대되고 있다.

특허 관련 분쟁도 2006년 47건에서 2009년 106건으로 증가했다. 게다가 6만 건의 등록 특허 가운데 5만 건은 활용되고 있지 않다고 한다. 또한 특허청에 따르면 인텔렉추얼벤처스(IV)와 인터디지털이 삼성전자·LG전자·팬택 등 국내 휴대폰 업체로부터 받은 3세대(3G) 이동통신 기술 관련 로열티는 지난 2006년부터 2012년까지 약 1조 3,000억 원에 이른다고 한다.

최근에는 해외시장에 진출하려는 중견·중소기업들조차 특허괴물의 공격 대상으로 확대되는 추세다. 우리 기업의 국제특허 소송 건수는 2010년 186건에서 2011년 278건으로 급증했다. 이러한 국제특허 소송으로 경영상 치명적인 타격을 입을 수도 있다. 모두가 특허를 통한 수익 창출과 방어 수단으로서의 역할을 감당해야 할 특허경영 체계가 기업 내 자리잡고 있지 못하다는 얘기다. 눈앞에 벌어지는 특허괴물의 공격이나 시장을 놓고 벌어지는 제품 기술에 대한 침해 다툼이 자칫 공격적 법적 대응에만 골몰하여 정작 특허경영에 대한 내실을 다져 예방적 보호를 통한 원초적인 특허분쟁의 싹을 미리 잘라내는 일에 소홀할까 적이 염려스럽다.

'제2회 지식재산권과 공익에 대한 세계회의(Global Congress on Intellectual Property and the Public Interest)가 지난 2012년에 개최되었다. 이 회의에서 저작권, 특허 등 지식재산권에 비판적인 전 세계 170여 명의 활동가와 전문가들이 모여서 활동 방향을 모색하는 토론을 벌였다고 한다. 전 세계 지식재산권 반대 운동의 흐름을 파악할 수 있는 회의로 지식재산권에 대한 회의론을 엿볼 수 있다.

그럼에도 불구하고 과도한 분쟁이나 고의적 분쟁 조장 등의 부적절한 상황을 모니터링하여 특허제도의 장점을 계속 살려나갈 수 있는 긍정적인 방안을 모색하는 회의가 되어야 할 것이다.

발명자의 이익을 보호하고 산업에 기여할 수 있는 각국의 특허제도의 본래 취지를 고려하면 지식재산권을 포기할 수는 없다. 오히려 지식재산권에 의한 보호를 강화시키고 내실있는 특허경영체제를 기업마다 배양하여 분쟁을 사전에 최소화시키는 방안이 더 중요하고 시급하다.

1.2 지식재산권의 중요성

오늘날에는 발명이나 상표와 같이 부동산이나 동산이 아닌 것도 중요한 재산으로 평가된다. 비즈니스 전문지인 〈Business Week〉의 상표가치에 대한 발표에 따르면 1위인 Coca-Cola 상표는 689억 5,000만 달러, 2위인 Microsoft는 650억 7,000만 달러, 4위인 IBM은 527억 5,000만 달러에 달하며 11위인 Marlboro는 22억 5,000만 달러에 달한다고 한다.

특허나 디자인, 저작권도 정도에 따라 상당한 가치를 가지고 있다. 1883년 워터맨은 펜촉을 발명하여 약 170만 달러의 로열티를 받았으며, 1951년 뒤퐁은 나일론 특허를 토요레이온사(오늘날의 토레이)에 실시허락하면서 당시 300만 달러를 일시적으로 지급받음과 아울러 매출액의 3%를 로열티로 지급받았다. 당시 300만 달러는 오늘날 가치로는 약 1억 8,000만 달러 정도이며, 이것은 당시 토요레이온사 자본금의 1.5배에 해당하는 큰 금액이었다. 또 코카콜라 병을 디자인한 루드는 회사로부터 600만 달러를 받았다. 우리가 잘 아는 파커 만년필이 유명해진 것은 그 유선형 디자인 때문이었고, 이때문에 만년필의 대표 주자가 되었다.

뿐만 아니라 스필버그 영화 한 편이 벌어들이는 수익이 우리나라 자동차 100만대 이상을 수출하여 벌어들이는 수익보다 낫다고 한다.

그러므로 발명, 상표, 디자인 등은 오늘날 매우 중요한 경제적 가치를 가지는 지식재산이 되어버렸다. 이러한 재산을 우리는 그 형체가 없다는 의미에서 무체재산이라고 하며, 인간의 지적 창작의 산물이라는 의미에서 지식재산이라고도 한다. 최근에는 특허분쟁 등을 통해 그 중요성이 더욱 부각되고 있다.

1987년 텍사스 인스투르멘트(TI)사는 반도체에 관한 특허침해를 이유로 한국 및 일본 관련업계로부터 순이익의 62%에 달하는 1억 9,000만 달러를 특허료로 받았으며, 1991년 미국 폴라로이드사는 특허권 침해를 이유로 코닥사를 상대로 소송하여 9억 달러를 받았다. 또한 1992년 미국 하니웰사는 특허침해를 이유로 일본 미놀타사로부터 1억 3,000만 달러를 받아냈다. 지식재산의 중요성을 시사하는 중요한 사례들이다.

1.3 지식재산권의 의의 및 체계

1.3.1 지식재산권의 의의

지식재산권이란 인간의 지적 창작물에 관한 권리와 표식에 관한 권리를 총칭하는 말이다. 세계지적소유권기구(WIPO) 설립조약 제2조 제8항은 "지식재산권이라 함은 문학, 예술 및 과학적 저작물, 실연자의 실연, 음반 및 방송, 인간 노력에 의한 모든 분야에서의 발명, 과학적 발견, 디자인, 상표, 서비스표, 상호 및 기타의 명칭, 부정경쟁으로부터의 보호 등에 관련된 권리와 그 밖에 산업, 과학, 문학 또는 예술분야의 지적 활동에서 발생하는 모든 권리를 포함한다."고 규정한다.

즉 저작권, 저작인접권, 특허권, 과학적 소유권, 디자인권, 상표권, 상호권이나 서비스표권, 부정경쟁방지법에 의하여 보호되는 원산지 표시나 영업비밀 등 일체의 것, 소위 종래 산업재산권(공업소유권)과 저작권이 모두 지식재산권에 포함된다.

1.3.2 지식재산권의 체계

1.4 무형자산으로서의 지식재산권

1.4.1 기업의 가치와 경쟁력의 원천

기업경영에 있어서 지식재산에 대한 관심이 높아지고 있다. '지식재산'이란 기업이 보유한 지식과 정보, 기술, 능력 등의 총칭으로서, 예를 들어 기술 및 경영 노하우, 소비자 정보, 소비자의 신뢰성, 브랜드, 나아가 기업문화(기업의 사원들이 공유하는 사고방식 및 행동양식) 등 여러 가지가 포함된다.

다시 말하면 지식재산은 사람, 물건, 돈 등의 유형자산과는 달리 형태가 없는 무형자산이다. 이는 손에 쥐고 볼 수 없다는 의미이며 보이지 않는 자산이라고도 할 수 있다. 최근에 지식재산에 대한 관심이 높아지고 있는 이유는 무형의 눈에 보이지 않는 자산이 기업의 가치를 크게 좌우하며, 기업을 성장시키고 경쟁 우위를 차지하는데 있어서 중요한 결정 요인이 되기 때문이다.

미국의 경제 정보 제공회사인 다우존스와 밸류 라인의 조사에 의하면 1990년 이후 기업에게 있어서 무형자산의 가치가 급격히 증대하여 2000년에는 유형자산(순자산 장부가액)의 5배를 초과할 정도였다. 바야흐로 주식시가 총액 등으로 나타나는 기업의 가치가 눈에 보이는 유형자산이 아니라 눈에 보이지 않는 무형자산에 의해 결정되는 시대가 도래하고 있다.

한편, 기업 경쟁력의 원천도 사람, 물건, 돈 등의 유형자산에서 지식, 정보 등의 무형자산으로

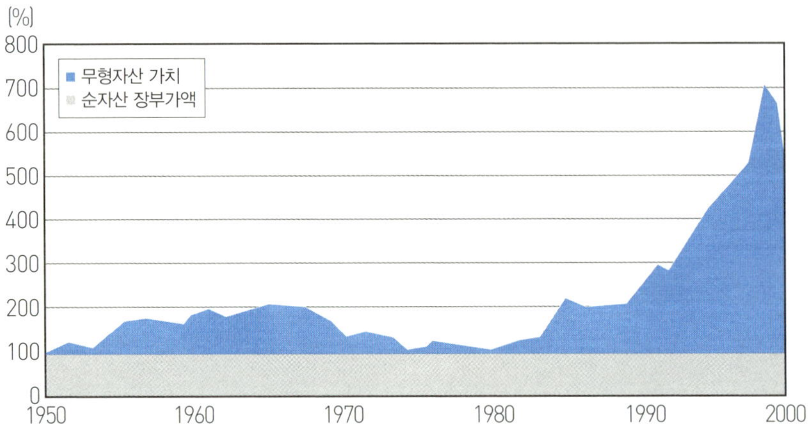

그림 1-1 무형자산 가치의 추이

옮겨지고 있다. 일찍이 많은 산업에서 경쟁력의 원천으로 인식되어 오고 눈에 보이는 유형자산의 집적에 의한 규모의 경제성이 점차 통용되지 않게된 대신 경쟁력을 결정하는 요인으로서 지식과 정보 등의 무형자산에 대한 경영 실무자의 관심이 집중되고 있다.

1.4.2 넓은 의미의 지식재산과 좁은 의미의 지식재산

오늘날의 기업경영에 있어서 무형자산으로서의 지식재산에는 앞서 살펴본 바와 같이 여러 가지가 있다. 지식재산의 구체적인 예로서 가장 빈번하게 거론되는 것은 '특허'로 대표되는 기술적인 지식일 것이다. 또한 최근에는 기업의 중요한 지식재산의 하나로서 '브랜드' 및 '디자인'도 주목을 받고 있다.

그러나 기업이 보유한 지식재산에는 이들 외에도 다양한 것이 포함되어 있다. 예를 들면 기업의 경영 관리상의 노하우를 비롯하여 소비자의 니즈에 관한 지식과 정보, 소비자의 신뢰 등도 기업의 지식재산이라고 할 수 있다. 나아가 조직의 활력과 풍토, 문화도 지식재산의 일종에 포함될 수 있다. 이러한 지식재산은 기업이 보유한 정보적 경영자원으로서 넓은 의미의 지식재산이다.

반면에 좁은 의미의 지식재산은 특히 기업이 보유한 넓은 의미의 지식재산 중에서 기업의 권리로서 제도적으로 보호되는 지식재산을 의미한다. 예를 들면 같은 기술지식이라도 특허는 기업의 권리로서 보호되지만 기능공의 기술 등은 권리화 되지 않는다. 또한 기업의 브랜드는 종종 상호나 상표로서 권리화되는데, 그 브랜드가 소비자를 끌어들이는 힘 또는 소비자로부터의 신뢰 등은 권리화되지 않는다.

1.4.3 지식재산권의 종류

기업이 보유한 지식재산은 특허나 상표 등의 형태로 권리화된다. 이와 같이 권리화된 지식재산은 '지식재산권'이라고 불리며, 이는 '지적 창작물'과 '영업상의 표시'로 크게 구분된다. 전자에는 특허, 실용신안, 디자인, 영업상의 비밀 등이 포함되며 후자에는 상호, 상표, 지리적 표시가 포함된다.

이 중에 기업에 가장 영향을 미치는 지식재산권은 특허, 실용신안, 상표, 디자인 등 산업재산권으로서 예를 들면 우리 생활과 밀접한 휴대전화의 경우 특허는 '수명이 길고 소형 경량화된 리튬이온전지에 대한 발명' 등이 그러하고, 실용신안은 '전화기 속에 들어가는 콤팩트한 안테나 구조에 관한 고안' 등을 들 수 있다. 또 '전화기를 보다 단순하게 한 형상, 모양, 색채 등의 특별한 디자인'은 디자인으로서, '전화기에 붙여진 상품 로고나 마크'는 상표로서 각각 중요한 기능을 담당하고 있다.

한편, 최근의 특허에는 비즈니스 기법, 진행 방식에 관한 비즈니스 모델 특허도 포함됨으로써, 기업 내의 발명자는 연구 개발자에만 한정되지 않고 기업 내의 관리, 기획 등에 종사하는 직원도 발명자의 대상이 되고 있다. 이 밖에 산업재산권과 저작권의 경계 구분이 모호한 지식재산권을 신지식재산권이라고 하여 통상의 지식재산권과 구별하기도 한다.

연구문제

1. 지식재산권은 왜 중요한가?

2. 산업재산권에는 어떠한 것들이 있으며, 이를 설명하시오.

3. 넓은 의미의 지식재산과 좁은 의미의 지식재산의 차이점은 무엇인지 설명하시오.

4. 지식재산권의 종류로 어떠한 것들이 있는지 아는대로 기술하시오.

5. 지식재산에 대한 비판적 흐름에 대해 반론을 제시하시오.

CHAPTER 2

지식재산권으로서의 특허 생태계

학습목표

이 장에서는 특허의 기원 및 취지로부터 아이디어, 혁신, 연구 개발, 발명, 특허사업화에 이르는 특허생태계에 대한 일반적인 내용을 살펴 본다.

2.1 특허 개관

2.1.1 특허의 기원

특허법이 보호하고자 하는 권익, 즉 산업재산권이나 지식재산권은 본래 독점권을 따내는 것과 관계가 있다. 이를 최초로 체계화한 법령은 1474년에 제정된 베니스특허법(Venetian Patent Law)으로 알려져 있는데, 이 법령은 이미 오늘날의 특허가 설정하고자 했던 원칙(실용성이나 신규성 요건, 존속기간 등)을 규정하고 있는 게 특징인데 이 법은 지속적으로 유지/발전되지 못하고 폐지되었다. 그리고 현재까지도 시행되고 있는 최초의 성문화된 특허법은 1623년 영국에서 발표된 전매조례(Statute of Monopolies)이다. 16세기 중반 무렵에 영국의 국왕은 공업을 진흥시킬 목적으로 일부 개인에게 특권의 표시로서 특허장을 부여했는데 이러한 국왕에 의한 특권 부여가 점차 남용되어 이와 관련된 많은 민원이 제기되면서 결국 1623년에 전매조례가 제정되었다. 이 법은 새로운 발명에 대한 특허를 제외하고 독점을 금지한다는 점에서 근대 특허법의 기초를 이룰 뿐만 아니라 사실상 산업재산권의 보호에 관한 최초의 법령으로서 많은 나라가 이를 본받아 자기 나라 나름의 특허법을 만들게 되었다.

한국에서는 1908년 칙령 제196호의 특허령 제정으로 특허제도가 도입되었으나 10년 국권피탈로 일본의 특허제도가 시행되었으며, 1946년 10월 5일에는 군정법령 제91호 특허법으로 미국의 특허제도가 도입되었다. 그 후 1952년 4월 13일 법률 제238호 '특허법 중 개정법률'로 한국의 특허제도가 확립되었다.

[출처:http://www.marketingcode.co.kr(정보공유센터;법/지식재산권)]

2.1.2 특허제도의 취지

1 특허권의 의의

특허법 제94조는 「특허권자는 업(業)으로서 그 특허발명을 실시할 권리를 독점한다」라고 규정하고 있다. 이 규정에 의해 특허권을 획득하게 되면 그 특허발명을 업(業)으로서 독점적으로 실시할 수 있게 된다(독점권). 이에 따라 다른 사람이 특허권자의 허락 없이 특허발명을 실시할 경우에 특허권자는 그 실시를 중지하라고 요구할 수 있다(배타권).

즉, 특허를 획득한 자는 부여된 배타적 독점권리를 통해 타인이 권리자 동의 없이 특허를 받은 생산 방법이나 물품을 제작, 사용, 판매, 전시하는 것을 배제시킬 수 있다.

2 특허의 목적

특허제도는 "발명을 보호, 장려하고 그 이용을 도모함으로써 기술의 발전을 촉진하여 산업발전에 이바지함을 목적"으로 한다. 즉, 특허제도는 발명자에게는 특허권이라는 독점배타적인 재산권을 부여하여 보호하는 한편 그 발명을 공개하게 함으로써 그 발명의 이용을 통하여 산업발전에 기여하고자 한다.

3 특허의 요건

모든 발명이 다 특허의 대상이 되는 것은 아니며 발명이 특허를 받을 수 있기 위해서는 아래에서 요구하는 몇 가지의 요건을 충족하여야 한다. 일반적으로 특허요건은 「주체적 요건」, 「객체적 요건」 및 「절차적 요건」으로 구분된다.

(1) 주체적 요건

주체적 요건이란 발명자(출원인)가 갖추어야 될 요건이다.

① 정당한 발명자일 것
특허출원인은 「발명자」 또는 「그 승계인」이어야 하며 타인의 발명을 모인한 자이어서는 안된다.

② 권리능력이 있을 것

- 외국인은 우리 법에 의하여 특허를 받을 수 있는 권리능력을 인정받은 자이어야 한다.
- 비법인은 권리능력이 없다.
- 특허청 직원은 재직 중 상속 또는 유증의 경우를 제외하고 특허를 받을 수 있는 권리를 가질 수 없다.

(2) 객체적 요건

① 발명의 성립

특허법에서는 '발명이라 함은 자연법칙을 이용한 기술적 사상의 창작으로서 고도한 것을 말한다'고 정의하고 있다. 인간의 지능적 창작활동이 특허를 받기 위해서는 그 창작은 특허법상의 발명개념에 해당되어야 한다.

② 산업상 이용가능성

산업상 이용가능성이란 출원발명이 그 발명과 관계있는 산업 분야에 당장 이용되지는 않는다 하더라도 장래 이용할 가능성이 있는 것을 의미한다. 이러한 산업상 이용가능성은 특허법이 명문으로 규정한 특허요건 중의 하나로서 신규성 및 진보성 여부의 판단의 전제가 된다.

③ 신규성

발명의 신규성이란 출원발명의 내용이 특허출원 전에 국내에서 공지·공용 또는 국내외에서 간행물에 기재된 발명과 비교하여 객관적으로 새로운 것을 의미한다.

다음의 경우에는 신규성이 없다.
- 출원 전에 국내에서 널리 알려진 발명
- 특허출원 전에 국내 또는 국외에서 반포된 간행물에 기재되거나 대통령령이 정하는 전기통신회선을 통하여 공중이 이용 가능하게 된 발명

④ 진보성

진보성이 있는 발명이란 그 발명이 속하는 기술 분야에서 통상의 지식을 가진 자가 특허출원 시의 공지발명으로부터 용이하게 발명할 수 없는 정도의 창작의 난이도를 갖춘 발명을 말한다.

발명의 진보성을 특허요건의 하나로 인정한 취지는 창작 정도가 낮은 발명을 배제하고, 자연진보 이상의 발명만을 보호함으로써 산업발전에 기여하며, 심사 통일성을 확보하는 기준을 제시하기 위함이다.

(3) 절차적 요건

- 특허출원 방식에 적합할 것
- 특허출원 명세서의 기재가 법규에 적합할 것
- '1' 특허출원의 범위의 요건을 충족할 것
- 최선출원일 것 등

2.1.3 특허권의 효력과 한계

특허권은 산업입법의 취지에 따라 그 효력범위에 시간적·공간적 한계가 있다. 또한 공익을 위하여 또는 다른 권리자와의 이익조정을 위하여 일정한 제한도 부여된다. 여기서는 간략히 소개하기로 하고 관련 서적의 참조를 권한다.

1 특허권의 효력

특허권자가 특허발명을 업(業)으로서 실시할 권리를 독점하는 효력을 말하며, 재산권의 내용인 이전, 실시권 및 질권의 설정도 인정된다. 또한 특허권자가 타인의 업(業)으로서의 실시를 배제할 수 있는 효력을 가지며 정당한 권한이 없는 제3자의 실시는 권리의 침해행위를 구성하며 특허권자는 이에 대하여 민사상 또는 형사상 구제를 강구할 수 있다.

2 특허권의 한계

시간적 제한으로서, 특허권은 일정 기간이 경과하면 소멸하는 유한한 권리이며 설정 등록일로부터 발생하며, 출원일로부터 20년을 초과하지 못한다. 또한 장소적 제한으로서 특허권의 효력은 속지주의 원칙에 따라 우리나라 영토에 한정된다.

마찬가지로 다른 권리자의 이익 조정이나 공익을 위해 다음과 같은 효력의 제한을 두기도 한다.

(1) 적극적 제한

① 타인의 권리와 이용·저촉 관계에 있는 경우

특허발명이 선원인 타인의 특허발명·등록실용신안 또는 등록의장이나 이와 유사한 의

장을 이용하거나 특허권이 선원인 타인의 의장권과 저촉하는 경우에는 정당한 권한이 없는 한 그 타인의 동의를 얻지 아니하거나 통상실시권허여 심판에 의하지 아니하고는 자기의 특허발명을 실시할 수 없다.

② 전용실시권을 설정한 경우

전용실시권이 설정된 범위 내에서는 특허권자도 실시할 수 없다.

③ 공유 특허권의 경우

각 공유자의 자유실시가 허용되는 것이 원칙이지만 특약에 의하여 이를 배제한 경우에는 그 범위 내에서 실시가 제한된다.

(2) 소극적 제한

① 특허권의 한계로서 법정된 제한

- 연구 또는 시험을 하기 위한 특허발명의 실시
- 국내를 통과하는데 불과한 선박·항공기·차량 또는 이에 사용되는 기계· 기구·장치 기타의 물건
- 특허출원시부터 국내에 있는 물건
- 약사법에 의하여 2이상의 의약을 혼합함으로써 조제하는 행위 또는 그 조제에 의한 의약

② 재심에 의하여 회복된 특허권의 제한

- 당해 심결 확정 후 재심청구의 등록 전에 선의로 수입 또는 국내에서 생산하거나 취득한 물건
- 이 기간 당해 발명의 선의의 실시 행위 또는 침해로 간주되는 행위

③ 통상실시권에 의한 제한

④ 약정실시권은 물론, 각종 법정실시권 및 강제실시권자 등의 실시행위

그 밖에 효력을 제한하는 것으로 다음의 사항들이 있다.

- 특허권자 등으로부터 적법하게 승계받은 물건
- 다른 공유자의 실시행위(공유자의 자유실시권)
- 진정상품병행수입을 허용할 경우 수입된 진정상품
- 특허발명의 전부 또는 일부에 공지기술이 포함된 경우 공지부분
- 중복특허의 경우(무효될 때까지)

재산권의 일반 내용인 수익·처분권이 제한되는 경우로서 ① 국방상 수용 또는 법정 또는 강제 실시권 인정 ② 공유자 간 지분 처분 및 질권 설정에 대한 동의요건 ③ 정정심판이나 특허의 정정 신청 또는 특허권의 포기에 대한 동의 요건 등도 널리 효력의 제한에 포함할 수 있다.

2.2 아이디어와 발명

2.2.1 아이디어 발상

1 아이디어 발상법

아이디어 발상법이란 포지셔닝 분석에서 얻은 최적의 방향에 따라 창조적인 발상을 하는 것으로 중요한 단계이다. 아이디어 발상을 도와주는 발상법으로 다음과 같은 것들이 있다.

① 유추 발상법

상식을 뒤엎는 획기적인 아이디어를 얻고자 할 때 사용하면 좋다. 구체적으로는 상식에서 시작하여 이를 부정함으로써 발생되는 문제점을 해결하거나 활용한다.

- 상식 : 고정되어 있는 부분, 당연한 부분, 의외로 알아채지 못한 것도 많기 때문에 의식적으로 '당연한 것'을 찾는다.
- 역설정 : 그 상식을 거꾸로 뒤집는다(부정한다).
- 문제점 : 상식을 뒤집으면 대개 문제가 발생하게 되는데 그 문제를 기술한다. 상식이 원래 불만스럽고 불편한 경우에는 그것을 뒤집어보면 문제가 없어지는 경우도 있는데 그럴 경우는 개의치 않는다. 다른 면에서 곤란한 점이 발생한다면 그것을 기입한다.
- 키워드 : 무리해서라도 문제점을 해결하기 위한 키워드를 찾는다. 문제가 없어진 경우에는 이를 실현할 수단을 생각한다.
- 유추 : 상품화를 촉진하기 위해 유사한 것을 생각해 본다. 이 세상에 있는 시스템, 생물, 상품 등 가운데 이 경우에 사용할 수 있는 것은 없는지, 이와 가까운 것은 없는지 찾는다.
- 상품 : 유추를 응용·변형·종합하여 키워드의 컨셉을 실현한다.

② 초점 발상법

특정 사물에 초점을 두고 그 요소를 열거한다. 각 요소를 상품에 강제적으로 연결지어

본다. 연상 게임과 같은 발상법인데 의외로 짧은 시간 내에 유용한 아이디어를 얻을 수 있다.

초점의 대상이 가능하면 자신이 좋아하는 대상이나 규모가 큰 것 또는 복잡한 것이 좋다(다양한 요소를 도출할 수 있으므로).

③ 체크리스트 발상법

시점이나 방향을 바꾸고 싶을 때 도움이 되는 힌트 모음으로, 브레인스토밍의 툴로 써도 좋다.

④ 시즈 발상법

사내에서 배양된 기술이나 어떻게 응용하면 좋을지 모르는 특허, 용도를 충분히 개발하지 못한 소재 등을 응용한 상품을 개발하기 위한 기법이다. 기술, 특허, 소재, 부품, 시스템, 구조 등 응용하고 싶은 '종자'를 여기서는 총칭하여 '시즈(seeds)'라고 부른다.

시즈의 특징을 체크리스트에서 변환시켜 거기서 발생되는 문제를 유추 발상법으로 없애면 새로운 상품으로 연결된다.

2 아이디어 선택법

여러 아이디어 중에서 가장 좋은 것을 골라내기 어려울 경우에는 이 기법을 사용하면 좋다.

① 가중 평가법

고객에게 간단한 앙케이트를 실시하고 복수의 평가항목에 미리 설정해둔 가중치를 적용해 합계 점수가 높은 아이디어를 채택한다.

② 일대 비교 평가법

2개 항목씩 중요도를 비교하는 것을 반복하여 가중치를 결정하고 아이디어 평가도 마찬가지로 2개씩 일대 비교를 한다.

2.2.2 아이디어를 통한 발명

1 발명을 위한 아이디어 발상 도구들

(1) 브레인스토밍

여러 사람이 모여 아이디어를 만드는 방법으로 자주 거론되는 것이 브레인스토밍이다. 브레인스토밍에는 4가지 규칙이 있다.

규칙 ❶ 다른 사람의 발언은 비판하지 않아도 좋다.
규칙 ❷ 자유분방한 발언을 환영한다. 몽상도 좋다.
규칙 ❸ 질보다 양을 중요하게 여긴다.
규칙 ❹ 다른 사람의 아이디어에 무임승차한다.

IDEO라는 미국의 산업디자인 회사에서는 브레인스토밍의 효과를 더욱 높이기 위해 7가지 비결을 덧붙였다.

① 초점을 명확히 한다.
② 놀이하는 기분으로 참가한다.
③ 아이디어의 수를 헤아린다.
④ 힘을 축적하여 도약한다.
⑤ 장소는 기억을 일깨운다.
⑥ 정신의 근육을 긴장시킨다.
⑦ 신체를 사용한다.

한편, 위에서 말한 규칙에도 불구하고 현실적으로 브레인스토밍을 하기는 상당히 어렵다. 그 원인은 규칙 ❶을 지키지 못하는데 있다. 자신도 모르게 다른 참가자의 발언이나 아이디어를 비판해버리는 사람이 많기 때문이다. 참가자들 사이에 상하관계가 있다거나 하면 특히 그런 경향이 강해진다. 이 문제를 해결하기 위해 특히 규칙 ❸과 규칙 ❹를 의식하면서 브레인스토밍에 임하는 것이 좋다.

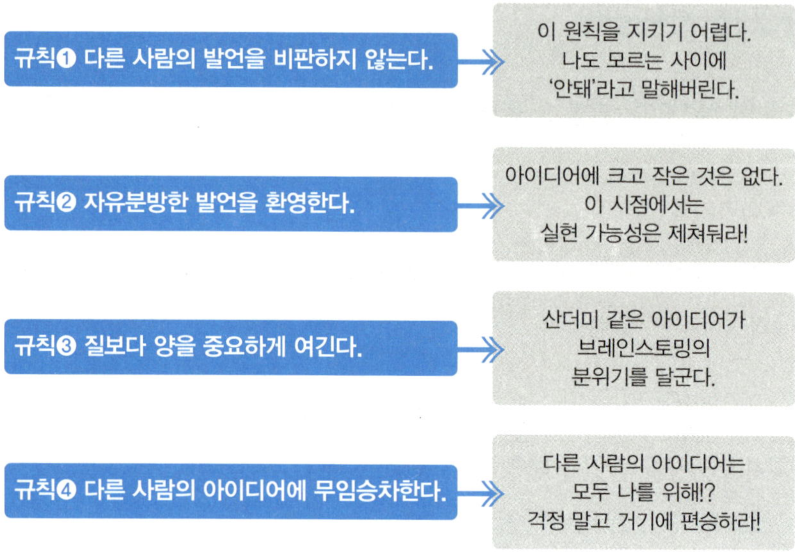

그림 2-1 브레인스토밍의 4가지 규칙

(2) 트리즈

트리즈는 유대계 러시아인인 겐리히 알트슐러(G. Altshuller)가 1946년부터 연구를 시작한 것으로 200만 건에 달하는 기존의 특허를 분석해 발명의 방향, 원리를 구현한 것이다. 1980년대 후반부터 미국에서 SW(소프트웨어)개발 툴로 상용화가 시작됐으며 미국·일본·유럽 등 서방세계에 90년대 초반에 도입됐다.

상술한 브레인스토밍 기법은 실제로 문제를 해결해 주는 것이 아니라 문제 해결을 위한 아이디어만을 제공한다는 점에서 트리즈와 다르다. 트리즈는 '무엇을 해결해야 하는가'를 가르쳐 주는 것과 함께 '어떻게 해결해야 하는지'를 가르쳐 주는 기법이다. 트리즈의 기대 효과는 제품개발시 발생되는 문제점을 40가지 원리 등 특유의 트리즈기법으로 접근함으로써 단순히 문제를 개선하는 차원을 뛰어넘어 혁신적 문제 해결이 가능하다는 특징을 갖고 있다. 예를 들어 제품 및 부품을 기능 위주로 분석, 다른 부품이 기능을 대신하거나 해당 부품이 필요 기능을 수행하도록 변형하는 등의 재설계를 통해 개발비용 등을 절감할 수 있다는 것이다. 또한 제품의 진화과정을 예측함으로써 시장을 선점할 제품을 개발할 수 있다는 것도 트리즈 기법의 장점으로 꼽힌다.

트리즈에 대한 좀 더 자세한 내용은 6.1 트리즈에서 살펴보기로 한다.

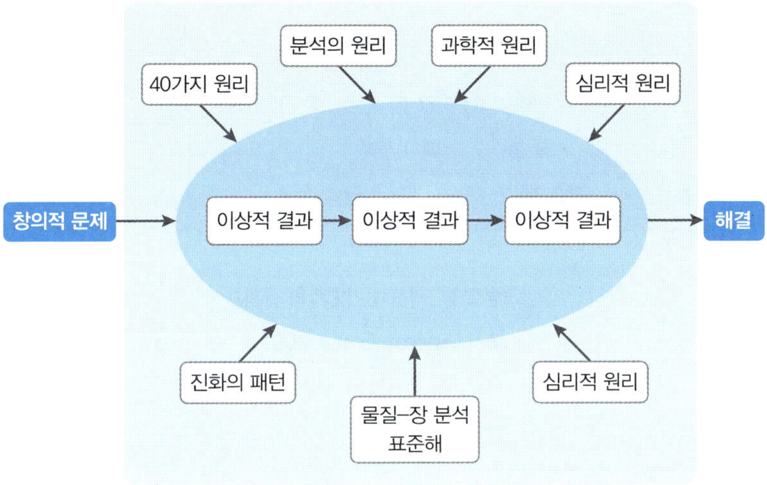

그림 2-2 트리즈 체계도

2.3 혁신과 기술

2.3.1 혁신의 정의

혁신이란 시장에서 성공적으로 변화된 아주 새로운 것을 뜻한다. 이는 제품혁신 뿐만 아니라 공정혁신도 포함한다. 공정혁신의 경우는 기술적인 분야 외에 관리적인 분야도 포함하고 있다. 후자인 관리적인 분야의 혁신을 사회혁신이라고 한다. 제품혁신의 경우 4가지 유형이 있는데, 그것은 제품 관리(점진적인 혁신), 후속 제품, 기존 기술 적용하의 신제품, 신기술 적용하의 신제품을 예로 들 수 있다.

2.3.2 혁신과 기술의 관계

R&D, 기술, 발명 그리고 혁신과의 관계는 〈그림 2-3〉과 같다.

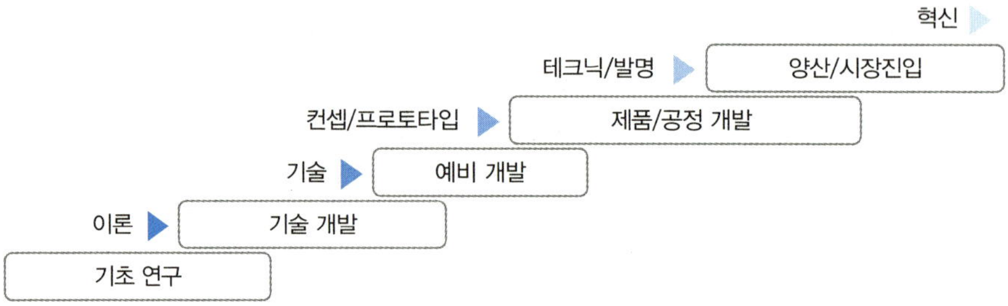

그림 2-3 혁신과 기술과의 관계

출처 : Specht, G. u.a, 2002

2.3.3 기술의 의의

제품이나 공정상에서 공학적인 것을 응용할 때 이를 '기술'이라 부른다. 이때 공학적인 것이란 기술로의 변환을 위한 노하우를 나타내는 말로 '기술지식'이기도 하다.

1 기술 분류의 의의

(1) 기술분류의 목적

기술분류의 궁극적인 목적은 조직의 자원을 어떻게 할당하여 성과를 낼 것인지를 알아 보기 위한 것이다. 다시 말해 기술 탐색을 통해 필요 자원과 투입 시기를 고려할 수 있다. 예컨대, 신규 사업 전개 시 관련 기술을 알아 보고 이에 적절한 해당 인력을 언제 배치할 것인지 생각해 볼 수 있겠다. 또한 기술 분류를 통해 기술발전의 추이를 예측할 수 있다. 이에 대표적인 예로 기술로드맵을 들 수 있는데, 이러한 맵핑을 통해 핵심기술과 이 기술을 지원하는 지원기술 등의 관계 사이에서 공백기술을 찾아내고 이런 공백기술의 활용을 통해 신기술 개발의 단초를 마련할 수 있다.

(2) 기술의 종류

기술을 분류할 때, 보는 관점에 따라 크게 5가지로 나누어 볼 수 있는데, 기능적 분류, 기술창조·응용관점에 의한 분류, 기술활동적 관점의 분류, 기술공통성에 의한 분류, 기술적용 대상에 의한 분류 등으로 구별된다. 이를 예시적으로 설명하면 다음과 같다.

① 기능적 분류

- 독점기술(Proprietary technology) : 특허 또는 계약에 의해 보호되는 기술로 측정 가능한 경쟁 이익을 제공하는 기술
- 핵심기술(Core technology) : 제품의 품질과 경쟁우위 유지에 필수적인 기술
- 생산지원기술(Leveraging technology) : 각종 제품 및 생산 라인을 지원하는 기술
- 지원기술(Supporting technology) : 핵심기술의 개발 및 그 활용을 지원하는 기술

② 기술창조·응용관점에 의한 분류

- 새로운 기술의 연구에서부터 제품의 적용 전에 이르기까지의 전영역을 대상으로 하는 연구 개발영역과 제품 적용 후의 응용영역으로 나누어 볼 수 있다. 연구 개발영역에는 기초연구, 응용연구, 개발연구가 포함되고, 응용영역에는 기술을 구체적인 제품 및 공정에 적용하는 과정이 포함됨

③ 기술활동적 관점의 분류

- 제품기술(Products technology) : 제품기술은 기술을 제품과 관련하여 보는 관점으로 사업 단위(Business unit)에서의 제품의 생산과 관련된 제반 기술업무를 의미한다. 제품기술은 제품계획, 제품설계, 응용기술, 실용 및 서비스 기술 등 4가지 요소로 구성되어 있음
- 제조기술(Manufacturing technology) : 제조기술은 제조에 필요한 재료, 전용장치와 공구, 재료의 취급, 제조시스템, 품질관리 그리고 장치 및 공구의 보수·정비 등 6가지 요소로 이루어져 있으며, 각 요소가 별도로 분리·독립되어 있는 것이 아니라 하나의 요소군으로서 기능적으로 상호작용하는 모든 과정을 말함
- 정보기술 : 기업의 대부분이 정보 공유를 필요로 하기 때문에 이러한 정보를 입수하고 입수된 정보를 조직의 목적에 따라 가공하여 필요 부문에 전달하는 기술을 말함

④ 기술공통성에 의한 분류

- 일반기술 : 산업 내의 모든 기업이 공유하고 있는 기술
- 시스템 특화기술 : 어떤 제품이나 공정에 특이하게 사용되는 기술

⑤ 기술적용 대상에 의한 분류

- 제품기술 : 제품 자체에 관한 기술로서, 원재료가 원료형태인가 아니면 부품형태인 가에 따라 그리고 완성품인가 부분품인가에 따라 그 기술의 내용이 달라진다.
- 공정기술 : 공정기술은 어떠한 제품을 생산하기 위한 생산 방법이나 생산 설비에 관한 것을 말함

2 기술에 의한 산업 분류

UNIDO는 산업형태에 따라 여러 가지 기술적 특성, 즉 기술의 원천, 기술의 획득 및 보호 정도, 기술이전의 대상 및 요체, 융통성에 차이가 있음을 제시하고 있다. UNIDO에서 말하는 기술적 성격에 따라 분류한 산업분류 예시를 보면 〈표 2-1〉과 같다.

〈표 2-1〉 기술적 성격에 따른 산업분류

산업 형태	산업(예)	기술의 원천	기술의 습득 및 보호	기술이전의 요체	융통성
단일 설비형	• 음식물 포장, 플라스틱의 가공 • 섬유, 고무, 의약품의 용기	• 설비생산자 및 원재료 공급자	• 설비나 원재료 구입에 의해 획득 • 판매 또는 구매가에 묵시적으로 포함	• 설비 사용법	• 설비의 직접사용 • 통제의 단순화, 자동을 수동으로 대체 가능 • 적정수준의 최저수준화
제품 중심형	• 음식품, 금속 기계 (자전거, 타이프라이터) • 유기화학, 청량 음료	• 완성제품 생산자	• 특허, 등록상 표권, 약간의 라이센싱	• 특정 원재료 사용법 • 물리화학적 변수 반응조건 • 공정지침서	• 대량생산공정 • 적정압력과 온도 • 반응조건의 융통성
연속 공정형	• 석유화학, 철강, 비료, 석유 정제	• 엔지니어링회사	• 많은 라이센싱 기술의 탄력적 운용 • 무엇을 계약하는 가의 여부 파악이 중요	• 공정지침서 • 프랜트지침서 • 공장설계 • 작업지침서	• 연속공정생산 • 고압 및 고온 • 고수준의 최적화
일관 조립형	• 광물채광 및 정련, 전기화학, 자동차, 금속 조립	• 오랜동안의 발전, 혼합	• 노하우	• 프랜트지침서 • 공장설계 • 작업지침서 • 전문운용기술	• 공정 및 설비 • 연속 공정형 보다 높은 융통성 • 원재료의 가용성

출처 : UNIDO, Appropriate Industrial Technology for Basic Industries, Monographs on Appropriate Industrial Technology, No. 13, P. 61

3 핵심기술의 도출

(1) 핵심기술의 의의

마이클 포터는 핵심기술에 대해 설명하면서 경쟁전략의 목적이 경쟁력 확보에 있으며, 경쟁사와의 차별화가 매우 중요하다고 하였으며 이를 위해 사내 축적된 기술과 노하우 강화가 무엇보다 필요하고 이에 대한 원천은 핵심기술이라 하였다.

(2) 핵심기술의 도출 방법

핵심기술을 찾아내는 방법으로는 여러 가지 기법을 활용할 수 있겠으나 여기서는 일반적으로 사용하는 포트폴리오 분석법을 간략히 설명한다.

〈그림 2-4〉에서와 같이 수직축에는 '기술의 우위성' 그리고 수평축에는 '기술의 중요성'의 두 가지 측면을 놓고 분석을 할 수 있다. 이때 기술의 우위성에 해당하는 요소로는 기술경쟁력이나 기술의 신규성 또는 독자성 등을 기준으로 복합적으로 고려할 수도 있다. 또한 기술의 중요성에 해당하는 요소로는 특허수준이나 특허강도 등을 예로 들 수 있으며, 이러한 두 가지 측면에서 고려되는 모든 요소들에 대해 정량적인 평가가 선행되어야 한다. 이렇게 해서 얻게 되는 기술의 우위성과 기술의 중요성은 위의 포트폴리오에서 보는 것과 같이 4개의 영역 중 어디엔가 위치하게 되는데, 기술의 우위성이 높고 기술의 중요성도 높은 우측 상단부에 위치하게 되는 기술이 핵심기술로서 전략적으로 다루어져야 한다.

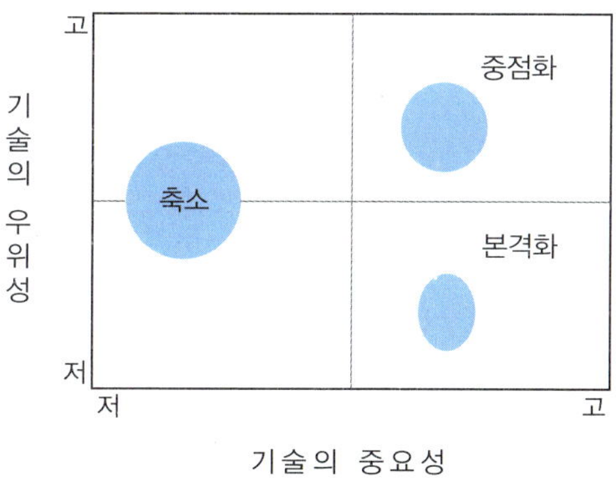

그림 2-4 핵심기술의 포트폴리오 분석법

포트폴리오 분석에 대한 내용은 나중에 설명하게 될 '특허경영 포트폴리오'에서 상세히 다루기로 한다.

2.3.4 기술혁신을 통한 발명

발명은 기존의 과학 지식과 결합된 최초의 기술적 변환을 나타내는 기술혁신을 의미한다.

1 기술혁신의 발전

기술의 발전은 일반적으로 도입기, 성장기, 성숙기, 쇠퇴기의 과정을 거친다. 하나의 단위 기술은 새로운 또 다른 단위기술이 대체해 가는 과정에서 기존 기술의 기술발전이 연속해서 발생하는 경우 지속적인 개선인 점진적 혁신이 한계에 이르고 전혀 다른 새로운 기술, 즉 급진적 혁신에 의한 발전이 일어나게 된다.

2 기술혁신의 수명 주기

기술혁신의 수명주기는 연구 개발대상 기술의 발전 가능성을 미리 알아낼 수도 있다. 일반적으로 모든 기술수명 곡선은 아래 〈그림 2-5〉와 같이 S자형을 따른다.

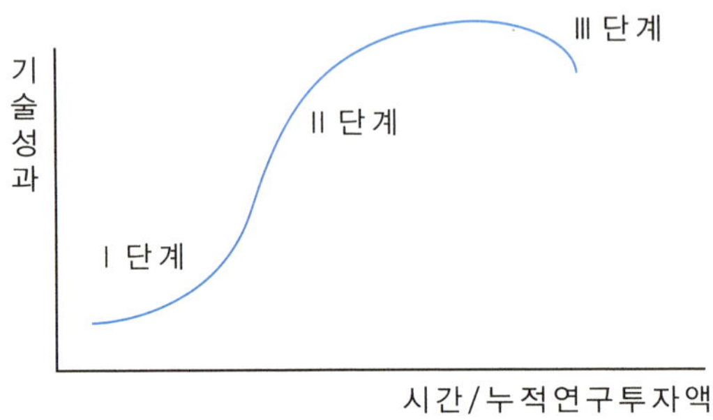

그림 2-5 일반적인 기술성장 곡선

I단계에서는 기술성과가 명확하지 않고 투자를 해도 쉽게 기술성과를 거둘 수 없다. 즉 1단계의 기술은 유망기술(Emerging Technology)로 과도한 투자효과를 기대해서는 안되며 유능한 연구원 또는 연구팀에게 일정한 자원을 배분하여 관리할 필요가 있다.

II 단계에서는 상대적으로 적은 투자로 높은 성과를 거둘 수 있다. II 단계에서의 초기 기술은 향후 발전 가능성이 있는 조정기술(Pacing Technology)로 대규모 투자가 요구되므로 투자효과를 최대화할 수 있는 전략적 경영판단이 필요하다. II 단계 후기 기술은 경쟁사와의 차별화를 시도할 수 있는 핵심기술로 변화될 수 있다.

마지막 III 단계에서는 투자를 해도 기술적인 성과를 기대하기 어려운 시기이다. 그러나 사업 전체를 지원하는 기업의 기반기술로 변화하는 시기이기도 하다.

이러한 단계별 기술수명 주기의 변화에 따른 기술 변화를 〈그림 2-6〉과 같은 관계로 정리할 수 있다.

'유망기술'을 정의하기를 '기술이 아직 구체화되지 않은 기술'이라 했으며, '조정기술'은 연구 개발을 통해 보다 발전되어 제품이나 공정에 쓰이기는 하지만 아직 미숙한 상태로 남아 있는 기술로, 향후 경쟁을 변화시킬 가능성이 있고 보다 대규모의 연구 개발 투자를 필요로 한다(신기술경영, 신용하 외, 2001)고 하였다. 경쟁력이 있는 유망기술을 발굴하기 위해서는 무엇보다도 기업이 보유하고 있는 기술에서 파생되거나 연계될 수 있는 기술을 찾는 것이 비용이나 시간 측면에서 모두 바람직할 것이다. 이러한 유망 기술이 발굴되고 유망 기술이 아직 구체화 정도가 낮지만 경쟁력 있는 기술로 발전할 수 있는 조정기술을 거쳐 전략적으로 활용할 수 있는 핵심기술로 키워질 때 관련 제품이나 서비스가 개선되고 차별화되며 경쟁우위에 서게 될 것이다. 따라서 유망기술의 발굴은 차기 연구 개발 및 제품개발에 있어서 늘 고민하고 연구해야 하는 대상이다. '기반기술'은 핵심기술이 널리 보급되어 더 이상 차별화가 되지 못할 경우를 말한다면 기술 경쟁력 우위에서는 비록 유효하지 못하더라도 기업의 경영활동에는 상당 부분 기여할 수

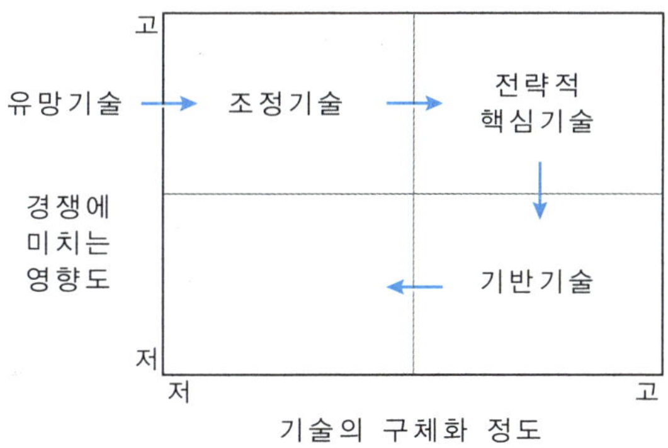

그림 2-6 기술수명 주기의 변화에 따른 기술 변화

있을 것이다. 그러므로 유망기술에서 조정기술 그리고 핵심기술에서 기반기술로의 이행은 선순환적 연구 개발을 전제로 할 때 또 다시 다른 유망 기술에 기여할 가능성이 크므로 중요하다.

2.3.5 기술혁신을 위한 기업문화

1 혁신적 조직문화의 설계

기업에 있어서 기술혁신을 창출하려면 기업의 문화가 이러한 혁신 전략에 맞는지 생각해야 한다. 그렇지 않다면 기업문화부터 혁신해야 한다. 왜냐하면 외부의 변화에 능동적으로 대처하지 못하고 경직된 조직의 기업문화라면 창조적 발상을 전제로 하는 혁신적 사고는 기업 내 형성될 수 없으며, 기업의 성과에 영향을 주는 기술혁신은 연구 개발 부서로부터도 기대할 수 없기 때문이다.

보다 혁신적인 기업으로 변환되기 위해서는 연구 개발 조직과 기업 내 모든 구성원과 협력적이면서 의사가 소통되며, 특히 연구 개발 부서 등 조직 자체의 전문성을 지속적으로 유지 강화할 수 있는 조직으로의 설계가 필요하다. 연구 개발 조직은 새로운 기술혁신의 창출 및 확산을 주요 업무로 하고 있기 때문에 조직 구성원이 학습을 원활히 하고 신규인력의 충원도 쉽게 이루어지도록 조직이 설계되어야 한다. Mclaughlin에 의하면 기술변화를 창출하는 데 있어서 조직의 문화가 가장 큰 수단이라 규정하고 이를 중요한 경영수단으로서 인식할 것을 주장하였다.

2 혁신적인 기업의 특징

혁신적인 기업은 그렇지 못한 기업들과 비교되는 독특한 문화를 가지고 있다. 이같은 혁신우호적인 문화는 기업의 기술전략을 효과적으로 추진하게 하여 기업의 기술경쟁력 및 경쟁우위, 창출에 큰 공헌을 한다. Vabs & Burmester(1999)는 혁신적인 기업이 가지는 문화로서 ① 기술혁신에 대한 높은 평가 ② 종업원 고용의 안전성 ③ 협력적인 업무문화 ④ 종업원의 강도 높은 교육훈련 ⑤ 기술혁신 관련 챔피언에 대한 존경 ⑥ 실패로부터의 학습을 들고 있다.

(1) 기술혁신에 대한 높은 평가

혁신적인 기업은 기업의 모든 구성원들이 창조성과 기술혁신의 중요성에 충분히 인식을 하고 있으며, 이것이 미션 및 비전 그리고 기업이 전략수립 및 집행에 충분히 반영되어 있다. 그 결과 기술혁신 활동은 기업 활동의 근본적인 가치로 인식·추구되어진다.

(2) 종업원의 안정성

혁신적인 기업들은 종업원들의 직업에 대한 열정이 매우 높고 고용의 안정성이 높은 기업들이다. 혁신적인 기업은 기술혁신을 창출하기 위하여 새로운 기술혁신을 도입할 경우 종업원의 해고를 가능한 회피한다. 또한 이들 기업의 종업원들은 자신의 기업을 평생직장으로 여기면서 기술혁신의 창출 및 활용에 열정적으로 노력한다.

(3) 협력적인 업무문화

혁신적인 기업은 종업원들 간의 신뢰의 정도가 높고 협력 활동이 활발하다. 성공적인 기술혁신의 창출 및 활용에 있어서 다양한 종업원 및 부서들 간의 신뢰에 바탕을 둔 협력은 필수적이다.

(4) 종업원에 대한 강도 높은 교육훈련

혁신적인 기업들은 양질의 종업원이 기업성공의 핵심이라는 점을 충분히 인식하여 종업원의 교육훈련에 강도 높은 투자를 하는 기업들이다. 아울러 종업원들에 대한 직무 순환을 실시하여 종업원으로 하여금 기업의 다양한 부분들을 학습할 수 있게 하여 다양한 전문성을 확보할 수 있게 한다.

(5) 챔피언에 대한 존경

기술혁신의 챔피언에 대한 존경은 기업 내 학습 및 지식에 대한 존경을 나타내는 것으로서 이와 같은 문화는 종업원으로 하여금 보다 강도 높은 학습과 지식창출에 매진하게 한다.

(6) 실패로부터의 학습

급변하는 기술 분야의 경우에는 기술혁신 노력에 있어서 실패확률이 높으며 이 경우 실패가 두려워 종업원들이 혁신 시도 및 실험을 하지 않는다면 기업의 기술혁신 능력은 매우 떨어질 것이다. 아울러 이들 기업들은 실패를 반드시 부정적으로만 보지 않고 실패로부터 적극적인 학습을 한다는 특징을 가지고 있다.

2.4 연구 개발(R&D)과 특허

2.4.1 연구 개발의 정의 및 형태

1 연구 개발의 정의

Brockoff의 정의에 의하면 연구 개발은 기업이 자연과학적, 공학적 지식을 획득하거나 이와 같은 지식을 기업에 의해 직·간접적으로 상업화되는 제품 혹은 생산공정에 새롭게 활용하기 위해 기업이 내부적으로 추진하거나 혹은 외부 기관을 통해 추진하는 체계적인 활동을 의미한다(Brockoff, 1994 : 35-37; Specht & Beckmann, 1996 : 15-17; Gerpott, 1999 : 28, Nitsche, Patentmanagement 2007 재인용). 다시 말해 연구 개발은 기업이 과학적 지식과 공학적 지식을 가지고 새로운 발명을 고안하도록 하는 기업의 체계적인 내외부 활동을 말한다. 이러한 연구 개발 활동은 기업의 다른 활동에 비하여 대단히 높은 신규성, 복잡성, 비정형성을 가진다는 특징을 가지고 있다.

기업의 연구 개발 활동은 기업의 자연과학적, 기술적 문제를 해결하기 위한 기술적 지식의 축적을 목표로 하고 있다. 이와 같은 문제의 해결은 기업으로 하여금 경쟁우위의 근본이 될 수 있는 새로운 제품, 서비스, 공정으로 변환될 수 있다. 그 결과 세계적인 기업들은 기업의 기술능력 향상을 위한 연구 개발에 많은 노력을 기울이고 있다. 기업의 연구 개발 노력의 지표는 연구 개발 자원, 즉 연구 개발 인력과 연구 개발 투자로 나타난다.

이와 같은 연구 개발 자원은 기업의 규모와 업종에 따라 달라진다. 일반적으로 대기업의 경우 중소기업보다 더 많은 연구 개발비를 지출하고 첨단산업의 경우 전통산업보다 더 많은 연구 개발 자원을 확보·활용하는 것으로 나타난다.

2 연구 개발의 형태

기업의 연구 개발은 활동의 특이성에 따라 기초연구, 응용연구, 개발연구의 세 단계로 나누어 볼 수 있다. 이들은 서로 관련성이 높으며 연구 개발 결과의 상업적 활용성에 따라 구분되는 형태이다. 기초연구는 구체적인 산업적 활용과 관련이 없는 자연과학적 지식의 확장을 목표로 한다. 응용연구는 구체적인 상업적 활용을 목적으로 하는 자연과학적 지식의 확장을 목표로 하고 있다. 개발은 기업의 경제적 성공에 직접적으로 공헌할 수 있는 새로운 제품 혹은 생산공정의 창출을 위한 자연과학적, 공학적 지식의 활용을 목표로 하고 있다.

기업의 입장에서는 이들 세 연구 개발 형태 중에서 기초연구보다는 개발과 응용연구에 더 많은 관심을 가지고 있다. 기업이 기초연구에 관심을 적게 가지는 이유는 다음과 같다.

첫째, 기초연구의 과학기술적, 경제적 목적의 달성에 있어서 대단히 높은 불확실성이 존재한다는 것이다. 둘째, 기초연구는 그 결과의 확보에 있어서 기업 전략경영의 시간적 범위를 훨씬 넘어선다는 어려움이 있다. 셋째, 기초연구의 결과는 다른 기업들에 의해서 활용이 가능하고, 독점적인 활용이 불가능한 측면이 많다. 넷째, 기초연구는 기업의 제품, 시장, 사업영역에 미치는 영향이 약하기 때문에 기업 내부에서 그 정당성을 확보하기 어려운 점이 많다.

그럼에도 불구하고 많은 기업들은 기초연구가 기업의 미래 경쟁력을 확보할 수 있다는 점에서 상당한 정도의 기초연구를 수행하고 있다. 특히 세계시장을 앞서가는 선도 기업의 경우에는 기초연구에 많은 투자를 하고 있다.

2.4.2 연구 개발 과정 및 관리

1 연구 개발 과정의 의의

일반적으로 연구 개발 활동은 아이디어 창출, 프로젝트의 선정, 자원의 배분, 연구 개발 활동의 착수, 연구 개발 모니터링, 연구 개발 결과평가의 단계를 거친다. 이때 아이디어 창출과 프

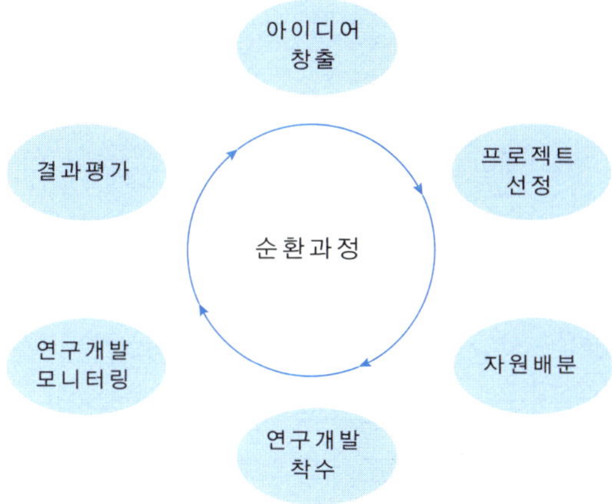

그림 2-7 연구 개발 과정(R&D process)

로젝트의 선정은 기술경영, 특히 특허경영과 매우 밀접한 관계로 특허경영 조직에서 다루는 것이 바람직하다. 이와 같은 연구 개발 활동의 각각의 단계는 하나의 순환과정으로 파악할 수 있으며 이를 연구 개발 과정(R&D process)이라 한다. (〈그림 2-7〉 참조)

2 단계별 연구 개발 과정

연구 개발 과정의 각 단계는 서로 간에 긴밀하게 연계를 맺고 있으며 상호 간 정보의 피드백이 활발하게 이루어져야 한다. 이와 같은 연구 개발 활동의 과정은 특허경영 부서 간의 효율적 연계 등을 전제로 특허경영의 제반 하부구조를 먼저 이루어야 한다. 이에 대하여 좀 더 자세히 살펴보기로 한다.

(1) 아이디어 창출

아이디어란 새로운 기술적 업무를 수행하기 위한 실질적 혹은 잠재적 제안을 의미한다. 그러나 이러한 아이디어는 연구 개발 프로젝트를 거치기 전에 반드시 특허선행 기술조사를 통해 검토되어야 하는데, 이는 시장에서 판매될 제품이나 서비스의 중복성을 사전에 방지하기 위함이다. 이러한 아이디어 창출(idea generation)은 연구 개발 조직뿐만 아니라 기업의 모든 구성원, 더 나아가 기업 외부의 이해관계자로부터 이루어진다. 일반적으로 연구 개발 조직 내의 연구원들은 연구 개발 프로젝트로 변환될 아이디어의 주요 원천이기도 하지만, 특허경영 담당자, 생산담당 부서의 종업원, 판매담당 종업원, 소비자 등도 대단히 중요한 아이디어를 제공해 줄 수 있다. 특히 이러한 아이디어에 대해 특허선행 기술조사를 통해 그 아이디어와 유사한 아이템이 먼저 선행되었는지를 알아 보는 것은 연구 개발이나 특허경영의 첫단추로 매우 중요하며 특허경영을 담당하고 있는 부서에서 행하여야 할 것이다.

아이디어는 기본적으로 연구 개발 프로젝트의 잠재적인 후보들이다. 아이디어가 프로젝트로 전환되기 위해서는 몇 가지 단계를 거치게 된다. 먼저, 기술사업화 기회들이 다양한 인력들에 의해 인지되면 이들은 잠재적 아이디어를 사업아이템으로 모아지게 된다. 두 번째 단계에서는 이들 아이템들이 조직 내의 구성원들에 의해 전달되면서 논의가 이루어지게 된다. 이 단계에는 기업의 내부 환경 및 역량을 고려하여 사업으로서의 실현 가능성을 검토하게 된다. 이 같은 사업 아이템들은 앞서 말한 특허선행 기술조사를 통해 중복성을 검토하고 비록 유사성이 있더라도 포트폴리오를 통해 보완적 추가 개발을 더하여 유사 아이템과의 비교에서 경쟁우위를 확보할 수 있는 가장 실현가능성이 높은 아이템들을 우선 순위에 따라 연구 개발 프로젝트 후보로 결정된다.

(2) 프로젝트 선정

프로젝트 선정(project selection)은 기업이 추진하려는 여러 개의 연구 개발 프로젝트 후보들을 경제적, 기술적 측면에서의 포트폴리오를 평가하여 가장 성공 가능성이 높은 프로젝트들을 선정하는 것이다. 이를 바탕으로 기업은 반드시 추진하여야 할 과제, 향후 추진할 과제, 추진하지 않을 과제로 나누게 된다. 프로젝트의 선정 방법은 정량적 평가와 정성적 평가를 동시에 추진하여야 할 것이다. 포트폴리오를 통한 정확한 정량적 평가는 여러 프로젝트 후보들 간의 상호비교가 가능하며 필요한 경우 통계처리를 할 수 있다는 장점이 있다. 그러나 프로젝트의 선정에는 다양한 요소들이 필요하다는 점에서 정성적 평가 역시 중요하다. 프로젝트의 선정은 다양한 요소들을 고려하여야 하는데, 대표적인 요소들을 살펴보면 프로젝트의 결과로 나타날 제품 및 서비스의 우수성 및 독특성, 프로젝트에 투자될 자원의 양, 프로젝트의 회사에 대한 신규성, 제품 및 서비스의 성장 가능성 등을 들 수 있다.

(3) 자원의 배분

연구 개발 프로젝트가 선정되면 선정된 프로젝트에 대해 자원을 배분하여야 할 것이다. 여기에서의 자원은 연구 개발 인력과 연구 개발 예산으로 나누어 볼 수 있다. 일반적으로 이와 같은 자원배분은 기업의 연구 개발 예산(R&D budget) 전체가 결정되어 있고 이들은 개별 연구 개발 프로젝트에 배분하게 된다. 연구 개발 예산의 책정은 다양한 방법이 있을 수 있으나 전년도 매출액에 대비하여 책정하는 경우가 많다. 연구 개발 자원의 배분은 기업연구소 등 연구 개발 부서의 장이 최고경영자의 위임을 받아 배분하게 된다. 이는 연구 개발 부서가 프로젝트의 필요성, 소요기간, 필요자원 등을 가장 잘 알고 있기 때문이다. 그러나 프로젝트가 대단히 규모가 크고 위험성이 높으면 최고경영자가 자원배분을 결정하여야 할 것이다. 이와 같은 개별 프로젝트에 대한 자원의 배분은 기업 전체의 연구 개발 포트폴리오 구성을 감안하여 배분하여야 할 것이다.

(4) 연구 개발 활동의 착수

연구 개발 프로젝트에 자원이 배분되면 실질적인 연구 개발 활동이 수행되게 된다. 이를 위해 연구 개발 프로젝트 팀(project team)이 구성되고 연구 개발 프로젝트의 리더가 선정된다. 연구 개발 프로젝트의 리더는 프로젝트와 관련된 제반사항을 총괄하고 책임을 지는 사람이다. 연구 개발 활동은 전문적 지식을 가지고 있는 연구인력들에 의해 이루어진다는 점에서 프로젝트 리더는 고도의 전문성과 관리능력을 가지고 있어야 한다. 프로젝트 리더는 연구원들이 연구에 매진할 수 있도록 독려하고 연구팀 내의 협력이 활발하게 이루어지도록 프로젝트를 효과적으로 관리하여야 한다.

(5) 연구 개발 활동의 모니터링

일반적으로 연구 개발 활동은 여러 해에 걸쳐 추진이 되기 때문에 연구 개발 활동의 모니터링(monitering), 즉 중간평가가 중요한 문제로 대두된다. 연구 개발 활동의 중간평가(interim evaluation)에서는 현재 추진중인 프로젝트를 기술적, 경제적 측면에서 면밀히 검토하여 프로젝트의 성공 가능성을 더욱 심층적으로 파악한 후 계속 추진할 것인가 중단할 것인가를 결정하여야 한다. 이와 같은 연구 개발 프로젝트의 관리에는 스코어링법, 체크리스트법 등 다양한 기법을 사용할 수 있다. 아울러 연구 개발 활동의 효과적인 일정관리도 매우 필요하다. 이 같은 일정관리 기법으로는 Gantt Chart 기법, PERT 기법 등이 있다.

(6) 연구 개발 활동의 결과평가

연구 개발 활동이 종료되면 프로젝트의 결과에 대하여 평가를 하여야 한다. 연구 개발 활동이 종료되면 프로젝트를 둘러싼 위험도 해소되고, 필요한 자원도 모두 사용되었다는 점에서 체계적인 사후평가가 이루어져야 한다. 기업은 사후평가를 통해서 프로젝트의 성공과 실패에 관한 학습을 하여 향후 연구 개발 과정의 효율성 제고에 기여를 하여야 할 것이다. 이와 같은 사후평가의 체계적인 수행은 연구 개발 활동의 가치를 제고하고 연구 개발 결과의 새로운 제품과 서비스로의 효과적인 이전을 가능하게 해준다. 이같은 연구 개발 결과는 기술경영자뿐만 아니라 필요하다면 최고경영자에 의해 이루어져야 할 것이다. 연구 개발의 결과평가는 다양한 방법이 활용될 수 있을 것이다. 가장 많이 사용되는 평가기법으로는 투자수익률법, 매출액 대비 연구 개발 투자, 수익 대비 연구 개발 투자, 판매량 대비 연구 개발 투자, 투자회수기간법 등을 들 수 있다.

3 연구 개발의 유형

(1) 제품 및 공정 연구 개발

기업은 연구 개발 활동을 수행하기 위해서 제품연구 개발과 공정연구 개발에 대한 결정을 해야한다. 이들로부터 창출되는 제품혁신과 공정혁신은 연구 개발 활동으로부터 획득되는 기술혁신이다. 기업은 경쟁우위의 확보에 있어서 제품혁신은 물론 공정혁신이 매우 중요하다는 점에서 이들 두 가지 유형의 연구 개발은 균형적으로 추진되어야 할 것이다. 그러나 이 같은 두 유형의 연구 개발 활동을 추진하기 위해서는 기술경영자에게 효과적인 지침이 주어져야 한다. 일반적으로 이와 같은 연구 개발 유형에 대한 주안점은 전술한 연구 개발 과정에 달려있다.

〈그림 2-8〉은 기업의 일반적인 연구 개발 과정을 현금 흐름의 관점에서 나타내 주고 있다. 일반적으로 새로운 아이디어가 창출되어 이의 연구 개발 프로젝트가 시작되면 제품계획 및 제품의 정의가 이루어지는데, 이 시기에는 자금 지출의 증가가 이루어지게 된다. 그러나 제품생산 및 판매 단계에 도입하면 자금이 점점 유입되며, 제품이 시장에서 지속적으로 판매됨에 따라 더 많은 자금이 유입되고, 손익분기점을 거쳐 비교적 오랜 기간 동안 수익을 창출하게 된다.

이와 같은 일련의 과정은 제품의 흥망을 나타내주는 제품수명 주기에 해당한다. 대체로 기술

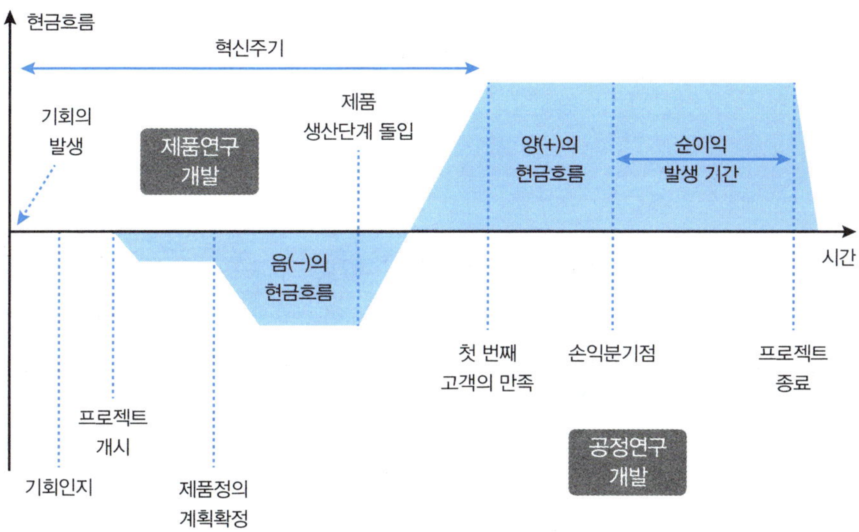

그림 2-8 연구 개발 과정에 있어서 연구 개발의 유형

혁신 과정은 크게 보아 제품의 연구 개발 및 생산 후 시장에 출하되어 고객의 수요를 충족시킬 때까지도 포함한다.

제품수명 주기의 초기단계에는 제품혁신(product innovation)이 중요하게 대두되는데, 그 이유는 제품의 물리적 특성 및 능력이 제품의 재무적 성과에 가장 큰 영향을 미치기 때문이다. 그러나 제품수명 주기의 후기단계에는 공정혁신(process innovation)이 중요하게 대두되는데, 이 시기에는 제조공정 및 설비의 개선, 제품품질의 제고, 보다 빠른 유통시스템 등이 제품의 수익력을 유지하는데 중요하기 때문이다. 그 결과 기술혁신 주기 동안에는 기업은 제품연구 개발에 주안점을 두게 되며 기술혁신 주기가 끝나 제품의 대량 생산 및 판매의 시기에는 제품생산의 효율성을 제고하기 위한 공정연구 개발에 주안점을 두게 된다. 이처럼 경영자는 제품의 수명주기에 따라 연구 개발 활동의 비중을 달리하여야 할 것이다. 일반적으로 제품연구 개발은 차별화 전략을 달성하는 데 활용되며, 공정연구 개발은 성공적인 원가우위 전략의 핵심을 이룬다.

그러나 이들 연구 개발 유형들은 기업의 경영에 있어서 모두 필요하다는 점에서 균형적인 접근이 필요하다. 많은 경우 기업들은 제품연구 개발에 더 많은 비중을 두는 경향이 있으나 반드시 합리적인 것은 아니다. 예를 들어 1970년대 및 1980년대 미국 경제의 어려움은 미국기업들이 공정연구 개발의 중요성을 간과했기 때문에 일어난 일로 보고 있다. 미국 기업들의 공정혁신 능력은 독일 및 일본 기업과 비교하면 다소 떨어지는 면이 있다. 이런 이유로 미국기업들은 독일 및 일본기업들에 비하여 원가절감 능력이 떨어져서 세계시장에서 어려움을 겪은 것으로 보고 있다.

(2) 연구 개발 관리의 통합성

연구 개발 활동을 성공적으로 추진하기 위해서는 무엇보다도 연구 개발과 마케팅과의 통합성을 가져야 한다. 이는 기술경영의 통합성으로도 볼 수 있지만, 또한 전략적으로 특허경영과 연계시켜야 하는 매우 중요한 문제를 갖고 있다. 왜냐하면 특허경영의 요체는 차별화된 새로운 제품, 공정, 서비스를 전제로 한 강건특허를 그 기반으로 하고 있으며, 연구 개발 초기부터 이러한 강건특허를 목표로 해야만 시장에서 성공을 거둘 수 있기 때문이다. 그러나 이같은 특허경영의 문제는 경영자의 비전 및 특허정책, 기술전략, 인적자원의 적절한 배분 등을 통해 해결해야 한다.

따라서 연구 개발 활동은 기업 및 사업부의 비전 및 기술전략에 바탕을 두고 수행되어져야 한다. 어떠한 연구 개발 프로젝트를 추진할 것인가의 문제는 기업 및 사업부 경영자의 전략적 판단에 달려 있다. 예를 들어 어떤 기업 및 사업부가 성장지향적인 경쟁전략을 추진하고 이를 뒷받침할 기술전략으로서 기술선도자 전략을 추진하면 연구 개발 프로젝트는 신흥기술 및 선도기술을 중심으로 대규모 프로젝트로 추진되는 경향이 있다. 이때 연구 개발 활동의 추진에 있어서 기업 및 사업부 경영자들의 경영능력이 매우 중요하다. 이와 같은 경영능력을 바탕으로 기업 및 사업부의 연구 개발 프로젝트가 선정되면 이를 구체적으로 추진하기 위해서 사내외 인적, 물적자원을 확보하여야 한다.

〈그림 2-9〉의 가운데 부분에서 보는 것과 같이 사업비전과 기술전략, 그리고 연구 개발 자원은 특허정책 기반에서 이루어져야 하고, 기술경영 조직, 특히 특허경영 조직에 의해서 다루어져야 한다. 왜냐하면 기업의 경영성과 극대화를 위한 기술전략은 기술혁신을 통해서 가능한 일이고, 이러한 기술혁신은 특허경영의 요체이며 특허를 기반으로 하고 있기 때문이다.

〈그림 2-9〉의 오른쪽 부분은 학습과정에 의해 기업의 기술능력의 상승과 혁신과정을 통한 문제해결의 측면을 나타내 준다. 기업 내의 연구 개발의 인적자원은 연구 개발 프로젝트에 지식

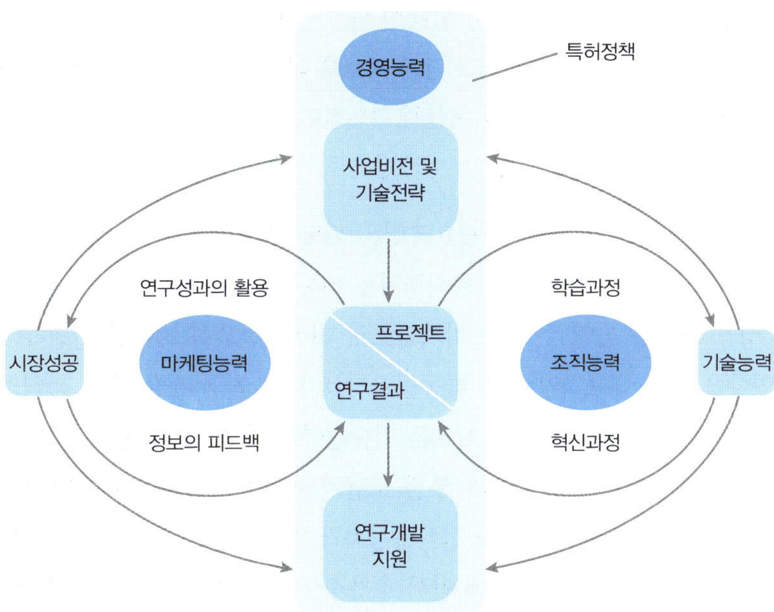

그림 2-9 특허정책 기반의 연구 개발 관리

을 투입하고 이를 이용 가능한 지식으로 변환시킨다. 기업 내에는 연구 개발 프로젝트를 통해 기술능력이 축적된다. 이러한 기술능력은 혁신활동이 일어나 시장에서 판매될 새로운 제품 공정, 서비스를 개발할 수 있는 밑거름이 된다.

이와 같은 기술혁신 활동은 학습과정에 의해 일어난다. 여기에서 기술적인 학습을 보다 빨리 할 수 있는 전략, 즉 기술적인 노하우를 경쟁기업들보다 빨리 획득하여 개발에 활용하여야 하고 이러한 능력은 현재의 속도 경쟁에 있어서 가장 근본이 되는 전략이다. 이와 같은 속도 경쟁은 기술 집약적 산업 분야에 있어서 훨씬 심하다. 이점에 있어서 기업 내에 기술경영, 특히 특허정책 기반의 특허경영을 통한 기술혁신 능력의 창출 및 활용을 목표로 한 학습과정과 혁신과정은 보다 효과적으로 달성할 수 있는 조직적 능력이 필요하게 된다. 즉, 기술혁신을 효과적으로 창출하기 위해서는 이를 위한 연구 개발 조직의 구성 및 운영, 기술경영 및 특허경영 조직과의 원활한 연계, 자원의 배분, 기술혁신 문화의 창달과 같은 조직 환경이 매우 중요하며 여기에서 조직학습의 중요성이 대두된다.

〈그림 2-9〉의 왼쪽 부분은 기술능력을 바탕으로 창출된 연구결과가 새로운 제품, 공정, 서비스의 형태로 상업화되는 과정을 나타내 주고 있다. 이 같은 새로운 제품, 공정, 서비스가 시장에서 성공을 거두기 위해서는 마케팅 능력이 대단히 중요하다. 아무리 성능이 좋은 제품이라도 시장에서 판매되기 위해서는 다양한 형태의 마케팅 활동이 필요하며, 시장에서 판매될 수 있는 제품을 생산하기 위해서는 연구 개발 활동 과정에 시장의 정보를 피드백하여야 한다. 특히 연구 개발 결과로 나타나는 기술혁신 및 제품의 유형이 대단히 혁신적이고 새로울 경우에는 이에 대한 시장에서의 거부감이 상당히 크기 때문에 효과적인 마케팅 능력이 매우 중요하다.

그러므로, 신제품 성공을 위해 기술은 필요조건은 되도 충분조건은 아니다. 이러한 성공을 위한 연구 개발의 관리, 특히 기술경영은 특허경영을 비롯하여 기업의 다른 기능들과 긴밀한 연계를 맺어야 성공 확률을 높일 수 있고 마지막으로 지식재산권화 해야만 안전하다. 이와 같은 기술경영에 영향을 주는 대표적인 기업 활동들을 살펴보면 연구 개발 활동, 특허출원 활동, 생산 활동, 마케팅을 들 수 있다. 아울러 이같은 기술경영이 성공하기 위해서는 외부로부터 정보의 피드백도 중요한데, 특히 주요 고객과 부품 조달자들이 이와 같은 기술경영에 상당한 영향을 준다. 고객 중에서도 핵심사용자, 즉 선행사용자가 매우 중요하다. 이들은 기술경영의 결과로 나타나는 새로운 제품 및 판매하기에 앞서 추가적으로 발생할 수 있는 기술적인 문제를 보다 효과적으로 해결하여 시장에서 성공을 거두게 하는 중요한 정보를 제공한다. 또한 기술능력을 강화시키는 데 있어서는 부품조달자의 역할 외에도 기술경영이나 특허경영의 도구가 중요하다. 기술경영 및 특허경영 부서는 부품조달자들의 효과적인 연계와 기술경영을 통한 특허경영에 의해 새로운 제품을 만드는데 필요한 정보의 교환 및 공동의 문제해결을 잘 수행하여야 한다.

결국은 효율적인 연구 개발 관리를 위한 기술경영이 성공을 거두기 위해서는 특허경영 부서 및 연구 개발 부서, 생산 부서, 마케팅 부서, 부품공급자 등과의 공동학습이 필요하며 또한 고객으로부터 많은 정보의 유입이 있어야 한다. 또한 이 같은 통합적인 측면에서 학습의 창출은 적절한 조직적인 문화 및 구성이 없이는 불가능하다. 여기에 기술경영을 통한 전략적 특허경영의 중요성이 있다. 즉 기업의 다양한 부서들이 연구 개발 활동의 추진에 있어서 통합적인 관점에서 협력을 하고 이를 위한 혁신우호적 문화를 창출하기 위해서는 최고경영자가 기술경영 및 특허경영에 적극적으로 개입하여 전사적 차원에서의 기술경영과 특허경영을 추진하여야 할 것이다. 최고경영자의 관심과 후원을 바탕으로 기업 및 사업부는 학습지향적 문화를 육성할 수 있어야 하며 이를 통해 기술혁신 관련 부서들과 긴밀한 협력을 꾀해야 한다.

2.4.3 R&D경영

1 R&D경영의 의의

고객 니즈를 제대로 고려하지 않았거나 시장의 니즈에 부합되지 않는 신제품개발은 그것이 기술적으로 아무리 훌륭한 제품이라 할지라도 상업적인 성공을 보장하기가 어렵다. 따라서 신제품개발의 목표와 우선 순위를 결정하는데 있어 R&D와 영업부문의 협력이 필수적이다. R&D경영은 여기서부터 시작이다. 앞으로는 경쟁사, 연구소, 대학, 고객, 공급업체 등의 외부기술이나 아이디어를 적극 활용해 자사의 기술혁신으로 연결하는 개방형 R&D가 R&D활동의 핵심으로 견고히 자리잡을 것이다.

그러나 개방형 R&D의 성공적인 실행을 위해서는 조직 내부의 튼튼한 R&D 역량을 확보하기 위한 지속적인 노력과 Win-Win 관점에서 개방형 R&D 활동을 전략적으로 활용해야 한다는 점을 간과해서는 안된다. 개방형 R&D의 핵심은 튼튼한 자체개발 역량을 바탕으로 조직 내부에서 조직 외부로 기술 네트워크를 확장해 나가는 것이지, 내부역량 없이 외부기술과 아이디어를 무분별하게 확보하는 것이 아니다. 즉, 아웃소싱과 개방형 R&D는 엄연히 다른 방식이다. 아웃소싱이 한 기업이 다른 기업에게 제품 및 서비스의 개발을 의뢰하여 결과물을 얻는 거래 중심의 상호작용 모델이라면, 개방형 R&D는 외부에서 혁신적인 아이디어 및 기술 등을 들여와 그것을 효율적으로 이용할 수 있는 내부역량에 초점을 둔 공동개발 중심의 상호작용 모델이라고 할 수 있다. 따라서 개방형 R&D를 성공적으로 실행하기 위해서는 조직 내부의 자체개발력을 탄탄하게 확보하기 위한 노력을 게을리해서는 안되며, 개방형 R&D를 강력하게 추진한다는 이유로 자체개발력을 소홀히 하거나 약화시켜서도 안된다.

2 선진기업의 R&D경영 유형

선진기업들은 경영환경의 변화 속에서 R&D의 범위와 역할을 규정하는 R&D경영 유형을 창조·발전시켜 왔다. 선진기업의 R&D경영은 초기의 단편적 과제 관리체계로부터 전략적, 목적지향적 R&D라는 3~4세대 중심으로 옮겨가는 추세이다.

다음은 선진기업의 R&D경영 유형을 4가지로 구분한 도표이다.

〈표 2-2〉 R&D경영의 4가지 유형

구분	1세대	2세대	3세대	4세대
주요 시기	19C 후반 ~	2차대전 ~	1980년대 ~	1990년대 후반 ~
혁신 이론 관점	투입 중심의 선형 모형	과정 중심의 선형 모형	Chain-linked 모형	Chain-linked 모형, 네트워크 모형
조직/책임자	연구소장, 랩장	VP of R&D	CTO	CInO, CDO 등
현상	개인발명가 역량 활용, 기업 R&D 본격화	과제관리 프로세스, 경제성 분석	전략적 R&D 연구소-사업부 연계	R&D 주도의 신사업 발굴
Management 주안점	People (R&D 인력)	Process	Product (기술 포트폴리오)	혁신지향적 3P 관리 (People, Process, Product)
키워드	연구 개발 (R&D)	Stage Gate, 성과 평가, 프로세스 혁신	전략 기술 및 기술로드맵, 지식 경영	비연속혁신, 개방형 혁신, 창조·혁신 경영

구분	1세대	2세대	3세대	4세대
R&D의 관심 이슈	"How to make" • 어떻게 만들 것인가(효율성) • 발명·특허, 프로세스 • Do the right thing in the right way!		"What to make" • 무엇을 만들 것인가(적합성) • 사업부 연계, 신사업 발굴 • Do the right thing in the right way!	
예	• 에디슨랩 → GE硏 • 샤프, 마쓰시타 등 개인 발명가 창업	• 도시바의 i(i-cube) • (영업, 생산, 개발 프로세스 혁신)	• 소니의 Target-oriented R&D • 히타치 特硏 프로젝트	• GE의 IB • IBM의 EBO • DuPont APEX 등

출처 : 정형지, 홍대순 외 (2006), 『제3세대 그 이후』, 경덕출판사.; 연구기획관리실장 연구교류회 (편) (2003), 『선택과 집중의 기술경영전략』, 한국산업기술진흥협회

① 제1~2세대 : 연구 개발 투자확대 및 프로젝트 관리 초점

제1세대 R&D에서는 개인 발명가의 역량과 자본·설비가 합쳐져 '혁신(발명)'으로 간주되던 시기이다. 독점적 이윤 창출이 가능해짐에 따라 사업부와는 별개로 기업 연구소 설립이 확산되어 독자적으로 운영하였다. 차츰 연구 개발 주체가 개인에서 기업으로 확대되면서 기업 R&D가 본격화되고, 미국 최초의 기업 연구소(1900) GE 중앙연구소가 설립되었다. 이때 일본도 마쓰시타, 샤프 등 주요 기업이 창업되었다(1910~1930년대).

이후, 연구소도 사업부와 동일한 관리가 필요하다는 인식하에 'R&D 관리를 프로젝트' 관리로 전환하여 합리적이고 체계적인 프로세스를 통한 R&D 관리가 확산되었다. 팀 단위의 프로젝트(Project Team), PERT/CPM, Stage Gate 등 다양한 프로젝트 관리 프로세스 및 개념이 등장하였다. PERT/CPM1와 같이 과제 목표 스펙 대비 진척도 점검이나 개별 과제의 비용·이익 정량화를 특징으로 하는 과제관리 방법론이 개발되기도 하였다.

② 제3세대 : 연구소-사업부 간 조율(alignment)을 통한 전략적 R&D 부각

연구소-사업부 간 조율을 통한 사업 경쟁력 확보가 주요 이슈로 등장하던 시기이다. 이 세대의 특징을 보면, 지식 경영을 통한 연구 조직 내 지식의 공유와 확산 및 과제의 적합성 확보를 위해 개발 성과를 후속 과제 기획에 반영시켰다.

사업 전략과 연계한 기술 개발에 초점을 둔 성과지향적 R&D 체계를 구축한 소니와 히타치의 사례를 보면 소니의 Target-oriented R&D, 히타치의 特硏(Tokken) 프로젝트 등 초기 연구부터 제품화까지 R&D 전과정을 전사적으로 추진하여 성공한 경우이다.

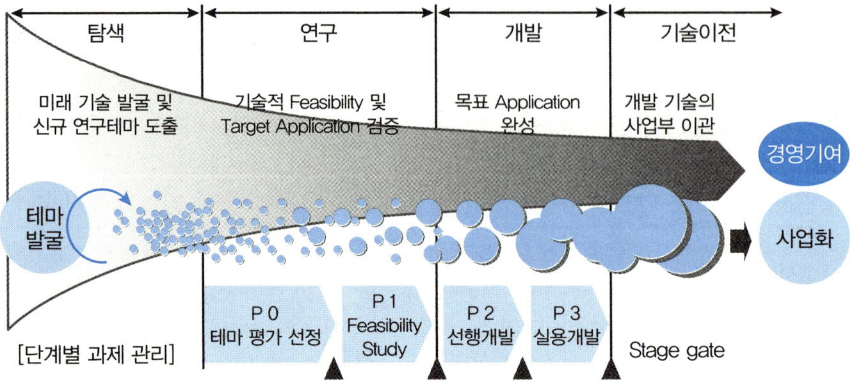

그림 2-11 R&D 수행 단계에 따른 과제 관리 개념도

출처 :

반면에 실패 사례를 보면 1990년대 코닥은 디지털 영상 사업을 위한 첨단 컬러 관리기술을 보유했으나, 전사적인 전략 부재로 디지털 카메라를 빠르게 시장에 출시하는데 실패하였다. 개별 프로젝트 관리에만 초점을 맞추다 보면 과제는 성공적으로 진행되었으나 사업 방향과 맞지 않아 결과적으로 사업이 사장된 전형적인 사례이다.

③ 제4세대 : R&D가 주도하는 기업 전반의 혁신 관리 체제 등장

기업의 차세대 성장 엔진으로 혁신 경영이 전면에 부각되고, 전사적인 비전이나 사업전략수립 시 미래기술, 시장 트렌드 전망, 기술혁신 아이디어를 제안하는 등 R&D 부문이 능동적으로 주도하기 시작한 시기이다. 예를 들어 노키아는 2008년 1월 CDO(Chief De-

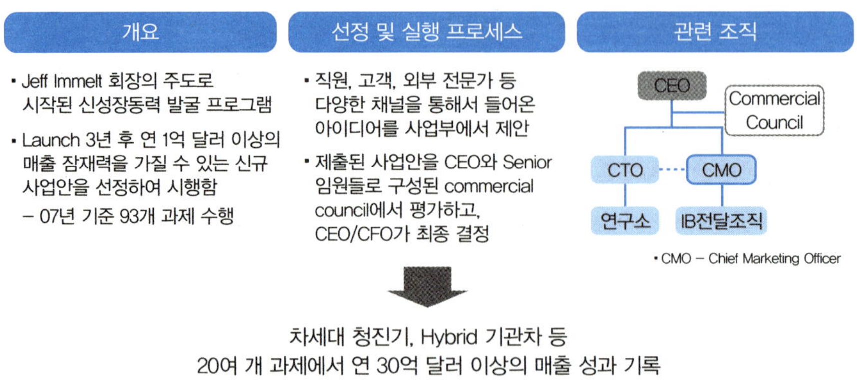

그림 2-10 GE의 Imagination Breakthrough

출처 : GE 홈페이지 등

velopment Officer)를 신설하여 전사 전략 및 성장 동력을 전사 개발 전략과 통합하여 운영하기 시작하였다. GE, IBM 등 선진기업은 R&D 조직을 중심으로 하는 고유의 신사업 발굴 및 스크리닝 프로그램을 설치하여 기술 기반의 차세대 주력 사업 육성을 시도하였다. GE의 신사업 발굴 프로그램 'Imagination Breakthrough(IB)'는 신사업 아이디어 발굴부터 실행조직 구성, 사업화까지의 전 과정을 유기적으로 관리, CTO가 IB 운영위원으로 참여하여 기술 관점의 신사업 발굴을 유도하였다.

IBM의 경우는 R&D 기반 신사업 발굴 전략으로 Emerging Business Opportunities (EBO) 프로그램을 운영하였는데, 여기서는 EBO 전담 조직에서 전략적 연관성, 시장 및 잠재고객 규모 등을 기준으로 제안한 아이디어를 검토하고 이를 구체화하였으며, 선정된 약 25개의 EBO 과제 중 'Research EBO'를 별도로 설치하여, R&D 기반 신사업을 빠르게 추진하였다. 또한 Top 주도의 신사업 발굴·육성 프로그램(2000년 7개 아이템으로 시작)을 운영하였는데 R&D 조직이 일부 신사업을 발굴·육성(IBM 왓슨硏 수행과제의 20% 규모) 하였다.

그밖에 공동 연구소(Collaboratory : Collaboration + Laboratory) 전략 형태가 대두된 시기로 '연구 부문의 Global化'라는 방침 아래, 차세대를 선도할 신산업 분야 발굴을 시도하였다. 이는 특정 분야·테마를 선정하고 주로 신흥시장을 중심으로 공동 연구소를 설립하였다. 타 기업, 국가 및 대학 등의 파트너와 글로벌 연구 네트워크를 구축하는 경향을 보인다.

또 다른 경향으로 효율적인 R&D의 경우 단순히 투입 대비 산출의 극대화 뿐만 아니라 R&D가 그 기능을 얼마나 충실하게 수행하고 있는지를 중요하게 여기기도 한다. 위험도가 높은 초기 연구 아이디어와 테마 발굴을 위한 글로벌 개방형 기술혁신, 연구소 내 신사업 발굴 조직 설치 등은 R&D 효율성 제고를 위한 것으로, Bain & Company 조사 결과 선진기업 1,221개 중 개방형 기술혁신 채택률이 2004년 26%에서 2006년 53%로 2배 이상 증가하였다고 한다.

2.4.4 연구 개발에 따른 특허

1 R&D 투자 동향

〈그림 2-12〉, 〈그림 2-13〉, 〈그림 2-14〉를 살펴 보면, 혁신을 위한 정부와 민간의 R&D 투자규모는 OECD 국가들 가운데 최상위권에 속하고 있다. 이를 자세히 보면, 우리나라의 전체 R&D 투자의 GDP 대비 비중은 3.36%로 비교대상 국가들 가운데 이스라엘(4.28%), 핀란드(3.96%), 스웨덴(3.62%)에 이어서 4위를 기록하였으며, 이는 정부 R&D 투자 예산의 GDP 대비 비중은 1.02%로 미국(1.18%), 핀란드(1.10%)에 이어서 5위를 기록하고 있다. 민간 R&D 투자의 GDP 대비 비중도 2.53%로 이스라엘(3.42%), 핀란드(2.83%), 스웨덴(2.55%)에 이어서 4위를 기록하고 있다.

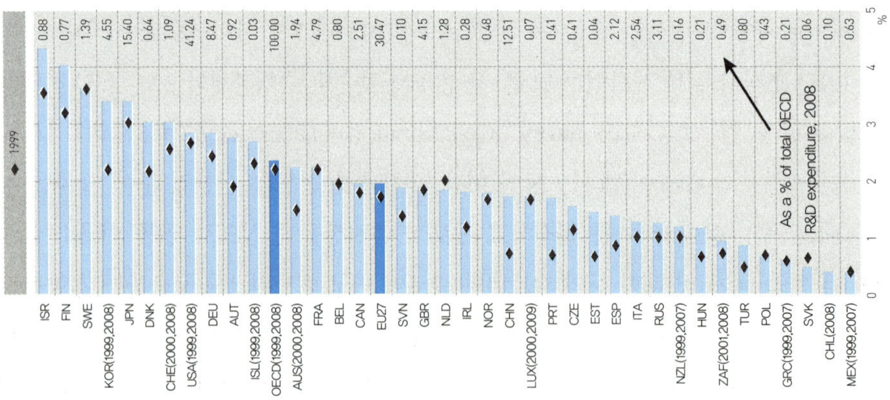

그림 2-12 OECD 국가들의 GDP 대비 R&D 집약도 국제비교(1999, 2009)

출처 : OECD(2011), STI Indicators, STEPI ISSUES & POLICY 2011 재인용

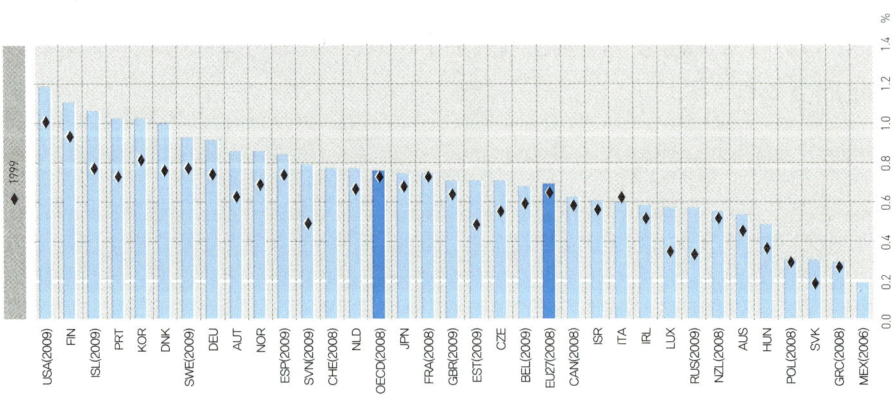

그림 2-13 정부 R&D 예산의 GDP 대비 비율 국제비교(2007, 2010)

출처 : OECD(2011), STI Indicators, STEPI ISSUES & POLICY 2011 재인용

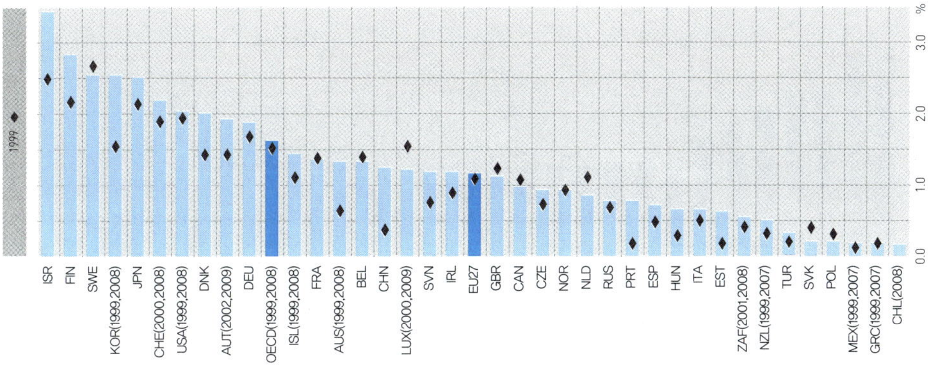

그림 2-14 민간기업 R&D 투자의 GDP 대비 비율 국제비교(1999, 2009)

출처 : OECD(2011), STI Indicators, STEPI ISSUES & POLICY 2011 재인용

2 대학 R&D 동향

〈그림 2-15〉, 〈그림 2-16〉에서 보는 것과 같이 대학의 R&D 투입 비율, 중소기업의 R&D 투자 비율 등은 OECD 비교 대상국가들보다 낮은 투입성과를 보이고 있다. 우리나라의 GDP 대비 대학 R&D 투자 비율은 0.37%로 OECD 평균인 0.40%에 미치지 못하는 것으로 나타났다. 또한 전체 민간 R&D 투자규모 가운데 중소기업에 의한 민간 R&D 투자비율에 대한 조사에서도 우리나라는 24.98%로 일본(6.29%), 미국 (15.66%), 핀란드(18.49%) 등과 함께 하위권 국가로 기록되고 있다.

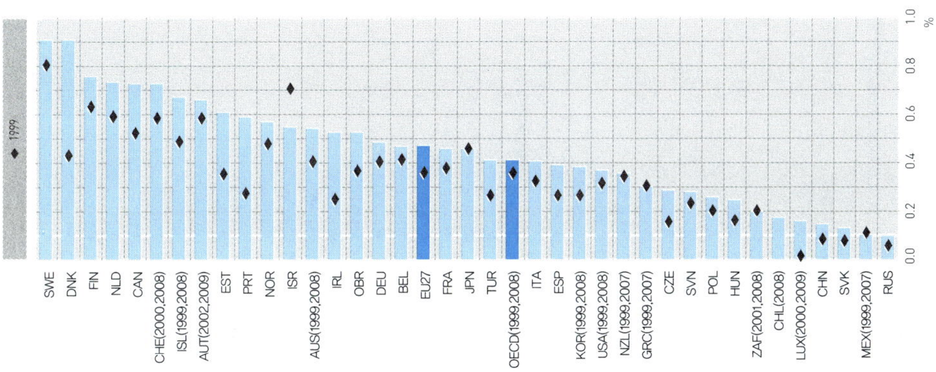

그림 2-15 대학 R&D 투자의 GDP 대비 비율 국제비교(1999, 2009)

출처 : OECD(2011), STI Indicators, STEPI ISSUES & POLICY 2011 재인용

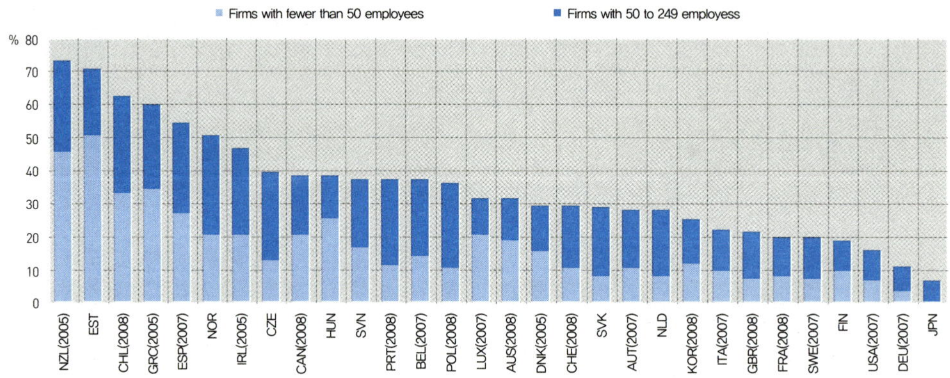

그림 2-16 민간기업 R&D 투자 중 중소기업의 R&D 투자비율 국제비교(2009)

출처 : OECD(2011), STI Indicators, STEPI ISSUES & POLICY 2011 재인용

3 국제 협력

과학기술의 국제협력에 있어서는 크게 취약점을 보이고 있다. 과학학술논문과 PCT(특허협력조약) 특허출원에서 공동저자 비율에 대한 비교조사를 보면 우리나라는 특허출원과 과학학술논문에서 각각 3.8%, 24.8%로 일본(2.7%, 22.2%)과 함께 하위권 국가를 형성하고 있다. 민간 R&D 투자 가운데 해외로부터의 R&D 펀딩의 비율의 경우, 우리나라는 0.25%로 일본(0.52%)과 더불어 최하위 국가를 이루고 있으며 EU 27개 국가 평균인 10.33%보다 크게 밑돌고 있다.

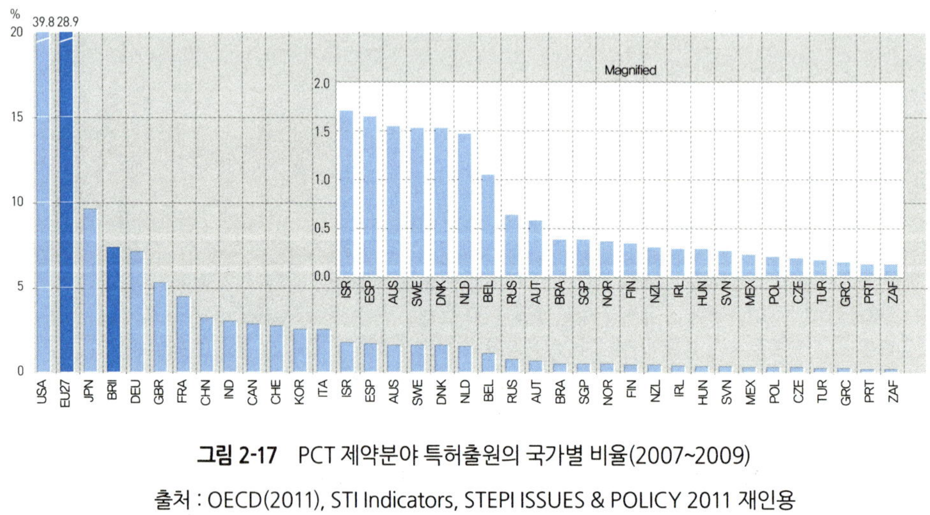

그림 2-17 PCT 제약분야 특허출원의 국가별 비율(2007~2009)

출처 : OECD(2011), STI Indicators, STEPI ISSUES & POLICY 2011 재인용

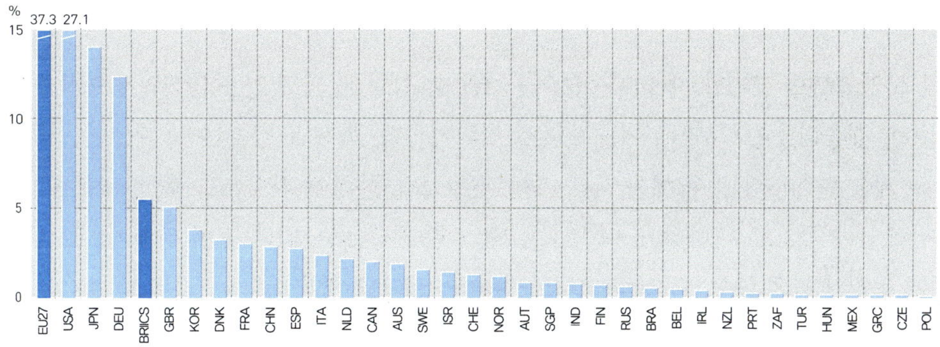

그림 2-18 PCT 재생에너지 분야 특허출원의 국가별 비율(2007~2009)

출처 : OECD(2011), STI Indicators, STEPI ISSUES & POLICY 2011 재인용

4 신기술 연구 개발

제약분야의 PCT 특허출원의 국가별 비중을 살펴보면 우리나라는 2.5%로 미국(39.8%), 일본(9.6%), 독일(7.1%) 등에 이어 10위를 기록하고 있다. 재생에너지 분야 PCT 특허출원의 국가별 비중에서도 우리나라는 3.9%로 미국(27.1%), 일본(14.1%), 독일(12.5%), 영국(5.5%)에 이어 5위를 기록했다. 그러나 주요 국가와의 비율을 비교하면 아직 차이가 많다.

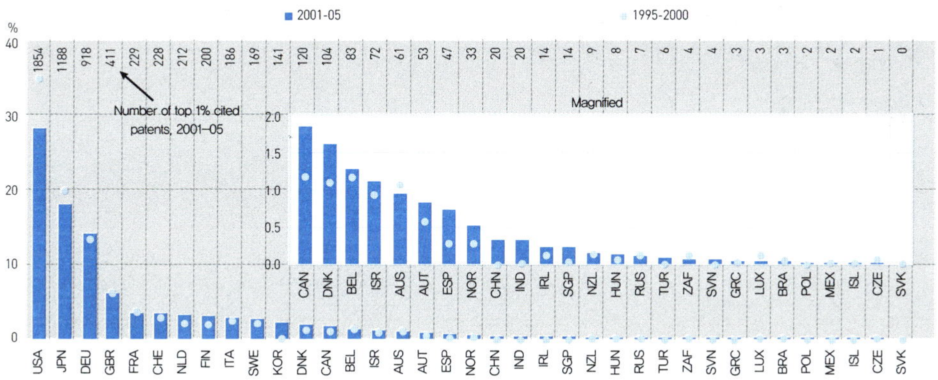

그림 2-19 EPO 특허출원 중 인용도 상위 1% 특허 수의 국가별 비율

출처 : OECD(2011), STI Indicators, STEPI ISSUES & POLICY 2011 재인용

5 특허품질

특허의 질적 측면을 고려할 때 1996~2000년 기간 중 상위 1%의 고인용 특허의 70%가 미국, 독일, 일본에 집중되었으나 5년 뒤에는 60%로 하락하였다. 특허의 질 지수에 따르면 영국이 가장 많은 기술 분야(6개 분야)에서 특허 질이 높았으며, 한국이 다음(5개 분야, ICT 중심)으로 특허 질이 높은 것으로 나타났다. 그러나 〈그림 2-19〉에서 보는 바와 같이 전체적으로 보면, 미국, 일본, 독일과 같은 주요 출원국과 현저한 차이를 보이고 있다.

2000년 이후 10년간 기술 분야별 OECD 특허질 지표(patent quality index)에 따르면 우리나라는 Basic communication, Telecommunications, Digital Communications, Electrical machinery, Audio-visual tech 등 정보통신 및 전자의 5대 기술 분야에서 가장 우수한 국가로 평가되었다. 그러나 정보통신 분야 등 극히 일부로 국한되어 타 산업으로의 확산이 필요하다.

6 시사점

우리나라는 이와 관련되어 몇가지 과제를 안고 있다. 연구 개발이 아직 대기업 중심으로 이루어지고 정보통신 등 극히 제한적 범위 내에서 혁신적 성과를 얻고 있다. 그러나 이러한 지표를 통해 우리의 가능성이 충분하다는 것을 보여주고 있다. 이제 연구 개발의 투자나 관리 등 혁신적 연구 개발은 중견기업과 중소기업, 그리고 대학에서도 활발히 해야할 시점에 다다랐다. 또한 정보통신 분야에 집중된 혁신성과는 다른 산업 분야로 확산되어 균형있는 산업 집중도를 나타낼 필요가 있다.

2.5 특허기술 사업화

위에서 언급된 대기업 중심의 연구 개발은 중견기업 및 중소기업으로의 확산이 필요하며, 혁신적 사고로 기술혁신을 이루는 시장 지향의 연구 개발 및 기술사업화를 모색할 때가 이미 도래했다.

2.5.1 특허기술 사업화 순서도

특허기술 사업화 순서를 아이디어 착상 단계부터 생각한다면 대체로 〈그림 2-20〉과 같다.

아이디어 착상	▪ 평소 불편했던 점 또는 희망, 개선, 요구사항에서 착상
↓ 유사특허 조사 분석	▪ 관련 유사특허 조사 및 분석을 통해 개선사항 구체화
↓ 아이디어 발굴	▪ 벤치마킹을 통해 최종적인 아이디어 구체화
↓ 개량(수요자 니즈)	▪ 트리즈 기법 등을 통해 연구 및 개발
↓ 아이템 확정	▪ 신규 사업의 아이템으로 확정
↓ 특허출원	▪ 실시에 가능한 특허로 출원/특허기술 가치평가 실시
↓ 사업계획서 작성	▪ 사업 타당성 분석, 아이템 개발비용 및 창업에 따르는 관리 비용 등 계산
↓ 창업	▪ 개발비용, 창업비용 조달
↓ 제품 3D 시뮬레이션	▪ 제품 상용화 테스트
↓ 시작품 제작	▪ 자금조달, 필요 시 투자자 유치
↓ 아웃소싱(양산)	▪ 양산을 위한 아웃소싱 발굴
↓ 제품 마케팅	▪ 제품 판로 및 홍보

그림 2-20 특허기술 사업화 순서도

1 아이디어 구상

아이디어 구상은 앞서 공부한 발상법에서 생각해 볼 수 있지만, 기본적으로는 평소 그 어떤 대상물에 대해 불편하게 여겼던 점이나 개선 사항에 대해, 다시 말해 수요자 니즈의 조사분석을 통해 구체화시키는 것이 바람직하다. 또한 아이디어 차원에서의 생각이 과연 이미 선행하고 있는 것인지에 대해서도 국내외 관련 특허를 조사해서 유사한 것이 있으면 면밀히 분석해서 아이디어를 발굴해야 한다. 이때, 개선 요구사항의 해법 전개를 위해서 앞서 설명한 아이디어 발상법이나 나중에 상세하게 기술할 QFD를 통해 해결하거나 트리즈 기법을 활용하여 해결한다.

2 특허출원

(1) 실시가능한 특허출원

일반 기업연구소의 자사 제품에 대한 연구 개발 이외에 개인발명가 또는 대학이나 연구원의 연구 결과물을 사업화하려는 경향이 점점 늘고 있다. 매우 고무적인 일이 아니라고 할 수 없다. 자원이 미천한 우리나라로서는 어떻든 간에 물건을 만들어서 팔아야(수출) 하는 숙명적인 나라임에는 틀림없다. 그러기에 연구 개발과 사업화 시도는 어쩌면 당연한 일인지도 모른다. 하지만 보통 아이디어의 수준에서 생각했던 것을 특허 출원이라는 지식재산으로 권리화를 시도함에도 불구하고 그 내용이 실시하기 난감한 너무 단순화된 것들이 많다. 이러한 특허는 여러 가지로 취약함에도 불구하고 이를 사업화하려고 애쓰곤 한다. 물론 이런 특허는 청구항이 3~4개 이내로 권리범위 자체도 매우 넓게 잡는 경우가 많다. 구체적인 실시예가 없으므로 당연한 결과일 것이다. 따라서 무엇보다도 아이디어 수준의 생각을 실시 가능한 형상 및 기능을 먼저 생각하고 그에 대한 시작품의 구상과 제작이 뒤따라야 한다.

(2) 청구 범위의 회피설계

유사한 특허에서는 새로이 정할 신규 아이템에 적용 가능한 것인지, 또 변형 가능한 것인지도 벤치마킹해야 한다. 이렇게 연구해서 특허청구범위를 설정하면 상당한 정도의 회피 설계가 가능하리라 본다. 이러한 유사특허나 선행기술을 조사 분석함으로써 경쟁자가 누구인지를 미리 파악해 두는 것은 앞으로의 사업 전개에도 매우 유리한 점을 가져다 줄 것이다.

(3) 투자를 염두에 둔 특허출원

구체적인 실시 예를 갖고 있는 특허라 하더라도 특허 하나 달랑 내놓고 사업화 자금을 구하러 다닌다는 것은 너무나 어처구니없는 시간 소모적인 일이라는 것을 잘 인식하지 못하는 경우가 많다. 모든 특허가 사업화되는 것도 아니지만 특허가 사업화되는 비율에서 성공하는 비율을 또 따지자면 10%도 채 되지 못한다. 이런 상황을 잘 알고 있는 투자자가 쉽사리 투자하기란 좀처럼 기대하기 어려운 현실이다. 그렇다면 투자자에게 어떤 투자 메리트를 제시하여 투자자로부터 투자심리를 자극시킬 것인가? 결국 사업자 입장에서는 이루고자 하는 사업을 어떻게 성공적으로 성취해 나갈 것인가가 매우 중요할 것이다.

2.5.2 특허기술 가치 평가 및 시장성

아직 시작품도 나오지 않았고 겨우 특허출원만 진행된 상태이다. 그래도 기술 가치 평가를 실시할만한 가치는 있다. 투자를 받기 위해서라기보다는 이런 특허를 갖고 과연 제품화가 이루어졌을 때 경제적 부가가치를 어느 정도 가져 올 수 있는 것인지를 미리 예측해 보자는 것이다. 그래야 사업을 할 것인지 말 것인지를 결정할 수 있다. 그냥 기술이 좋아서, 또는 없는 새로운 제품인 것 같아서 라는 막연한 생각으로는 사업에 내재된 리스크가 너무 많기 때문에 헛된 망상은 처음부터 갖지 않는 것이 나을 것이다. 그렇다면 어떤 방식으로 특허기술 가치평가를 할 것인가? 다양한 방법이 있지만 수익접근법으로 특허기술을 평가하고, 그 밖에 특허가치에 대한 기준 이슈를 기본으로 하여 추가적인 평가를 실시하여 종합적으로 살펴보아야 할 것이다. 예를 들어 특허가치에 영향을 주는 요소들, 다시 말해 국제출원 여부, 우선권주장 여부, 특허잔존 기간, 복수출원인 여부, 선행특허 존속여부, 특허침해가능성 여부, 청구항수 등 궁극적으로는 정량적인 산출에 의해 매출액 규모 추정 및 시장성에 대한 평가를 제품화 시도전에 수행하여야 한다.

연구문제

1. 특허권의 의의를 논하시오.

2. 특허의 요건중 객체적 요건에 대해 아는 바를 기술하시오.

3. 브레인스토밍의 4가지 규칙을 설명하시오.

4. '혁신'의 정의를 기술하시오.

5. 기술을 기능적으로 분류할 경우 어떠한 것들이 있는지 열거하고 이를 간단히 설명하시오.

6. '핵심기술'을 정의하고 이를 도출하는 방법에 대해 포트폴리오를 이용하여 설명하시오.

7. 기술수명곡선을 단계별로 구분하고 이를 설명하시오.

8. 기술혁신을 위한 기업의 문화는 매우 중요하다. 왜 중요한지 설명하시오.

9. 연구 개발 과정을 단계별로 설명하고 그 의의를 설명하시오.

10. R&D 또는 R&D경영에 있어서 특허경영의 역할에 대해 연구하고 이를 설명하시오.

CHAPTER 3

국내외 특허출원 시스템

학습목표

이 장에서는 국내 및 유럽 특허출원 절차에 대해 살펴본다. 대개 출원 절차는 어느 나라나 유사하다. 최근 들어 유럽과의 FTA 이후 더욱 늘어날 교역을 고려하여 여기서는 유럽 출원에 대해서만 추가로 살펴 보기로 한다.

3.1 국내 출원 시스템

3.1.1 국내 출원 절차

1 특허 출원

〈그림 3-1〉은 출원에서 등록 공고까지의 전체 심사 절차를 그림으로 요약한 것이다. 이 그림을 보면 전체가 파악될 것이다. 〈그림 3-2〉는 구체적인 국내 특허권리화 절차 흐름도이다.

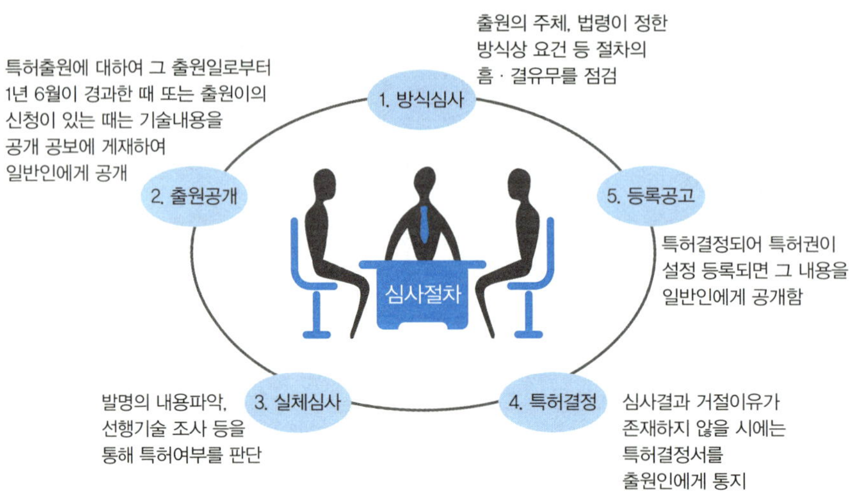

그림 3-1 심사절차도

출처 : 특허청 홈페이지

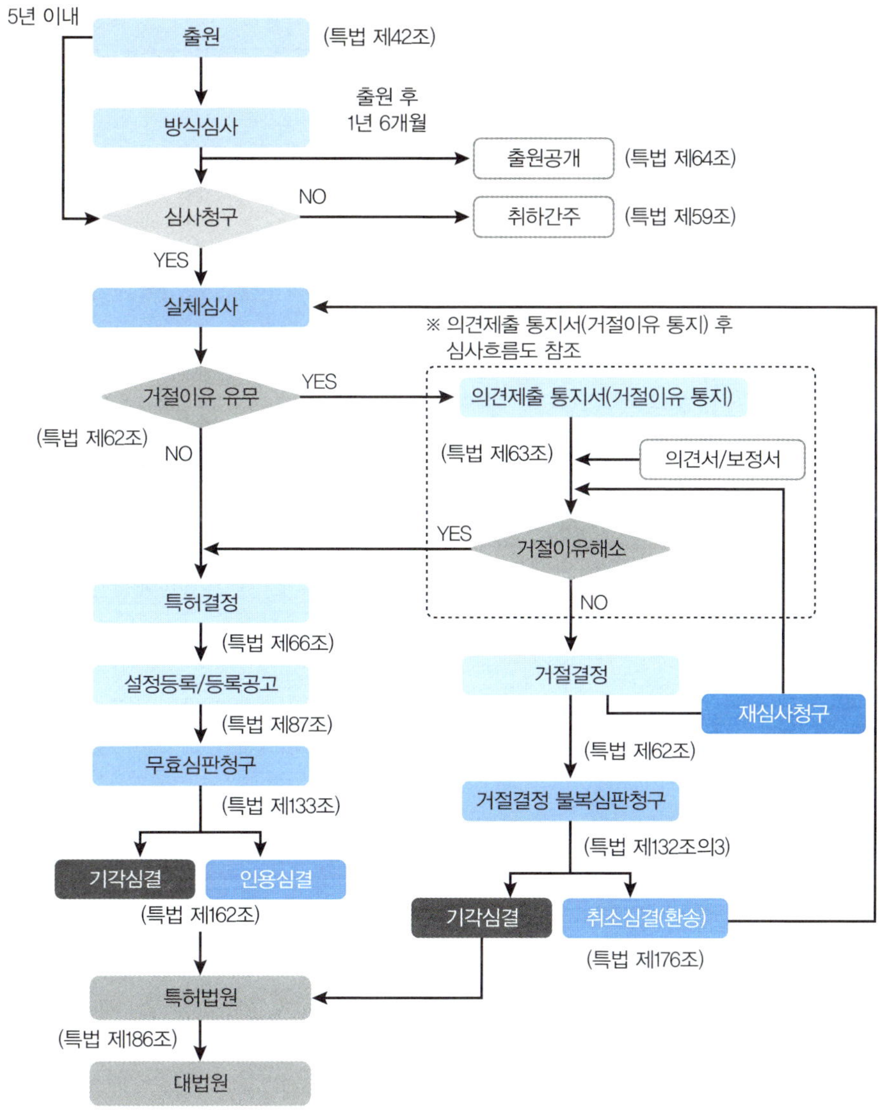

그림 3-2 국내 특허권리화 절차

출처 : 특허청 홈페이지

(1) 출원서류의 제출

특허출원을 하려고 하는 경우, 소정의 사항을 기재한 『특허출원서』를 특허청에 제출하여야 한다. 특허출원서에는 요약서, 명세서, 도면(필요한 경우)이 첨부되어야 한다.

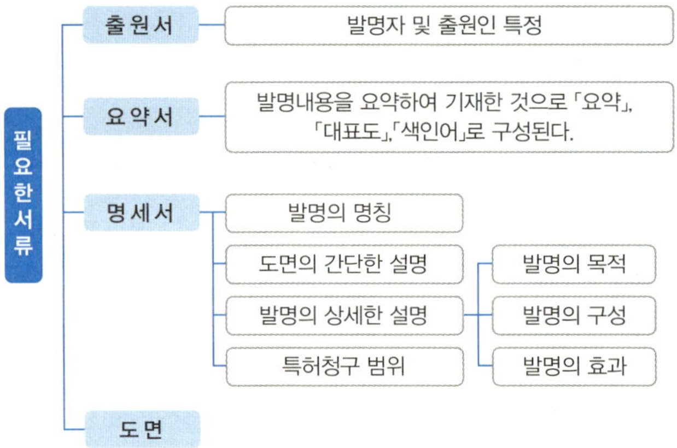

그림 3-3 출원서류

〈그림 3-3〉의 출원서류를 작성할 때에는 특허출원서, 요약서, 명세서 순으로 작성하되, 그 발명이 속하는 기술 분야에서 통상의 지식을 가진 자가 출원인이 제출한 출원서류에 기재된 내용을 보고 용이하게 실시할 수 있을 정도로 그 발명의 목적·구성·효과를 구체적으로 기재하여야 한다.

(2) 특허출원 서류의 제출 방법

특허출원 서류의 제출 방법은 〈그림 3-4〉와 같이 『전자출원』과 『서면』에 의한 출원 방법이 있다.

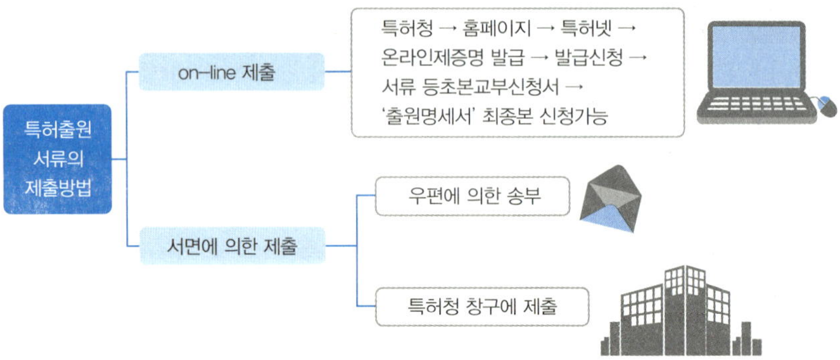

그림 3-4 특허출원 서류의 제출 방법

2 실용신안 출원 절차

실용신안 출원 절차는 특허출원 절차와 동일하다. 실용신안의 존속기간은 출원일로부터 10년이다.

3 디자인 출원 절차

디자인 보호법 제2조 제1호에는 '디자인이라 함은 물품(물품의 부분 및 글자체 포함)의 형상, 모양이나 색채 또는 이들을 결합한 것으로서 시각을 통하여 미감을 일으키게 하는 것을 말한다.'고 규정하고 있으며, 독립거래의 대상이 되는 유체 동산인 물품(또는 동 물품의 부분)의 외관에 관한 창작을 디자인이라고 할 수 있다.

(1) 등록절차

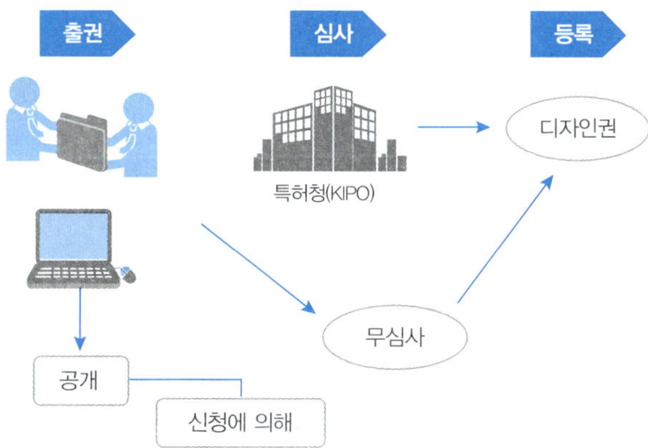

그림 3-5 디자인 출원 절차

(2) 유사디자인 제도

자기의 등록 디자인이나 디자인등록 출원한 디자인(기본 디자인)에 물품의 형상, 모양, 색채 등을 변경한 디자인을 등록함으로써 의장권의 모방, 도용을 사전에 방지할 수 있는 제도이다.

(3) 한 벌 물품 디자인 제도

상관습 상 한 벌로 판매되고 한 벌로 사용되는 물품으로서 전체적인 통일성이 있는 경우에는 하나의 출원으로 등록할 수 있도록 한 제도이다(예 : 한 벌의 차 세트, 한 벌의 흡연용구 세트 등)

(4) 비밀디자인 제도

출원 시 출원인의 신청이 있는 경우에는 디자인권 설정 등록일로부터 3년 이내의 기간 동안 디자인공보 등에 공고하지 아니하고 비밀상태로 둘 수 있도록 한 제도이다.

(5) 디자인 무심사등록 제도

직물지, 벽지, 합성수지지 및 등록율이 높은 일부 품목에 대하여는 기본 요건만을 심사하여 등록함으로써 현행의 신규성, 창작성 등 실체적 요건 심사에 소요되는 기간을 대폭 줄일 수 있는 효과가 있는 제도이다.

(6) 복수디자인 등록출원 제도

의장무심사 등록출원에 한하여 20 이내의 의장을 1출원서로 출원할 수 있게 하여 출원절차를 대폭 간소화함으로써 출원료 등 비용 부담을 경감하여 주는 제도이다.

(7) 부분디자인 제도

물품의 부분(예 : 커피잔의 손잡이부, 안경테의 귀걸이부 등)에 관한 디자인도 등록을 받을 수 있도록 한 제도이다.

4 상표 출원 절차

상표란 기호, 문자, 도형 혹은 입체적 형상으로 구성된 것으로서, 이들을 단독 또는 2 이상 결합하거나 색채와 결합한 표장으로 타인의 상품 또는 업무와 식별시키기 위해 당 업자가 상품 또는 업무(서비스업)에 사용하고자 하는 것을 말한다.

(1) 절차흐름도

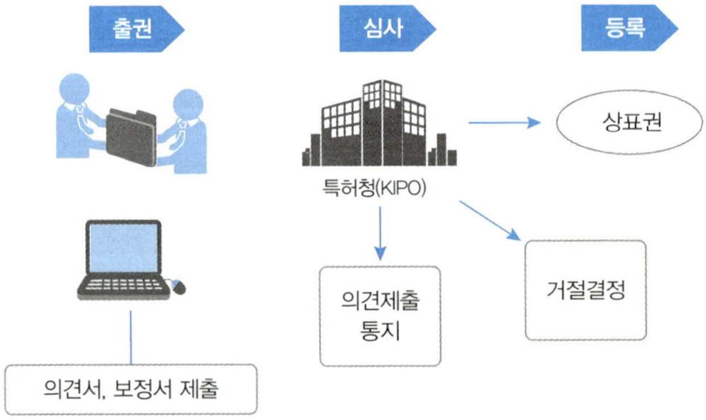

그림 3-6 상표등록까지의 과정

(2) 입체상표 제도

현재 상거래에 많이 사용되고 있는 3차원적인 입체 상표(예 : 코카콜라 병 모양)를 평면으로 구성된 상표와 마찬가지로 상표등록이 가능하도록 한 제도이다.

(3) 다류 1출원 제도

상표등록을 받고자 하는 상품이 1개류 이상에 해당할 경우에도 1출원서로 출원이 가능하도록 한 제도이다. 1출원서로 여러 류를 지정할 수 있으므로 출원절차가 단순해진다. 다만 다류의 상품을 하나의 출원으로 할지, 별개의 출원으로 할 지 여부는 선택사항으로, 출원인의 출원전략에 따라 결정하는 것이 바람직하다.

5 프로그램 저작물의 등록 절차

컴퓨터 프로그램도 일반 저작물과 마찬가지로 저작권의 일종으로서 등록하지 않아도 권리는 발생한다. 그러나 권리의 귀속에 대하여 분쟁이 발생하는 경우 재판과정에서 자사가 사용하고 있는 프로그램을 특정하거나 창작된 일시 등을 입증하는것이 중요한 포인트가 되기 때문에 등록제도를 활용하는 것이 일반저작물 이상으로 의미가 크다. 프로그램 저작물 등록 신청절차는 사이트(www.sors.or.kr)에 접속하여 소정의 절차에 따라 진행하면 된다.

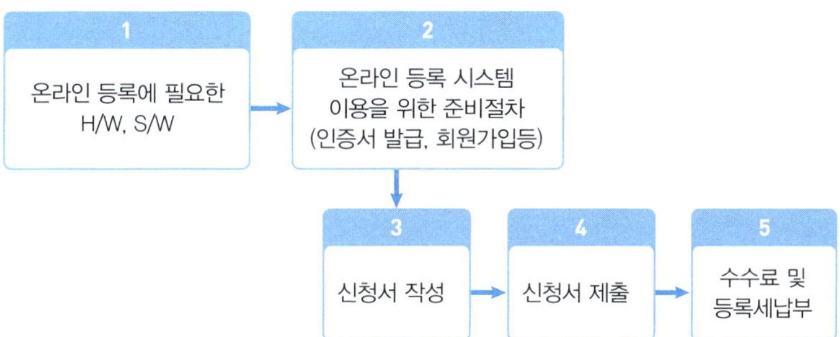

그림 3-7 신청절차(온라인)

3.1.2 해외출원 절차

특허는 출원하여, 권리를 취득한 국가에서만 보호되기 때문에 해외에서도 사업을 전개(수출)하고 있거나, 해외에 진출하고자 하는 기업은 진출국인 각국에서 특허출원을 하여 권리를 취득하여야 한다.

외국으로의 출원에는 외국의 특허청에 직접 출원하는 경우(외국출원)와 특허협력조약에 근거한 국제출원(PCT출원)을 이용하는 경우의 두 가지 방법이 있다.

1 외국의 특허청에 직접 출원하는 경우

각국 별로 특허를 출원한다. 이때 명세서의 언어는 현지어가 원칙이다. 단, 한국어 명세서로 출원한 후에 해당 국가 언어로 기재된 명세서를 제출하여도 되는 국가도 있다. 한국에서 특허출원 후 12개월 이내라면 공업소유권의 국제 보호를 목적으로 한 파리조약에 근거하여 타 국가에 출원할 때에도 한국에서의 출원 일이 적용된다(우선권 주장).

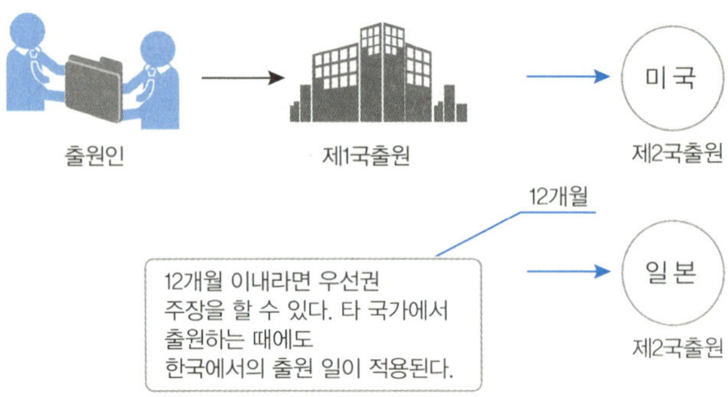

그림 3-8 특허의 외국출원과 우선권 주장

2 PCT 출원

PCT에 가맹되어 있는 세계 120개 이상의 나라에 동시에 출원하는 효과가 있다. 한국 특허청에 국어 혹은 영어로 PCT출원 전용서식을 사용하여 출원하면 된다. 단, 권리를 취득하는데에는 우선일로부터 30개월 이내에 권리를 취득하고자 하는 나라에서 요구하는 언어로 번역문을 제출하고 소정의 수수료를 지불해야 한다.

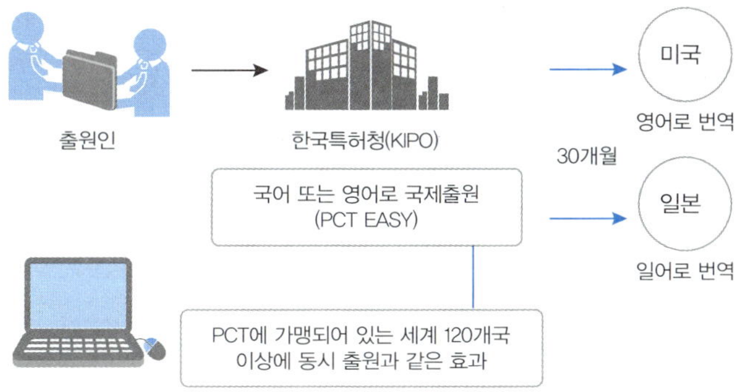

그림 3-9 PCT출원의 구조

3.2 유럽 출원 시스템

유럽의 각 국가들에서 특허권을 취득하기 위한 절차를 다음에서 살펴보기로 한다.

3.2.1 유럽특허제도 개요

유럽에서 특허를 출원하여 권리화하는 방법에는 일반적으로 크게 두 가지의 경우가 있다. 하나는 전통적인 방법으로 개별국가에 출원하는 경우이고, 다른 하나는 유럽특허조약(EPC)에 따라 유럽특허청(EPO)에 출원하는 경우이다. 유럽의 3개국 이상에서 특허권을 얻고자 하는 경우에는 대부분 EPO를 통한 출원이 비용 면에서 유리해 이를 선택하는 경우가 많다. 특히 유럽특허청을 통한 출원을 각국 별로 국내출원으로 변경할 수 있기 때문에 대부분 선호하고 있다.

EPO출원의 경우, 유럽 특허청에 하나의 특허 출원을 하여 심사 후 등록 여부가 결정되며, 등록되면 각 지정국에 그 나라의 언어로 번역된 명세서를 제출함으로써 각 회원국에서 특허를 인정받을 수 있다. 회원국으로는 2004년 6월 기준으로 영국, 독일, 프랑스, 네덜란드, 벨기에, 오스트리아, 이탈리아, 아일랜드, 스페인, 포르투갈, 덴마크, 그리스, 스웨덴, 핀란드, 스위스, 리히텐슈타인, 키프러스, 모나코, 룩셈부르크, 터키, 불가리아, 체코, 에스토니아, 헝가리, 폴란드, 루마니아, 슬로베니아 및 슬로바키아의 28개국과 그 이후 아이스랜드 등 10개국이 추가되어 현재 모두 38개국에 이른다. 출원 시에는 자동적으로 체약국 전체가 지정되며 지정료 납부 시에 특허를 취득하고 싶은 체약국을 지정하여 최종적으로 지정국을 지정하고, 특허등록 후 등록을 원하지 않는 지정국은 번역문을 제출하지 않음으로써 포기할 수 있다.

유럽 특허청 제출의 장점
유럽 특허청에 하나의 출원서만 제출하면 되고 유럽 특허청에서의 심사만으로 다수의 유럽 국가에서 특허 등록을 받을 수 있다.

3.2.2 절차

유럽특허청의 특허절차도를 살펴보면 다음과 같다.

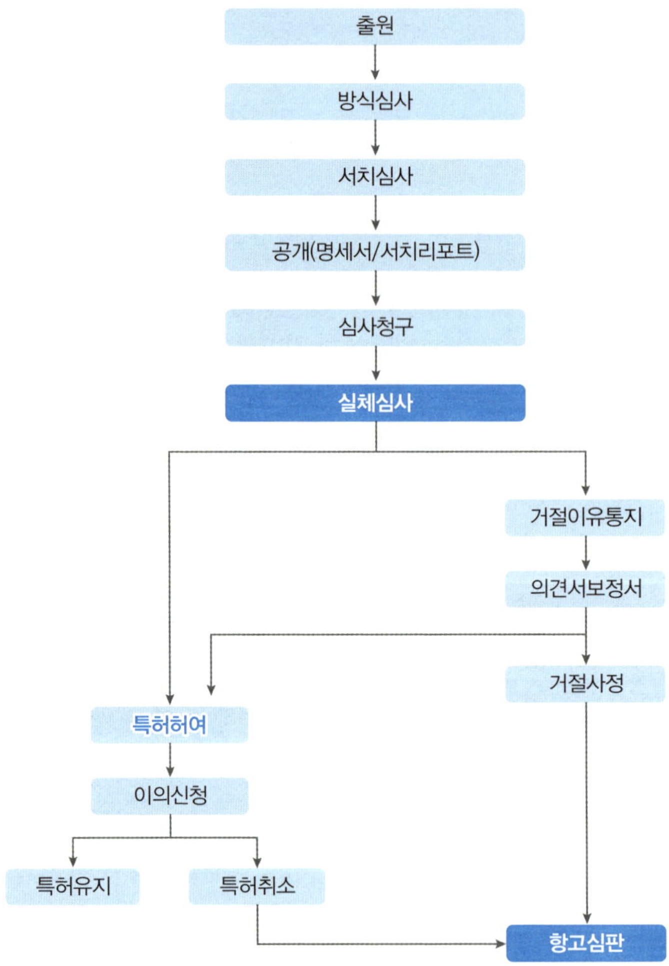

1 출원절차

유럽 특허 출원은 독일 뮌헨의 EPO본부, 네덜란드 헤이그 지청, 또는 회원국 특허청에 영어, 프랑스어, 독일어 중 어느 하나로 작성된 출원서를 제출함으로써 출원절차가 진행된다. 그 외 언어로 출원하는 경우 우선일로부터 13개월 또는 유럽특허 출원일로부터 3개월 이내에 영어, 프랑스어 독일어 중 어느 하나로 번역문을 제출한다. 우선일로부터 12개월 이내 우선권 주장 출원이 가능하고, 출원과 동시에, 또는 출원 및 서치리포트 발급일로부터 6개월 이내 심사청구를 해야 실체심사가 진행된다.

출원 시 제출 서류
• 특허출원서 : 출원인과 발명자 인적사항 등을 기재 • 발명의 상세한 설명, 청구범위, 도면, 요약서 제출 • 위임장(Power of Attorney) • 우선권 증명 서류 : 우선권 주장 시에만 제출 • 미생물 발명의 경우, 미생물을 기탁해야 함

2 심사절차

① 예비(방식) 심사(Formal Examination)

발명의 특허성은 심사하지 않고, 서지적 사항에 대한 심사를 진행한다.

② 서치리포트(Search Report)

발급 서치리포트 결과에 대해 명세서, 청구항, 도면 등의 자진보정이 가능하며 출원 철회도 가능하다.

특허출원은 전문분야별로 분류된 후, 특허청구범위 및 명세서에 기초해 검색되어 서치리포트가 작성된다. 서치리포트는 선행기술과의 관련성만을 언급할 뿐 발명의 특허성에 대한 심사관의 의견이나 이유는 기재되지 않는다. 서치리포트는 인용참증과 함께 출원인에게 통보된다. 출원인은 출원일로부터 약 18개월 후 서치리포트를 받아볼 수 있으며, 서치리포트를 참조하여 특허청구범위를 보정할 수 있다. 유럽특허의 청구범위에는 특색이 있는데, 즉 출원인은 자신이 원하는 청구범위를 작성하여 주청구(main request)를 하고, 이러한 청구범위가 받아들여지지 않는 경우를 대비해 다른 한 개 또는 복수개의 청구범위를 작성하여 보조청구(subsidiary request)를 할 수 있다.

③ 출원공개(Publication)

출원일 또는 최초 우선일로부터 18개월 이후 공개되며, 조기공개를 요청할 수 있다.

④ 실체심사(Substantive Examination)

심사관이 심사해 하나 또는 그 이상의 거절이유를 발견하는 경우 기간을 지정해(통상적으로 2~4 개월 이내) 출원인에게 의견서 및 보정서 제출 기회를 부여하게 된다. 한편, 특허 허여 통지 후 등록단계로 진행된다.

등록 절차
• 지정국에 명세서 번역문 제출 특허결정 공고 후 3개월 이내에 특허권을 획득하고자 하는 나라의 언어로 번역문을 제출해야 한다. • 연차료 출원유지료 : 3년차부터 매년 출원일에 납부 등록유지료 : 각 지정국에 매년 납부

▶ 존속기간 : 출원일로부터 20년 동안 특허권을 행사할 수 있다.

⑤ 이의신청

등록공고 발행일로 부터 9개월 이내 등록공고된 특허에 이의가 있는 자는 누구든지 이의신청할 수 있다. 이의신청은 3인의 심사관에 의해 구성된 이의심사부에서 심사하며, 이의심사부는 이의신청인의 이의신청이유에 대해 이의신청통지를 받은 날로부터 4개월 이내에 특허권자에게 답변서를 제출하게 하며, 이때 특허권자는 필요한 경우에 명세서 및 특허청구범위를 보정할 수 있다. 이의신청인은 특허권자의 답변서에 대하여 2개월 내지 4개월 이내에 변박서를 제출할 수 있다. 이의심사부는 최종적으로 등록된 특허의 취소를 결정하거나 이의신청을 거절하거나 특허권자에 의해 보정된 특허청구범위를 유지하는 결정을 할 수 있고, 이의심사부의 결정에 대하여 불복이 있는 경우에는 모두 항고심판을 청구할 수 있다.

⑥ 번역문 제출

유럽특허공고 공보발행일로부터 3개월 이내에 각 지정국에서 인정하는 언어로 작성된 명세서, 특허청구범위에 대한 번역문을 각 지정국 특허청에 제출하여야 특허권의 효력이 그 지정국에 미친다. 번역문의 제출이 없는 경우에는 그 특허권은 그 지정국에서 포기된 것으로 본다.

⑦ 항고심판

거절사정에 대한 항고심판, 이의결정에 대한 항고심판청구가 가능하다. 결정의 통지일로부터 2개월 이내에 항고장을 제출해야 하며, 이 기간은 연장될 수 없다. 결정의 통지일로부터 4개월 이내에 항고이유서를 제출해야 한다. 항고심판소가 내리는 심결은 EPO가맹국의 항소법원이 내리는 판결의 중요성을 능가한다. 왜냐하면 유럽특허의 유효성은 모든 지정국에 대해 동일하며, 또한 항고심판소의 심결에 대하여 다른 법적인 불복 수단이 없기 때문입니다.

⑧ 특허무효와 침해

각 지정국에서 유효하게 존속되는 특허권의 무효 및 침해에 관하여는 각 지정국내의 절차에 의하여 진행된다. 그러나 1989년 12월 15일에 채택되고 현재 발효예정(2014년1월1일) 중인 공동체특허협약(CPC)에 의하면 등록된 공동체 특허의 무효 및 침해소송은 각국의 국내법에 의하지 않고 오로지 CPC에 의해 결정되도록 하는 규정이 있고, 공동체특허의 등록효력, 양도, 취소, 소멸은 가맹국 전역에 동일하게 적용될 수 있도록 규정하고 있다.

3.2.3 유럽 특허의 최근 동향

2012년 12월 11일 유럽연합(EU) 의회가 EU 국가 전역에서 단일한 효력을 갖는 단일특허제도 관련 법안을 승인했다. 이러한 EU 단일특허는 하나의 통합된 유럽특허체제를 달성하기 위한 것으로 모든 참가국에서 동일한 권리를 갖는 하나의 독립된 권리가 발생된다. 이와 함께 특허권 침해 무효사건에서도 하나의 권리로 취급되어 이를 전담하기 위한 유럽 통합특허법원도 설치된다.

EU 단일특허(EU Unitary Patent)를 기존의 유럽 특허와 비교하면 특허출원, 심사, 특허결정은 모두 유럽특허청(EPO)에서 이루어지나 그 이후 각국 특허청에 별도로 번역문을 제출 등록하여 각 지정국가별로 효력을 갖는 별개의 특허권이 발생되었고, 현재 유럽특허로 등록받았다 하더라도 특허권은 각 국가별로 발생했으며 이후의 법률관계와 침해 및 유무효 판단도 각 국가별로 개별적으로 이루어졌다. 그러나 EU 단일특허는 이탈리아와 스페인을 제외한 유럽연합 회원국에게 단일 효력을 갖게 한다. 따라서 침해 및 유무효 판단도 EU 수준에서 이루어지고, 무효가 될 경우 전 EU지역에서 유럽특허 자체가 소멸된다. 또한, 단일특허절차도 유럽특허협약

(EPC)에 따라 EPO에서 이루어진다. 이러한 EU 단일특허의 채택으로 유럽에서의 특허취득 소요 기간이 단축되고, 평균 비용이 약 80% 감소할 것으로 예상된다.

공식언어에 있어서도 EU 단일특허 출원서는 EPO 공식언어인 영어, 독어, 불어 중 1개의 언어로 작성, 이외의 언어로 작성될 경우에는 3개의 언어 중 1개의 언어로 번역된 출원서 번역본을 함께 제출해야 한다. 새로운 EU 단일특허 뿐만 아니라 기존 유럽특허의 침해사건과 무효사건을 전담할 3심제의 통합특허법원(UPC)이 설립되는데, 1심 법원으로 프랑스 파리(섬유, 전기전자), 독일 뮌헨(엔지니어링, 기계), 영국 런던(화학, 의약품) 3곳에 광역법원을 설치하고, 2심 법원으로서 룩셈부르크에 항소법원을 설치하고 3개의 광역법원 이외에 체약국의 각 지방 및 지역에 지원을 설치할 예정이다.

UPC 판결은 2개 회원국 전역에 미치므로 법안 시행일로부터 7년의 유예기간(transitional period)을 두어 그 이전 유럽특허 출원을 하거나 등록한 자가 각국법원에서 다투길 원할 경우 UPC 기피신청(opt-out)을 할 수 있도록 하고 있다. UPC에 관한 협정은 2014년 1월 1일 또는 13개 회원국의 비준(단, 영국, 프랑스, 독일이 포함되어야 함)이 있으면 발효된다.

유럽 단일특허제도 도입은 특허 출원 및 등록 절차의 간소화, 특허 소송절차의 일원화를 가져올 것이므로 우리나라 입장에서도 긍정적이다. 무엇보다도 동일 사건에 대해 각국 법원의 판결이 모순되는 상황을 방지할 것으로 예상된다.

이러한 변화에 힘입어 국내 기업들이 전략적으로 출원 및 등록을 해야 하는데, EU 국가에서 특허를 취득하고자 하는 경우, 몇 가지 선택적 방법을 취해야 한다.

① 각 국가별 국내출원 ② PCT 국제출원 ③ 전통적 유럽특허출원, ④ EU 단일특허 출원 중 선택이 가능하므로 각 기업의 유럽진출 계획에 따라 특허출원 루트를 선택할 필요가 있다. 특허소송의 경우 UPC에서 한번 특허무효판결을 받으면 유럽 전역에서 특허권 효력이 소멸되므로 국가별 등록 가능성이 다른 경우 개별국 출원 검토도 할 필요가 있다.

(출처 : 한국지식재산연구원)

연구문제

1. 국내 특허 출원 절차를 단계별로 구분하고 이를 설명하시오.

2. 특허 출원시 먼저 점검해야 할 서류가 무엇인지 설명하시오.

3. 디자인 출원의 경우 다양한 디자인 제도를 열거하고 그 차이점을 설명하시오.

4. 해외 출원시 주의해야 할 사항을 열거하고 이를 설명하시오.

5. 'PCT출원'은 무엇인지 설명하고 출원하는 방법에 대해 논의하시오.

6. 'PCT출원'의 경우 지정국 선택시 고려해야 할 사항이 무엇인지 논의하시오.

CHAPTER 4

특허경영 일반

학습목표

이 장에서 다루고자 하는 핵심적인 내용은 바로 특허경영의 본질과 실제 내용에 대한 고찰이다. 특허경영에 대한 정의와 특허경영의 본질을 이해하고 특허경영을 기업경영성과와 연계하여 고려할 때 특허경영의 목표는 분명해질 것이다.

4.1 기술경영으로서의 특허경영

4.1.1 특허경영의 정의

최근 들어 특허경영이라는 말이 자주 회자되면서도 특허경영에 대한 정의가 불분명하게 사용되고 있으나 다음의 내용을 통해 개념적으로 정의할 수 있다. 독일의 학자 부르쩌(Wurzer)는 특허경영을 정의하기를 특허전략을 수립할 때 기업의 경영목표와 부합되는 특허전략으로 변화시키는 수단이라 하였다. 다시 말해 이는 특허경영을 통해 기업경영의 목표성과를 효과적으로 달성하는 것을 의미한다 할 것이다. 또한 독일의 홀거 에른스트 교수의 특허경영에 대한 정의를 살펴보면, 기업의 목적(매출, 이익 등)을 달성하기 위해 내부 및 외부로부터 '기술의 창출', '기술의 축적', '기술의 활용'의 프로세스를 계획하고 조정하는 것이라 하였다. 이를 자세히 살펴보면 결국 기업의 경영 성과를 효과적으로 끌어 올리기 위해 신기술 창출과 이를 특허화한 특허기술의 축적 및 특허권의 보호, 특허기술 및 특허권의 활용 등을 잘 해내는 것을 의미한다고 볼 수 있다.

이와 함께 기술경영적 측면에서 볼 때, 특허경영은 한편으로는 특허정보를 올바르게 해석하고 평가하여 기술경영으로서의 의사결정을 제대로 내리고, 또 한편으로는 강한 특허를 만들어 기술가치에 영향을 주고 기술금융에 유리하도록 하는 데 있다. 즉, 기술경영으로서의 특허경영을 다시 정의하면 다음의 두 가지 주요 키워드로 요약할 수 있다. 첫째로는 특허정보의 평가, 둘째로는 이를 통한 효과적인 특허활용을 예로 들 수 있다. 결국, 부르쩌(Wurzer)나 에른스트(Ernst)가 말하는 특허경영의 중요한 목적은 효과적인 기업 성과를 달성하는데 있다.

그 밖에 하버드 경영대학원의 Rivette와 Kline의 특허경영의 세 가지 세부 목표를 살펴보면 다음과 같다.

첫째로는 시장의 장점을 적절하게 보호하는 것이고, 둘째로는 기업의 수익성을 높여주는 것, 셋째로는 높은 경쟁력을 확보하는 것이다. 시장의 장점을 적절하게 보호한다는 것은 특허의 보호 기능에 해당하는 것으로 특허권자는 자신의 발명을 제3자가 독점적으로 사용할 수 있게 할 수 있다. 이러한 독점권을 보유하게 되는 기업은 수익을 올릴 수 있는 기회를 갖게 되는데, 이때 특허권은 기업에 있어서 개발비용을 절감시켜주거나 매출액을 높여 줄 수 있다. 또한 라이센스나 양도를 통해 수익을 얻을 수도 있다. 뿐만 아니라 다양한 특허 포트폴리오를 통해 기업의 경쟁력을 높일 수 있으며, 크로스 라이센스 또는 특허침해의 경우 상대 경쟁업체에 대해 유리한 조건을 얻을 수도 있다.

그 밖에 경쟁력을 확보한다는 것은 곧 핵심역량을 보장하고 경쟁자를 무력화시킬 수 있다는 것을 의미한다. 이러한 특허경영의 정의를 살펴볼 때 지금까지의 내용은 향후 특허경영의 핵심적인 연구과제가 될 수 있다. 중요한 것은 지금까지 특허경영을 특허관리의 관점에서만 바라보았지만, 이제는 기업경영에 있어서 성과에 영향을 주는 것으로 인식함에 따라 그 활용의 가치가 넓고 기업경영과는 불가분의 관계에 있다는 사실이다.

4.1.2 특허경영의 목표와 범위

위에서 설명한 특허경영의 정의를 고려하면, 특허경영의 목표는 성공적인 기업경영의 성과에 그 의미를 둘 것이다. 독일의 에른스트의 정의에 따르면 특허경영의 목표는 기업의 목적을 달

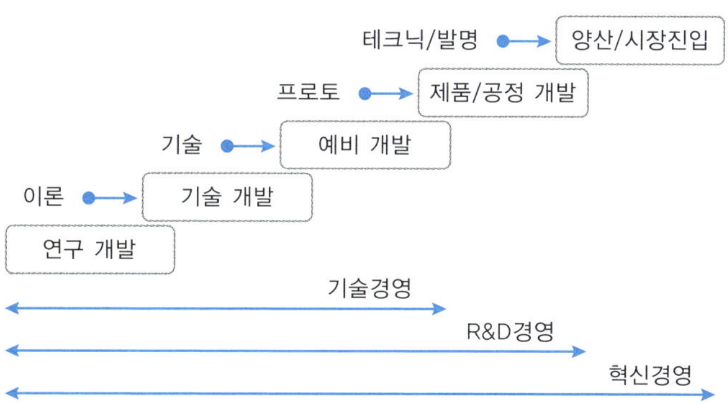

그림 4-1 기술경영, R&D경영, 혁신경영과의 관계

출처 : 슈페히트(Specht, G.), 2002; Vivian Nitsche, Patentmanagement 2007 재인용

성하는 데 있으며, 이를 효과적으로 이루어내기 위해 특허경영의 범위로는 '기술의 창출', '기술의 축적', '기술의 활용'의 프로세스 전체로 생각하였다. 그러나 이에 대해 단계별 과정을 통해 그 개념을 구체화시키는 것이 특허경영의 범위를 이해하는데 도움이 될 것이다. 여기서는 이를 위해 기술경영, R&D경영 그리고 혁신경영과의 관계를 〈그림 4-1〉을 통해 살펴 보도록 한다.

대체로 혁신경영은 연구 개발에서부터 제품의 양산과 시장진입에 이르기까지 전 과정에 해당하고, R&D경영은 제품/공정 개발까지 그리고 기술경영은 프로토 타입의 예비 개발까지 해당한다. 이와 같은 범위를 따른다면, 기술경영은 혁신경영의 일부라 할 수 있으며, Gerpott에 의하면 〈그림 4-2〉와 같이 설명될 수 있다.

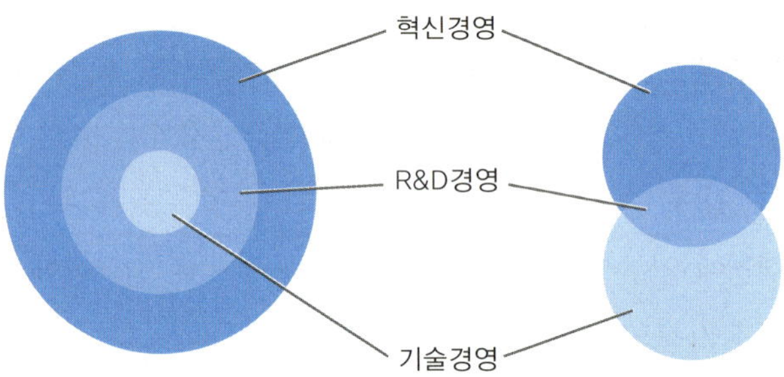

그림 4-2 기술경영, R&D경영, 혁신경영과의 관계(Gerpott)

출처 : Gerpott, T. 1999; Vivian Nitsche, 2007 재인용

4.1.3 기술경영과의 차이점

1 기술경영의 정의

'전략적 기술경영(정선양)'에서는 기술경영의 정의를 조직의 경쟁우위 및 부 창출(wealth creation)의 핵심 요소로서 기술의 창출과 획득 그리고 활용에 관한 시스템의 경영을 의미한다라고 되어 있다.

미국 국가연구위원회(NRC : National Research Council)에서 내린 정의를 보면, 기술경영이란 공학 및 과학, 경영원리를 결합하여 조직의 목적을 달성하기 위해 기술적 능력을 기획, 개발, 운용하는 활동이라 했다. 이를 좀 더 달리 살펴보면, 조직이 보유하고 있는 기술 및 경영 노하우 등 제반 지식을 기업의 특정 제품, 용역(서비스) 생산에 적용하는 과정을 효율적으로 관리하기 위한 체계적 기법의 총합체로서 조직의 기술경쟁력 확보를 위한 경영활동(신용하, 장동훈,

2001)과 일맥하는 것이라 할 수 있다.

2 기술경영의 본질

기술경영은 기술을 바탕으로 기업의 목적을 달성하기 위한 전략적 경영으로 기술경영의 목표는 기술경영을 수행하는 기업의 부의 창출(wealth creation)에 있다. 이와 같은 부의 창출은 근본적으로 각 기업의 경쟁력(competitiveness) 혹은 경쟁우위(competitive advantage)에서 비롯된다는 점에서 기술경영은 기업의 기술 경쟁력 확보를 통해 부를 창출하는 것이다.

슈페히트에 따르면, 기술경영은 과학적 지식 및 공학적 지식을 가지고 연구 개발과 상용화 개발을 하는 R&D경영의 일부로 보고 있다. 이같은 R&D경영은 개념적으로 보면 혁신경영과 기술경영에 사이에 걸쳐 있다. 또한 에른스트에 따르면 특허경영은 기술경영의 일부로 보고 있다. 이들간의 관계를 재정리하면 다음의 〈그림 4-3〉과 같으며 우리는 이를 통해 특허경영에 대한 이해가 보다 분명해질 것이다.

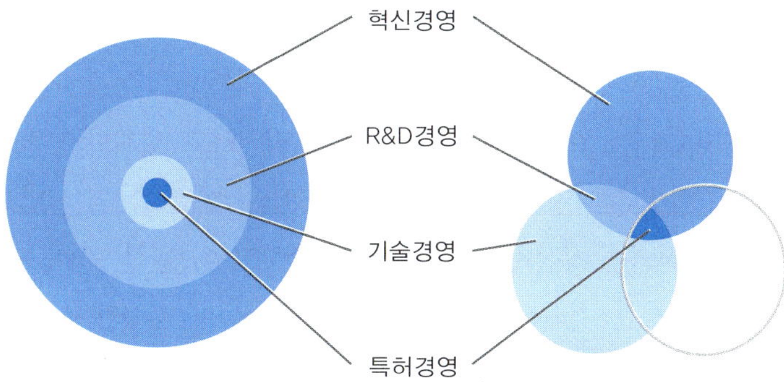

그림 4-3 특허경영, 기술경영, R&D경영, 혁신경영과의 관계

이를 설명하면 R&D경영은 혁신경영의 범주에 속한다. 이러한 혁신경영이 프로세스 관리 측면에서 이해한다면 기술경영은 주로 공학적, 과학적 문제해결 측면에서 고려된다. 이에 따라 신제품의 시장 개척은 혁신경영의 범주로 분류할 수도 있다. 또한 혁신경영을 또 다른 측면에서 바라본다면 신기술, 즉 이노베이션(기술혁신)을 의미하기도 한다. 이때는 기술경영이 보유 기술에 대한 전략적 유지, 그리고 외부로부터의 신기술 획득 및 활용 가능성을 고려할 경우이다.

반면에 특허경영은 기술경영과는 달리 특허권화된 기술을 대상으로 하며, 혁신경영과 R&D경영, 기술경영에 걸쳐 있다. 다시 말해 기술경영은 법으로 보호받지 않는 기술도 그 범위로 하고 있다. 일반적으로 특허경영은 경영과 법, 기술 분야에 부분적으로 속해 있다.

3 기술경영의 요소

기술적인 관점에서 기술경영의 요소를 보면, 제자원과 하부구조, 조직활동을 들 수 있으며, 이들 요소 간에는 매우 밀접한 관계를 가지며, 각각 고유 기능을 갖는다. '자원'이라 함은 인적자원, 지식재산, 정보, 조직특성, 기술, 고객과 공급자, 시설과 장치 등을 말하는 것으로, 특히 기술은 기업경쟁력을 좌우하는 가장 중요한 요소이다. '하부구조'란 조직의 목표달성에 중요한 역할을 하는 기반시스템을 말한다. '조직활동'이란 각 자원과 하부구조에 특수기능의 수행을 요구하기도 하며 각기 영향을 미치는 요소이다.

4.1.4 지식경영과의 차이점

1 지식경영의 정의

지식경영이란 기업의 경쟁력을 향상시키기 위하여 지식을 획득하고 이를 체계적으로 축적, 활용하는 경영활동을 의미한다. 여기서 지식이란 정보를 집적하고 체계화하여 장래 사용에 대해 보편성을 갖도록 한 형태로서 정보보다 상위의 개념이다. 이를 좀 더 설명하면 지식경영이란 조직의 발전전략에 직결되는 핵심지식을 부단히 창출하고 이를 신속하게 전파, 공유함으로써 모든 조직 구성원이 원하는 지식을 적기에 습득, 업무활동에 적용해서 고부가가치를 창출할 수 있도록 조직 내외에 산만하게 표류하는 정보나 지식을 체계적으로 관리경영하자는 '21세기형 경영혁신 전략'이다(유영만, 2001).

2 지식경영의 본질

이러한 지식경영에 대한 정의에 따라 다음의 지식경영의 본질을 살펴보기로 한다. 경영의 본질을 가치(이익)를 창출하는 것으로 본다면, 지식은 위의 정의에 따라 이러한 가치를 창출하는데 매우 큰 기여를 하고 있으며, 특히 지식의 축적 및 공유 그리고 활용을 통해 지식을 부단히 재창출하고 이를 고부가가치화 하는데 체계적으로 사용함으로써, 지식은 유형의 자산과도 같은 무형의 자산으로서 지적자본에 해당한다고 할 것이다. 다시 말해 지식경영의 본질은 바로 가치를 창출하는 지식으로 볼 수 있을 것이다. 이러한 지식을 기업이 유형의 자산과 마찬가지로 가치를 느끼고 수확체증적 경제특성을 갖고 경제적 가치를 창출한다고 인식할 때 비로소 그 본질적 의의가 있다고 할 것이다.

3 지식경영의 요소

지식경영의 기본 구성요소는 첫째로 지식자산의 개발과 공유, 둘째로 그것에 기초한 지식의 창조 및 활용의 프로세스, 그리고 셋째로 지식활용의 장(場)이다(이봉호(역), 1999).

위와 같이 이러한 구성요소상의 지식경영의 활동을 위해 프로세스의 일환으로서 먼저 유무형의 지식의 발굴, 획득, 창출과정이 필요하다. 지식의 창출과정(creation process)에는 지식을 외부로부터 공급받거나 학습하는 과정도 포함된다. 그런 다음 그 지식을 나중에 여러 사람들이 사용할 수 있도록 저장하고 축적(encapsulation process)한다. 축적된 지식은 그 지식을 필요로 하는 사람에게 보급되어야 하고, 공유되어야 하고 또한 접근하기가 쉬워야 한다(disseminate, share, make accessible). 마지막으로 지식들은 목적지향적으로 응용되고 또한 활용되어야 한다(이재규, 2003).

4.2 여러 관점의 특허경영

4.2.1 법학적 측면

특허경영은 특허권화된 기술을 대상으로 하는 만큼 특허경영에서 기술에 대한 법적인 보호는 매우 중요하다. 특허권 침해 여부도 특허청구범위의 해석 등을 따르겠지만 결국은 법으로 해결할 수밖에 없다. 손해배상에 관한 것 역시 법으로 해결될 수 있다. 특허권을 포함한 지식재산권은 이해 관계 속에서 행사되기 때문에 지식재산법은 물론 관련 법규에 대한 이해가 필요하다. 그러나 더 필요한 것은 정보통신기술과 같이 특허침해 시비가 많은 분야에서 법적으로 한계를 어떻게 둘 것인지 연구해야 할 것이다.

4.2.2 공학적 측면

특허경영은 위에서 살펴본 바와 같이 기술경영에 속하는 특화된 분야이다. 따라서 특허경영에서는 기술경영의 공학적 기법 및 도구를 활용하여 특허를 평가하고 이에 따른 포트폴리오를 구축한다. 특히 선행특허 조사분석이나 특허맵 또는 기술로드맵의 이해를 위해서는 해당 분야의 공학적 배경 지식이 전제되고 있다. 또한 의사결정을 위한 기법의 활용도 중요하다.

4.2.3 경영학적 측면

이미 무형자산의 가치가 점점 상승하는 시점에서 특허경영의 최적화는 매우 중요한 일이다. 에른스트(Ernst)와 옴랜드(Omland)는 특허경영의 효과를 이미 연구한 바 있는데, 많은 특허권을 보유하고 있고 종업원이 평균 1,900명 이상이며 10년 이상의 업력을 가진 22개의 기업에 설문조사를 한 적이 있다. 여기서 나타난 현상은 개발과정상 특허가 고려되어진 경우는 매출을 근거로 한 기업 성과에 분명히 긍정적인 영향을 미친다는 사실이다.

또한 1996년에 독일의 에른스트 교수는 50개의 독일 기계관련 기업을 통해 특허의 전략적 수립이 기업 성과에 영향이 미친다는 것을 연구하였다. 이때, 체계적이지 못하고 특허활동도 활발하지 않는 그룹과 이와는 반대로 체계적이고 활동적인 그룹 간의 성공요인을 조사하였다. 결론적으로 말하면 두 번째 그룹이 첫 번째 그룹보다 높은 성공요인 계수가 나타났으며, 두 번째 그룹의 경우 활동적이고 전략적인 특허정책이 기업에게 긍정적으로 영향을 미쳤다는 것을 실증적으로 보여주었다.

4.3 특허경영의 본질

4.3.1 특허경영의 구성요소

지식경영의 본질이 바로 가치를 창출하는 지식으로 볼 수 있다면 특허경영의 본질은 가치를 창출할 수 있는 특허에 있다 할 것이다. 또한 특허경영의 구성요소는 개념적으로는 지식경영의 구성요소와 매우 흡사하다. 앞서 설명한 바와 같이 지식경영의 주요 구성요소는 첫째로 지식자산의 개발과 공유, 둘째로 그것에 기초한 지식의 창조 및 활용의 프로세스, 그리고 셋째로 지식활용의 장(場)이다. 지식경영의 활동을 위한 프로세스를 보면 먼저 유무형의 지식을 창출하는 과정과 저장하고 축적(encapsulation process)하는 과정, 그리고 목적지향적으로 응용되고 활용하는 과정으로 볼 수 있다.

독일의 에른스트(Ernst) 교수의 특허경영의 목표 정의를 따르면, 기업의 성과를 극대화하기 위해 '기술의 창출', '기술의 축적', '기술의 활용'의 프로세스를 계획하고 조정한다 하였다. 이는 신기술을 창출하고 이를 특허화하여 기술을 축적시키며 또한 이를 특허권으로 보호해야 한다. 궁극적으로는 특허기술의 활용을 통해 가치를 만들어내어 기업의 경영성과를 극대화를 시켜주는 수단이 될 때 그 의미가 있다고 볼 수 있다. 이를 염두에 두고 특허경영의 구성요소(〈그림 4-4〉 참조)를 살펴 보도록 한다.

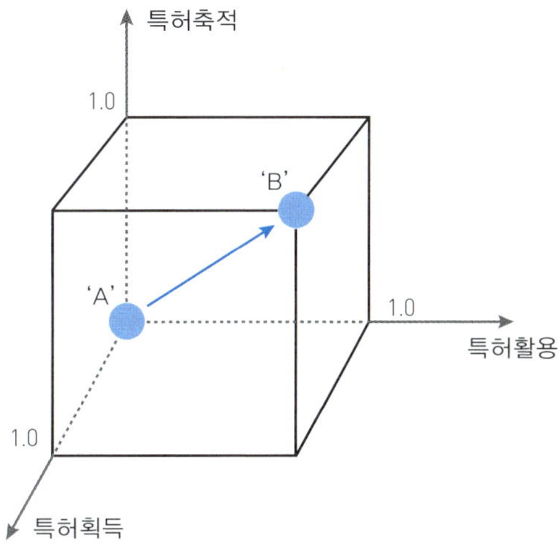

그림 4-4 특허경영의 3요소

1 특허기술의 획득

기술을 획득하는 방법은 자체 개발을 통해 얻는 방법과 외부로부터 기술 도입을 통해 얻는 방법이 있으며, 기술제휴를 통해서도 가능하다 할 것이다. 각각의 장단점을 살펴보면, 자체 개발의 경우는 많은 비용과 시간이 필요한 것이 단점이지만 독자적인 기술을 보유함으로써 추가 개발시에는 유리하다. 반면에 기술 도입을 통한 기술 획득의 경우 비용과 시간에 있어서 경제적인 면이 있으나 기술전수 과정상에서 예기치 않은 일이 발생할 수 있으므로 기술이전 조건을 충분히 협의하여야 한다. 마찬가지로 기술제휴에 있어서도 쌍방간의 역할 분담이 분명해야 하며, 개발 분야에 따른 지식재산권도 각각 소유할 것인지 아니면 공동으로 소유할 것인지 사전에 분명히 해 두어야 한다.

2 특허기술의 축적

기술을 축적한다는 것은 해당 기술에 대한 전문성을 보유하고 나아가 경쟁업체의 특허권 침해 시비로부터 방어하고 보호하는 것을 전제로 한다. 아무리 양질의 특허를 창출한다 할지라도 특허방어벽을 구축하지 않는다면 경쟁업체의 특허침해 시비로부터 항상 자유롭지 못할 것이다. 이로 인한 영업손실은 상상을 초월할 수 있으며, 경우에 따라서는 기업의 생사와도 직결될 수 있는 중대한 문제이다. 또한 기업의 전문성 확보로 인한 대외적 이미지 부각으로 매출의 향상을 기대할 수 있으며 특허의 가치를 극대화시켜 준다. 이러한 특허는 외부로부터의 투자유치 등에 매우 유리하다.

3 특허기술의 활용

특허기술의 활용에 있어서는 특허 라이센스, 특허양도, M&A, 기술제휴, 기술이전 등 다양한 형태를 고려해 볼 수 있다. 이러한 활용을 통해 수익 창출을 기대해 볼 수 있으며, 기술 획득을 위한 개발에 재투자하는 등 선순환적 구조를 갖는 특허경영의 요소가 되어야 한다. 유럽의 많은 기업들은 라이센스를 통해 벌어들이는 상당한 수익을 기술개발에 재투자되는 선순환 구조를 갖고 있다.

4.3.2 특허경영의 기능

독일의 학자 부르쩌(Wurzer)나 에른스트 교수의 특허경영에 대한 정의를 종합하면 특허전략을 수립할 때 '기술의 창출', '기술의 축적', '기술의 활용'의 프로세스를 계획하고 조정하여 기업의 경영목표와 부합되도록 특허전략으로 변화시키는 수단이라 하였다. 또한 기술경영적 측면에서 볼 때, 특허경영은 특허정보를 올바르게 해석하고 평가하여 기술경영으로서의 의사결정을 제대로 내리고, 강한 특허를 만들어 기술가치에 영향을 주고 기술금융에 유리하도록 하는 데 있다. 즉, 특허경영의 기능을 살펴보면 다음의 세 가지로 요약할 수 있다. 첫째로는 프로세스 계획과 조정을 통한 특허전략 수단, 둘째로는 특허정보의 올바른 평가, 세째로는 이를 통한 효과적인 특허활용을 예로 들 수 있다.

1 특허전략 수단

특허경영에 있어서 특허(기술)는 기업의 부가가치를 극대화시킬 자원에 해당한다고 볼 수 있다. 이러한 자원은 연구 개발 및 기술개발에 의한 특허활동으로 가능하다. 특허를 창출하는 과정은 일반적으로 발명활동을 통해 이루어진다. 발명활동에는 직무발명이나 자체 연구 개발 또는 외부 기술 도입을 통한 기술이전을 예로 들 수 있다. 특허(기술)를 창출하기 위해 아이디어를 개발하고 이를 연구 및 기술개발로 이어지게 하며 투자한 것 이상의 부가가치가 있는 특허를 만드는 것은 특허경영에 있어서 최우선 전제되어야 한다. 따라서 기술의 획득과 축적, 그리고 기술의 활용의 프로세스를 어떻게 계획하고 조정하여 기업의 성과를 극대화시킬 수 있는가가 중요하다. 이를 위해 특허를 전략적으로 어떻게 사용할 것인지를 미리 고민해야 한다.

2 특허정보의 평가

가치가 있는 특허를 구별하기 위해 특허정보를 분석하고 특허의 가치를 평가하는 일은 가장 기본적인 일이면서도 특허경영의 성공여부를 결정지을 수 있는 매우 중요한 기능이다. 기술개발을 할 경우 먼저 유사특허로부터의 청구 범위 회피설계를 통해 가능한 특허침해의 소지를 사전에 예방하는 것이 무엇보다도 중요하며, 이를 위해 선행기술 조사를 통해 유사특허를 면밀하게 분석하는 것은 필수적인 일이라 할 것이다. 또한 특허의 가치를 올릴 수 있는 방법은 무엇인지 그에 대한 과제와 해법을 찾아 특허가치의 극대화를 이루려하는 것도 특허경영에 있어서 매우 중요한 기능 중 하나이다. 결국 강건한 특허만이 살아남으며 그 가치를 더할 것이다.

3 효과적인 특허활용

다량의 특허 건수를 보유한 경우 그 유지 비용과 신규 출원에 따른 제비용 등을 고려하면, 일정 기간 경과 후 유효한 특허의 선별을 통해 특허의 활용 방안을 적극 모색해야 한다. 특허활용을 통해 수익성을 고려하지 않으면 늘어나는 특허 관련 제비용을 감당하기란 쉽지 않다. 더욱이 특허침해 등과 같은 중대한 사건이 발생되기 전에 특허경영의 중요성을 미리 깨닫고 예방하는 기업경영자는 아직 매우 드물다. 특허경영은 특허침해 및 이에 따른 법적 대응 등을 중요

과제로 하는 것이 아니라 특허침해를 예방할 수 있는 강건특허를 어떻게 만들 것이며, 더욱이 이러한 특허를 질적 수준이 높은 양질의 특허로 만들기 위해서 무엇을 해야할 것인지가 중요 과제이다.

4.3.3 경제적 의미의 특허경영

1 효율적 특허경영

특허경영은 단지 지식재산권을 관리하고 특허침해에 대한 법적 대응을 의미하는 것은 아니다. 기업의 목표와 부합되도록 특허전략을 수립하여 궁극적으로는 기업의 성과에 기여하고 보유특허를 유사특허로부터 보호하며 더 나아가서 특허포트폴리오를 통한 유효특허에 대한 선별에 의해 가치 있는 특허를 골라내고 이를 활용하여 수익을 얻어내는 공격적 경영으로 보아야 할 것이다. 따라서 최종적인 기업의 목표를 극대화하기 위해서는 특허전략 수립단계에서부터 특허기술의 활용을 어떻게 할 것인지 미리 생각해 두어야 하고 선행기술 조사를 통한 유사특허와의 차이점을 분명히 해야 한다. 이러한 기초적인 일에서부터 특허포트폴리오 구축에 이르기까지 입출력물에 대한 결과물을 시스템적으로 적용하여야 한다. 특히 특허조사 및 분석과 같이 그 대상 특허에 대한 범위 설정 등이 너무 방만하여 본래의 분석 목적이 흐려지고 과도한 시간이 낭비되는 일이 없어야 한다.

2 비용을 고려한 특허경영

특히 특허경영은 수익과 비용의 측면에서 고려되어야 하므로 기술활용을 통한 수익과 특허침해로부터의 손실 예방, 특허출원 및 등록 수수료, 연차료, 변리사 수임료, 전담인력 인건비 등 제반 특허경영 관련 사항에 대한 철저한 손익계산이 따라야 한다. 또한 보유특허 수에 따라 자체 특허경영 조직을 둘 것인지 아니면 담당자만 지정할 것인지, 또는 외부 특허사무소에 위탁할 것인지도 생각해야 한다. 특허경영은 업종 및 기업 형태에 따라 다르므로 경영자는 자사가 처한 환경과 여건에 맞게 구성하여 운영해야 한다.

4.4 특허경영 시스템

4.4.1 특허경영 시스템의 개념과 모델

일반적으로 '시스템'이라 함은 어떤 과업의 수행이나 목적 달성을 위해 공동 작업하는 조직화된 구성요소의 집합을 의미하는 경우가 있다. 경영 시스템에 있어서도 이와 같은 개념이 통용되며, 경영 시스템은 다른 모든 인위적 시스템과 마찬가지로 ① 상호작용의 관계에 있는 각 부분으로 이루어진 전체라는 점 ② 환경에서 물자·자금·정보·인력을 인풋(input)하여 그것을 아웃풋(output)으로 전환시키는 과정을 가지는 점 ③ 일정한 목적을 달성하기 위한 컨트롤메커니즘을 가지는 점에 있어서 공통된다.

또한 앞에서 기술한 바와 같이 슈페히트는 기술경영을 과학적 지식 및 공학적 지식을 가지고 연구 개발과 상용화 개발을 하는 R&D경영의 일부로 보고 있다. 이같은 R&D경영은 개념적으로 보면 혁신경영과 기술경영에 사이에 걸쳐 있으며, 독일의 홀거 에른스트 교수에 따르면 특허경영은 기술경영의 일부로 보고 있다.

마찬가지로 '전략적 기술경영(정선양)'에 따르면 기술경영은 조직의 경쟁우위 및 부 창출(wealth creation)의 핵심 요소로서 기술의 창출과 획득 그리고 활용에 관한 시스템의 경영이라 하였다.

특허경영 시스템은 이 모든 환경을 포함하고 있다. 다시 말해 특허경영 시스템에서는 특허경영의 주요 구성요소를 이루며, 상호작용의 관계 속에 있는 '특허(기술)의 획득', '특허(기술)의 축적', '특허(기술)의 활용'을 프로세스로 연결하며 입력부에 해당하는 연구 개발이 이러한 프로세스를 거쳐 기술사업화라는 성과물로 출력된다. 더욱이 위에서 열거한 구성요소로 이루어진 특허경영 시스템은 특허전략 기능과 특허평가 기능, 그리고 특허기술금융의 기능을 갖고 있으며 이

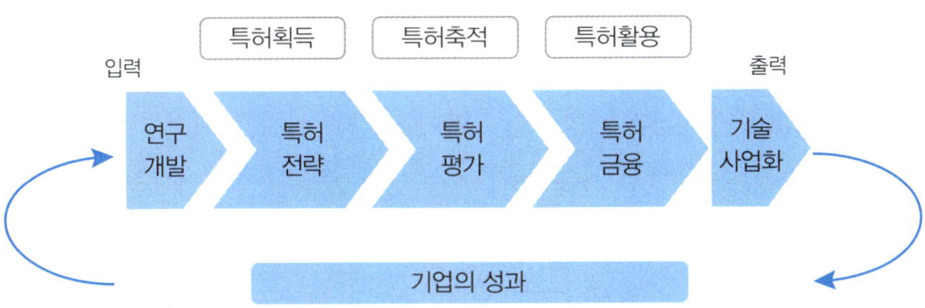

그림 4-5 특허경영 시스템의 개념도

를 작동시켜 구성요소 간의 프로세스 계획과 조정을 거쳐 기업의 목표인 기업성과(수익)에 기여함으로써 연구 개발에 대한 선순환 구조를 갖게하는 기술경영의 일부이다.

4.4.2 특허경영 시스템의 실제

다음은 독일의 제약회사인 '바이엘(Bayer)'의 특허경영 시스템의 프로세스 일부를 보여 주는 표이다.

〈표 4-1〉 특허경영 시스템(독일 Bayer의 경우)

	지식재산 프로세스										
	특허 창출				특허 보호			특허 활용			
	계약 연구[1]	기술 협력[1]	라이센스/특허 획득	기술 획득[1]	특허화/공개	비밀 유지[2]	특허이의/침해소송	벤치 마킹[3]	기술 제휴/조인트 벤처[4]	라이센스/양도	아웃 소싱
소재 및 신제품개발	++↑	+↑	+	○	++++	○	++++	○	+	+↗	+↗
신규 적용/표준화	○	++↗	○	○	++++	○	++++	○	+	+	+↗
공정 개발	○	○↑	+↗	+↗	+++	○	+++	+	+	○	+↗
공정 수정/최적화	○	○	+↗	○	++	+	++↑	+	+	○	○
공백기술 연구	+++↑	+↑	○	○	++++	○	+++	○	○	++↗	○

[1] 목적 : 지식 획득
[2] 특허화 포기(영업비밀)
[3] 제한된 범위내 노하우 교환
[4] 목적 : 지식 활용

중요도 표시		향후 경향 표시
++++ = 매우 중요	○ = 중요하지 않음	(↗/↑) 중요성 증가

출처 : Oliver Gassmann, Patentmanagement, 2011

위 〈표 4-1〉을 설명하면, 일례로 특허창출의 경우 소재 및 신제품 개발시 계약 연구를 지속적으로 중요하게 여기고 있으며, 단지 기술 자체 획득 보다 지식의 획득에 중점을 두고 있으며, 공백기술연구에 대한 중요성은 계속 점증하고 있는 것으로 추측된다. 특허보호의 경우, 공정 최적화에 대해서는 중요하게 보고 있지만 대체로 비밀유지 전략은 그다지 중요하게 보고 있지를 않는다. 그러나 특허권리화 및 공개는 매우 중요하게 보고 있으며, 이에 따른 특허침해소송에는 전분야에 대해 중요성을 인식하는 것으로 드러났다. 특허 활용의 경우, 아웃소싱은 신제품 개발과 표준화, 공정개발에 대해서는 그 중요성이 더욱 점증되는 것으로 보인다.

4.4.3 효율적인 구축방안

우선 특허경영의 주요 구성요소인 '특허(기술)의 획득', '특허(기술)의 축적', '특허(기술)의 활용'의 측면에서 고려되어야 할 지표를 연구해 볼 필요가 있다. 특허(기술) 획득의 경우는 주로 조직 인프라, 내부자원, 외부자원, 연구 개발 활동 등, 특허(기술)의 축적에 대해서는 기술보호, 인적 관리, 시스템 사용 등, 특허(기술) 활용의 경우 기술이전, 라이센스, 크로스 라이센스 등에 관한 지표를 활용하여 시스템을 구축한다.

이들의 지표 중 관련이 깊은 해당지표를 잘 관리하는 것이 바로 특허경영을 잘 구축할 수 있는 기반이 되는 것이고, 이와 함께 특허경영의 기능이 제대로 구현될 수 있도록 구성요소를 시스템적으로 연결하여 운영하는 것이 바로 효율적인 특허경영의 지름길이라 할 수 있다. 물론 여기에는 비용과 수익의 관점에서 입력물에 대한 최소한의 임계점을 찾아내는 것이 중요하다. 이러한 임계점은 기업이 처한 내외부 환경뿐만 아니라 업종에 따라 기업 규모에 따라 달라질 수 있다.

4.5 기술혁신과 특허경영

4.5.1 기술혁신(Innovation)의 정의

독일의 경제학자 슘페터(Schumpeter)는 경제시스템의 변화를 가져오는 동력으로 자본의 성장(growth of capital), 인구의 성장(growth of population), 시장의 변화(changes in market taste), 기술의 변화(changes in technology), 생산조직의 변화(changes in production organization)의 5가지 요소를 제시하였다. 그러나 이 가운데 처음 두 가지는 그 자체로서 진정한 의미의 변화가 아니며 세 번째 요소도 진정한 의미의 변화가 아니라 혼란 요소라 하였다. 이에 반해 네 번째, 다섯 번째는 변화를 가져오는 요소로, 특히 혁신(innovation) 요소라 하였다. 왜냐하면 이런 요소에 의해 새로운 제품, 새로운 공정, 새로운 시장, 새로운 재료, 새로운 산업조직이 창출되면서 경제시스템의 구조적 변화가 일어나기 때문이다.

4.5.2 기술혁신 방법론

특허경영의 주요 키워드는 기술혁신이라 해도 과언이 아니다. 기술혁신을 통해 개발비용을 극적으로 줄이면서도 유사특허로부터 구별되고 특허의 활용을 통해 수익을 창출하는 등 기대효과가 그 이상이라면 특허경영의 절반은 성공한 셈이다. 왜냐하면 특허경영의 목표가 결국은 기업이 추구하는 성과 목표에 부합되게 하는 것이며, 이러한 특허경영은 목표 달성을 위한 수단으로 사용되므로 특허경영에서 다루는 도구적 방법론들이 기술혁신을 위한 수단이 될 수 있기 때문이다.

기술혁신은 대체로 강력한 도구를 통한 체계적 혁신에 의해 이루어진다. 이러한 체계적 혁신은 비용절감과 효과작용의 극대화 측면에서 고려될 수 있다. 제품의 경우를 보면, 기존보다 절대적으로 비용이 절감되는 경우나 기능이 훨씬 개선된 경우라면 이는 기술혁신에 포함된다할 것이다. 이와 같은 경우는 설계의 개선을 통해 이루어질 수 있다. 또 다른 경우는 재질의 개선을 통해서 이루어질 수도 있다. 마찬가지로 공정 개선을 통해서도 비용절감과 효과작용의 극대화를 가져올 수도 있다. 중요한 것은 이러한 방법들이 대체로 강력한 도구들이 필요하다는 것이다. 이런 강력한 도구에는 특히 설계를 통한 혁신의 경우 품질기능 전개(QFD)나 트리즈, 다구찌기법 등을 예로 들 수 있다.

4.5.3 기술혁신을 통한 연구 개발(R&D)

1 혁신적 연구 개발의 의의

앞서 기술한 바와 같이, R&D경영은 혁신경영의 범주에 속한다. 혁신적인 제품을 생각할 경우, 기존 제품에 비해 가격과 기능이 경쟁우위에 있어야 할 것이다. 이를 위한 설계 프로세스를 향상시키는 도구로는 앞에서 언급한 품질기능전개나 트리즈, 다구찌기법 등이 있다. 품질기능 전개(QFD)는 관련된 소비자 정보를 공학적 언어로 바꾸어 제품 설계를 용이하게 한다. 이러한 품질기능전개에 창의적인 문제 해결 방법 이론인 트리즈를 더하여 설계의 개선을 가져옴으로써 혁신적인 제품이 가능할 수 있는 것이다.

2 기술혁신의 개념

과학기술은 연구 개발이라고 하는 체계적인 활동에 의하여 진화하게 되는데 이때 과학기술의 변화는 이론의 형태로서 진화하기도 하지만 이 이론을 실용화하여 인간이 사용하는 도구나 일에 스며들어 제품이나 서비스의 형태로 진화하면서 발전하게 된다. 이와 같이 과학기술지식을 활용하여 제품이나 서비스를 창출하는 기업은 생산 활동의 과정에서 예기치 않은 기술적 문제들을 직면하게 되는데 이런 문제들을 해결하기 위해 기업은 연구 개발을 통하여 인간의 지능을 조직적으로 적용하여 문제를 해결하기도 하고, 새로운 사실을 발견하기도 하며, 때로는 기존의 방식과는 전혀 다른 생산방식을 도입하기도 한다. 이 과정에서 처음으로 기존 기술지식을 변화시키는 주체를 혁신자(innovator) 혹은 혁신기업이라 부르고 이런 활동을 기술혁신(technological innovation) 이라고 부른다.

기술혁신은 ① 그것을 구체화하기 위한 설비투자가 반드시 수반되어 호황을 야기시키고 ② 노동생산성을 향상시키며 ③ 기존 제품보다 성능이 좋고 값이 싼 제품을 생산하게 하여 새로운 산업의 성립과 기존산업의 변혁을 일으켜 이에 대한 수요구조(需要構造)를 변화시켜 경제성장을 유지하게 한다. 그러므로 기술혁신은 자본주의 경제발전의 원동력이라 할 수 있다.

3 기술혁신의 필요성

특허경영의 요체는 기술혁신이며, 새로운 기술과 신제품을 창출할 수 있는 혁신역량의 강화없이는 특허경영도 별 의미가 없다. 따라서 연구 개발의 방향도 이제는 더 철저하게 기술을 혁신할 수 있는 방향에서 찾지 않는다면 국가경쟁력도 없다. 특히 우리나라는 시장을 선도할 수 있는 신기술이나 신제품을 세계 최초로 개발한 경험은 극히 제한된 분야를 제외하고는 아직도 너무나 부족하다. 선진국과 개도국 사이에 끼어 있는 우리나라는 선진국의 견제와 개도국의 추격에 대응하기 위해서 기업 스스로가 새로운 기술과 시장을 가치 창조해야 할 시점에 이미 와 있다.

4 연구 개발 투자

우리나라의 R&D 투자비율 및 투자성장율은 다른 국가와 비교하여 볼 때 결코 뒤지지 않는다. 우리나라는 2010년도 기준 총 국가연구 개발비 43조 8,548억 원 중 71.8%인 31.5조 원을 기업이 투자하고 74.8%인 32.8조 원을 사용한 것으로 발표되었다. 또한 해외 글로벌 기업과 비교해 보면, 2011년 EU Scoreboard 등재된 한국 기업은 25개이며, 국가별로는 미국기업이 487개로 가장 많고, 다음으로 EU 400개, 일본 267개, 대만 50개 등으로 나타났다. 반면 R&D투자액 기준으로는 미국, EU, 일본 등 상위 3개국은 동일하나 그 다음은 스위스, 한국, 중국, 대만 순으로 나타났다.

〈표 4-2〉 국가별 R&D투자 및 투자 성장률 현황(단위 : 백만유로, %)

지표	EU	미국	일본	기타 국가				
				총	한국	스위스	중국	대만
기업 수	400	487	267	246	25	40	19	50
R&D 투자액	132,038	160,122	99,085	64,722	13,495	20,671	7,632	7,500
세계 R&D비중	29.0	35.1	21.7	10.7	3.0	4.5	1.7	1.6
전년대비 증감률	6.1	10.0	-9.7	10.5	20.5	1.7	29.5	17.8
3년 성장률(CAGR)	3.5	3.7	-2.1	14.2	12.9	4.7	41.2	15.8
R&D 집중도	2.5	4.7	3.8	2.4	2.6	6.6	1.2	2.4

* 기타 지역 국가로는 대만, 스위스, 한국, 중국, 인도, 캐나다, 노르웨이, 오스트레일리아 등 15개국 포함
출처 : 2011 EU Industrial R&D Investment Scoreboard, EC, JRC/DG RTD

우리나라의 경우 〈표 4-2〉에서 보는 바와 같이 투자대비 R&D 집중도가 비교적 높음에도 불구하고 반도체 및 정보통신분야 등 극히 일부분을 제외하고는 아직 일본이나 대만에 비해 괄목할 만한 분야가 많다고 볼 수는 없다.

최근에는 R&D투자의 효율성을 극대화시킬 수 있는 새로운 기술혁신의 방법론이 대두되고 있다. 특히 창조적인 기술·제품개발 역량을 강화하고, 기술개발 투자의 효율성을 제고하기 위한 방안으로 외국 선진기업들이 '개방형 기술혁신' 을 추구하는 것은 주목할 필요가 있다. 제품에 대한 아이디어나 기술을 외부에서 도입하여 창조적인 기술개발의 원천을 확대하고 있는 것이다. 실례로 P&G는 내부 연구인력(7,500명)의 200배에 이르는 150만 명의 외부 인력을 활용하고 있으며, 자체 개발한 기술을 내부에서 사업화하지 않고 기술 및 특허 판매, 분사화 등의 형태로 사업화하는 '밖으로 열린 기술혁신'도 진행하고 있다. 이러한 P&G의 매출액 대비 R&D투자 비율은 2000년 4.8%에서 2005년에는 3.4%로 감소하였으나, R&D의 생산성은 60% 증가하였다.

또 다른 예를 보면, IBM은 보유 기술을 판매하여 매년 19억 달러 이상의 수입을 올리는 동시에 업계의 기술표준을 선도하고 있다.

5 특허경영을 통한 기술혁신

특허경영은 이런 '개방형 기술혁신'을 뒷받침함으로써 현재 취약한 창조 역량을 강화하고, R&D 투자의 효율성을 높일 수 있도록 해야 한다. Kang and Seo(2005)는 특허권 강화만으로는 특허 출원을 증대시키지 못하지만 보완적인 경제환경(산업구조의 고도화, 경제발전수준, 인적자본수준, 인프라의 발전 그리고 개방 및 기업 간 경쟁) 정도에 따라 특허권 강화가 기술혁신을 촉진할 수 있다는 사실을 보여 주었다. 따라서 특허로 대변되는 지식재산권 정책 이외에 지식생산 활동에 도움이 되는 다른 보조적 환경이 충분히 뒷받침되어야만 기술혁신 활동에 대한 특허권 강화의 효과가 극대화될 수 있을 것이다.

4.5.4 오픈 이노베이션

1 탄생 배경 및 의의

기업들은 자체 개발에 의한 지식재산 뿐만 아니라 외부로부터의 기술 도입의 경우도 증가하고 있다. 아웃소싱에 의한 이노베이션은 이미 90년대부터 연구 개발 분야에서 도입하였다. 오늘날에는 경쟁우위를 미리 확보하기 위해 기술제휴나 제품설계 및 개발, 기술마케팅을 기업의 전략 수립 단계에서부터 사용하고 있다. 더욱이 많은 기업들이 이제는 기술을 라이센스하는 일이 잦아지고 있다. 이런 이유로 지식재산의 관리는 R&D 분야의 경우 성공 요소로서 그 중요성이 늘어나고 있다. 이때 기술협력 관계 속에서 어떤 특허를 기술마케팅화하는데 보호할 것인지를 생각해야 한다. 또한 상대 파트너의 높은 요구조건이나 전략을 어떻게 수용하고 공조할 것인가도 중요하다.

예를 들어, 기술제휴를 동반하는 사업전략을 수립하기 위해서는 기술협력에 따른 성과물의 활용에 대한 법적 합의나 제휴관계의 해지에 대한 법적 규정이 반드시 필요하다. 일반적으로 기술제휴가 중도에 깨지는 경우가 많은 것을 고려하면 전략수립 시 다음의 경우를 확실히 생각해야 한다.

이런 경우는 거대 시장을 놓고 경쟁관계 속에서 대부분 시장 진입전 시장 평가도 하기 전에 일어나기 쉽다. 이러한 관계 속에서 기술협력 초기 단계에서부터 특허경영은 결정적인 역할을 할 수 있다. 미리 시장을 조사 분석하고 상호 핵심 역량 및 전략에 따라 보완적 관계 속에서 역할을 분담하고 시장을 점유할 수 있도록 서로가 합의하고 신뢰해야 한다. 현실적으로는 이러한 협력관계를 장기간 유지하려면 특허법이나 상표법을 통해 가능할 것이다.

실제로 대학이나 공공 연구기관에서는 이러한 경향이 일어나기도 한다. 그러나 자체 특허포트폴리오를 구축할 때 비용지불에 따른 사용 권한을 분명히 하는 것은 매우 중요하다. 유럽에서의 이러한 경향은 서비스 분야로 확대되고 있다. 다시 말해 많은 서비스 기업들이 자사의 무형자산을 제3자에게 라이센스하면서 혁신적 서비스 프로세스가 일어나고 있다.

이노베이션에 대한 협력 관계는 궁극적으로는 관계 종료 후 지식재산을 근거로 성과물에 대해 이용할 목적을 갖는다는 것이다. 따라서 협력관계가 성공하기 위해서는 전략수립 초기 단계에서부터 관계 종료 후에 누가 어떤 권한을 가질 것이며, 특히 협력관계가 파기될 경우를 대비하여 사전에 어떤 법적 규정을 명문화할 것인지를 고려해야 한다.

4.6 특허경영 인프라

4.6.1 특허경영 조직의 역할

기업에서의 특허경영 관련 부서는 항상 긴장감이 돌고 언제나 액티브하게 움직이는 조직이다. 한편으로는 특허출원 및 소송과 관련하여 대리하거나 자문을 제공하는 변리사 또는 변호사와 같은 전문가와 협력을 해야 하며, 또 한편으로는 특허 출원 및 유지에 따른 비용 상승과 특허의 전략적 활용을 위해 특허포트폴리오를 어떻게 구축해야 하는지를 항상 외부 변화에 맞서 고민을 해야 한다. 대부분의 대기업의 특허부서에서는 가치창조가 가능하고 사업을 잘 전개해 나갈 수 있는 특허포트폴리오 경영을 실시하고 있다. 그러나 사업이 갑자기 쇠퇴하게 되면 이러한 창조적 부서는 이내 무용지물이 되고 만다.

기업에서는 이러한 조직에 일정한 기능을 부여함으로써, 예를 들어 특허분쟁과 같은 것을 예방할 수 있도록 하나의 통일된 인프라를 가져야 한다. 또 사업의 성격에 따라 중앙 집중형 조직에 의한 특허 활동을 할 것인지, 또는 분산형 조직에 의해 특허 활동을 할 것인지를 선택해야 한다.

기업은 수많은 연구와 개발을 살펴 볼 때 양쪽이 서로 다른 위치에 있게 될 경우가 많고 이럴 때 발명자를 충분히 보호하지 못하게 되는 경우가 발생되거나 또는 필요 자원에 대한 준비나 비용에 문제가 생기게 되기도 한다.

이와 같은 일을 우려하여, 예를 들어 반도체 회사인 인피니언(Infineon)은 모든 사업 영역에 특허 매니저를 배치해 두고 발명자와의 접촉 창구 역할을 하게 하였다. 또한 특허부는 일정한 나라 또는 지방에 자체 고유의 조직단위를 두고 지원하고 있다. 또한 사업 영역에 있어서 소재지나 프로젝트군마다 중앙의 특허부와의 접촉을 위하여 R&D 부서의 콘택트 담당자를 코디네이터로 두고 있다.

보통 지식재산부 내에서는 종종 다양한 분야의 문제가 발생된다. 이런 문제 때문에 필요한 기술 분야에 대해서는 특히 각각의 전문가가 관계할 필요가 있으며, 컴퓨터 작업과 출원 활동의 경우 해당 직원들의 전문화가 필요하다.

4.6.2 인적자원

특허경영 인프라는 크게 인적자원과 내부자원, 외부자원으로 나누어 살펴 볼 수 있다. 이 가운데 인적자원은 그 어느 자원보다도 특히 중요하다. 일반적으로 제조업이나 지식산업, 서비스업 등 어느 하나 인적자원이 중요하지 않는 곳은 없다. 그럼에도 불구하고 특허경영에서는 더 강조하는 이유가 있다. 이는 조직적 팀워크가 필요하더라도 개별 전문성이 너무도 필요하기 때문이다.

1 인적자원의 계획

이미 위에서 설명한 바와 같이 특허경영은 기술과 법, 경영의 융합체로 공학적인 측면에서 다루는 분야는 전기 및 전자를 비롯하여 정보통신, 소재, 바이오 등 전 산업 분야가 해당되고 있으며, 법학적인 측면에서는 특허, 상표, 디자인, 저작권 등 지식재산권법 뿐만 아니라 특허침해관련법 등이 해당되고 있으며, 기술 및 특허가치 산정, 로열티 산정, 연구 개발비 산정 등 경영학적인 부분이 포함하는 등 매우 광범위하면서도 전문적인 지식이 요구되고 있다.

필요한 인적 자원은 특허경영의 목표를 어떻게 설정하느냐에 따라 그 구성도 다소 달라질 수 있다. 예컨대 당장 경쟁업체의 특허침해 시비가 있다면 당연히 그에 대한 해결을 모색하기 위해 그와 관련된 전문가를 우선 활용하여야 할 것이다. 그러나 일반적으로 앞서 설명한 특허경영의 정의에서와 같이 특허경영의 목적이 한편으로는 기업경영 성과를 효율적으로 올리고 또 한편으로 기술금융을 유리하게 유도하기 위한 경우라면 그에 맞는 전략수립과 이와 같은 전략을 수행할 수 있는 전문인력으로 우선 구성하는 것이 당연할 것이다.

이와 같은 특허경영의 특성으로 인해 하나의 조직화된 팀조직이 필요하며, 기업의 경영목표에 따라 특허경영 전략을 수립하고 이에 따른 전문인력의 인적자원 할당이 이루어져야 한다. 이러한 인적자원의 수요가 결정되면 기업이 보유한 인적자원의 현황을 조사해야 한다. 해당 인적자원에 대한 조사 시 필요인력의 수요 뿐만 아니라 승진, 교육훈련, 전보 등을 위한 자료로도 활용할 수 있게 한다.

2 전문인력의 확보

전문인력의 확보는 무엇보다도 특허경영에 있어서 매우 중요하다. 주지하는 바와 같이, 예를 들어 선행특허에 대한 조사 분석의 경우에도 해당 기술 분야에 대해 이해도가 따르는 인력이 조사하는 경우와 그렇지 않은 경우와는 조사 결과에 대한 상이한 결과물을 가질 수 있다. 그렇다고 필요한 전문인력을 항상 확보하고 있는 경우는 매우 쉽지 않은 경우이다. 이럴때는 내부인력 중에서 대체할 만한 인력을 찾는 것이 중요하다. 따라서 인사기록 카드에는 이와 같은 비상 시의 경우를 대비하여 타 부서 전문인력 보유 시 특허경영 인력으로의 대체 가능성에 대한 특기사항 기록이 필요하다.

3 전문인력의 유지

어느 부서든 필요 전문 인력을 확보하고 이를 유지하는 것은 성공적인 기업경영의 전제이다. 특허경영 조직의 경우에도 예외는 아니다. 어느 부서의 팀보다도 전문성과 집중도가 필요한 만큼 그에 상응하는 대우와 보수는 업무 자체의 질과도 직결되어 있는 문제이다. 따라서 업무 평가에 대한 객관적 기준과 그에 부합한 보상 체계의 확보 및 운영은 전문인력 유지의 요체가 됨은 당연하다 할 것이다.

4 전문인력의 활용

(1) 특허경영 전략수립의 리더

전략을 수립하는 리더는 특허경영을 총괄하는 CTO급의 임원이 하는 것이 바람직하다. 전략수립은 복잡한 기업환경 속에서 외부의 위협과 기회를 내부역량을 통해 극복하여 기업의 경영목표와 부합되게 수립되어야 한다. 따라서 리더는 자사의 기술 수준을 잘 알고 기술을 잘 활용할 수 있으면서 경영자(CEO)와의 교감이 가능한 자라야 한다. 특허경영 전략은 지식재산권에 의한 자사의 특허 보호에만 국한하는 것이 아니라 오히려 특허정보를 기반으로 하여 자사 및 경쟁사의 특허 기술을 모니터링하고 비교분석하여 기술개발의 방향을 제시하고 기술을 평가함으로써 자사의 경쟁우위를 전략화하여야 한다.

(2) 조직구성원의 요구사항

특허경영을 담당하는 팀원은 우선적으로 특허정보를 수집하고 정량적, 정성적 분석을 수행하여야 하고 이에 따른 시장, 제품, 기술, 특허에 대한 포트폴리오를 구축할 수 있어야 한다. 이는 특허경영의 시작이며 매우 중요한 일이다. 이를 위해 특허지표를 활용한 특허량 분석을 통한 정량적 평가와 특허 명세서를 통한 정성적 특허분석, 특허맵 작성을 통한 특허동향분석, 특허기술의 활용을 위한 특허기술 가치의 평가 및 포트폴리오 평가가 필수적으로 요구되는 사항이다.

5 가치창조의 조직 구성

특허경영의 조직형태는 대기업이냐, 아니면 중소기업이냐 등 기업환경 및 경영 형편에 따라 다소 다르게 구성하는 것이 바람직하다.

중소기업에서는 특허에 대한 책임에 대해서 일반적으로 외부 변리사들이 중요하다. 그 외 특허엔지니어도 중요하다. 그러나 특허분쟁에서는 보통 경영자가 중요하다. 그런 반면에 대기업에서는 분쟁과 특허관리를 위해 일반적으로 다음의 4가지 중 하나를 활용하고 있다.

① 자체 지식재산부
② 사업별 지식재산담당(팀)
③ 병설 기술전문업체 : 별도의 특허관리업체 등
④ 외부 특허사무소

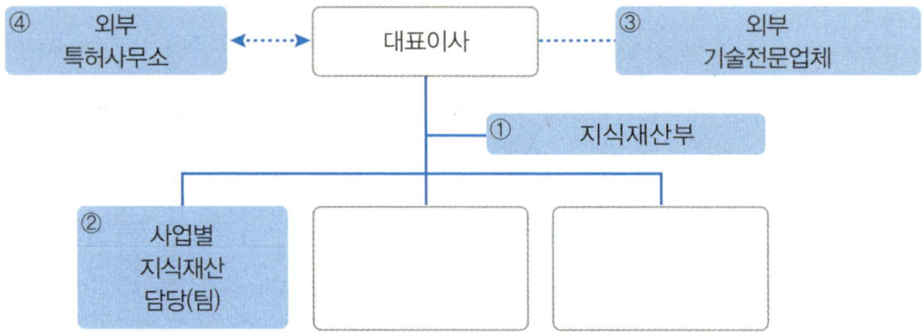

그림 4-6 특허부를 위한 선택적 조직 형태

위의 4가지 유형에 대해 외국사례와 함께 자세히 살펴보기로 한다.

(1) 지식재산부

대개 대기업이나 중견기업에서 볼 수 있는 형태로 자체 지식재산부(또는 특허부)는 독자 부서로서 자체적으로 활동한다. 이때 독자적인 수익 모델을 가질 수도 있다. 그러나 기업의 최고경영자에게 보고해야하는 조직 형태이다. 보통은 많은 기업들이 독자적인 부서로서 지식재산부(또는 특허부)를 두고 있지만 외국의 경우를 보면 1990년대말까지 독일 쉰들러 기업과 같이 대개 법무부서에 두거나 CFO에게 소속되기도 했다.

최근에는 일반적으로 최고경영자의 직속 주요 부서로서 특허상표부를 두거나 R&D 책임자인 최고기술경영자에게 두기도 한다. 장점으로는 사업 영역과는 별개로 전체 기업과 관련된 것을 전략적으로 활용한다는 것이고 다른 한편으로 지식재산 활동의 장으로만 활용된다는 것이다. 단점으로는 법무 일과 특허 일이 둘로 나뉘고 양자가 서로 보완되지 않을 경우이다.

특히 영미계 경제권에서는 법무부서로 통합된 지식재산부가 서로 완전히 다른 요구사항을 근거로 매우 크게 제한되는 경우가 있다. 예를 들어, 변리사는 일반적으로 공학적 또는 자연과학적 배경지식을 보통 갖고 있지만, 법무부서에는 오직 법률전문가만이 활동하고 있다. 그런 이유로 적절한 외부 전문가가 필요하다.

다음 그림은 프랑스 기업 '알까텔' 의 지식재산(IP)부의 조직 구조를 예시적으로 보여주고 있다.

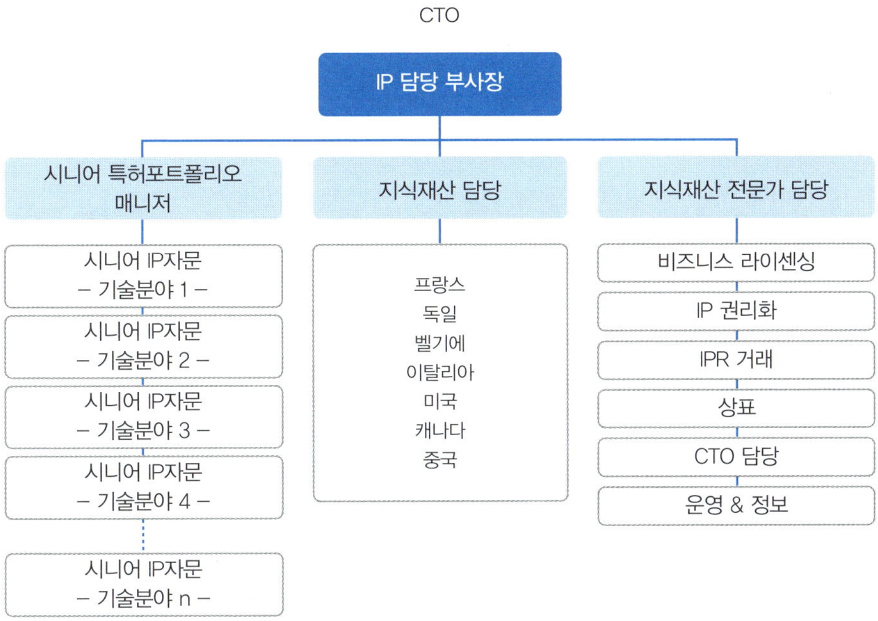

그림 4-7 알까텔의 특허경영 조직

(2) 사업별 지식재산담당(팀)

사업부마다 특허경영의 책임이 주어지는 형태이므로 특허경영 활동에 있어서 해당 제품이나 기술에 대한 전문 지식이 특히 필요하다. 일례로 독일의 화학 및 제약 그룹 바이엘(Bayer)의 경우는 사업부마다 법률과 특허담당 부서를 두고 있다. 이러한 부서에서는 발명자를 보호하고 특허출원을 준비하고 절차를 독자적으로 수행한다. 독일의 지멘스(Siemens)의 경우는 특허코디네이터를 자체적으로 집중 육성하고 있다. 이러한 특허코디네이터는 소위 IP매니저라 불리고 있으며 수많은 사업마다 지식재산권을 취급하고 있고 사내 지식재산센터와 연계되어 있다. 이러한 IP매니저는 발명자에게 전문적이고도 조직적으로 대할 수 있는 것이 장점이다.

(3) 병설 기술전문업체

손실에 대한 책임을 고려한다면 외부에 독자적인 업체를 만들어 특허경영 관련 사항을 관리하는 것이 나을 수 있다. 물론 이러한 업체가 모기업의 관심을 조정한다는 것은 쉽지는 않은 일이다. 그러나 특허경영에 있어서 기술금융 및 투자 등과 같은 전략적인 면을 고려한다면 내용적인 면은 대부분 조정 가능한 것들이다. 이에 대한 실례로 식품그룹 네슬(Nestle)을 예로 들 수 있는데, 네슬은 네스텍(Nestec)이라는 기술전문관리회사를 설립하여 연구 개발을 통해 발생되는 모든 지식재산 관리 및 운영을 총괄적으로 맡기고 있다. 네스텍의 기업 활동을 보면 크게 '혁신적 R&D', 'R&D보호', 'R&D지원'으로 나누어 볼 수 있다. 네스텍은 네슬에 대해 R&D 서비스, 기술도구, IT와 물류, 마케팅, 파이낸싱, HR 등을 제공하고 있다.

네스텍은 일반적으로 다음과 같은 것들을 보유하고 있다.

- 인접연구에 의한 공정, 하부구조, 제품
- 모기업에 준하는 표준과 품질요건
- 전문적인 교육을 받은 엔지니어에게 필요한 제조 노하우

네스텍은 기술, 특허, 네슬 제품의 모든 상표에 대한 자문 기업의 역할을 하는데, 기술금융 및 투자유치도 한다. 이때, 특허권은 수입의 원천이 되기도 한다. 글로벌 네슬 그룹은 지식재산 사용에 대해 5% 정도의 기술이전 라이센스 로열티를 네스텍에 의해 받아내고 있다. 이러한 형태의 기술전문업체는 기업 설립시 기술을 선정하거나 또는 제품 원산지를 제3국으로 옮기거나 기술혁신 또는 기술 공정을 글로벌화하는데 유리하다.

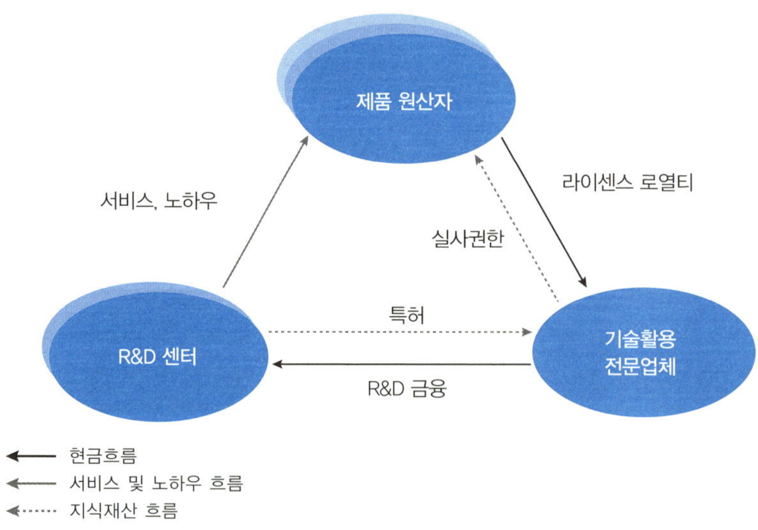

그림 4-8 네슬의 기술 활용의 예시

(4) 외부 특허사무소

기업 내 점증하고 있는 핵심적인 경쟁우위 확보를 위해 외부 특허사무소를 활용할 수 있다. 대부분의 중소기업은 지식재산권에 관한 사항에 대해 대부분 자체적으로 하기보다는 외부 특허사무소에 의뢰하는 경우가 많다. 따라서 역량있는 변리사와의 협력은 매우 중요하다. 물론 많은 대기업들도 현실적으로 시간이나 전문분야에 따라 특허사무소를 활용하고 있다. 이런 경우에는 사내 특허전담부서가 해당 특허사무소와의 긴밀한 협조관계 속에서 정기적으로 협의함으로써 특허의 질을 관리해 나가야 한다. 다시 말해 사내 특허전담부서는 연구 개발 부서와 연구 개발에 대한 내용을 수시로 교류해야 하며 특히 특허출원 시 기술관련 사항에 대해서 연구 개발 부서와 외부 특허사무소간에 중재적인 역할을 잘 해야만 한다.

4.6.3 내부자원

1 발명문화의 조성

기업 내 발명문화를 조성하는 것은 무엇보다도 기술혁신을 지향하는 특허경영에 있어서 중요한 일이다. 실제로 혁신문화의 구성요소를 살펴보기 위한 방법으로 아이디어를 발전시켜 시장성이 있는 기술, 제품, 서비스로 변환시키는 기업의 구성원의 잠재력을 생각해 볼 수 있다. 또한 이러한 것을 특허전략으로 전환시키려면 사업의 손익관계를 염두에 두면서 발명 활동에 대한 영향을 고려해야 한다. 여기서는 발명 활동을 더 강력하게 하여 발명문화를 조성하는 방법에 대해 살펴 본다.

- 모든 정보원에 대한 폭넓은 교류가 이루어져야 한다.
- 커뮤니케이션의 책임과 역할을 분명히 한다.
- 공동의 팀-법칙을 만든다.
- 정기적인 피드백(feedback)과 리뷰(review)를 한다.
- 성공적인 스토리를 적극적으로 교환한다.
- 프로젝트 결과에 대해 보고를 실시한다.
- 실험을 위한 실험실을 갖춰라.

무엇보다도 직무발명과 같은 발명을 자극시키기 위해서는 보상시스템이 중요하다.

2 인적자원의 개발

(1) 교육훈련의 필요성

교육훈련은 조직 구성원의 잠재능력을 최대로 발휘하게 하고, 직무환경에 신속히 적응하게 하며, 직무에 대한 보다 많은 지식이나 기술을 습득하게 하여 효과적인 직무활동을 수행할 수 있게 한다.

즉, 교육훈련은 ① 회사의 방침이나 규칙을 숙지하게 하여 기업의 업무에 신속히 적응할 수 있게 한다. ② 종업원의 기술적 능력을 증진시켜 내부이동 및 승진에 대비한 질적 능력의 향상, 다기능화를 피할 수 있다. ③ 신기술이나 새로운 생산기법에 신속한 적응을 도모할 수 있다. ④ 사고, 불량품 및 기계설비의 소모율을 감소시킬 수 있다. ⑤ 교육훈련은 종업원의 능력을 최대로 발휘하게 할 수 있기 때문에 종업원들의 불만·결근률 및 전직률 등을 감소시키는 효과가 있다.

이와 같이 교육훈련은 종업원의 지식·기술 그리고 직무수행 태도를 향상 발전시켜 종업원의 직무만족도를 높이고, 직무수행력을 발전시켜 장차 중요한 직무를 수행할 수 있게 하려는데 목적을 두고 있으므로 궁극적으로 기업을 유지·발전시키는 힘을 양성하는 것이라 할 수 있다.

(2) 교육훈련의 유형

기업의 종업원은 여러 계층으로 구성되어 있다. 그리고 계층에 따라 요구되는 기능과 능력이 다르기 때문에 대상에 따라서 교육훈련의 내용도 달라져야 한다. 교육훈력 계획은 기본원칙을 충실히 지켜서 합리적이고 실천에 무리가 없도록 수립되어야 한다. 따라서 교육훈련이 소기의 성과를 거두기 위해서는 필요한 교육훈련의 대상·내용·방법을 정확히 파악해야만 한다. 교육훈련의 방법에는 강의식교육·시청각교육, 사례연구법·회의식교육 등이 있으나 피교육자의 지위·직종·직장외 교육 등에 따라 그 방법과 내용을 달리해야 한다. 예를 들어, 전략프로젝트의 리더는 집단적인 교육훈련만 가지고는 효과적인 육성이 어렵기 때문에 일반적인 인사·교육프로그램을 지양하고 OJT 등과 같은 실제적인 프로젝트의 수행을 통한 교육·훈련이 이루어져야 한다.

가) 경력 개발

경력개발(Career Development)이란 개인의 목표를 달성하기 위한 경력계획을 수립하여 조직과 개인의 목표가 합치될 수 있도록 각 개인의 경력을 개발하는 활동을 말한다. 경력개발은 행동과학의 동기부여이론을 기초로 하여 조직욕구와 개인욕구의 통합과정을 일원화하는 것이 본질적인 특징이다. 오늘날 행동과학이론에서는 개인의 능력개발을 인간의 기본적인 욕구로 간주하고 개인의 능력개발을 기업 목적에 도입함으로써 기업의 존속·발전을 확보하는 동시에 기업에 대한 귀속의식과 과업수행 의욕제고를 위한 동기부여의 기회로 간주하고 있다.

나) 경력개발프로그램(CDP)의 구성요소

경력개발프로그램(CDP)의 주요 구성요소를 구체적으로 살펴보면 다음과 같다.

① 직무의 분류체계와 경력영역

경력개발 프로그램은 인력배치·활용·육성의 공통요소가 되는 직무의 분류체계를 기반으로 구성되어 있다. 기술자의 직무분류체계는 처음 생산한 제품과 기능의 조합에 의해 직무를 유형화한 것으로 이는 경력개발의 기초가 된다.

경력개발에서는 직무순환을 이용하여 육성을 도모하는데 이동 및 승진경로를 파악하기 위해 직무경험을 계통화한 경력경로(Career Path)를 설정할 필요가 있다. 효과적인 경력개발을 위해서는 경력경로에 따라 이동할 때 진로지도(Appraisal and Counseling system)가 요구되기도 하는데 구체적 진로지도 방법으로는 희망진로 등을 신고하기 위한 자기신고서 및 상사와의 면접방법 등이 자주 사용되고 있다.

② 개인별 경력계획(Career Plan)

경력개발은 종업원을 어떻게 경력영역의 필요한 인력으로 계통적으로 육성해 나갈 것인가에 목적이 있으므로 경력개발에 있어서 가장 중요한 것은 개인별 경력계획의 작성이다. 경력계획의 작성에 있어서 주의할 사항은 육성목표로서 중장기 경영계획에 알맞은 3년 또는 5년 후의 예정직종, 목표직위를 명확히 하고 이를 위해 필요한 기술체험을 언제·어디에서·어떻게 습득시킬 것인가 하는 육성계발계획을 작성해야 한다는 점이다.

③ 능력개발 기회의 체계화

경력계획이 아무리 훌륭하게 작성되었다고 해도 계획에 의한 실행이 뒤따르지 않으면 무의미한 것이다. 그러므로 계획의 실행관리가 매우 중요하다.

3 동기부여

(1) 특허경영 인력의 특성

기업에 있어서 특허와 관련하여 기술전략의 수립, 전략적 특허기술투자 등과 같은 특허경영에 대한 의사결정 등의 업무는 기술경영에 기반한 특허경영 마인드를 가지고 있어야 하며 또 지식 집약적 업무 수행능력이 강하게 요구되는 부문이다. 특허경영관련 업무는 기술경영 기법 등을 활용하는 업무를 포함하며 기술분석 등과 같이 집중력이 많이 요구되는 특성을 가지고 있고 개인의 전문성이 절대적으로 필요한 특수한 분야이다.

(2) 효율적인 동기부여 방안

① 기업업무의 유형

기업의 업무는 그 위험을 정도에 따라 고위험 업무와 저위험 업무로 구분된다. 고위험 업무는 비정형적 업무, 저위험 업무는 정형적 업무라고도 할 수 있다. 기업의 특허기술 전략에 기반한 전략적 기술투자는 금융투자, 기업매수 등 기업의 가치다양화를 위한 재무적 투자와 함께 대표적인 고위험 업무로 분류되고 있다.

② 경영자의 관심 및 리더십

고위험 업무는 일방적 명령에 의한 하향식 업무처리를 통해서는 성공효과가 그리 크게 나타나지 않는다. 그 이유는 강제적인 명령에 의한 업무를 수행하는 경우, 위험에 도전하고자 하는 의욕도 생기지 않기 때문이다. 어떠한 인력을 어떻게 활용할 것인가, 업무수행 인력의 이해기반 확충을 위한 상향식 의사결정과 하향식 의사결정방식의 적절한 절충이 성공의 관건이라 할 것이다.

4 경력개발의 활용

〈그림 4-9〉는 특허경영 리더 양성을 위한 OJT 체계를 예시적으로 나타낸 것이다.

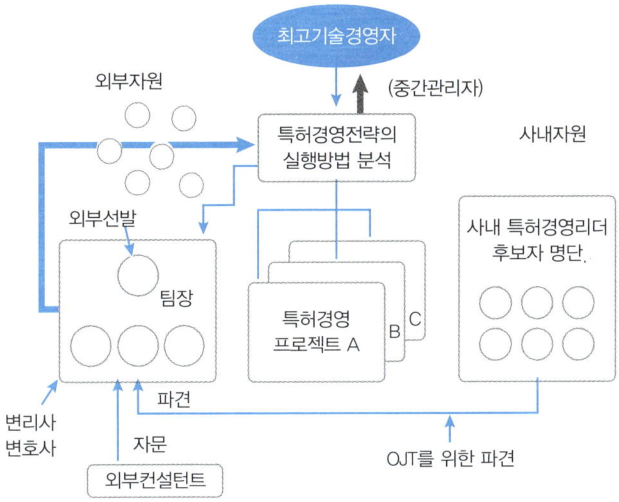

그림 4-9 특허경영리더의 OJT육성체계

출처 : 신용하·장동훈, 신기술경영, 2011, 수정인용

4.6.4 지식재산부 설치 및 운영

연구 개발자가 창출한 발명 등을 효과적으로 권리화(특허 창출)하고 이를 외부 전문가와의 연계를 통한 적절한 평가에 의해 보호 및 축적화(특허 축적)하고, 경영목표에 부합된 지식재산전략에 따라 지식재산을 활용(특허활용)하기 위해서는 사내에 지식재산경영부서(특허경영부)를 둘 필요가 있다. 지식재산경영부서는 다음의 업무를 통해 연구 개발 부서의 지식재산 창출 활동 및 기술축적(특허 축적)을 지원하고 기술의 활용(특허활용)을 위해 지식재산전략을 수립한다.

(1) 선행기술 조사와 특허맵의 작성

마케팅 부서로부터의 시장 수요에 의한 트렌드를 파악한 후 선행기술조사(타사 특허조사)를 하고 그 결과를 특허맵으로 작성하여 향후 신기술의 트렌드를 예측한다.

(2) 개발된 신기술의 특허 출원

연구 개발자 및 기술자가 개발한 발명을 변리사 등과의 협의를 통해 신기술의 보호 범위를 넓게 하여 특허 출원을 하도록 한다.

(3) 공동개발

타사의 기술자와 공동개발을 하는 경우에 노하우 개시를 위한 비밀 유지, 기술개발분야의 분석, 개발비용, 공동 개발 신제품의 취급, 시장개척을 위한 공동 협력 방안 등 구체적인 계약 사항을 주도적으로 진행한다.

(4) 경쟁사 모니터링

경쟁사의 벤치마킹 및 특허 회피 설계를 위한 상시 모니터링 체제를 구축 운영한다. 이에 따라, 자사 기술과 타사 보유특허권과의 저촉 유무에 대한 검토를 하여 신속히 적절한 대책을 세운다.

(5) 기술축적을 위한 기술평가

외부 전문가 등과의 연계를 통해 기술축적 대상기술과 기술활용 대상기술을 분리 관리하기 위해 기술을 선별한다.

(6) 특허포트폴리오 구축

특허(기술) 활용을 위한 대상 기술을 선정하기 위해 특허포트폴리오를 작성한다.

(7) 특허가치 평가 실시

특허활용에 따른 구체적인 협상 시나리오를 작성하고 이에 맞는 협상가격을 산출하기 위해 특허가치 평가를 실시한다. 이때, 특허가치와 기술가치를 구별하여 산정하고 이에 대한 논리적 협상력을 강화한다.

(8) 기술이전에 따른 계약서 검토

라이센스 등을 포함한 기술이전 절차를 수립하고 자사에 유익한 계약서를 작성한다.

(9) 특허경영 전략수립

특허경영 관련 부서는 항상 경영목표와 부합되는 특허경영 전략을 수립해야 하며, 이때 비용과 수익 측면에서 함께 고려되어야 한다.

(10) 사후관리

(특허활용) 사후관리 측면에서 기술제휴나 기술이전 등에 따른 공동 시장개척에 대해 사내 연구 개발 부서 및 마케팅 부서와의 교량적 역할을 기능적으로 실현한다.

(11) 교육훈련

특허침해에 따른 배상액 산정을 위한 기초자료 수집 및 분석, 회피설계를 위한 특허조사분석, 특허청구범위에 대한 분석과 같은 특허경영의 기본 훈련 외에 특허경영 전략수립을 위한 시장/제품/기술/특허포트폴리오 작성에 대한 훈련은 특허경영을 심화시키는 전문 훈련으로 정기적으로 행하고 특허창출 및 특허 축적, 특허활용을 위한 사내 발명문화를 주도적으로 조성한다.

4.6.5 외부자원

특허경영의 특성상 외부 전문가와의 협력은 필수적이라 할 수 있다. 전문인력의 고비용을 사내에 모두 둘 것인지 아니면 외부 전문인력을 활용할 것인지 또는 적정하게 취사선택하여 활용할 것인지에 대한 것은 전적으로 기업이 처한 내부 환경과 외부 환경에 따라 다를 것이다.

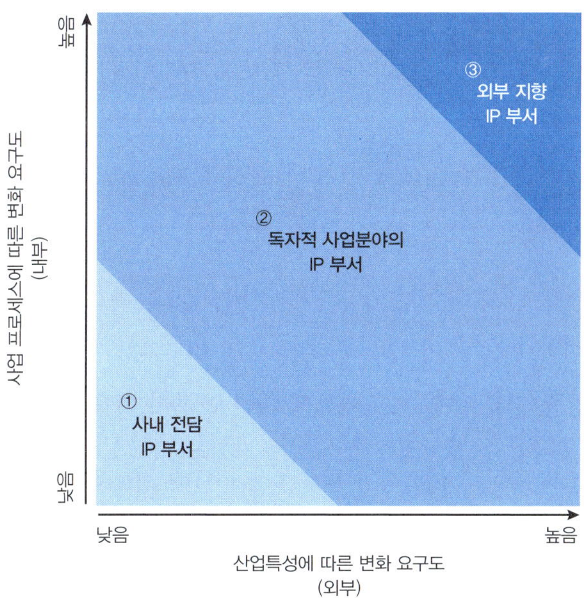

그림 4-10 지식재산조직의 형성

〈그림 4-10〉을 통해 외부 전문가의 활용 여부에 대해 생각해 보자.

〈그림 4-10〉을 보면, 수평축에는 외부 측면에 있어서 산업특성의 변화요구도를, 수직축에는 내부 업무프로세스의 변화요구도를 나타내고 있다. 예를 들어 ①의 경우 기업 내 전담 IP부서에 해당하고 ②의 경우는 독자적인 사업분야로서의 IP부서이며 ③의 경우는 외부형 IP부서가 해당된다. 이를 설명하면, 산업특성상 변화요구사항이 많을수록 사업프로세스의 변화요구사항은 반대로 전반적으로 감소되지만 기업 내 전담IP부서보다 독자적인 사업분야로서의 IP부서가 사업프로세스 변화요구사항에 있어서 더 많다는 것을 의미한다. 다시 말해 독자적인 사업으로서의 IP 부서가 주변 환경변화에 대처해야 할 사항이 더 많다는 것이다.

1 전문가 활용

사내에 특허부를 두더라도 사업영역이 다양한 기업의 경우는 해당 산업기술 분야에 대한 분석가와의 협력이 필수적이다. 또한 기술로드맵 전문가나 제품개발자, 그리고 시장분석가도 필요하다. 이는 특허경영 관련 전문가가 변리사나 지식재산 전문변호사와 같은 지식재산권 전문가 외에도 다양한 분야에서 전문가가 필요하다.

2 아웃소싱

사내 특허부의 주요 이슈는 사내 직원을 통한 발명활동을 어떻게 할 것인가와 외부 전문가와의 연계를 어떻게 할 것인가이다.

기업이 처한 환경에 따라 사내 특허부를 두지 않고 외부 특허사무소나 특허전문 컨설팅업체 등을 활용할 수 있다. 일반적으로 외부 아웃소싱을 선택하게 될 경우는 다음과 같은 경우이다.

- 사내 자체 특허업무량이 적고 정기적인 출원 건이 없을 경우
- 신기술이나 그와 관련된 주변 기술에 대한 사내 전문가가 적을 경우
- 미국 출원 절차 등 전체 출원 프로세스에 대한 안목이 적을 경우

또한 전략적 차원에서 고도의 의사결정이 필요하거나 사내 정보에 대한 대내 기밀유지 등의 기업 내부 활동에 있어서는 이와 같은 아웃소싱의 경우가 매우 의미있는 일이다. 특히 다음의 경우에는 아웃소싱이 필요하다.

- 전략적 특허 클러스터 구축
- 기업의 핵심역량에 대한 지식재산 노하우 구축
- 양질의 특허를 위한 관리
- 발명의 권리화
- 직무발명에 대한 보상
- 일관된 특허경영

또한 특허침해 등과 같은 법적인 문제에 있어서도 특히 전문가가 필요하다. 이렇듯 아웃소싱이 상당 부분 필요하지만 반대로 다음과 같은 약점도 유발될 수 있다.

- 비교적 높은 비용
- 특허품질 관리에 대한 과도한 지출
- 제품에 대한 인식 부족

이러한 약점을 보완하기 위해서 가능하면 아웃소싱을 한 곳이 아닌 여러 군데로 정하고 자체 선정 기준을 만들어 관리하는 것이 약점을 최소화 할 수 있다. 무엇보다도 자체 특허부를 운영하더라도 외부 전문가와의 협업의 필요성을 고려하면 아웃소싱의 적정한 수준을 항상 비용과 결부시켜 생각해야 한다. 또한 비록 외부 아웃소싱을 활용한다고 하더라도 양질의 특허를 만들려면 특허부 자체 관리를 위한 관리 기준을 갖고 항상 특허부를 관리해야 한다.

특허관리프로세스에 대한 아웃소싱의 품질경영은 비용과 활용의 두 가지 측면에서 우선 고려되어질 수 있기 때문에 이를 위한 평가기준은 중요하다. 아웃소싱의 품질은 최종적으로는 특허등록에 있으나, 이는 보통 심사청구 후 일어나므로 당장 품질경영을 확인하기는 어렵다. 무엇보다도 평가 기준을 갖고 아웃소싱의 품질경영을 검토하기 위해서는 이를 사전에 제대로 평가할 수 있는 사내 특허부가 전제되어야 한다.

3 특허품질경영에 대한 평가 기준

사내 특허부나 외부 아웃소싱의 품질경영에 대한 평가기준은 목적에 따라 다양하게 구성할 수 있으며, 일반적으로 평가기준 지표로 권리화 획득정도, 특허의 질, 기일준수 등을 예로 들 수 있다. 이때 각 지표에 대한 비중을 달리할 수 있다. 또한 각 지표에 대해 여러 가지의 평가 요소를 둘 수 있으며, 각 평가 요소들은 5점 척도 등을 활용하여 정량적 점수에 의해 평가된다.

문제는 비교분석을 통한 품질경영의 효율성을 높이기 위해 이러한 기준이 정해지면 가능하면 일관되게 지속적으로 사용해야 한다는 것이다.

사내 특허부 관리를 위한 관리 기준의 예를 〈표 4-3〉을 통해 살펴 본다.

〈표 4-3〉 사내 특허부 관리를 위한 관리 기준 예시

평가요소	평점	비중	득점
1. 특허 획득		20%	
1.1 최초 출원 비용		100점	
2. 특허의 질		45%	
2.1 청구 범위		40점	
2.2 국제협력		10점	
2.3 심사청구		20점	
2.4 국제출원		15점	
2.5 발명자 반영		15점	
3. 납기관리		35%	
3.1 내외부 기한준수		40점	
3.2 출원준비 정도		20점	
3.3 IP 관리 지원		20점	
3.4 출원 적응성		10점	
3.5 전자출원 개선		10점	
평점득점		총득점	

출처 : Oliver Gassmann, Patentmanagement, 2011.

4 모니터링 시스템

외부 특허사무소 등 아웃소싱에 대한 외부 자원의 지원이 상당히 필요하지만 특허부 자체 기준에 의해 특허부를 관리하듯 아웃소싱에 대한 모니터링은 매우 중요하다. 그것은 기업의 기술이나 시장에 대한 지식과 경험의 한계성으로 인해 외부의 전문적 도움이 특허의 질을 좌우한다고 볼 수 있기 때문에 복수의 아웃소싱 관리를 통해 특허의 질을 높이면서 비용의 최소화를 고려하는 것은 기업의 입장에서 당연히 생각해야 할 부분이다.

다음의 표는 이러한 고민을 해야 하는 기업의 입장에서 고려해야 할 외부 아웃소싱, 특히 복수의 특허사무소를 관리해야 할 경우의 관리평가 기준의 예이다.

〈표 4-4〉 외부 특허사무소 평가 기준 예시

평가요소	평점	비중	득점
1. 특허 획득		20%	
1.1 적시의 지급청구		80점	
1.2 변리사 비용		20점	
2. 특허의 질		45%	
2.1 출원 품질		45점	
– 구성 – 도면, 도표 – 종래 기술의 설명 – 발명의 상세한 설명 – 실시예			
2.2 출원에 대한 보완 필요성		15점	
2.3 배경 지식		20점	
2.4 변리사의 자질(전문성)		20점	
3. 납기관리		35%	
3.1 기일 관리		40점	
– 기한준수 – 정기적인 명세서 작성진도 – 출원 명세서 평가 – 적시의 해외추가 출원결정			
3.2 발명자 상담		30점	
– 실제 발명자 주소 – 주 발명자 지정 – 발명자와의 사적 접촉 가능성 – 신속한 발명자 응답			
3.3 그 외 접촉		30점	
– IP매니저/IP코디네이터 – IP 상담자 – IP 관리자 – 국제변리사			
평점 득점		총득점	

출처 : Oliver Gassmann, Patentmanagement, 2011.

5 외부 아웃소싱의 활용 예

반도체 회사인 '인피니언 테크놀로지'의 예를 들어 보면 다음 그림과 같은 내부 및 외부 아웃소싱에 대한 과정을 살펴볼 수 있다.

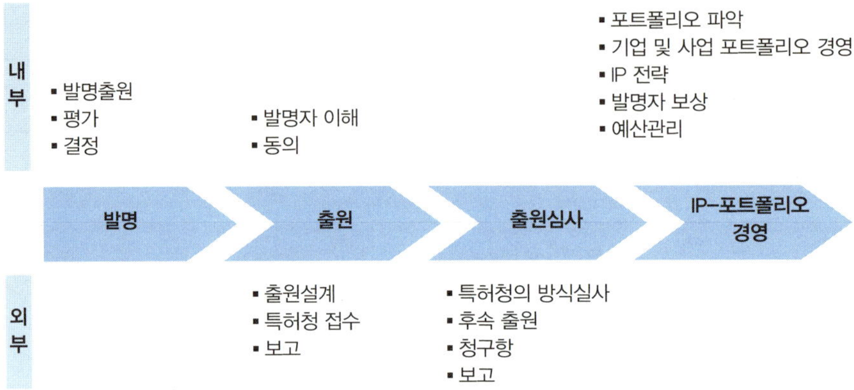

그림 4-11 '인피니언 테크놀로지'의 내부 및 외부 아웃소싱 예시

6 특허경영의 성공요인

성공적인 특허경영을 이루려면 무엇보다도 조직의 전문성과 외부와의 협력체계가 시스템적으로 구축되어야 한다. 그리고 이와 같은 특허경영 조직을 최고경영자가 절대적으로 지원을 해주어야만 한다. 특히 내부 전문가 뿐만 아니라 연구 개발 파트에도 협력하는 코디네이터가 필요하다. 따라서 협력 시스템 구축은 지식재산관련 부서 외에 연구부서, 마케팅 부서, 경영지원부서 등과 긴밀한 체계로 구성되는 것이 바람직하다. 이러한 긴밀한 네트워크의 유지를 위해 각 해당 부서원의 재교육훈련이나 전문교육을 정기적으로 실시하여야 한다.

또한 연구부서 이외에도 전사적으로 사내 발명문화를 고취하고 직무발명 제도를 활성화시키며 발명에 따른 보상체계 및 특허전담부서의 성과 보상체계도 제대로 수립해야 한다. 만약 보상체계가 불합리하게 구축된다면 양질의 특허를 기대하기 어려울 것이다. 특허경영 조직에서는 비용과 활용 측면에서 발명을 권리화하며 특허가치를 평가하고 이에 따른 특허포트폴리오를 수립해야 한다. 그 외에도 특허경영 조직은 특허침해를 예방하고, 특허침해 시에는 해당 전문가와 의사결정권자 간의 연계가 신속히 이루어져 문제를 해결할 수 있도록 중재적 역할과 기능이 분명해야 한다.

4.7 직무발명

(1) 직무발명의 필요성

최근 기업의 직무발명 관련 소송이 연달아 발생되면서 기업이 직무발명의 대가로 거액을 발명자에게 주어야 하는가에 대해 세인의 주목을 끌고 있다. 기업의 입장에서는 직무발명이 회사에 귀속되는 것이 당연하므로 종업원에게 거액의 대가를 보상하는 것이 부당하다고 생각될지 모르지만 종업원의 입장에서는 직무상의 발명이긴 하지만 회사가 그 발명으로 인해 상당한 수익을 가졌을 때에는 적절한 보상에 대해 큰 기대를 가질 수 있다. 이러한 양자의 입장이 첨예하게 부딪칠 때 양자 간의 분쟁은 불가피해질 것이다. 기업은 직무발명에 대한 보상에 더욱 관심을 가짐으로써 기업과 종업원 간의 갈등 해소는 물론 직무발명을 기업의 성장 동력원으로 삼을 필요가 있다.

(2) 직무발명의 이해

회사에 근무하는 종업원이 회사 업무로서 연구, 개발한 결과 완성한 발명을 직무발명이라 한다. 직무발명과 관련하여 종업원과 회사의 사이에 발생할 수 있는 분쟁은 대체로 다음 두 가지로 구분할 수 있다.

① 회사 내에서 종업원인 직원이 연구 개발한 기술에 대해서 연구 개발에 종사한 종업원과 연구 환경을 제공한 회사 간에 누가 소유권을 획득할 것이냐에 대해서 분쟁이 발생하는 경우이다.

② 종업원이 연구 개발 중에 다른 마음을 먹고 있다가 개발이 완료되기 전에 회사를 퇴사하고, 회사를 나가서 그 개발을 완료한 다음 이를 직접 사업화하여 본래 근무하던 회사와 경쟁기업이 되는 사례이다.

첫 번째 경우에, 종업원이 자기 직무와 관련하여 연구 개발을 한 후에 스스로 특허출원을 하고 특허권을 획득한 경우 특허권 자체는 종업원의 소유가 된다. 그러나 회사는 그 특허권을 실시할 수 있는 통상실시권을 갖는다. 이러한 경우, 종업원은 회사를 상대로 특허권 행사를 할 수 없다.

한편, 종업원이 획득한 특허권에 대해서 회사가 통상실시권이 아닌 특허권을 소유할 수 있는 경우가 있다. 즉, 종업원을 채용할 때, 회사 규정에 '회사의 업무로 인한 발명은 회사의 재산으로 한다'라는 계약서를 마련하고 그 계약서에 종업원으로 하여금 서명을 하게 하는 것이다. 이것을 법률상의 표현으로는 예약승계라고 한다. 예약승계는 불법이 아니며 적법한 것이다. 다만, 회사는 그 대신에 종업원의 발명 활동에 대해 보상 규정을 두어야 한다. 보상의 내용이 어떠하든지 그것은 법에서 일률적으로 규정하고 있지는 않으므로 회사의 형편에 따라 하면 된다.

두 번째의 경우에, 종업원이 발명을 한 행위가 회사에 재직하는 동안의 업무에 관한 것이었다면, 회사는 통상실시권을 가질 수 있다. 다만, 회사는 그 직원이 한 발명이 회사에 재직 시 업무와 관련이 있었던 것이라는 증명을 해야 할 것이다.

결국, 직무발명은 발명을 한 자와 그 자가 속해 있는 회사 간에 있어서 특허권으로 인한 이득 또는 손해를 적절히 조정하고자 하는 점에 그 취지가 있는 것이라 볼 수 있다.

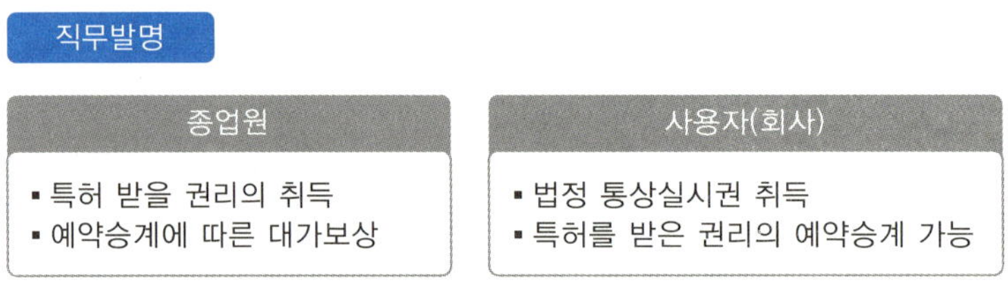

그림 4-12 직무발명에서의 사용자와 종업원의 관계

출처 : 제품개발과 기술사업화전략, 2009

4.8 직무발명의 보상체계

(1) 직무발명 보상제도

최근 기업 내 직무발명 보상제도의 실시 여부에 대한 설문 조사에 따르면, 직무발명 보상제도를 실시하고 있지 않거나 본 제도에 대해 모른다고 대답한 업체가 전체 조사 대상자(약 400여 업체)에서 약 60% 정도를 차지하는 것으로 알려졌다. 한편, 직무발명 보상제도 실시업체 중에는 직무발명 제도가 자사의 기술혁신에 큰 도움을 준다고 밝힌 업체가 50% 이상이 되어 본 제도가 기업체의 성장에 있어서 큰 기여를 하고 있음이 입증되었다.

따라서 직무발명 보상제도는 이제 기업 내에 필수적으로 정착되어야 하며, 기업의 경영자는 본 제도에 대한 이해를 높여 본 제도가 기업의 이윤창출을 위한 동력원으로서 정착하도록 노력할 필요가 있다.

이와 관련하여 직무발명이 이윤창출과 연계되는 과정을 〈그림 4-13〉에서 살펴보면, 직무발명 보상제도를 통한 인센티브를 제공하여 직무발명을 활성화시키고 완성된 발명을 실용화하여 이윤창출을 극대화시키는 연속적 과정이다.

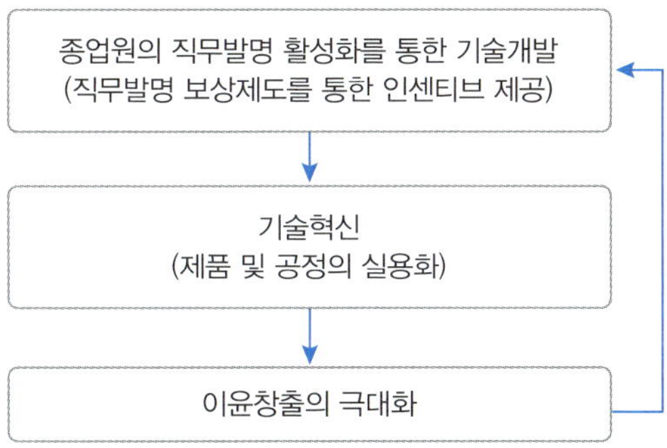

그림 4-13 직무발명을 통한 이윤창출 과정

출처 : 제품개발과 기술사업화전략, 2009

(2) 직무발명 보상규정

일반적으로 직무발명 보상제도를 마련하고자 할 경우 회사는 먼저 직무발명 보상규정을 둘 필요가 있다. 이하에는 직무발명규정 중 보상의 종류와 보상금의 산정 방법에 대해 설명을 하고자 한다.

① 보상의 종류

직무발명 보상의 종류에는 발명시 보상, 출원시 보상, 등록시 보상 및 실시시 보상이 있다. 대부분의 기업이 출원시 보상을 채택하고 있는 것으로 나타났다.

② 보상금 지급

- 발명시 보상금 지급

발명보상은 종업원 등이 고안한 발명을 특허청에 출원하기 전에 받는 보상으로 출원유무에 관계없이 종업원 등의 아이디어와 발명적 노력에 대한 일종의 장려금적 성질을 가진 보상이다.

▪ 출원시 보상금 지급

출원보상은 종업원 등이 한 발명을 사용자 등이 특허받을 수 있는 권리를 승계하여 특허청에 출원함으로써 발생하는 보상으로 미확정 권리에 대한 대가이기 때문에 장려금적 성질을 가진다.

▪ 등록시 보상금 지급

사용자 등이 승계받은 발명이 등록결정되었거나 특허등록되었을 때 지급하는 보상이다.

▪ 실시시 보상금 지급

자사 실시 뿐만 아니라 제3자 실시, 크로스 라이센스 등에 의해 해당 발명으로부터 이익이 발생할 경우 종업원 등에게 지급하는 보상이다.

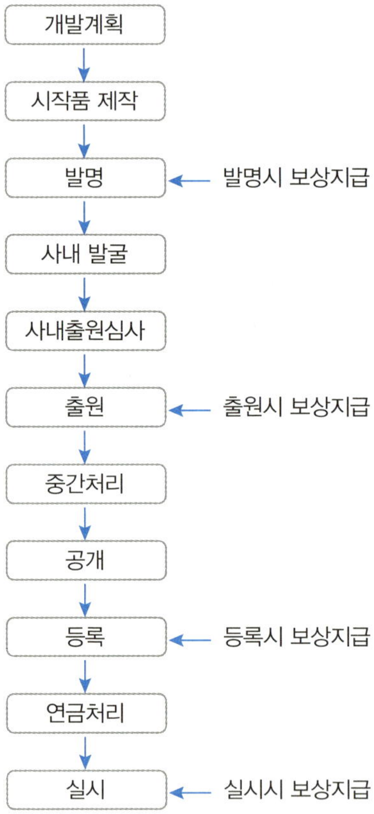

그림 4-14 연구 개발부터 특허실시까지의 흐름과 보상금

출처 : 제품개발과 기술사업화전략, 2009

연구문제

1. '특허경영'을 정의하고 그 기능에 대해 설명하시오.

2. 기술경영적 측면에서의 특허경영은 무엇을 말하는가?

3. '특허경영'이 왜 중요한지 그 중요성에 대해 논의하시오.

4. '기술경영'과 '특허경영'의 차이점은 무엇인가?

5. 특허경영의 구성 요소는 무엇인지 설명하시오.

6. 기술혁신을 정의하고, 기술혁신의 방법론을 제시하시오.

7. 기술혁신은 왜 필요한가?

8. '오픈 이노베이션'의 필요성에 대해 설명하시오.

9. 특허경영조직의 유형에 대해 열거하고 이에 대한 장단점을 설명하시오.

10. 기술혁신과 발명문화와의 관계를 고찰하고 바람직한 직무발명보상체계에 대해 논의하시오.

PART 2

특허경영 실전편

CHAPTER 5

특허정보

5.1 특허정보의 체계

5.2 특허지표를 활용한 특허경영

학습목표

이 장에서는 특허선행기술조사나 특허맵 작성, 그리고 특허포트폴리오 작성을 위한 특허정보를 수집하고 가공하기 위해 필수적으로 선행되어야 하는 부분에 대해 설명하기로 한다. 도구를 잘 쓰면 쓸수록 결과의 내용은 상당히 달라질 것이다. 또한 객관적 판단을 위해서도 도구를 제대로 사용하는 것은 중요하다. 특히 특허경영에서는 실질적으로 특허를 수집가공하여 분석하는 일이 가장 중요하다고 볼 수 있다.

5.1 특허정보의 체계

5.1.1 특허 분류

각 나라에서는 모든 특허문헌을 국제특허분류(IPC)에 맞추어 분류하고 있으며 또한 미국이나 일본처럼 국제특허분류(IPC) 외에 자국 내에서 만든 특허분류에 맞추어 또다시 특허문헌을 재분류하고 있는 실정이다.

우리나라는 모든 특허문헌(실용신안포함)을 국제특허분류(IPC)에 맞추어 분류하고 있어서 국제특허분류(IPC)나 각국의 특허분류를 잘 알고 있으면 효과적으로 특허문헌을 찾을 수 있는 장점이 있다. 다음에서 국제특허분류(IPC) 및 각국의 특허분류를 간략히 소개한다.

1 국제특허분류(IPC : International Patent Classification)

전 세계적으로 통용되고 있는 국제특허분류(IPC)는 특허문헌에 대해 국제적으로 통일된 분류를 하고 검색을 할 수 있도록 하기 위해 1954년 국제특허분류에 관한 유럽조약의 규정에 의해 만들어졌다. 이후 1971년 Strasbourg 조약(IPC 조약)이 체결되어 국제특허분류(IPC)를 이용하여 국가간의 기술을 교류하고 외국특허문헌의 원활한 이용과 검색이 가능하게 되었다.

자국의 형편에 따라 보조적인 분류체계를 혼용하기도 하지만 유럽은 물론 미국, 일본에서도 국제특허분류(IPC)에 의한 분류체계를 표기하고 있다.

국제특허분류(IPC)의 구성은 기술전체를 8개의 섹션(Section)으로 나누어 알파벳 A~H로 표시하며, 각각의 섹션에 대하여 클래스, 서브클래스, 그룹, 서브그룹으로 기술을 다음과 같이 세분화하여 나누어 놓았다.

섹션

A : 생활필수품	B : 처리조작; 운수	C : 화학; 야금	D : 섬유; 종이
E : 고정구조물	F : 기계공학; 조명; 가열; 무기; 폭파	G : 물리학	H : 전기

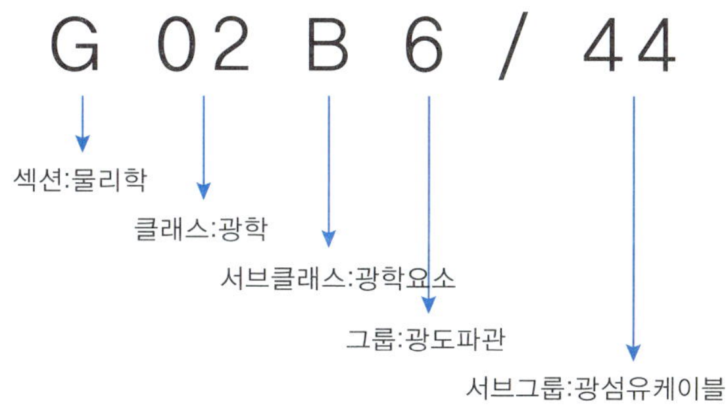

2 미국특허분류(UPC, U.S. Patent Classes)

미국특허의 경우 국제특허분류(IPC) 뿐 아니라 미국은 1831년부터 자체적으로 만든 미국특허분류(UPC)를 이용하고 있다. 이 분류는 클래스(Class)와 서브클래스(Subclass)로 이루어져 있다.

미국특허분류(UPC)는 즉, Class/Subclass : 427/2.31 or 427.3A 의 형태를 가지며 서브클래스(Subclass)는 소수점(decimal modifiers)이나 알파벳(alpha modifiers)을 이용하여 표기하기도 한다.

다음은 미국특허분류(UPC)의 클래스(Class)의 예를 보여주는 것으로서, 클래스(Class)가 002이면 APPAREL에 관련된 분류이고 서브클래스(Subclass)는 다음과 같이 표현된다.

Class Title

002 APPAREL

004 BATHS, CLOSETS, SINKS, AND SPITTOONS

```
Class Title ===> APPAREL
Subclass Title
1 MISCELLANEOUS
```

```
455 GUARD OR PROTECTOR
456 . Body cover
457 . . Hazardous material body cover
458 . . Thermal body cover
2.11 . . Astronaut`s body cover
2.12 . . . Having relatively rotatable coaxial coupling component
2.13 . . . Having convoluted component
2.14 . . Aviator's body cover
2.15 . . Underwater diver`s body cover
```

클래스(Class) 002에 추가하여 서브클래스(Subclass) 2.11을 표시할 때는 2/2.11 이 된다.

3 일본특허분류(FI : File Index, F-Term : File Forming Term)

일본에서는 1885년부터 JPC를 만들어 사용하다가 1978년에 국제특허분류(IPC)를 채택하여 특허문헌을 분류하였다. 그러나 특정분야의 특허문헌이 다량 집중되는 등의 문제점을 해결하고 균등분산하기 위해 부가적으로 FI분류와 F-Term분류를 만들어 특허문헌을 별도로 분류하여 사용하고 있다.

① FI분류

'FI(File Index)분류'는 IPC의 '완전한 기호 + 전개기호 + 분책식별기호'로 구성되어 있으며 전개기호는 101부터 시작하는 3자리 숫자를 이용하고 도트(dot)로 계층을 표시하고, '파세트(FACET) 분류기호'는 3자리의 영문자를 이용하고 도트로 계층을 표시한다. '분책식별기호'는 IPC 또는 전개기호를 세분화하며 영문자 I, O를 제외한 영문 대문자를 1개 사용하여 표시한다.

예) G02B 6/44

- ファイバに引張強度及び外部保護を與えるための機械的構造,例,光傳送ケ-ブル(導電体と光ファイバを複合したケ-ブルH01B11/22)

```
301 ‥ファイバ　のためのもの
306 ･･･
311 ･･･
316 ･･･
```

321 ····プラスチックの1
331 ····2
336 ····3　の
341 ····パイプ
346 ····　?を　する
351 ··　ファイバケーブル
356 ···

② F-Term

첨단분야의 경우 단순한 기술관점에서 포괄적으로 나누어진 국제특허분류(IPC)로는 정보검색에 한계가 있어서 특허문헌의 기술내용의 복잡화 및 제품의 다양화에 부응하며 특허문헌검색의 편의를 위해 만들어졌다. 첨단기술 분야 등의 특정분야에 목적, 기능, 구조, 재료, 제법, 처리조작방법, 제어수단 등의 기술적 관점에 따라 세분화하여 재분류하였다.

5.1.2 검색어(Key Word)

1 키워드란

키워드란 문장이나 문단에서 핵심이 되는 단어 혹은 어구를 말한다. 즉 그 문단이나 문장을 가장 잘 대표하는 말로 몇 개의 키워드로 그 글의 내용 전체를 표현할 수 있어야 한다.

특히 유사어로 대표되는 단어들은 한 가지를 의미하지만 여러 단어가 사용되고 있음을 알 수 있다. 따라서 특허문헌의 키워드를 추출할 때 동의어를 다양하게 생각해서 키워드로 표현하는 기술을 습득하는 것이 중요하다.

2 키워드 검색

특허문헌을 검색할 때 앞서 언급한 것처럼 대표 키워드로 그 글의 내용 전체를 표현해야 하기 때문에 키워드는 매우 중요한 역할을 하고 있다. 특허문헌의 경우 핵심 키워드 몇 가지로 대강의 내용을 유추할 수 있어야 하므로 키워드를 추출하는 작업은 매우 중요하다.

따라서 키워드는 극히 객관적이면서도 주관적인 단어로 구성이 되는데 다양한 키워드의 조합에 의한 특허문헌의 검색이 필수적이다.

예를 들면 '벽걸이형 컬러 티브이'라는 특허문헌이 있다고 하면 이 출원에 대한 키워드가 티브이 라는 것 정도는 당업자라면 모두가 알 수 있을 것이다. 하지만 이와 유사한 단어인 텔레비전, 테레비전, 텔레비젼, 테레비젼, 테레비, TV, Television, 티비, 화상표시장치 등은 텔레비전과 TV를 제외하고는 국어사전에 나오지 않는 단어지만 모두가 특허문헌에서는 동의어로 검색이 가능한 키워드들이다.

따라서 이러한 유사어 및 동의어의 개념까지 고려를 하여 특허문헌을 검색하여야 한다.

3 DB별 키워드 예시

① 절단자

먼저 키워드를 넣기 전에 절단자에 대해 살펴보자.

절단자는 키워드를 넣을 때 필요로 하는 기호로써 여러 가지 의미를 갖는다. 절단자의 의미는 DB를 구성하는 프로그램의 특성과 특징에 따라 정의될 수 있는데 가장 일반적으로 사용되는 절단자는 '*', '?', '$' 등이다.

그 의미로는 '*'는 컴퓨터에서 사용되는 '모든 문자'의 의미이며, '?'는 '특정한 문자 1개', '$'는 특허 DB마다 따로 규정을 두며 '*'와 비슷한 용도로 사용된다.

a. 절단자를 키워드 뒤에 사용하는 경우

검색예 : '에버?' (국내 Kipris 검색사이트의 경우)

검색결과 : DB에 수록된 특허문헌 중 '에버'로 시작되는 단어가 있는 모든 특허문헌이 검색된다.

b. 절단자를 키워드 중간에 사용하는 경우

검색예 : '에버?그린'

검색결과 : DB에 수록된 특허문헌 중 '에버'로 시작하고 '그린'으로 끝나는 모든 특허문헌이 검색된다.

② 연산자

키워드 혹은 키워드와 혼합된 절단자를 갖는 단어가 확정이 되면 더 정확하고 세부적인 내용에 대한 검색을 필요로 하고, 다수 개의 키워드 조합에 의한 정확한 특허문헌을 검색하고자 한다면 연산자에 의한 조합이 필수적이다.

이에 필요한 요소는 'and', 'or', 'not', 'andnot', 'near', 'adj', '+', '*', '!' 등으로 이 역시 검색DB의 특성별로 여러 가지 표현을 갖고 있기 때문에 각 검색DB에서 별도로 도움말을 두어 예로 설명하고 있다.

특히 앞부분의 'and', 'or'는 가장 많이 사용되는 연산자로서 범위를 한정할 경우 'and'에 의해 그리고 유사한 기술범위나 동의어는 'or'에 의해 표현한다.

a. or 연산자를 사용하는 경우

검색예 : '에버'+'그린'

검색결과 : DB에 수록된 특허문헌 중 '에버' 또는 '그린'이 존재하는 모든 특허문헌이 검색된다

b. and 연산자를 사용하는 경우

검색예 : '에버'*'그린'

검색결과 : DB에 수록된 특허문헌 중 '에버'와 '그린'이 공통으로 존재하는 모든 특허문헌이 검색된다

c. andnot 연산자를 사용하는 경우

검색예 : !'에버'

검색결과 : DB에 수록된 특허문헌 중 '에버'의 단어가 없는 모든 특허문헌이 검색된다

d. near 연산자를 사용하는 경우

검색예 : '에버' near '그린'

검색결과 : DB에 수록된 특허문헌 중 '에버'와 '그린'이 순서에 상관 없이 둘 다 존재하는 모든 특허문헌이 검색된다

e. adj 연산자를 사용하는 경우

검색예 : '에버' adj '그린'

검색결과 : DB에 수록된 특허문헌 중 '에버' 다음에 바로 '그린'이 존재하는 모든 특허문헌이 검색된다.

다음 〈표 5-1〉은 각 검색사이트에서 주로 사용되는 연산자를 보여주는 표이다.

〈표 5-1〉 검색 사이트에서 사용되는 연산자

연산자	검색DB	사용되는 연산자
or	KIPRIS 검색사이트	+ 또는 or 또는 space
	일본특허청 검색사이트(PAJ 검색)	space
	일본특허청 검색사이트(IPC 검색)	+
	USPTO 검색사이트	or
	IPN검색사이트	or
	EPO검색사이트	or
and	KIPRIS 검색사이트	* 또는 and
	일본특허청 검색사이트(IPC 검색)	*
	USPTO 검색사이트	and
	IPN검색사이트	and
	EPO검색사이트	and
andnot	KIPRIS 검색사이트	! 또는 not
	일본특허청 검색사이트(IPC 검색)	–
	USPTO 검색사이트	andnot
	IPN검색사이트	and not
	EPO검색사이트	not
절단자	KIPRIS 검색사이트	?
	일본특허청 검색사이트(IPC 검색)	없음
	USPTO 검색사이트	$
	IPN검색사이트	*
	EPO검색사이트	없음

4 기술 분야별 키워드

특허문헌의 기술 분야는 크게 기계분야, 화학분야, 전기전자분야로 나눌 수 있으며 각 분야별로 검색방법 및 사용하는 검색DB도 조금씩 다르다.

① 기계 관련 키워드

기계분야의 특허문헌은 주로 장치 또는 구조개념 위주의 출원이 주를 이루고 있으므로 특허검색시 주로 도면에 의해 원하는 자료를 찾는 경우가 많다. 따라서 탑재된 특허문헌에서 도면을 볼 수 있는 검색DB를 우선 선정대상으로 고려하여야 한다. 그 다음으로 검색DB에서 특허문헌의 데이터가 어느 연도까지 검색할 수 있는지를 파악하면 된다.

검색DB에서 특허문헌의 요약 또는 초록부분에서 키워드 검색이 가능하고 도면이 제공되는 검색DB이면 기계분야의 특허문헌을 찾는데 별 어려움이 없다.

② 화학 관련 키워드

화학 분야는 앞에서 언급한 장치나 구조개념의 기술보다는 주로 조성물이나 물질의 제조방법에 관한 출원이 상대적으로 많다. 따라서 기계분야처럼 특허문헌의 도면에 의해서 찾는 것이 아니고 특허문헌의 전체 내용(명세서) 중에서 찾아야 한다.

특히 실험치나 제조방법(공정)에서 원하는 자료를 찾는 경우가 많으므로 특허문헌 전체에 대하여 검색이 가능한 검색DB를 선정하는 것이 바람직하다. 화학분야의 출원의 내용을 유심히 읽어봐서 그 방법이 타당한 것인지 아닌지를 분석하는 능력도 필요하다. 따라서 키워드 검색 시 그 발명을 대변하는 핵심적인 키워드 선정은 더 중요하다는 것을 알 수 있다.

③ 전자 전기 관련 키워드

전기전자분야는 앞의 기계 및 화학분야와는 또 다르다. 전기전자 분야의 특허문헌에서는 특허문헌의 명칭이 주로 어떤 장치나 제조방법이지만 내용은 주로 알고리즘(Algorithm) 개념의 회로 또는 시스템에 관한 특허가 많이 출원되고 있다.

특허문헌에서 알고리즘 개념의 회로 또는 시스템에 관한 기술의 표현은 주로 기술 구성(블럭화된 기술구성)과 기술 흐름도(순서도)에 의한 방법 위주로 많이 표현되고 있으므로 특허문헌을 검색할 경우 특허문헌의 기술구성 부분을 중점적으로 보아야 한다.

따라서 탑재된 특허문헌에서 기술의 구성을 볼 수 있는 검색DB를 우선 선정대상으로 고려하여야 한다. 전기전자 분야의 특허문헌을 검색하기 위한 키워드 선정 방법은 찾고자하는 기술의 블럭화된 각각의 필수구성 부분이 어떤 역할이나 작용을 하기 위해 구성부재로 사용되었는지 잘 파악하고 그 역할이나 작용에 합당한 키워드를 모두 선정하여야 한다.

5 기타

KIPRIS, IBM, USPTO, JPO, EPO 등의 온라인 서치엔진 이외에 유료로 사용되는 상용 DB가 여러 가지가 있다. 예를 들면 국내의 대우 PATROM, 일본의 그린넷, 미국의 Q-Pat, 유럽의 Dialog 등이 있고 또한 온라인 검색 이외에 오프라인 검색을 위한 CD-ROM 검색의 경우 KIPRIS의 KPA CD-ROM, 혹은 Mimosa프로그램을 이용한 PAJ 등을 들 수 있는데 이들 유료의 경우 키워드 검색 시 약간씩 다른 절단자와 복잡한 연산식을 갖기도 하는데 이는 더욱 더 정확한 데이터를 검색할 수 있는 장점을 갖는다.

Key word는 데이터 자료의 추출을 얼마나 정확히 하는가를 결정하는 중요한 요소이다. 국가별로 각각 Key word를 설정하고 Key word에 대한 동의어나 유사어는 물론 축약어까지 고려하여야 한다. 또한 검색 데이터베이스에 따라 Key word의 입력 방식이 약간씩 다르며, 검색범위 즉, 초록(Abstracts) 또는 전문(full Text)에서 검색하는 것에 따라서 검색결과가 다르게 나오므로 검색범위에 따라 Key word를 달리할 필요가 있다.

5.1.3 DB(Data Base) 선정

1 한국특허 검색사이트

한국특허정보원에서 제공하는 특허전문 검색DB로서 1947년 이후의 산업재산권(특허, 실용, 디자인, 상표) 정보를 무료로 검색할 수 있는 국내 최대의 검색사이트(www.kipris.or.kr)이다(〈그림 5-1〉 참조).

KIPRIS 검색DB는 국내 산업재산권 정보(약 350만건)를 서지사항, 초록(대표도면 포함), 전문명세서 전체를 수록한 특허 검색DB이며, 검색방법도 키워드검색, 각종번호(출원, 공개, 공고, 등록, 우선권번호)검색, IPC 검색, 출원인 및 발명자검색, 디자인 및 상표검색 등 다양한 검색이 가능하다.

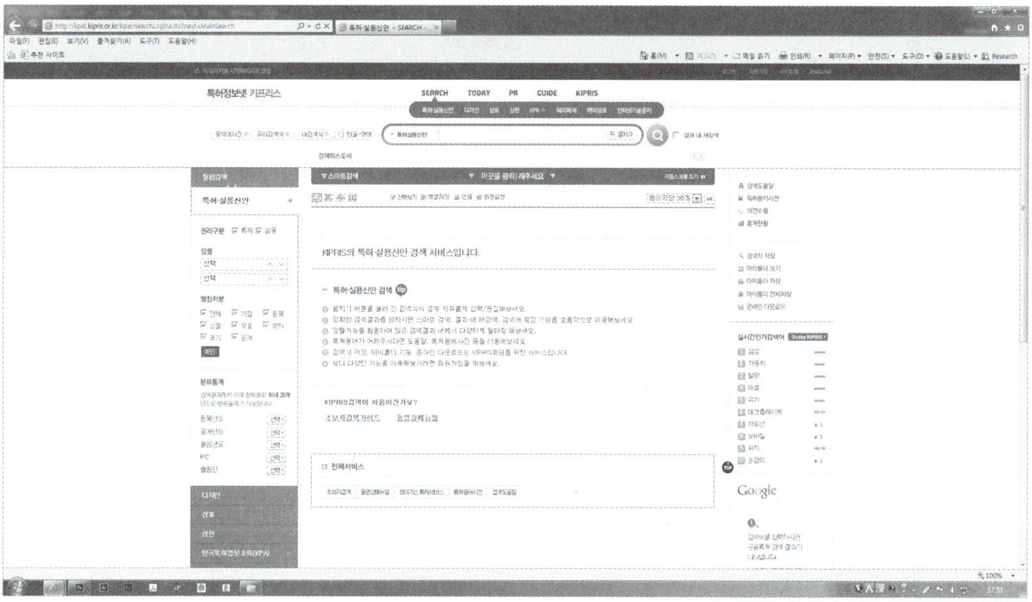

그림 5-1 KIPRIS 검색 사이트

출처 : http://kpat.kipris.or.kr/kpat/searchLogina.do?next=MainSearch

※ KIPRIS 검색DB의 특징

a. 한국특허문헌의 검색 및 자료입수가 가능

b. 제목, 초록, 전문검색필드가 별도로 구성되어 필요로 하는 검색필드에서 검색이 가능

c. 책갈피 기능이 있어 필요한 자료를 편리하게 추출할 수 있음

〈표 5-2〉 수록기간 및 키워드 검색 가능

구분		항목	수록형태	수록기간	키워드검색 가능 범위
국내	특허·실용	서지, 초록, 대표도면	text/Image	1947년 ~	1947년 ~
		전문명세서	Image	1947년~1996년	이미지 제공
			text/sgml	1997년 ~	1997년 ~
	디자인	서지사항	text	1947년 ~	1947년 ~
		디자인공보전문	text	1986년 ~	1986년 ~
	상표	서지사항	text	1950년 ~	1950년 ~
		문자 및 도형	text/Image	1950년 ~	1950년 ~

구분		항목	수록형태	수록기간	키워드검색 가능 범위
	심판	서지사항	text	1947년 ~	1947년 ~
		심·판결전문	Image	1947년 ~	이미지 제공
해외		미국, 일본, 유럽 특허청 검색사이트 링크 서비스 2005.12부터 미국, 일본, 유럽, PCT의 전문(Full Text) 이미지 제공			

2 일본특허 검색사이트

① 일본 특허검색 사이트(www.ipdl.inpit.go.jp/homepg-e.ipdl)

일본특허청에서 제공하는 특허검색DB로서 일본특허청에서 보유하고 있는 산업재산권(특허, 실용, 디자인, 상표) 정보를 다양한 검색방법을 통하여 무료로 검색할 수 있는 검색사이트이다.

일본특허 검색사이트는 초보용 검색항목이 별도로 있으며, 특허검색에 있어서 IPC검색 및 F-term검색 등 다양한 검색이 가능하나 주로 번호검색 위주로 구성되어 있고 키워드 검색은 평성 5년(1993년)이후부터 일본어로만 검색할 수 있어 사용하기 불편한 점도 있다.

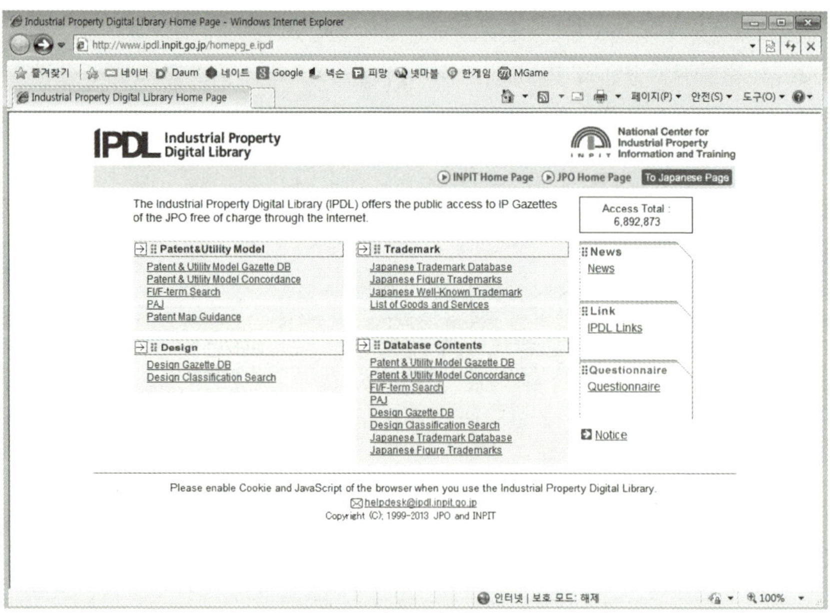

그림 5-2 일본특허 검색사이트

그러나 일본특허에 대한 초록부분을 영문으로 번역하여 만든 일본 공개특허 영문초록(일명 PAJ)에 대하여 영문 키워드로 검색할 수 있다.

일본 공개특허 영문초록(PAJ)은 1976년부터 일본에 공개된 특허에 대해 초록부분을 영문으로 번역한 다음 대표도면을 추가하여 키워드로 검색이 가능하도록 하였기 때문에 이용자가 검색하기 편리하다.

그러나 on-line상의 일본 공개특허 특허영문초록(PAJ) 검색에서는 평성 5년(1993년) 이후의 데이터만 탑재되어 있고 명칭과 초록에서만 키워드 검색이 가능하고 특허로만 구성되어 있어 실용신안은 검색할 수 없는 단점도 있다.

② JAPIO 검색사이트(http://www.japio.or.jp/english/index.html)

일본특허정보기구(JAPIO)에서 제공하는 특허검색 사이트로서 소(昭)46년(1971년)이후의 일본특허 및 실용신안에 대하여 서지정보 및 초록에서 번호 및 키워드(일본어), IPC, 출원인, 출원일 등 다양한 방법으로 검색할 수 있는 유료 사이트이다.

그림 5-3 JAPIO 검색사이트

3 미국특허 검색사이트

① USPTO 검색사이트(http://www.uspto.gov/patents/process/search/index.jsp#)

미국특허청에서 제공하는 특허검색 사이트로서 1976년 이후부터 현재까지의 특허등록 공보자료에 대해서 서지적 검색 및 전문(Full text)검색이 무료로 가능하다.

USPTO검색사이트는 Quick Search (Two-term Boolean Searching) 와 Advanced Boolean Searching로 구분되어 있고 Quick Search는 초록을 포함한 서지사항에서 검색함으로 신속하게 검색이 가능하며, Advanced Boolean Searching에서는 명세서 전체에 대하여 검색이 가능하다.

1971년에서 1976년 사이에 발행된 자료는 유료 서비스를 통해 해당자료에 대한 접근이 가능하고, 1971년 이전의 특허자료는 Patent and Trademark Depository Library (PTDL)에 방문하여야만 접근이 가능하다. USPTO검색사이트는 다양한 연산자를 이용하여 검색이 가능하며 특허공보의 전문이미지를 무료로 다운로드 받아 출력이 가능하다.

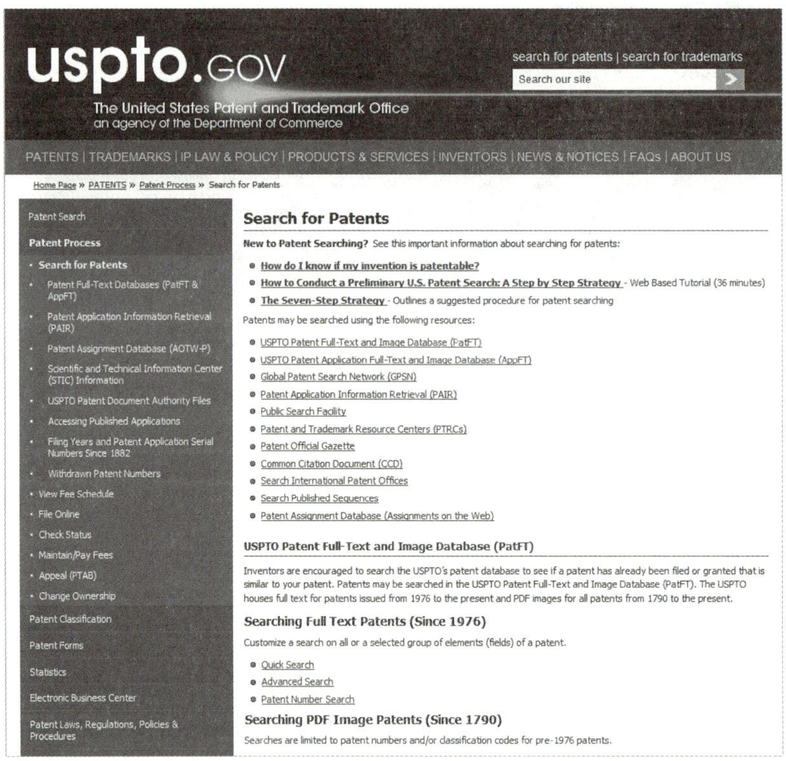

그림 5-4 미국특허청의 검색사이트

② Delphion검색사이트(www.delphion.com)

Delphion회사에서 제공하는 유료 특허검색 사이트로서 미국, 유럽, INPADOC 및 일본특허를 검색할 수 있는 특허검색 사이트이다. 1971년 이후의 미국특허를 advanced search, boolean search 및 patent number로 구분하여 서지사항, 초록 및 전문전체에 대하여 검색할 수 있으며 boolean search는 1개 내지 4개의 필드의 검색항목에 검색하고자 하는 것을 입력하여 검색할 수 있고, advanced search는 검색하고자 하는 키워드를 입력하여 검색할 수 있다.

또한 Patent number는 특허번호로 검색할 수 있다. Delphion 특허검색 사이트의 또 하나의 특징은 일본 공개특허 영문초록(PAJ)이 수록되어 있어 영문 키워드로 1976년부터의 일본특허를 손쉽게 검색할 수 있다.

4 유럽 특허 검색사이트

유럽 특허청(European Patent Office)에서 제공하는 무료 특허검색 사이트로서 esp@cenet를 이용하여 유럽 특허 및 국제특허(PCT)를 검색할 수 있으며 일본 공개특허 영문초록(PAJ)이 수록되어 영문키워드로 일본특허를 검색할 수 있다.

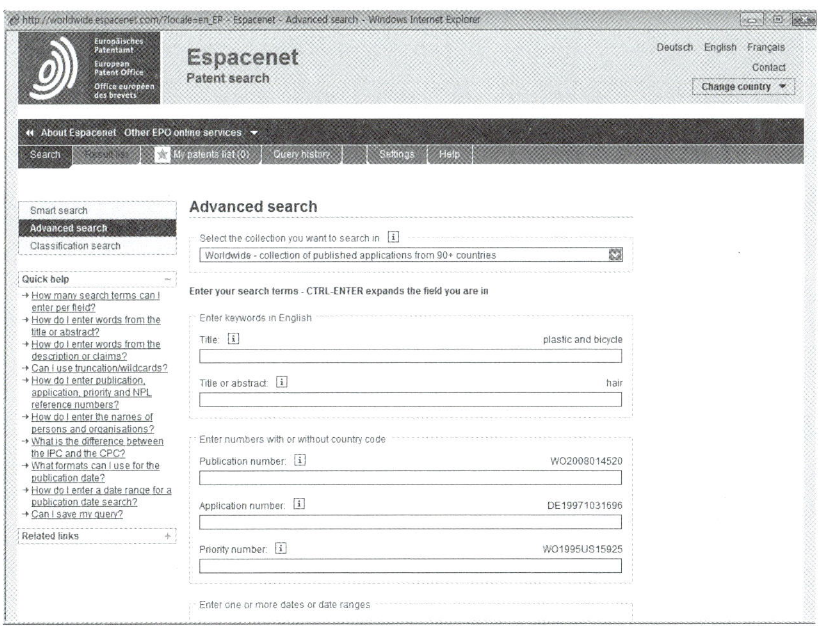

그림 5-5 유럽 특허 검색사이트

5.1.4 서지적 정보의 의미

1 표지 구성

일반적으로 한국의 특허 명세서 상에서의 특허정보를 살펴보면, 우선 서지적 사항과 권리적 사항 그리고 초록을 담고 있는 표지가 있으며, 발명의 명칭과 발명의 상세한 설명과 도면에 대한 설명, 그리고 청구 범위로 명세서를 구성하고 있다. 표지에 나타나 있는 중요 정보들로는 발명자, 출원인, 국가, 출원일자, 출원번호, 특허등록일자, 특허등록번호, 출원공개일, 공고일, 특허분류번호, 그밖에 심사청구일, 심사중간 처리과정에 대한 정보, 대리인 등이 명기되어 있으며, 미국특허 명세서와 비교할 때 인용참조 문헌이 기재되어 있지 않다. 이와 같은 정보를 활용하여 특허정보를 분석할 수 있는 근거를 제공한다.

2 특허정보 활용

이러한 정보들이 구체적으로 어떻게 활용될 수 있는지를 살펴보자. 『발명자』의 경우는 특정분야 전문가(순위별, 특허비율)를 확인하거나 연구조직 운영(연구기간, 공동발명자로 발명자군 확인)을 확인하는데 활용될 수 있으며, 『출원인』은 특정기술 보유기업조사(순위별, 특허비율), 경쟁사 기술(특정회사의 기술종류 및 비중) 동향조사에, 『국가』는 국가별 기술종류 및 비중조사, 외국인의 특허현황조사, 해독이 용이한 언어의 대응특허확인, 특정국가의 기술동향파악에, 『출원일』은 (우리나라의 경우 선출원주의로 출원날짜가 매우 중요) 우선권 주장에, 『특허일자』는 통계수치조사(출원인, 기술별, 국가별 시계열적인 조사), 특허기간의 확인에 활용되고 있다. 또한 심사중간 처리과정이나 등록원부를 통해 특정국가의 출원처리단계, 특허권리변화(양도, 이전), 특허청구범위(심사내용), 특허료 불납으로 인한 특허기간 종료여부, 특허기간 연장사항, 재심결과, 특허의 유효성 등을 파악할 수 있다.

5.1.5 명세서의 구성

1 특허 명세서의 내용 구성

(1) 발명의 명칭

발명의 분류, 정리, 조사 등이 용이하도록 간단, 명료하게 기재된 발명의 표제이다.

(2) 도면의 간단한 설명

명세서에 첨부된 도면 및 주요부분을 나타내는 부호에 대한 설명이다.

(3) 발명의 상세한 설명

특허청구범위에 기재된 사항을 뒷받침할 수 있어야 하며, 그 발명이 속하는 기술 분야에서 통상의 지식을 가진 자가 용이하게 실시할 수 있을 정도로 발명의 목적, 구성, 효과가 기재되어 있다.

① 발명의 목적 : 발명의 기술 분야와 이용되는 산업 분야 및 발명의 대상(물품, 장치, 방법 등)이 무엇인지, 종래의 기술과 함께 발명이 해결하고자 하는 기술적 과제와 그 작용효과를 알 수 있음
② 발명의 구성 : 발명의 목적을 달성하기 위한 기술적 수단으로서 발명의 기술구성과 작용(동작)이 순서에 따라 기재되어 있으며, 또한 발명의 기술적 수단을 구체화시킨 데이터를 기재한 실시예가 있음
③ 발명의 효과 : 발명의 기술적 과제를 해결한 결과, 종래 기술과 비교하여 특유한 효과가 구체적으로 기재되어 있음

(4) 특허청구의 범위

명세서에 기재된 사항 중 보호를 받고자 하는 기술적 범위로서, 발명의 구성에 없어서는 안되는 사항의 전부가 기재되어 있다.

(5) 도면

발명을 구성하는 도면은 물론, 종래 발명의 구성 도면 및 관련 데이터의 그래프 등이 포함되기도 한다. 전자회로, 기계장치에 관한 발명은 이 도면만으로도 기술적 내용 및 발명의 구성을 쉽게 파악할 수 있다.

2 특허 명세서의 정보 활용

일반적으로 명세서 상에 기술하는 발명의 명칭과 발명의 상세한 설명, 도면에 대한 설명, 그리고 청구 범위에서 얻는 정보들을 활용하여 선행기술 조사, 제품 및 제조법의 변천과정, 신규

Idea 발굴·기술 문제점 해결, 신규 테마 선정, 특허성(신규성, 진보성) 파악, 특허침해여부 확인, 기술과 기술의 상관관계 확인 등을 할 수 있다. 위에서 살펴 본 바와 같이 명세서 표지와 내용에서 제공하는 정보들은 특허정보분석프로그램(PIAS)에 의해 정보를 활용·용도에 맞게 추출 및 가공할 수 있어서 분석을 용이하게 할 수 있다. 그러나 각국의 특허 명세서의 구성이 대체로 유사하지만 모두 동일한 것이 아니므로 경우에 따라서는 분석을 할 수 없는 경우도 있다.

3 주요 국가별 특허 명세서 내용구성

다음의 각국 특허 명세서 내용 구성을 살펴보자. 아래 표와 같이 한국과 일본의 특허 명세서가 유사하고, 미국과 유럽이 비슷하다. 특히 구별되는 점은 한국이나 일본은 미국의 선행기술에 대한 부분을 종래의 기술로 다루고 있으나, 미국의 그것과는 달리 인용참증문헌의 출처가 제대로 명기되어 있지 않다. 유럽 특허의 경우는 특허조사보고서가 추가된다. 일반적으로 한국특허출원 명세서를 통한 선행기술 조사는 현실적으로 곤란하고 이와 동일건 또는 유사건의 미국특허 명세서를 통해서 선행조사를 할 수 있다. 따라서 특허분석프로그램을 활용한 기술 분석 시에 인용참증문헌을 통해 알아 볼 수 있는 정보의 경우에도 미국특허 명세서 등을 활용해야 하는 불편함이 있다. 한국, 일본, 미국, 유럽의 특허 명세서 구조를 비교표로 작성하면 〈표 5-3〉과 같다.

〈표 5-3〉 특허 명세서 구성 비교표

한국	일본	미국	유럽
발명의 명칭	발명의 명칭	발명의 명칭	발명의 명칭
발명의 상세한 설명	발명의 상세한 설명	요약	발명의 배경
1) 발명의 목적	1) 산업상의 이용분야	발명의 배경	발명의 개요
• 산업상의 이용분야	2) 종래의 기술	1) 발명의 분야	도면에 대한 설명
• 종래의 기술	3) 발명이 해결하려는 문제	2) 선행기술의 설명	발명에 대한 설명
• 발명이 해결하려는 문제	4) 해결하기 위한 수단	발명의 개요	실시예
2) 발명의 구성	5) 작용	도면에 대한 설명	더면
• 해결하기 위한 수단	발명의 효과	실시예	특허청구의 범위
• 작용	도면의 간단한 설명	특허청구의 범위	특허조사 보고서
3) 발명의 효과	도면		
실시예	특허청구의 범위		
도면에 대한 설명			
도면			
특허청구의 범위			

5.1.6 선행기술 조사

특허는 발명의 내용에 대한 정보를 일반에 공개하는 대가로 발명자에게 부여되는 독점적 권리이다. 특허정보는 특허 제도 상에서 특정 발명에 대해 이러한 권리를 부여하는 과정에서 나타나는 모든 관련 정보들을 뜻하며, 일반적으로 출원인이 특허권을 인정받기 위해서 해당 국가기관에 특허출원서를 제출하는 출원 행위에서부터 발생되는 모든 문서상, 행정상 정보들을 포괄한다.

최근 각국의 특허청은 과거에 문서나 이를 가공한 마이크로 필름의 체제에서 벗어나 보관 및 검색의 효율성 등을 고려한 디지털화가 상당 부분 이루어졌다. 이러한 특허정보의 디지털화로 인해 각국의 특허청이나 데이터베이스 공급기관들이 특허정보 데이터베이스를 구축하는데 보다 용이한 여건을 가지게 되었다. 또한 상기 구축된 특허정보 데이터베이스는 전문 텍스트 검색 및 도면 검색에도 편리함을 제공하게 되어 특허정보를 활용하는데 많은 도움을 주고 있다.

이하에는 특허정보를 조사하는데에 필요한 여러 가지 사항을 구체적으로 알아보기로 한다.

1 특허정보조사의 종류

(1) 서지사항조사(Bibliographic Search)

조사자는 이미 특허번호 또는 발명자의 이름을 알고 있기 때문에 조사는 매우 간단하며 빠르게 행할 수 있다. 이런 조사의 포인트는 특정한 특허번호에 의해 어떤 것이 보호되는지 특정한 발명자가 소유하고 있는 특허가 어떤 것인지를 알아내는 것이다. 서지사항조사는 이력조사, 연혁조사, 연대조사 등으로써 행해질 수 있다.

(2) 특허성조사(Patentability Search)

특허성 조사는 가장 일반적인 것이다. 이 조사는 특정 발명이 특허를 받을 수 있는 주제인지, 유용한지, 신규성이 있는지를 판단하는 것이다. 그러므로 특허성조사를 발명의 개발이전에 하면 더 좋은 것이다.

이 조사의 목적은 발명자가 이전의 특허(선행기술)가 존재하는지 조사하는 것이다. 발명자는 특허출원을 준비하는데 유용한 선행자료를 조사할 수 있다.

발명아이디어 또는 출원된 특허에 대한 선행기술조사를 통하여 권리취득 가능성을 미리 확인 후 출원여부를 결정하거나 청구 범위를 변경할 수 있도록 하여 최대한 넓고 강한 권리를 취득할 수 있도록 지원할 수 있는 가장 기본적인 활용방법이라 할 수 있다.

(3) 특정기술분야 조사(State of the Art Search)

특정한 분야의 선행기술에 대한 개괄적인 조사를 가리켜 특정기술분야 조사라 말한다. 이 조사는 기본적으로 정보를 수집하는 것으로 필요한 만큼 광범위하게 할 수도 있고 또 좁아질 수도 있다. 특정문제를 풀기 위해 라이센싱 할 수 있는 기술을 찾는 등 다른 유사한 목적을 위한 조사이다. 이러한 특정기술분야 조사는 보다 효과적이고 전략적인 연구 개발의 추진을 위하여 연구 개발 테마와 관련된 특허정보를 폭 넓게 조사 및 분석할 수 있는 활용방법으로서 다음과 같이 세부적인 조사분석방법으로 구분할 수 있다.

① 기초 정보조사 : 관련자료를 수집, 추출
② 분류 정보조사 : 기술분류
③ 분석 정보조사 : 기술분류 및 분석

(4) 계속 조사(Continuing Search)

계속 조사는 감시 조사라는 표현을 쓰기도 하며 관심분야의 특허 동향을 파악하거나 경쟁사의 동향을 파악하는 것이 주를 이룬다. 특정 건에 대한 법적 상태 등을 감시 조사하는 것도 포함된다.

(5) 양수도 조사(Assignment Search)

특허가 다른 사람이나 회사에 양도되었을 때 이것은 법적 용어가 틀리더라도 매매(Sale)된 것이나 다름없다. 예를 들어 회사이건 개인이건 살 사람(Buyer)은 양수인(Assignee)이라 부르고 발명자 같은 팔 사람(Seller)은 양도인(Assignor)이라 부른다. 이 조사의 목적은 특허의 법적 소유주가 누구인지를 결정하는 것이다.

(6) 침해 조사(Infringement Search)

침해 조사는 소멸되지 않은 특허에 의해서 커버되거나 침해하는 행위를 판단하기 위해서 행한다. 이런 조사는 소멸되지 않은 특허의 청구항과 깊은 관련이 있다.

(7) 유효성 조사(Validity Search)

회사나 개인이 수행하는 유효성 조사는 다른 사람의 특허를 무효로 할 수 있는지를 판단하는 것이다. 조사자는 또한 특허가 무효로 선언될 수 있는 발명에 사용된 공공연한 지식이나 기술적 결함 등도 찾는다. 결론적으로 유효성 조사는 소멸되지 않은 특허가 유효한 지를 판단하는 것이다.

즉, 자사 제품의 판매에 장애가 되는 특허를 무효화시키기 위해 정보제공, 이의신청 및 무효심판 청구를 위한 자료조사 시 활용할 수 있는 정보조사 방법으로서 한국 및 미국, 일본 등 세계 주요 국가의 특허 공보 외에 기술논문을 조사하여 특허성(신규성, 진보성)에 대한 관련도로 표시함으로써 권리의 유효성 또는 무효성을 조사할 수 있는 특허정보 조사의 활용방법에 있어서 고도의 조사분석 기술을 필요로 하는 활용방법 중의 하나이다.

(8) 권리소멸 조사

이 조사는 소멸되지 않은 특허에 집중되는 침해 조사와는 다르게 소멸된 특허에 집중된다. 이 조사는 다른 회사의 공정, 제품, 디자인과 관련된 독점 배타적 권리가 소멸되어 법적인 영향 없이 복제할 수 있는지를 조사한다.

2 기초정보의 수집

기초정보의 수집은 인터넷을 통한 정보수집과 고전적 정보 조사방법인 기술서적 및 전문가 집단을 통한 수집 등이 있겠으나 여기에선 인터넷을 이용한 정보수집에 관하여 설명하겠다.

인터넷을 통해 기본적인 사항에 관한 검색을 마친 후 구체적이고 확실한 기술에 대한 기초정보를 수집해 보고자 할 경우 관련기술 학회라든지, 아니면 논문을 검색해 보는 것이 확실할 것이다.

이를 위한 검색사이트는 많이 있겠으나 대표적인 검색사이트를 소개하면 〈표 5-4〉와 같다.

〈표 5-4〉 기초정보 수집용 검색 사이트

이 름	주 소
LG상남도서관	http://www.lg.or.kr
한국교육 학술 정보원	http://www.riss4u.net
국가 전자 도서관	http://www.dlibrary.go.kr
대한 전자 공학회	http://www.ieek.or.kr
한국전자 통신 연구원	http://www.etri.re.kr
한국과학 기술 정보 연구원	http://www.kisti.re.kr
IEEE	http://www.ieee.org
전력전자학회	http://www.kipe.or.kr
국회도서관	http://www.nanet.go.kr
과학기술 학회마을	http://society.kisti.re.kr/main.html
일본논문(전자정보통신학회)	http://www.jeice.org.eng/index.html
한국산업데이타베이스	http://www.bimserp.co.kr

5.1.7 특허정보지도

1 특허정보지도의 의의

특허정보지도(특허맵; PM)는 특허정보, 즉 출원인, 발명자, 특허출원일자 등과 같은 서지적 사항과, 기술분류, 기술평가결과 등과 같은 기술적 사항, 그리고 특허권의 범위 및 기간, 권리이전, 각국에서의 진행 상황 등과 같은 권리적 사항들을 활용 목적에 맞게 조합하여 그 관계를 도표화 한 것으로 특허 분석을 비교적 쉽게 할 수 있는 이점이 있다.

2 특허맵(Patent Map)

특허정보지도를 통상 '특허맵'이라 부르는데, 특허맵이란 시장의 특허 취득 상황을 이해하기 쉽게 데이터 베이스화한 것이다. 특허맵의 작성과 분석은 〈표 5-5〉와 같이 기업의 유효한 연구개발 전략 및 경영전략 그리고 특허전략의 수립 및 실시를 위해 반드시 필요하다.

〈표 5-5〉 특허맵의 활용목적과 용도

연구 개발 전략수립 (Techno Map)	R&D 동향 파악, 공백 기술 분야 파악, 선행 프로젝트의 현존기술 파악, 중요 특허 파악, 타켓제품의 시장조사
	기술 분야의 체계 파악, 자사의 위치 설정
경영 전략수립 (Manage Map)	경쟁사의 동향 파악, 시장동향 및 상품의 변혁과 흐름파악
	신규 사업방향 및 가능성 파악
	자가 기술 매각, 해외진출, 기술 도입
	사업화 시 주의를 요하는 권리 파악
특허전략수립 (Claim Map)	정보제공, 이의신청 및 무효 심판 등의 자료
	특허 관리망 형성
	강력한 특허권 취득을 위한 명세서 작성

특허맵의 작성을 위한 기본적인 요소로서는 특허분류, 출원인, 발명자, 기술 키워드, 시계열, 기간 등이 있다. 이 요소들은 조합되어 다음 〈표 5-6〉과 같은 목적으로 분류된다.

〈표 5-6〉 특허맵 종류와 그 개요

특허맵의 명칭	개 요
랭킹 맵 (RANKING MAP)	특허정보를 건수의 많고 적은 순서로 배열함으로써 주도하는 특허가 무엇인가를 파악하는 것이 가능하게 된다. 예를 들면 A사의 기술 분류에 따라 년차마다 특허출원 건수를 많은 순서대로 나열할 수 있다.
점유 맵 (Share Map)	특허정보의 각 분야나 항목이 차지하는 비율, 즉 점유 비율에 따라서 특허 상황을 파악하는 것이 가능하게 된다. 예를 들면 A사의 기술 분류에 따라 년차마다 특허출원 건수를 점유 비율로 배열할 수 있다.
시계열 맵 (Time Series Map)	특허정보의 수량 정보를 시계열적으로 (예를 들어 5년마다 일정 기간으로) 파악하기 위해 사용된다.
레이더 맵 (Rader Map)	시계열분석의 결과를 별 모양이나 구름 형상 등으로 표현한 맵을 말한다. 각 요소의 진전 상황을 한눈에 파악하기 위해 사용된다.
매트릭스 맵 (Matrix Map)	각 출원인과 각 기술분류의 매트릭스 등, 2차원이나 3차원으로 복수의 특허정보를 데이터베이스화한 맵을 말한다.

특허맵의 명칭	개 요
상관 맵 (Co-relation Map)	각 데이터 사이에 어떤 상관관계가 있는가를 분석하기 위해 이용된다. 일반적으로 아래 4개로 분류된다. ① 분류상관 맵 ② 출원인상관 맵 ③ 발명자 상관 맵 ④ 키워드 상관 맵
신규 진입 맵 (New Entry Map)	시장에 신규로 참가하고 있는 기술 분류, 출원인, 발명자 등에 중점을 두어 신규 참여 실태를 파악하기 위해 이용된다.
기술발전 맵	특허정보를 1개의 기술사상으로 정하여 특허기술의 크기나 흐름(기술발전의 모양)을 보기 위하여 사용된다.
요지 맵	특허정보의 기술내용을 한눈에 용이하게 볼 수 있도록 하기 위해 작성된다. 요지 맵에 참조번호를 붙이면 나중에 데이터베이스화할 때 편리하다.
구성부위 맵	제품 부위마다 어느 정도의 특허가 취득되어 있는지를 한눈에 파악할 수 있도록 작성된 맵을 말한다.
뉴키워드 맵	특정 회사에 의해 개발된 독자 기술을 나타내도록 작성된 맵을 말한다. 예를 들면 A사(출원인)의 특정기술의 특허 가운데 A사에서만 사용되는 뉴키워드를 검색하여 정리한 맵을 말한다.
클레임 맵	클레임(특허청구범위)를 동일 속성의 클레임 키워드 등으로 분류하여 자사 특허의 강약을 기계적으로 체크하기 위해 작성된 맵을 말한다. 예를 들면 종축에 재료 등의 '동일 속성의 클레임 키워드'를 취하고, 횡축에는 '그 클레임 키워드를 갖는 청구항'을 출원일 순으로 배열함으로써 자사 특허의 강약을 볼 수 있다.

3 특허정보지도 작성 절차

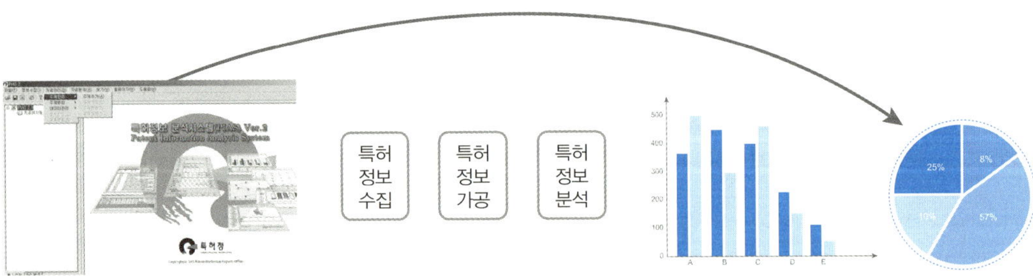

PIAS　　Patent Map

4 특허정보의 활용 분야

특허정보를 3가지 정보의 성격, 즉 기술 정보, 권리 정보, 경영 정보로 나누어 볼 때 그 활용 분야를 정리하면 다음 〈표 5-7〉과 같다.

특허정보 수집	특허정보 가공	특허 분석
특허정보의 검색& 다운로드	수집된 특허정보의 가공	가공된 특허정보로 특허분석
– 인터넷을 통해 무료로 제공되는 특허 DB사이트 (예:미국특허청 사이트, 일본특허청 사이트 등)에 연결하여 과거출원된 특허 정보 검색 – 검색된 특허정보의 일괄 다운로드	– 다운로드된 특정정보에 대해 주제관리, 자료분류, 출원인 대표명화를 행하여 DataBase화 – DB화된 자료는 자료 검색, 자료압축, 도면관리가 가능함	* 가공된 DB에 다양한 분석 기법을 적용하여 활용 목적에 따른 특허지도가 자동생성됨 – 기본분석 – 연도별 동향분석 – 출원인별 동향분석 기술별 동향분석 발명자별 동향분석 특허상관관계 분석 기술발전도 분석 특허인용관계 분석

〈표 5-7〉 특허정보의 구성요소별 활용 분야

	기술정보로서의 활용	권리정보로서의 활용	경영정보로서의 활용
파악정보 종류	• 기술개발동향 • 핵심기술, 기본특허 • 융합기술 [기술상관관계] • 기술분포 현황	• 특허권리 범위 • 특허취득, 침해가능성 • 권리상태, 권리기한 및 • 권리권자 확인	• 기업기술 및 상품 개발 동향 • 기업 연구관리 동향 • 시장참여 현황 • 국가별 시장규모 예측
활용방안	• 연구테마 선정 • 기술개발 방향설정, 변경 • 향후 출연 상품 예측 • 사전매입특허 확인	• 특허출원 여부 • 클레임 처리 • 자사특허권리 범위 확정 • 협력기업확인 • 로열티 산정	• 연구 개발 전략수립 • 특허관리 방향 설정 • 기업협력, 매수전략수립 • 특허출원국가 선정 • 우수 연구원 영입

출처 : Patent Map 길라잡이, 특허청, 1999

5 특허정보지도 작성의 중요성

특허정보지도는 위에서 언급한 3가지 측면의 정보를 얻어내기 위해서 특허 데이터를 특별히 가공하여 얻어낸 결과물로, 가공 정도에 따라 신뢰할 만한 우수한 정보로 여겨진다. 크게는 국가 산업 기술로드맵의 구축을 가능하게 하고 연구 개발자에게는 연구 개발 과제의 결정과 목표 설정에 도움을 받고, 사업자에게는 시장 규모의 추정이나 경쟁업체의 현황 모니터링 등과 같이 경영활동에 직접적으로 사용할 수 있는 중요한 정보를 제공하고 있다.

6 PIAS를 통한 특허정보지도 작성 방법

① 우선 찾고자하는 주제어를 정하고 'Kipris검색'을 통해 해당 특허를 조사한 다음 그림에서 보는 바와 같이 우측 메뉴에 있는 '온라인 다운로드'를 선택하면 해당 창이 그림과 같이 뜨며 범위지정을 한 후에 분석용 EXCEL인 PIAS분석(.xls)을 지정하고 파일생성 버튼을 클릭하여 '다운로드'를 한다.

② PIAS 프로그램을 불러 우선 메뉴 '자료관리'를 선택하고 다시 '주제추가'를 선택하면 새로운 창이 뜨는데, 이때 주제 관련 사항을 기재하고 확인을 클릭한다. 그러면 선정한 주제명이 좌측에 뜬다.

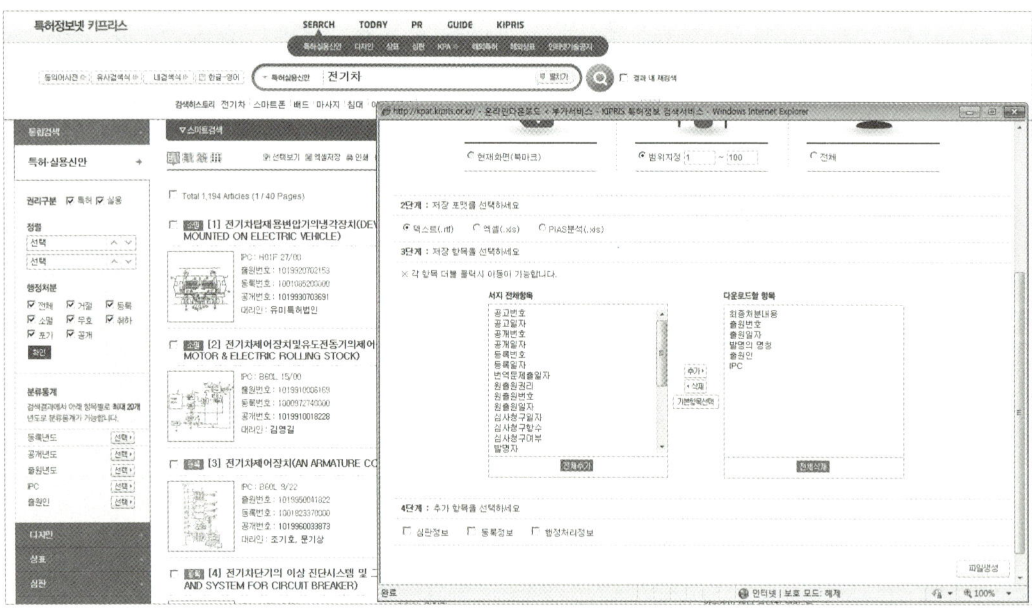

③ '다운로드'하여 저장된 특허 데이터를 PIAS 프로그램에서 불러오기 위해 커서를 좌측 해당 주제명에 놓고 클릭한 후 다시 메뉴 '정보수집'을 선택하고 'Excel 불러오기'를 클릭한다.

④ 저장된 데이터가 주제명으로 불러오면서 최종적으로 주제명 바로 우측에 분석이 가능한 전체 특허수가 기록된다. 주의할 점은 때로는 저장된 특허수와 불러온 특허수가 일치하지 않을 때가 있는데, 이때는 보통 저장된 특허 가운데 각각의 분석 대상 필드명과 해당 내용이 서로 맞지 않아 해당 특허의 누락 현상이 일어나는 것으로 저장된 특허데이터에서 전체 특허의 배열 정돈이 바르게 되어 있는지 살펴보아야 한다. 또한 중복된 특허가 있는 경우에 정확한 분석을 위해 제거시켜야 한다.

⑤ 이제 분석의 준비는 완료되었다. 어떤 목적으로 무엇을 분석해야 할 것인지 결정해야 한다. 여기에는 두 가지 방법이 있다. 메뉴 '자료분석'을 선택하고 '분석마법사'를 선택하는 방법이 있고, 다른 방법으로 화면 하단에 '주제'와 '분석' 메뉴란이 있는데 '주제'를 선택하고 바로 '분석'을 클릭하면 각종 차트 분석의 종류가 나오는데 이것을 바로 이용하여도 된다. 두 가지 방법의 각각의 장점은 전자는 어떤 일정한 목적에 따른 분석이 자동적으로 정해진 틀에 의해 차트가 생성되어 가능하고 후자는 분석자가 자유로이 선택적으로 구성하여 분석할 수 있는 편리성이 있으나, 나름대로의 확실한 분석 목적에 따른 독자적인 분석 구성안이 있어야 할 것이다. 그렇지 않으면 단편적인 분석에 머물수 있다는 점을 주의해야 한다.

7 특허정보지도(특허맵) 작성 예시

위의 작성 방법에 따라 주제별로 예시적으로 작성해 본다.

(1) 연도별 출원 현황

예를 들어 'OOO 제품'에 대한 조사를 한 결과 다음과 같은 결과를 얻었다.

- 아래 (그림 ❶) 및 〈표 ❶〉에서 보는 바와 같이 대체로 97년~2005년경이 관련 특허 출원의 절정기로 추정.
- 결국 IMF 여파로 인한 출원감소는 2000년을 전후하여 나타남.
- 실제로 2000년까지는 큰 상승폭이 없으며 이후 2005년까지 상승폭이 컸음.

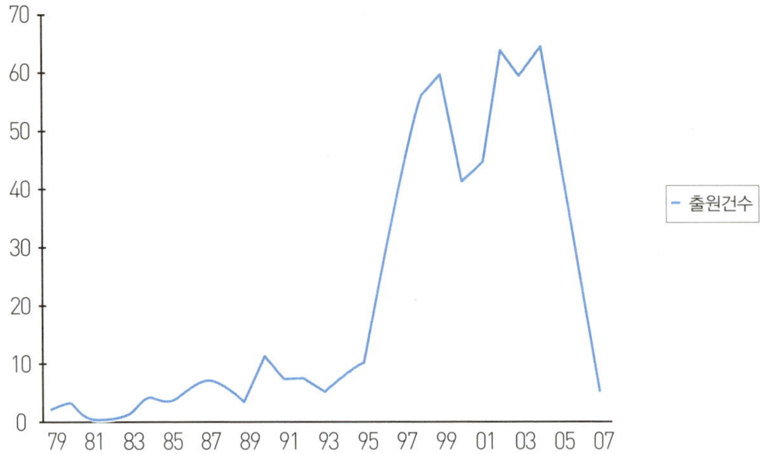

그림 ❶ 관련 특허 출원 추세

<**표 ❶**> 출원연도별 출원건수

출원연도	출원건수	출원연도	출원건수
1979	2	1994	8
1980	3	1995	10
1981	0	1996	28
1982	0	1997	42
1983	1	1998	56
1984	4	1999	59
1985	3	2000	41
1986	5	2001	44
1987	7	2002	63
1988	6	2003	59
1989	3	2004	64
1990	11	2005	47
1991	7	2006	23
1992	7	2007	5
1993	5	합계	613

핵심연구 1

'연도별-출원건수'에서는 언제 출원이 활발하게 이루어지고 언제 감소하기 시작했는지 그 시기를 살펴보는 것이 중요하다.

(2) 주요 출원인 출원 현황

- 주요 출원인을 (그림 ❷)에서 보면, 출원건수 면에서 K사(104건), S사(104건), H사(96건), L사(32건), L1사(29건), L2사(23건) 등의 순으로 주류를 이루고 있음
- 아래 〈표 ❷〉에서 보는 바와 같이 전체 출원인은 90개 기업출원인으로 모두 613건을 출원하였음.
- 외국출원 국가 중 일본(79건)이 대부분을 차지하며, 전체 한국출원의 약 13%를 차지함.

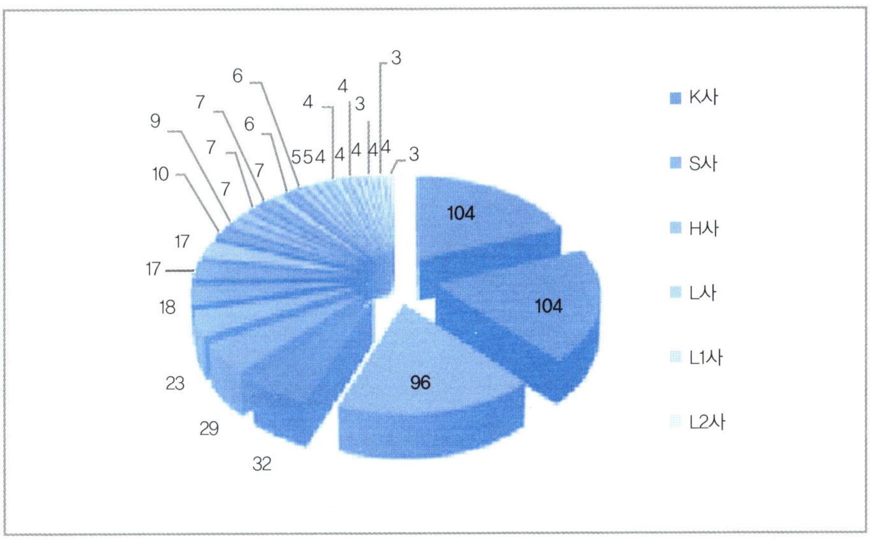

그림 ❷ 주요 출원인 출원 현황

- 당사는 모두 7건(중복 제외)을 차지함으로써, 외국 출원인으로는 OOO사(9건), xxx사(7건), MMM사(7건), NNN사(6건)와 비슷한 양적 수준이며, 국내 출원인으로는 PPP사(5건), RRR사(4건)로 양적으로 비슷한 수준의 출원 현황을 보임.

〈표 ❷〉 전체 출원인

출원인	출원건수	기타	당사	7	
주식회사 A사	104		MMM사	7	
S주식회사	104		NNN사	6	
H연구원	96		PPP사	5	
L주식회사	32		.	5	일본
L1주식회사	29				
L2주식회사	23		RRR사	4	일본
.	18	일본			
.	17	일본			
OOO사	9		.		
xxx 사	7		합계	613	

핵심연구 2
어떤 기업이 연구 활동 및 출원을 활발히 하는가를 엿볼 수 있다. 국내 출원하는 외국 출원인의 출원경향을 파악할 수도 있다. 또한 경쟁업체를 예상할 수 있다.

(3) 국제특허분류(IPC)에 따른 출원기술 현황

- 아래 (그림 ❸)에서와 같이 주요 출원 기술은 H04B-010(340건), G02B-006(81건), H04L-012(75건), H04J-014(57건), H04N-007(11건)로 나타남.
- 대부분 빔 또는 전자파를 사용하는 전송시스템에 관한 것(H04B-010)으로, 예를 들어 광, 적외선과 관련된 것 등으로 볼 수 있음.

〈표 ❸〉 본 기술이 속하는 IPC 기술 분야

H04B-010 : 무선 이외의 입자를 방사하는 빔 또는 전자파를 사용하는 전송시스템(예 : 광, 적외선(광학적 결합, 혼합, 또는 분리))

G02B-006 : 라이트 가이드, 라이트 가이드와 다른 광학요소를 포함하는 배치의 구조적 세부(예 : 커플링)
H04L-012 : 데이터 스위칭 네트워크(기억장치 입출력장치 중앙처리장치 사이의 정보 혹은 신호의 상호 연동 혹은 전송)
H04J-014 : 광학적 다중화 시스템(광학적 결합, 혼합 혹은 분리)
H04N-007 : 텔레비전시스템

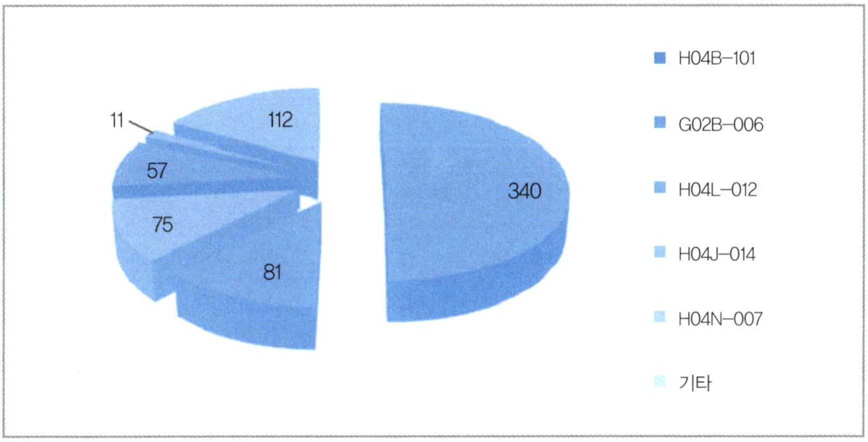

그림 ❸ 주요 출원 기술 현황

- H04B-010 기술 분야가 전체 613건 중 340건을 차지하여 55.4%로 절반이 넘는 수준을 보임.

핵심연구 3
어떤 기술 분야가 활발히 연구되고 있는지 파악할 수 있다.

(4) 업계기술동향

- 대부분의 기업들의 출원 기술은 H04B-010/0(무선 이외의 입자를 방사하는 빔 또는 전자파를 사용하는 전송시스템에 관한 내용)에 관한 것임.
- 특히 〈표 ❹〉에서와 같이 주요 출원인 S사의 경우 '정보' 혹은 '신호'에 대한 전송 관련 특허는 적은 반면에 A사 및 H사의 경우 이에 관한 특허가 상대적으로 많은 것이 특징임.

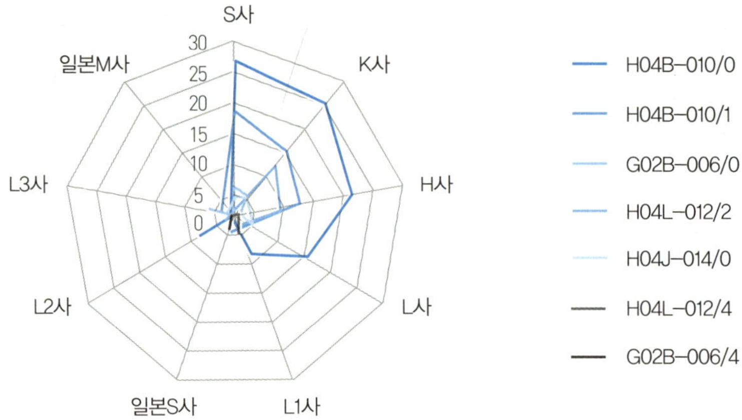

그림 ❹ 출원인별 출원 기술 현황

H04B-010/0 : 시무선 이외의 입자를 방사하는 빔 또는 전자파를 사용하는 전송 시스템(예 : 광, 적외선(광학적 결합, 혼합, 또는 분리))

H04B-010/1 : 위의 것에 대해 세부적인 것

G02B-006/0 : 라이트 가이드, 라이트 가이드와 다른 광학요소를 포함하는 보배치의 구조적 세부(예 : 커플링)

H04L-012/2 : 데이터 스위칭 네트워크(기억장치 입출력장치 중앙처리장치 사이의 정배보 혹은 신호의 상호연동 혹은 전송)에 대해 세부적인 것

H04L-014/0 : 디지털정보의 전송

H04L-012/4 : 스위치보드(switchboard)

〈표 ❹〉 출원인별-출원기술-출원건수

	S사	A사	H사	L사	L1사	일본 S사	L2사	L3사	일본 M사
H04B-010/0	26	25	21	14	8	1	8	0	2
H04B-010/1	18	14	12	3	3	4	1	3	4
G02B-006/0	5	3	2	0	1	3	0	7	0
H04L-012/2	2	11	9	2	1	0	3	0	0
H04J-014/0	4	4	4	4	1	0	0	0	2

	S사	A사	H사	L사	L1사	일본 S사	L2사	L3사	일본 M사
H04L-012/4	0	2	2	2	4	0	0	0	1
G02B-006/4	0	0	0	0	0	3	0	0	0

핵심연구 4
어떤 기업이 무슨 기술 분야를 활발히 연구하고 있는지 파악할 수 있다.

(5) 연구 개발자(발명자) 현황

- 다음의 (그림 ❺) 및 〈표 ❺〉에서 보는 바와 같이 H04B-010/0의 경우는 연구자(발명자) 황xx이 5건으로 다른 연구자와 비교하여 가장 많음. 이로써 연구자 OOO은 다른 연구자와 비교하여 이 분야의 전문가로 추정해 볼 수 있음.

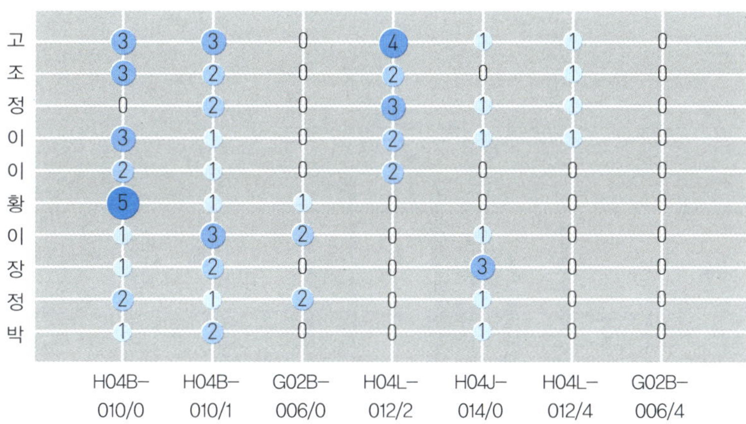

그림 ❺ 주요 연구자(발명자)별 기술 분야

〈표 ❺〉 연구자(발명자)-출원기술 분야

0	고xx	조xx	정xx	이xx	이xx	황xx	이xx	장xx	정xx	박xx
H04B-010/0	3	3	0	3	2	5	1	1	2	1
H04B-010/1	3	2	2	1	1	1	3	2	1	2
G02B-006/0	0	0	0	0	0	1	2	0	2	0

0	고xx	조xx	정xx	이xx	이xx	황xx	이xx	장xx	정xx	박xx
H04L-012/2	4	2	3	2	2	0	0	0	0	0
H04J-014/0	1	0	1	1	0	0	1	3	1	1
H04L-012/4	1	1	1	1	0	0	0	0	0	0
G02B-006/4	0	0	0	0	0	0	0	0	0	0

핵심연구 5
어떤 기술 분야에 주요 발명자(연구자)가 있는지를 파악할 수 있다.

(6) 외국 출원인 출원 동향

- 1988년부터 2007년까지 국외출원 현황을 살펴보면 미국 49건, 유럽연합 22건, 일본 18건, PCT 8건으로 집계됨.

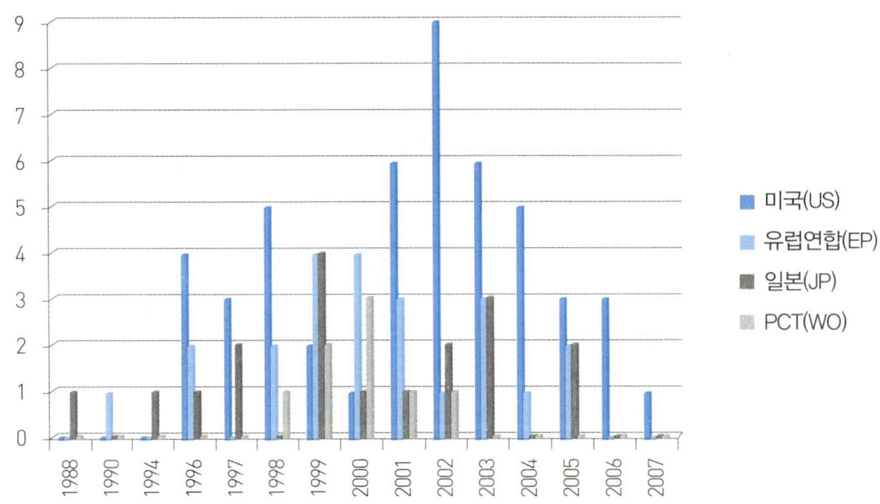

그림 ❻ 해외출원국 현황

- (그림 ❻) 및 〈표 ❻〉을 통해 미국의 경우 2002년 전후가 절정기로 보이지만 유럽 및 일본의 경우는 이미 1999년 전후가 절정기로 추정됨.

〈표 ❻〉 해외출원국 출원 집계표

	'88	'90	'94	'96	'97	'98	'99	'00	'01	'02	'03	'04	'05	'06	'07	합계
미국(US)	0	1	0	4	3	5	2	1	6	9	6	5	3	3	1	49
유럽연합(EP)	0	0	0	2	0	2	4	4	3	1	3	1	2	0	0	22
일본(JP)	1	0	1	1	2	0	4	1	1	2	3	0	2	0	0	18
PCT(WO)	0	0	0	0	0	1	2	3	1	1	0	0	0	0	0	8
합계																97

- 우선권 주장국을 보면 압도적으로 일본이 제일 많음.

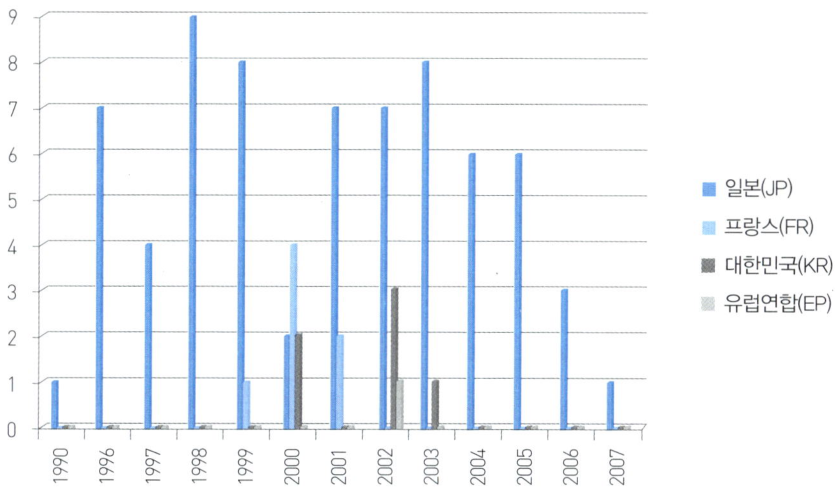

그림 ❻-1 해외 우선권 주장국 현황

〈표 ❻-1〉 해외 우선권 주장국 현황 집계표

	'90	'96	'97	'98	'99	'00	'01	'02	'03	'04	'05	'06	'07	
일본(JP)	1	7	4	9	8	2	7	7	8	6	6	3	1	69
프랑스(FR)	0	0	0	0	1	4	2	0	0	0	0	0	0	7
대한민국(KR)	0	0	0	0	0	2	0	3	1	0	0	0	0	6
유럽연합(EP)	0	0	0	0	0	0	0	1	0	0	0	0	0	1

- 2000년 이후로 2007년까지의 현황을 살펴보면 다음 (표 ❻-2)과 같이 출원 상위 5위내 출원인 기업을 보면 일본 기업이 가장 많은 출원을 하고 있으며, 한국의 경우 이기간 동안 상대적으로 출원은 매우 저조함.
- 이 기술 분야에 대한 한국의 연구 개발 발전도는 매우 우려할 만한 출원 현황으로 보임.

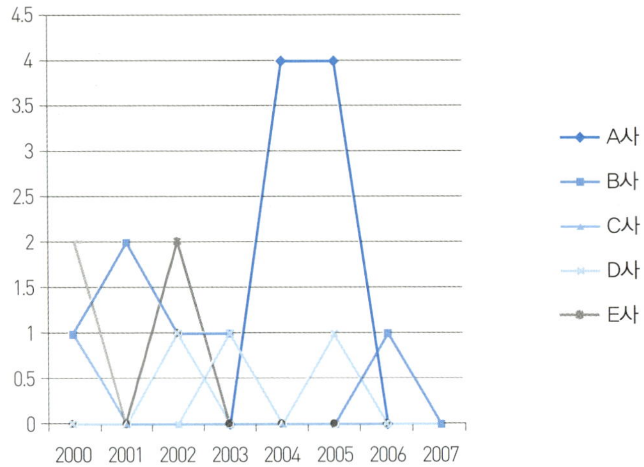

그림 ❻-2 2000년~2007년 해외 현황(상위출원기업)

〈표 ❻-2〉 2000년~2007년 해외출원 기업 현황

	2000	2001	2002	2003	2004	2005	2006	2007	
일본 기업 출원인	0	0	1	0	4	0	2	0	7
	1	2	1	1	0	0	1	0	6
	0	0	1	0	0	0	0	1	2
한국H사	2	0	0	0	0	0	0	0	2
일본 기업 출원인	2	0	0	0	0	0	0	0	2
	1	1	0	0	0	0	0	0	2
	1	0	0	1	0	0	0	0	2
	0	0	1	0	0	0	0	1	2
	0	0	0	1	0	1	0	0	2
	0	0	2	0	0	0	0	0	2
	0	1	0	0	0	0	0	0	1
	1	0	0	0	0	0	0	0	1
	0	0	1	0	0	0	0	0	1
	0	0	0	0	1	0	0	0	1
	0	0	1	0	0	0	0	0	1

	2000	2001	2002	2003	2004	2005	2006	2007	
한국L사	1	0	0	0	0	0	0	0	1
	0	1	0	0	0	0	0	0	1
한국L1사	0	0	1	0	0	0	0	0	1
일본 기업 출원인	0	0	0	0	1	0	0	0	1
	0	0	1	0	0	0	0	0	1
	0	0	0	1	0	0	0	0	1
	0	0	1	0	0	0	0	0	1
	0	1	0	0	0	0	0	0	1
S사	0	0	0	1	0	0	0	0	1
한국H1사	0	0	0	0	0	1	0	0	1
									44

핵심연구 6

연도별 시기에 따라 어떤 출원국이 집중 출원하는지를, 그리고 우선권 주장국을 통해 그 기술에 대한 주요국을 파악할 수 있다.

(7) 업계동향

- 출원국가별 신규 최초 진입시기를 살펴보면 일본이 1988년, 미국이 1990년, 유럽이 1996년 순으로 관련 특허 출원이 진입하기 시작함.
- 이 분야에 있어서 일본의 독자적인 연구 개발 창출 능력을 예상할 수 있음.

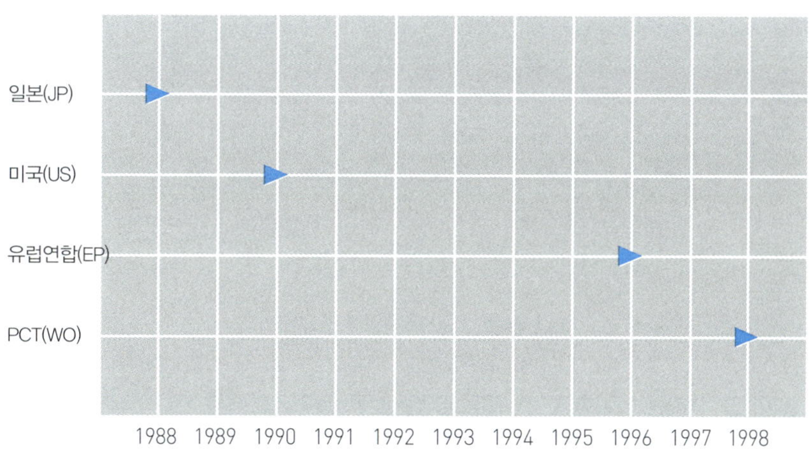

그림 ❼ 출원국별 관련 특허기술 진입시기

- 아래 (그림 ❼-1)을 보면, H04J-014가 1988년에 진입한 반면에 H04B-010은 훨씬 늦은 1994년에 최초로 진입하였음.

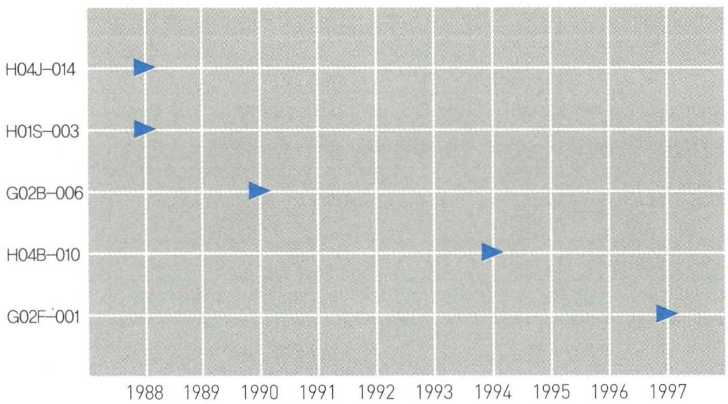

그림 ❼-1 주요 기술 분야별 진입 시기

- 아래 (그림 ❼-2)에서와 같이 NEC가 1988년에 최초로 관련 특허를 출원하기 시작했으며, 이어서 후지쓰가 1990년에 출원하기 시작함.

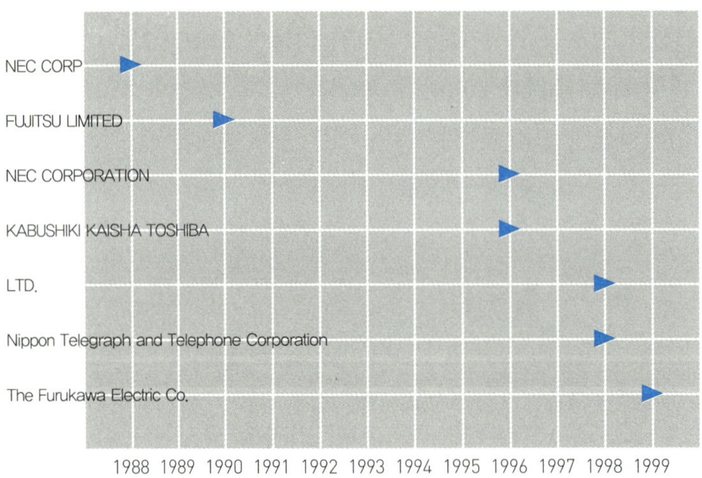

그림 ❼-2 주요 출원인별 진입시기

핵심연구 7
어떤 나라가, 어떤 기술이, 어떤 기업이 시장진입을 언제 시작했는지를 파악할 수 있다.

(8) 연도별 연구 개발 현황

- 아래 (그림 ❽)에 따라 출원인 수 및 특허출원건수 모두가 이미 성숙기를 지나 쇠퇴기로 진입한 것으로 추정됨.

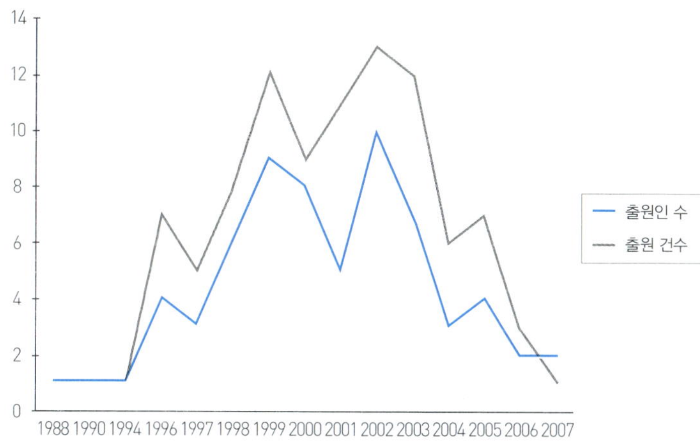

그림 ❽ 연도별 개발 동향

〈표 ❽〉 연도별 출원인 수–출원건수

연도	출원인 수	출원 건수
1988	1	1
1990	1	1
1994	1	1
1996	4	7
1997	3	5
1998	6	8
1999	9	12
2000	8	9
2001	5	11
2002	10	13
2003	7	12
2004	3	6
2005	4	7
2006	2	3
2007	2	1

핵심연구 8
연도별 출원인 수 및 특허출원건수를 통해 연구 개발 현황에 따른 성숙기, 쇠퇴기를 파악할 수 있다.

(9) 기술별 연구 개발 현황

- H04B-010 분야는 2000년~2002년에, H04J-014는 2001년~2002년에 연구 개발 성숙기로 보이며 이미 쇠퇴기로 진입된 것으로 추정됨.

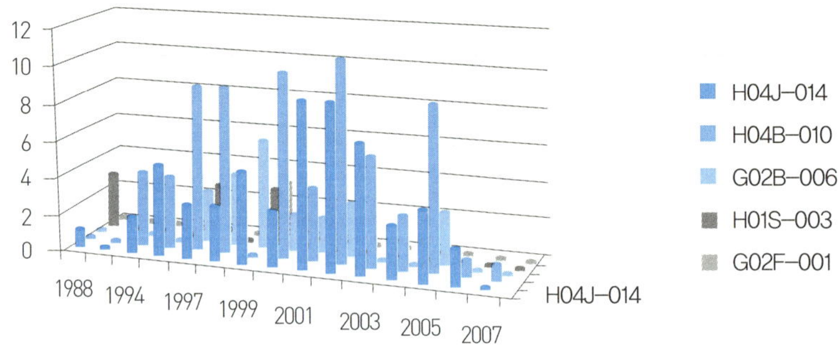

그림 ❽ 연도별 주요 기술 분야 연구 개발 활동량(특허출원건수)

핵심연구 9
연도별 주요 기술 분야에 대한 연구 개발 활동량을 파악할 수 있고, 기술별 성숙기 및 쇠퇴기를 파악할 수 있다.

5.2 특허지표를 활용한 특허경영

5.2.1 성장성 특허지표

특허의 성장성을 나타내는 주요 지표로는 특허활동량, 특허성장율, 출원기업의 기술점유율을 통해 알아 볼 수 있다. 이들에 대해 구체적으로 살펴보면 다음과 같다.

1 특허활동량(Patent Activity)

이것은 기본적으로 이용되는 것으로 특허 건수와 관련된 것이다. 특허의 건수 추적을 통해 특허의 성장 및 기술영역의 분배를 파악할 수 있으며 기업의 R&D 활동을 모니터링하는 것이 가능하다.

○ 특허활동지표(Activity Index, AI)

대표적인 지표로 특허활동지표(Activity Index, AI)를 예로 들 수 있으며, 이는 해당 기술 분야에 대한 기업의 기술집중도를 나타내는 지수(indicator)로 어느 국가의 전체 등록특허 중에서 기술 분야의 특허 건수와 한 기업의 전체 특허 건수 중에서 해당 기술 분야의 특허 건수를 상대적으로 비교한 비율로 그 값이 1 이상이면 그 기술 분야에서 특허집중도가 높다는 것을 의미하며, 반대로 1 이하이면 그 기술 분야의 특허집중도가 낮음을 의미한다.

$$AI = \frac{(\text{선택 기업의 특정기술건수/해당 특정기술 전체 특허 건수})}{(\text{해당연도 기업의 전체 특허 건수/해당연도 전체 특허 건수})}$$

2 특허성장율(Patent Growth Percent in Area)

① 일정 기간의 특허 건수 변화를 퍼센트로 나타낸다(1년간 특허 건수 변화의 감을 퍼센트로 나타냄).

② 그 회사의 기술의 중요한 부분과 기술 진보를 파악할 수 있다.

3 출원 기업의 기술점유율(Percent of Company Patents in Area)

해당 회사의 기술 분야에 대한 특허 건수를 전체건수에서 나누어 퍼센트로 표현한다.

5.2.2 생산성 특허지표

양질의 특허를 생산하려면 우선 유사특허로부터의 특허침해가 예방될 수 있게 특허청구범위를 회피설계하여야 한다. 이를 위해서는 인용문헌 등에 대한 선행기술조사가 중요하다. 다음에서는 인용문헌, 현재영향지표, 과학논문인용수, 기술수명지수, 기술영향지표에 대해 살펴보기로 한다.

인용문헌(Cites Per Patent, CPP)

인용문헌은 두 가지 형태로 볼 수 있는데, 하나는 Backward Citation, 또 다른 하나는 Forward Citation으로 전자는 특허출원인이 출원시 제공한 정보와 심사관이 심사를 진행하면서 알아낸 정보로 이루어져 있다. 후자는 본 출원보다 늦게 출원된 특허 중 본 특허를 인용한 정보이다. 인용문헌을 통해 특허의 질, 기술적 영향, 기술적 중요성 등을 파악할 수 있다.

이러한 인용문헌의 정보를 활용하여 특허의 영향력을 파악하고자 할 때 이용하는 지수(indicator)가 바로 인용문헌이다. 이것은 어느 기업의 특허들이 이후 등록되는 특허들에 인용되는 횟수의 평균값이며, 이 값이 클수록 중요 특허이자 기본 특허를 많이 가지고 있는 것을 의미한다. 많이 인용되는 특허들을 가진 회사는 경쟁에서 유리한 위치를 점할 수 있다. 또한 이를 통해 그 기업의 기술적 영향력을 평가할 수 있다. 그러나 단점으로는 최근 연도의 특허일 경우 그 값이 상대적으로 작을 수밖에 없는 한계를 가지고 있어 보통은 현재 시점에서 3년 이내의 특허에 대해서는 그 값을 구하지 않는다.

현재영향지표(Current Impact Index, CII)

한 시점을 기준으로 삼아 과거 5년 동안의 기술적 활동을 반영하는 지수(indicator)이다. 기준으로 잡은 연도를 기점으로 어느 회사의 과거 5년간의 특허가 해당 연도의 전체 특허와 비교하여 어느 정도의 빈도로 인용되었는가를 나타낸다. 따라서 이 값이 1이라면 평균 인용 빈도임을 나타내고, 2라면 평균과 비교하여 2배 많은 빈도로 인용되었음을 나타낸다.

이 지표(CII)에 있어서 과거 5년 이전에 인용된 자료는 지표(CII) 지수에 영향을 주지 않는다. 단지 과거 5년까지의 자료만을 나타낸 수치이기 때문에 다른 index와는 달리 해당 기업의 최근의 기술적 평가 등을 파악할 수 있다. 이 지표(CII)는 인용문헌(CPP)과는 반대의 개념을 가지는데 인용문헌(CPP)이 과거 3년 이전의 자료를 이용해 나타낸 지수라면, 이 영향지표(CII)는 최근 5년간의 자료를 이용해 나타냄으로 현재 인용되고 있는 회사의 특허포트폴리오의 특성에 크게 영향을 줄 수 있다.

과학논문인용 수(Science Linkage 또는 Science Index, SI)

미국특허에 인용되는 과학논문인용 수의 평균값으로, 과학적인 활동에 근거하여 연구 개발을 수행하고 있는지 여부를 알 수 있는 지수(indicator)이다. 최근 과학논문을 인용하는 경향이 점차 증가하고 있다.

이 인용 지수(SI)는 해당 연도의 동일 국제특허분류(IPC) 서브클래스에서 특허에 인용된 특허문서의 평균인용 수와 비특허 인용문헌(non-patent reference)의 수를 비교하여 나타내어지는 비이다. 이 지수는 특허, 기술 분야, 혹은 회사가 얼마나 과학적 연계가 있는지를 대체적으로 측정할 수 있는 지수이다. 또한 첨단 기술의 동향을 파악할 수 있는 유용한 통찰력을 제공해 준다.

○ 기술수명지수(Technology Cycle Time, TCT)

기술의 변화 및 진보속도를 나타내는 지수로 하나의 특허에서 새로운 특허의 출현시기를 알 수 있다. 어느 회사의 특허들이 인용하는 특허 Reference들의 연도의 중간값으로 나타낸다. 이 기술수명지수(TCT)의 값이 작은 경우 즉, 보다 새로운 특허 Reference 를 인용하고 있는 경우 그 조직이 수행하는 기술개발의 속도가 빠르다는 것을 의미한다. 다시 말해 유사한 발명과의 시간을 비교하여 기술진화의 속도를 나타내는 지수이다. 인용물의 공표 시점과 인용 시점 공개된 혹은 공고된 날짜 사이의 중간값이다. 이 지수(TCT)가 짧으면 같은 계통의 기술개발 속도를 빠르다고 해석한다. 인용 특허의 중간 순위의 연도를 이용해 TCT를 산출한다.

○ 기술영향지표(Technology Impact Index, TII)

특정 기술 분야/제조 분야에서 특정 국가(출원인)의 영향을 측정할 수 있는 지수(indicator)이다.

샘플의 수가 20개 이하일 경우 결과치의 신뢰성에 문제가 있을 수 있으므로 인용빈도가 낮은 공개 후 3년 이내의 특허는 계산시 포함하지 않는다.

5.2.3 수익성 특허지표

특허경영에 있어서 특허권의 활용을 통해 얻어낼 수 있는 수익을 극대화하는 것은 매우 중요한 일이다. 특허를 활용함에 있어 기본적으로는 독점적 권리를 누리기 위해 소유권이 배타적으로 인정되기 바라는 입장에서 통상적으로 특허출원을 하겠지만, 신의약이나 화학분야에서나 신규성이 인정될 정도로 많은 특허의 경우 독점적 권리 주장보다는 소유권자 자신의 특허를 유사특허로부터 방어하거나 또는 이를 피하기 위해 크로스라이센싱, 그리고 양도나 대여와 같은 기술이전의 수단으로 이용함으로써 특허의 가치를 살려내는 방법이 이제는 중요한 사항이 되고 있다. 다시 말해 특허를 독점권 주장 또는 기술확산(기술양도, 라이센싱 등) 어느쪽으로 활용하여 특허의 가치를 얻어낼 것인가를 생각하지 않을 수 없게 되었다. 특허의 가치를 산정할 경우 대체로 다음의 두 가지 방법이 혼용될 것이다.

하나는 특허에 의해 제조되는 제품의 시장가격, 제조비용, 판매량 등을 통해 추정하는 것과, 또 다른 하나는 특허정보에서 특허가치를 추정해 낼 수 있는 요소를 지표화하여 그에 따라 변수의 조작을 통해 산정하는 것이다. 여기서는 특허정보에서 추출 가능한 특허 지표에 대해서만 살펴보기로 한다.

주요 지표로는 기술의 상태, 신규성, 발명의 용이성, 청구 범위 해석의 폭, 공개여부, 독점성, 출원형태(국내출원, PCT (I) 또는 PCT (II)), 발명자 수, 심사청구 유무, 국제출원상의 조사보고서(search report) 등을 들 수 있다. 그러나 변수를 활용하기에 부적합한 지표도 있다.

이러한 것은 전문가 설문조사에 의지할 수밖에는 없을 것이다. 또 다른 지표로는 특허잔존 기간, 특허보유 회사의 규모, 보유 회사의 주업종과의 관계, 동일특허군에 속하는 유사특허의 수, 개별특허의 경제적 가치를 예로 들 수 있다. 이러한 지표는 분석을 위한 변수 활용이 가능하나, 모든 변수를 특허정보로부터 전부 얻을 수 있는 것은 아니다. 다음에서 변수의 내용을 살펴보자.

1 특허잔존 기간(duration of the patents until lapse(age))

이는 특허권의 만료기간을 나타내는 것으로 1에서 5까지의 평정척도를 이용한다. 예를 들어, 잔존 기간이 1-3년 : 1, 3-5년 : 2, 5-10년 : 3, 10-15년 : 4, 15년 이상 : 5로 표시하여 측정한다.

2 특허보유 회사의 규모

이를 나타낼 수 있는 지표는 매출액, 고용인력, 회사성장률을 들 수 있다.

3 보유 회사의 주업종과의 관계

이는 보유특허와 그 회사 주제품과의 관련하에 국제특허분류표(IPC)를 이용하여 관련성 유무를 결정하고, 이에 관해 관련성이 있으면 1, 없으면 0으로 표기한다.

4 특허 혼합의 크기

이것은 국제특허분류표상 동일발명군에 속하는 특허의 수로 나타낼 수 있다.

5 특허의 질적수준 및 특허 강도

특허가 질적으로 차이가 있다는 것을 고려한다면 특허정보는 매우 가치가 있는 일이다. 특허의 질적수준을 알아낼 수 있는 특허 지표는 앞서 살펴 본 바와 같이 예를 들어 특허등록율, 국제출원범위, 기술범위, 인용문헌을 들 수 있다. 인용문헌의 인용빈도는 같은 해에 있어서 평균 특허의 인용빈도수로 측정되어야 한다.

특허의 질적수준이 결정되면 모든 특허는 강도를 측정할 수 있다. 특허의 질적 수준을 포함하고 있는 기술점유율을 더 정확하게 측정하기 위해서는 각 기술 분야에서 도출될 수도 있다.

특허의 질적수준을 결정하는 방법을 단계적으로 살펴보면,

1 단계 : 특허출원에 대한 계량가능한 지표(변수)를 산출하고

2 단계 : 체계상 잘 맞지 않는 지표는 제거하는 등 상대적인 특허지표를 산출하고

3 단계 : 기업에 대해 경제성을 갖춘 중요 특허를 선별하며

4 단계 : (3단계에서) 중요 특허를 기업의 특허포트폴리오의 특허 형태에서 대략 선정된 조정군의 특허와 비교하고

5 단계 : 이렇게 하여 각 특허 지표에 대한 질적 중요도와 각 특허에 대한 특허의 질적수준을 얻게 된다.

5.2.4 경쟁모니터링 특허지표

경쟁모니터링을 위한 특허지표(Patent Indicator, PI)로는 다음과 같은 지표가 있다.

R&D 집중도(R&D emphasis)

이는 기업의 연구 개발의 관심도를 나타내는 것으로 해당 기업의 해당 기술 분야에 대해 기술개발경향을 알 수 있다. 기업의 해당 기술 분야 출원 수(PAiF)를 해당 기업의 총출원 수로 나눈 값으로 나타낸다.

타사협력강도(Co-operation intensity)

이 지표는 유사 기술 분야에서의 파트너로서 공동 출원된 출원 수를 의미한다. 해당 기술 분야의 공동출원 수를 해당 기술 분야의 특허 수로 나눈 값으로 구할 수 있다.

특허등록율(Share of granted patents) : Q1

해당기술 분야에서 기업의 특허 등록 수를 해당 동일기술 분야의 출원 수로 나눈 값으로 나타낸다.

기술범위(Technological scope) : Q2

특허의 질적 수준과 관련있는 지표로 출원특허에서 IPC(국제특허분류) 하위분류의 분포도 및 수로 나타낸다.

국제 출원의 범위(International scope) : Q3

이 지표 역시 특허의 질적 수준과 관련 있는 것으로 해당 기술 분야의 국제 출원(미국출원, 일본출원, 유럽출원)의 점유율 및 특허패밀리(동일기술군의 특허)의 크기(수)를 나타낸다. 이는 출원인의 경제적 수준을 나타내기도 한다.

인용빈도수(Citation frequency) : Q4

해당 기술의 특허출원에서 다른 특허에 의한 해당 기술의 평균적인 인용빈도수를 나타낸다.

평균특허수준(Average patent quality, PQiF)

전술한 Q1에서 Q4까지의 총합을 이름. 평균적인 특허의 질적 수준을 말한다.

특허강도(Patent strength, PSiF)

이는 해당 기술 분야의 특허출원에서 기술의 밀집도를 나타내는 것이다. 특허활동량(PAiF)과 평균특허수준(PQiF)과의 곱을 통해 산출한다.

특허강도에 따른 기술점유율

이것은 해당 기술 분야에서 특허강도를 해당 기술 분야에서 모든 경쟁파트너의 특허강도(PS)로 나눈 값을 의미한다.

상대적 특허위치(상대적 기술 점유율)

해당 기술 분야에서 특허강도를 최대 특허강도로 나눈 값을 의미한다.

5.2.5 특허 인용에 따른 시장진입 구별

기업 출원인의 자기 인용과 타 인용의 관계에 있어 일반적으로 다음의 〈표 5-8〉과 같이 시장진입 시기를 추정해 볼 수 있다.

〈표 5-8〉 특허 인용을 통한 시장진입 시기

	특허 수	인용 횟수	자기 인용 횟수	참고 문헌수
조기/개척자	높음	높음	높음	낮음
특화된 개척자	높음	낮음	높음	낮음
비공격적 개척자	낮음	높음	낮음	낮음
공격적 추격자	높음	낮음	높음	높음
과도한 기업체	낮음	낮음	낮음	낮음

예를 들어 특허 출원을 많이 한 기업으로 그 출원 특허들에서 전반적으로 타인용 및 자기 인용이 많으면서 상대적으로 인용 문헌수가 적은 경우는 그 기업이 해당 시장의 조기 개척자임을 간접적으로 예상할 수 있다.

5.2.6 기업 간 인용 분석

여기서는 인용기업과 피인용기업 간의 인용 관계를 〈표 5-9〉와 같은 매트릭스를 통해 나타낼 수 있으며, 이는 특별한 의미를 부여할 수 있다.

〈표 5-9〉 기업 간 인용 관계

인용기업 \ 피인용기업	Abbott Labs.	Adlr	AHP	Allergan	Am.Cyanamid	Bayer	BMS	Fujisawa	GD Searle	Glaxo Wellcome	
Abbott Labs.	**71**	2	34			3	3				113
Adlr	1	**39**	1				1	3			45
AHP	1	1	**320**	1	2	4		2			331
Allergan				**925**			3				928
Am.Cyanamid			1		**65**	1	1				68
Bayer	5		1			**88**	1		2		97
BMS	2	26		3		2	**101**	1	1		136
Fujisawa			2			1		**29**			32
GD Searle	1						1		**315**		317
Glaxo Wellcome			1				3			**17**	21
	81	68	360	929	67	99	114	35	318	17	

출처 : Vivian Nitsche, Patentmanagement, 2007, 재인용

다시 말해 Adir는 자기 인용을 39회, Abbott Labs를 1회, AHP를 1회, BMS를 1회, Fujiswwa를 3회 인용하여 모두 45회 인용한 것을 보여 주고 있다. 또한 Fujisawa는 Adir, AHP, BMS, Fujisawa로부터 3회, 2회, 1회, 29회 각각 피인용된 횟수를 나타내고 있다. 인용 기업에 있어서 최다득점 기업으로는 Allergan으로 이 경우에는 대부분 자기인용인 점으로 볼 때 전문성과 틈새시장의 개척자로서 역할을 할 가능성이 크다고 예상할 수 있다. 또한 BMS의 경우는 여러 기업을 인용하고 있는 점으로 보아 타사 벤치마킹 등에 매우 큰 관심이 있으며, 특허침해의 여지도 있을 수 있다. 마찬가지로 피인용 기업에 있어서도 BMS가 여러 기업으로부터 피인용됨으로써 BMS의 동종업계 기업이 서로 치열한 경쟁관계 속에 있음이 추정된다. 이와 같이 기업 간 인용 분석은 제품 벤치마킹과 같이 여러 형태의 제조 프로그램이나 기업의 기술이전 측면에서 대상

기업을 찾아 볼 때 고려해 볼 수 있는 분석이다. 더욱이 기업이 라이센싱 대상 기업을 발굴할 때 유용하게 사용할 수 있는 방법이다. 이 방법을 사용할 때 주의할 점은 인용관계에서 인용 횟수로 나타내지 못할 경우는 인용 또는 피인용의 비율로 나타낼 수도 있다.

기술수명(technology cycle time, TCT)의 경우는 기업의 신규 특허에서 피인용되는 특허문헌의 평균 나이를 뜻한다. 이때, 점수가 낮을 수록 기본적으로는 단기 개발 기간으로 볼 수도 있다.

5.2.7 특허지표를 활용한 수명주기 인식

전형적인 기술수명 주기는 다음의 〈그림 5-8〉과 같은 종형 곡선이나 S형 곡선을 따르는데, 선택하는 P 파라미터에 달려 있다. 예를 들어 만약 P 파라미터가 기술의 응용 분야일 경우에는 종형 곡선을, 기술의 성능 분야일 경우는 S형 곡선을 선택할 수도 있다.

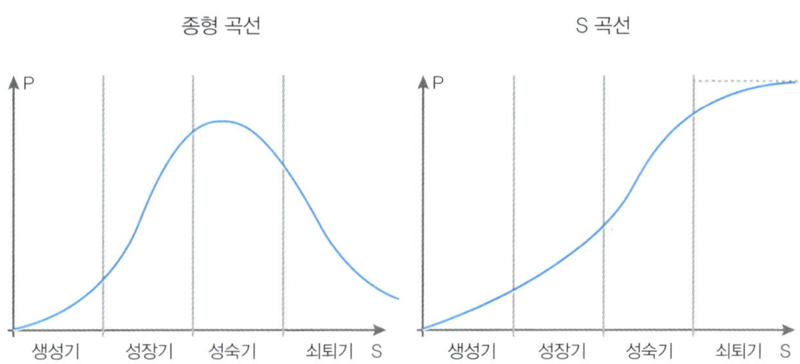

그림 5-6 전형적인 기술수명 곡선

특허지표를 활용하여 기술수명 주기에 따른 단계별 특성을 살펴 보면 다음의 〈표 5-10〉으로 요약된다.

〈표 5-10〉 기술수명 주기에 따른 특성

		특허지표		
		특허출원	집중도	활동성
수명주기단계	도입기	적지만 증가 상태	높음	증가 상태
	성장기	많음	감소 상태	높음
	성숙기	일정한 상태	증가 상태	감소 상태
	쇠퇴기	적고 감소 상태	높으면서 증가 상태	적고 감소 상태

출처 : Vivian Nitsche, Patentmanagement, 2007

〈표 5-10〉에서 보는 것처럼 도입기에는 출원이 적지만 (R&D) 집중도가 높으면서 서서히 (R&D) 활동성이 증가되어가는 추세를 보인다. 그러나 성장기에 들어서면 여전히 활동성이 높아 출원으로 이어지는 경우가 많지만 집중도에 있어서는 이미 감소세로 돌아 설 경우가 많다. 성숙기에는 집중도가 여전히 증가하고 있지만 활동성이 감소되고 쇠퇴기에서는 활동성과 비례하여 출원이 감소된다.

연구문제

1. 특허정보를 분류하는 이유를 설명하시오.

2. 특허정보중 서지적 사항을 이용하여 얻을 수 있는 정보는 무엇인지 논의하시오.

3. 특허정보를 어떻게 활용할 수 있는지 예를 들어 설명하시오.

4. 특허정보검색사이트 등을 통해 추출한 정보를 특허출원동향을 파악할 수 있도록 맵핑하시오.

5. 선행기술조사는 왜 필요한지 이유를 설명하시오.

6. 특정 제품에 대한 대표적인 특허출원인을 선택하고 특허정보지도를 이용하여 경쟁사를 비교하시오.

7. 성장성 특허지표와 수익성 특허지표를 열거하고 이에 대한 정량적 산출방식은 무엇인지 기술하시오.

8. 경쟁모니터링 특허지표 중 '특허질'을 나타낼 수 있는 지표가 무엇인지 열거하고 이를 설명하시오.

9. 특허 인용에 따른 시장진입 구별을 어떻게 할 수 있는지 설명하시오.

10. 특허지표를 이용하여 기술수명주기를 단계별로 구별하여 설명하시오.

CHAPTER 6

특허경영 도구

학습목표

이 장에서는 기술경영에서 사용되는 도구들로 특히 특허경영과 관계가 깊은 것들을 간단히 소개한다. 특히'기술획득'에 도움을 주는 트리즈나 QFD, 그리고'기술축적'및'기술활용'을 위해 AHP, 특허(기술)가치 평가, 특허포트폴리오 작성에 대해 살펴 보기로 하고 좀 더 상세한 내용은 관련 서적의 일독을 권한다.

6.1 트리즈

6.1.1 트리즈의 개념

1 트리즈의 기원 및 개념

기원 400년에 그리스 파포스(Pappos)는 휴리스틱스(Heuristics, 경험적인 지식, 발견학습법)를 발견과 발명을 하는 과학으로 정의하였다. 트리즈의 창시자인 러시아의 알트슐러는 체계적인 이노베이션에 대한 프로세스를 통해 휴리스틱스를 구현하려 하였다. 그는 그의 저서 「정확한 과학으로서의 창의성」에서 트리즈를 발명 문제에 대한 해결이론이라 하였다. 트리즈는 이노베이션을 강화시키고 설계를 혁신적으로 개선시켜주는 독특한 수단을 제공한다. 트리즈는 문제 개선을 위해 모순을 확인하고, 이를 극복함으로써 설계 프로세스를 세련되게 한다. 특히 알트슐러는 약 200,000건의 특허를 연구하면서 그중 가장 혁신적인 설계 해결책을 포함하고 있는 약 4,000건의 특허 연구를 반영시켰다. 여기서 그가 발견한 이노베이션의 수준을 다음과 같이 5가지로 나누어 파악하였다.

수준 1 외견상 또는 전통적인 해결책 : 32%
분야 내에서 잘 알려진 방법에 의한 해결책

수준 2 패러다임 안에서 작은 발명 : 45%
기존 시스템에서 개선, 보통 약간의 타협이 있음

수준 3 기술안에서 실질적인 발명 : 18%
기존 시스템의 근본적인 개선

수준 **4** 기술 밖에서 발명 : 4%

기술이 아니라 과학을 사용한 설계의 새로운 발생

수준 **5** 발견 : 1%

큰 발견과 새로운 과학

수준 1, 2, 3을 포함하는 발명은 보통 하나의 분야에서 다른 분야로 이동이 가능하다. 이것은 어떤 특별한 분야에서 발명 문제의 95%는 이미 다른 분야에서 풀렸다는 것을 의미한다. 대부분의 특허는 기계, 전자기, 화학, 열역학과 같이 4가지 주요 기술에 들어간다. 또한 알트슐러는 다음의 주요 발견과 개발을 하였다.

- 모순

– 기술적 모순에 대해

- 40가지의 발명원리
- 39가지 공학 파라미터

– 물리적 모순에 대해

- 4개의 분리의 원리

- 이상성
- 76가지 표준 해결책
- 진화의 패턴
- ARIZ(Algorithm of Inventive Problem Solving)
- 물질-장 분석

2 체계적 이노베이션과 특허경영 도구

트리즈는 다음과 같은 3가지 전제로부터 시작한다.

① 이상적인 설계가 목표이다.

② 모순이 문제를 푸는 데 도움이 된다.

③ 혁신 프로세스가 체계적으로 구성되어 있다.

트리즈의 기반은 모순을 극복하는데 있다. 이러한 모순을 극복하기 위해 39가지의 공학 파라미터를 이용한 모순행렬표를 통해 40가지의 발명 원리 중에서 모순 해결에 최적이라 판단되는 원리를 추출하는 것이다. 그 밖에 76가지의 표준해결책 등 분석 수단을 활용하여 정의된 문제를 해결한다.

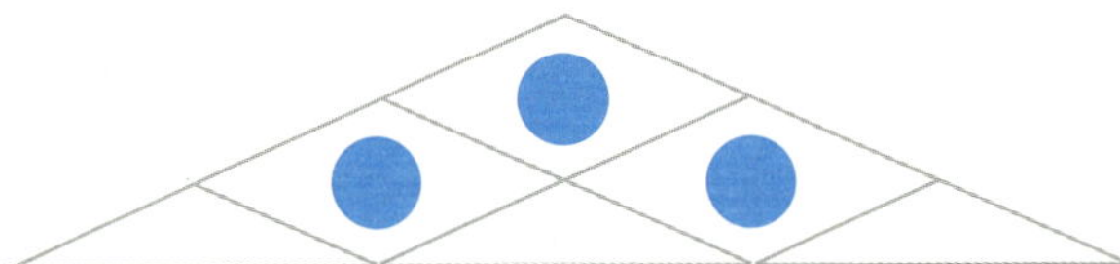

요구사항 \ 기법	QFD	TRIZ	Taguchi
고객만족	●	○	●
고품질 제품	●	●	●
높은 수익성	●	●	◐
큰시장점유율	●	●	○
혁신제품	◐	●	○

그림 6-1 트리즈와 QFD, 다구찌기법과의 관계

위 〈그림 6-1〉에서 보는 것 처럼 트리즈는 QFD와 함께 특허경영에 있어서 유익하고도 강력한 도구이다. 특히 강건설계를 통한 특허(기술)의 창출을 위한 도구로 사용될 뿐만 아니라 유사특허로부터 회피설계를 통해 지식재산의 보호 및 활용에도 기여한다.

3 트리즈의 원리

트리즈는 기업이 신기술의 개발이나 기술적 문제해결 과정에서 만나게 되는 특정 문제를 표준문제로 전환한 후, 표준 해답을 찾는 '표준화의 원리'를 핵심으로 한다. 문제 해결을 시행 착오나 직관에 의존하지 않고 정형화된 절차에 따라 체계적으로 수행할 수 있는 도구이다. 트리즈의 기본 원리는 시스템에 존재하는 모순을 제거하는데 있다. 모순을 극복하기 위해서는 자원의 활용을 통해 모순을 제거한 다음 이상적인 최종 결과를 얻게 된다.

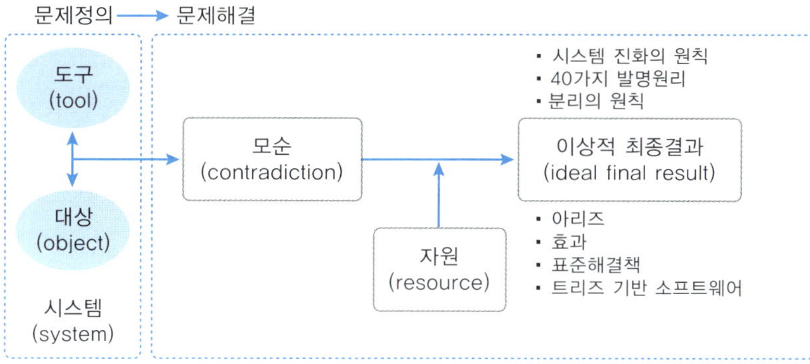

그림 6-2 트리즈의 기본 원리와 기법들

출처 : 박용태, 기술지식경영, 기술경영연구실 2007

6.1.2 트리즈의 기초와 분석도구

트리즈는 문제를 명확하게 개념화하는 것에서부터 시작한다. 예를 들어 공정개선을 위해 먼저 해야할 일이 문제로 둘러싸인 설계 시스템을 이해하는 것이다. 따라서 문제가 되는 것에 대해 여러 관점에서 체계적으로 문서화하는 것은 중요하다. 이노베이션 상황 질문서(ISQ)는 이를 도와 준다.

1 이노베이션 상황 질문서(ISQ)

어떤 대상물이 정해지면 문제점을 찾아내고 이를 정형화하기 위해 그 대상물에 대한 사전 정보 수집이 필요하다. 예를 들어 자전거에 대해 ISQ를 작성할 경우 다음과 같은 주요 정보가 포함되는 것이 바람직하다.

개선하거나 새로 만들고자 하는 시스템과 그 환경에 관한 정보

- 시스템 이름 : 자전거
- 시스템의 유용한 주 기능
- 현재 또는 바람직한 시스템 구조
- 시스템의 기능
- 시스템의 환경

가용한 자원

- 물질 자원
- 정보 자원
- 기능 자원

문제 상황에 관한 정보

- 시스템의 바람직한 개선 또는 제거하고 싶은 결점
- 결점을 일으키는 메카니즘
- 문제 개발의 이력
- 해결된 다른 문제

시스템 바꾸기

- 시스템에 허용되는 변화
- 시스템 변화의 한계

해결책 개념의 선택을 위한 기준

- 바람직한 기술적 특성
- 바람직한 경제적 특성
- 바람직한 일정표
- 기대되는 참신성
- 기타 기준

시도한 문제 해결책의 이력

- 문제 해결 이전의 시도
- 유사 문제가 있는 다른 시스템
- 해결책
- 한계

이노베이션 상황 질문서(ISQ)는 특정 문제를 풀기 위해서 가능한 필요로 하는 모든 관련 정보를 담고 있어야 한다.

2 기술시스템

(1) 정의

기능을 수행하는 것은 모두 기술시스템에 속한다. 예로 자동차, 펜, 책, 칼이 있다. 어떤 기술시스템은 한 개 이상의 하위시스템을 포함한다. 자동차의 경우 하위시스템은 엔진, 조향장치, 브레이크 등으로 구성된다. 이러한 것들은 그 자체가 하나의 기술시스템으로서 각기 고유의 기능을 가진다.

(2) 기술시스템의 진화

알트슐러는 기술시스템의 진화에 대해 다음의 8가지 유형을 제시하였다.

- 라이프사이클
- 역동성
- 다중화사이클(하나에서 두 개, 또는 여러 개로 바뀌어감)
- 거시수준에서 미시수준으로 전이
- 동기화
- 규모의 확대 및 축소
- 부품들의 불균일한 발전
- 인간노동력의 대체(자동화)

몇가지 예를 들어 설명하면, 역동성의 유형의 경우 안테나와 같이 처음에는 접을 수 없는 경직된 구조였다가 접을 수 있는 구조로 바뀌는 것과 같이 경직된 구조에서 유연한 구조로 바뀌는 유연성을 의미한다. 자동차의 핸들 축 높이를 조정할 수 있는 것이나 비행기의 랜딩 기어를 접어 올릴 수 있도록 한 것이 같은 예가 될 것이다. 다중화 유형의 경우는 기술시스템이 처음에는 단일시스템에서 다중 시스템으로 변화하는 것을 의미한다. 미시수준이라 함은 기술시스템의 요소들이 그 크기가 작아지는 경향을 의미한다.

3 이상의 법칙

기술시스템의 목표는 어떤 기능을 제공하는 것이다. 이상의 법칙은 어떤 기술시스템이 더욱 신되성이 있고, 단순하며, 효과적으로 되려는 경향, 즉 더욱 이상적으로 되어가는 것을 말한다. 예를 들어 비용을 덜 쓰고, 더 적은 공간을 차지하며, 더 적은 에너지를 소모하는 시스템으로 개선하고자 한다면, 이 또한 이상적 방향으로 가고 있다고 봐야 할 것이다. 이상성은 언제나 시스템의 내부 및 외부의 기존 자원들을 최대한 활용하는 정도를 나타낸다.

4 모순

모순을 분석하고 극복하는 일은 기술 문제를 해결할 때 가장 효과적인 해결책이 될 수 있다. 기술시스템의 한 특성(또는 파라미터)을 개선하려고 할 때 시스템의 다른 특성(또는 파라미터)이 악화된다면, 그 순간 모순이 발생한다. 〈그림 6-3〉과 같이 모순행렬표에 의해 발명의 원리가 도출된다.

이 문제 표현은 모순 행렬표에서 사용된 일반적인 파라미터에 맞추어서 구성할 수 있다. 스크루 주위에서 뼈의 성장은 파라미터 '정지한 물체의 부피(8)'의 개선으로 생각할 수 있다. 그리고 스크루를 제거하기 위해 필요하지만 바람직하지 못한 큰 마찰력은 파라미터 '힘(10)'으로 정의할 수 있다. 행과 열의 교차점은 원리 2, 18 그리고 37번을 사용하라고 제안하고 있다.

바람직하지 않은 결과(악화되는 특성) / 개선하려는 특성		1	2	…	10	…	38	39
		움직이는 물체의 무게	정지한 물체의 무게	…	힘	…	자동화 수준	생산성
7	움직이는 물체의 부피							
8	정지한 물체의 부피				2, 18, 37			
	⋮							
	⋮							
39	생산성							

추천된원리

2. 추출
18. 기계적 진동
37. 열팽창

그림 6-3 모순행렬표의 예

(1) 기술적 모순

해결해야 할 문제는 때때로 기술적 모순이나 물리적 모순으로 표현될 수 있다. 기술적 모순이란 설계의 한 가지 면을 개선하기 위해 이용 가능한 알려진 대체 방법이 설계의 다른 면을 희생시킬 때 극복해야 할 목표를 이른다. 다시 말해 만일 시스템의 파라미터 A의 개선이 파라미터 B를 악화시킨다면 이는 기술적 모순에 봉착해 있는 것이다. 예를 들어 용기는 강해질수록 무거워진다.

기술적 모순은 〈표 6-1〉과 같이 39개의 파라미터를 활용하는 모순행렬표(부록 참조)에 의해서 발명원리가 추천되고 이 중 최적으로 해결할 수 있는 원리를 찾음으로써 극복된다.

〈표 6-1〉 39가지 파라미터

1. 움직이는 물체의 무게
2. 정지한 물체의 무게
3. 움직이는 물체의 길이
4. 정지한 물체의 길이
5. 움직이는 물체의 면적
6. 정지한 물체의 면적
7. 움직이는 물체의 부피
8. 정지한 물체의 부피
9. 속도
10. 힘
11. 장력/압력
12. 모양
13. 물체의 안정성
14. 강도
15. 움직이는 물체의 내구력
16. 정지한 물체의 내구력
17. 온도
18. 밝기
19. 움직이는 물체의 소비 에너지
20. 정지한 물체의 소비 에너지
21. 동력
22. 에너지의 낭비
23. 물질의 낭비
24. 정보의 손실
25. 시간의 낭비
26. 물질의 양
27. 신뢰성
28. 측정의 정확성
29. 제조의 정확성
30. 물체에 작용하는 해로운 요소
31. 해로운 부작용
32. 제조의 용이성
33. 사용의 편의성
34. 수리 가능성
35. 적응성
36. 장치의 복잡성
37. 제어의 복잡성
38. 자동화 정도
39. 생산성

〈표 6-2〉 40가지 원리

1. 분할	21. 고속 처리
2. 추출	22. 해로움을 이로움으로
3. 국부적 성질	23. 피드백
4. 비대칭	24. 매개채
5. 통합	25. 셀프서비스
6. 범용성	26. 복제
7. 포개기	27. 일회용품
8. 평형추	28. 기계시스템의 대체
9. 선행 반대조치	29. 공기압 또는 수압 구조물
10. 선행 조치	30. 유연한 막과 얇은 필름
11. 사전예방	31. 다공질 재료
12. 높이 맞추기	32. 색상 변경
13. 반대로 하기	33. 동질성
14. 구형화	34. 폐기 및 재생
15. 역동성	35. 속성 변환
16. 과부족 조치	36. 상전이
17. 차원 바꾸기	37. 열팽창
18. 기계적 진동	38. 강한 산화제의 사용
19. 주기적 작동	39. 비활성 환경
20. 유용한 작용의 지속	40. 복합재료

〈표 6-3〉 속도의 개선(파라미터 9)

악화되는 파라미터	파라미터 번호	사용된 원리
신뢰성	27	11, 35, 27, 28
힘	10	13, 28, 15, 19
강도	14	8, 3, 26, 14
온도	17	28, 30, 36, 2
에너지	19	8, 15, 35, 36
물질의 낭비	23	10, 13, 28, 38

악화되는 파라미터	파라미터 번호	사용된 원리
물질의 양	26	18, 19, 29, 38
해로운 부작용	31	2, 24, 35, 21

〈표 6-4〉 에너지의 개선(파라미터 19)

악화되는 파라미터	파라미터 번호	사용된 원리
제조의 용이성	32	38, 26, 30
시간의 낭비	25	35, 38, 19, 18

〈표 6-5〉 사용 빈도

원리	빈도수	
28	5	(a) 음향, 광학, 후각 (b) 자기, 전기 (c) 장의 대체
35	4	
38	4	
19	3	

에너지(파라미터 9)가 줄어들 때 악화되는 파라미터가 악화를 줄이는 원리와 함께 제시되었다(〈표 6-3〉).

모순에 사용된 모든 원리의 스코어가 가장 자주 일어나는 원리를 찾을 수 있도록 제시되었다. 〈표 6-5〉에 상위 4개의 원리를 나열하였다.

'원리 28. 기계적 시스템의 대체'는 고려된 모든 모순 중에서 가장 많이 추천된 원리이다. 기존의 구부러진 부분은 기계적 시스템이다.

'기계적 시스템의 대체'는 다음을 제안한다.

a. 기계적 시스템을 광학, 음향, 후각 시스템으로 대체하라.
b. 물체와 상호작용하기 위한 전기장, 자기장 혹은 전자기장을 사용하라.

c. 장을 대체하라.

① 정지된 장을 움직이는 장으로

② 고정된 장을 시간에 따라 변하는 장으로

③ 불규칙 장을 구조화된 장으로

d. 강자성 입자와 연계하여 장을 사용하라.

열가소성의 물질에 대한 금속 코팅의 접착력을 증가시키기 위해서 전자기장을 사용하는 하나의 사례가 있다. 금속에 힘을 가하는 전자기장 안에서 이 프로세스를 수행한다.

대체안 b는 에너지를 흡수하는 펠릿 층을 제공하기 위해 구부러진 부분에 자석을 붙이도록 제안한다. 이 아이디어는 볼의 전기전하, 볼의 자화 등 다양하게 고찰할 수 있다.

항상 원리의 적용은 이차적인 문제를 일으킨다. 만일 이차적인 문제가 처음의 주 문제보다 풀기가 쉽다면 그 진행은 계속된다.

(2) 물리적 모순

물리적 모순은 하나의 존재 상태가 반대 상태와 함께하는 상호 배타적인 요구 조건이다. 이것은 또한 기능, 성능 혹은 성분과 관련이 있다(예를 들어 어떤 것이 매끄러우면서 거칠어야 한다). 이러한 모순은 요구 조건을 분리함으로써 해결할 수 있다. 물리적 모순을 해결하는 방법으로 다음의 4가지 분리 방법이 있다.

① 공간에 의한 분리

② 시간에 의한 분리

③ 부분과 전체에 의한 분리

④ 조건에 의한 분리

5 표준해

표준해는 기술시스템을 합성하고 재구성하기 위한 구조화된 규칙이다. 표준해를 이해하고 그것을 실행에 옮긴 경험이 있으면 복잡한 많은 문제를 다룰 때 도움이 된다. 알트슐러는 76개의 표준해를 다음과 같이 5개 그룹으로 나누어 제시하였다.

1그룹 : 물질-장을 세우거나 또는 파괴한다.

2그룹 : 물질-장을 발전시킨다.

3그룹 : 원래의 시스템을 상위 시스템 또는 거시 수준으로 전이시킨다.

4그룹 : 기술시스템 내의 어떤 것을 측정하거나 찾는다.

5그룹 : 기술시스템에 물질이나 장을 도입할 수 있는 방법을 설명한다.

6 아리즈

아리즈는 트리즈의 핵심 도구로서 복잡한 문제의 해결책을 얻기 위한 순차적 단계를 제공한다.

- 단계-1 : 문제의 분석

  우선, 모호하게 정의된 문제 진술을 간단하게 진술된 작은 문제로 바꾼다(이때 특정산업 분야에서 쓰이는 전문용어는 사용하지 말 것).

  사례 : "A,B,C라는 요소로 이루어진 어떤 기술시스템은 기술적 모순 TC가 있다(모순진술). 이 시스템에 최소한의 변화를 가하여 요구 기능 F를 얻어야 한다(기능진술)."

  이런 결과를 얻을 수 있는지는 중요하지 않다. 시스템이 똑같은 상태를 유지해야 한다(또는 더 단순하게 된다)는 점을 말하는 것이 중요하다.

  또한 단계-1은 서로 충돌하는 상황, 즉 기술적 모순에 대한 분석을 제공한다. 이때 더 좋은 해결책을 얻기 위해서 어떤 모순을 더 고찰해야 하는지 밝혀내야 하는데, 그러면 문제의 모델이 세워진다.

- 단계-2 : 문제의 모델 분석

  작용영역에서 일어난 갈등 상황을 간략히 모델화한 도표로 나타낸다(작용영역은 갈등이 일어나는 특정 범위의 구역이다). 그런 다음, 이용할 수 있는 모든 자원들에 대한 평가를 실시한다.

- 단계-3 : 이상적 최종결과(FR)의 정립

  일반적으로 이상적 최종결과(IFR, Ideal Final Result)는 작용영역에서 시스템의 중요한 요소에 대한 상반되는 요구조건을 밝혀주는데 이것이 바로 물리적 모순이다.

  이러한 세 가지 단계를 거친 결과 모호한 문제는 '물리적 모순'이라는 특정한 물리적 문제로 변환된다.

  많은 경우에 있어서, 단계-3의 끝에 이르면 문제가 해결된다. 물론, 단계-7, 단계-8 또는 단계-9까지 진행될 수도 있다. 또한 아리즈(ARIZ)에는 물리적 모순을 해결하기 위한 몇가지 추가 단계가 있는데, 거기에 그 권장사항이 제시되어 있다.

- 단계-4 : 외부 물질과 장(場) 자원의 활용
  문제가 여전히 분명하지 않다면, 문제를 더 명확히 이해하기 위해 단계-4의 '난쟁이' 모델(상상하는 방법)을 이용한다.
- 단계-5 : 정보 데이터 뱅크의 활용
  표준해를 물리 효과 데이터베이스와 연결시켜 적용함으로써 문제가 해결되는지 살펴본다.
- 단계-6 : 문제의 변경 또는 재정립
  문제가 여전히 해결되지 않는다면, 원점으로 되돌아가 상위 시스템의 관점에서 문제를 재정립한다. 이와 같은 순환 과정은 여러 차례 행해질 수 있다.
- 단계-7 : 물리적 모순의 제거방법에 대한 분석
  이 단계의 목표는 해결책의 질(質)을 점검하는 것이다. "물리적 모순이 가장 이상적으로 제거되었는가?"
- 단계-8 : 발견한 해결책의 이용
  결과에 대한 분석을 통해 인접한 시스템에 새로운 시스템이 존재하는지, 다른 기술 문제에 얻은 해결책을 응용할 수 있는지 살펴본다.
- 단계-9 : 해결책 유도 단계의 분석
  문제 해결에 사용된 과정을 아리즈가 제시하는 과정과 비교 점검 한다. 장래에 이용하기 위해 그 차이를 분석한다.

트리즈의 강력한 여러 가지 도구들을 마스터하기 위해서는 많은 시간과 많은 연습문제를 다루어 보아야 한다.

6.1.3 트리즈 기반의 특허분석

알트슐러의 성과를 바탕으로 트리즈 기반의 특허 분석이 개발되었다. 이는 알트슐러가 만들어 낸 방법과 경쟁 특허로부터 문제해결의 방법을 일체화시키는 것을 전제로 하고 있다. 다시 말해 경쟁자의 특허를 찾고 발명을 알트슐러의 발명 방법으로 정리하는 것을 말한다. 이는 개별로 5단계를 거쳐 다음과 같이 이루어진다.

- 제1단계에서는 관련 기술 분야 및 조사 대상의 경쟁 기업을 결정하는 것이다.
- 제2단계에서는 특허정보시스템을 이용하여 그에 해당하는 특허를 찾아낸다.
- 제3단계에서 철저한 평가를 통해 특허의 질이 우수한 것을 필터링하는 것이다. 여기서 철저한 평가란 외부 전문가에 의한 평가 또는 특허질을 나타내는 특허지표, 인용분석 등을 이용하여 수행하는 것을 의미한다.
- 제4단계는 어려운 단계로 다양한 문제 해결의 방법으로 특허를 정렬하여 나타낸다. 다시 말해 발명을 고차원적으로 연구하고 기술된 발명의 내용을 심층 분석한다. 기술한 발명의 내용은 보통 기술적인 아웃풋(output) 시스템, 단점, 제안된 기술 시스템으로 나타낸다.
- 제5단계에서는 이러한 정보를 살펴보는 동안 물리적인 모순을 찾아내고 이를 극복할 수 있는 적용 가능한 방법을 도출해낸다.

특허문헌은 상세히 분석될 수 있고 또한 발명의 모순을 극복할 수 있게 해준다. 발명은 여러 형태의 해결 방법으로 정렬된다. 특허에서 발명을 검토하고 정렬되고 나면 그 결과를 나타낼 수 있다. 〈그림 6-4〉는 묄레(Moehle)에 의해서 3개의 청소기 제조회사에 대해 트리즈 기반의 분석을 나타낸 것이다.

이 분석에서는 어떤 문제 해결 방법이 기업에 우월하게 적용할 수 있는지, 그리고 혁신적 강도는 어디에 있는지를 보여주고 있다. 더욱이 기업이 발명 방법을 반복적으로 이용하는지 또는 투입된 기술적 문제 해결 방법에 의해 폭넓은 분리 정렬을 하고 있는 지의 여부가 분명하게 나타내 주고 있다. 이를 통해 알 수 있는 것은 기본적으로 기업의 혁신적 잠재성이 높으면 높을수록 문제 해결 방법에 의존한다는 것이다.

트리즈 기반의 특허분석은 평가 대상의 특허를 상세히 연구해야만 할 때 매우 유익하다. 특허 전문가가 발명을 정렬하고 문제 해결 방법을 시도할 경우 그러하다.

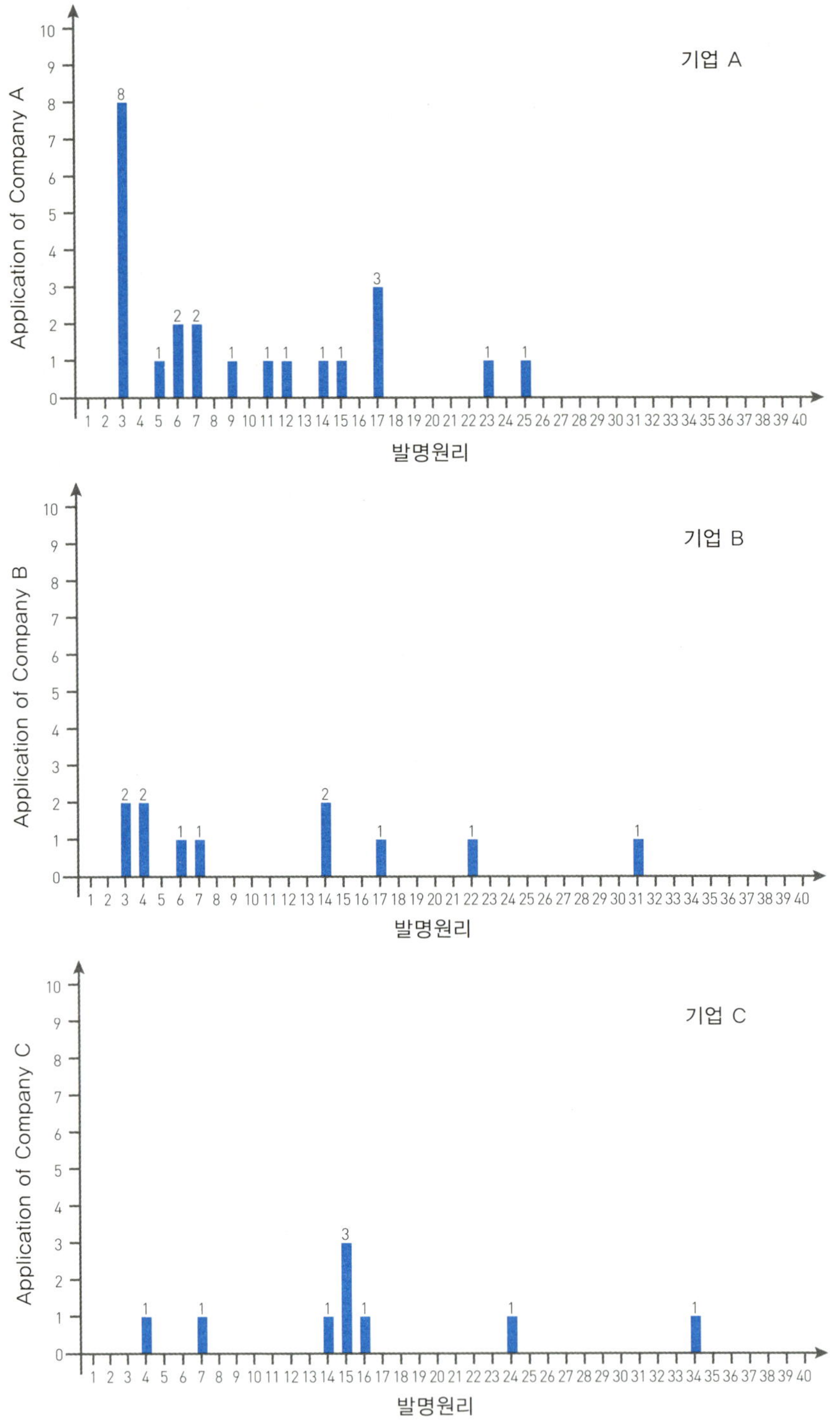

그림 6-4 묄레에 의한 트리즈 기반 분석

6.2 품질기능전개표(QFD)

6.2.1 QFD의 개념 및 원리

1 품질기능전개의 정의

품질기능전개는 개발 및 설계의 초기부터 전개되는 모든 프로세스에서 품질을 확보하는 신제품개발의 QA를 위한 구체적인 방법을 제시하는 것이다. 즉, 고객에게 만족을 줄 수 있는 설계품질을 설정하고 그 설계의 의도와 QA상의 포인트를 생산 단계까지 전개해 나가기 위한 방법이라고 할 수 있다.

2 QFD 실행의 단계별 구분

품질기능 전개는 다음의 제품개발 4단계를 통해 수행된다. 〈그림 6-5〉는 각 단계별 수행 내용의 개요를 나타낸 그림이다.

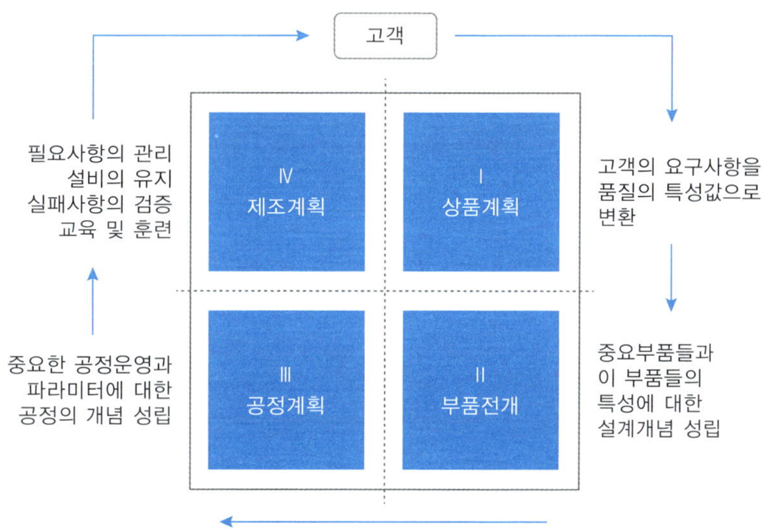

그림 6-5 상품개발 단계별 내용

3 전개방법

품질기능전개는 목적의 리스트로부터 시작하여 수단을 찾는 방법으로서 초기의 목적에서 최종적인 수단을 찾을 때까지 〈그림 6-6〉과 같이 전개된다.

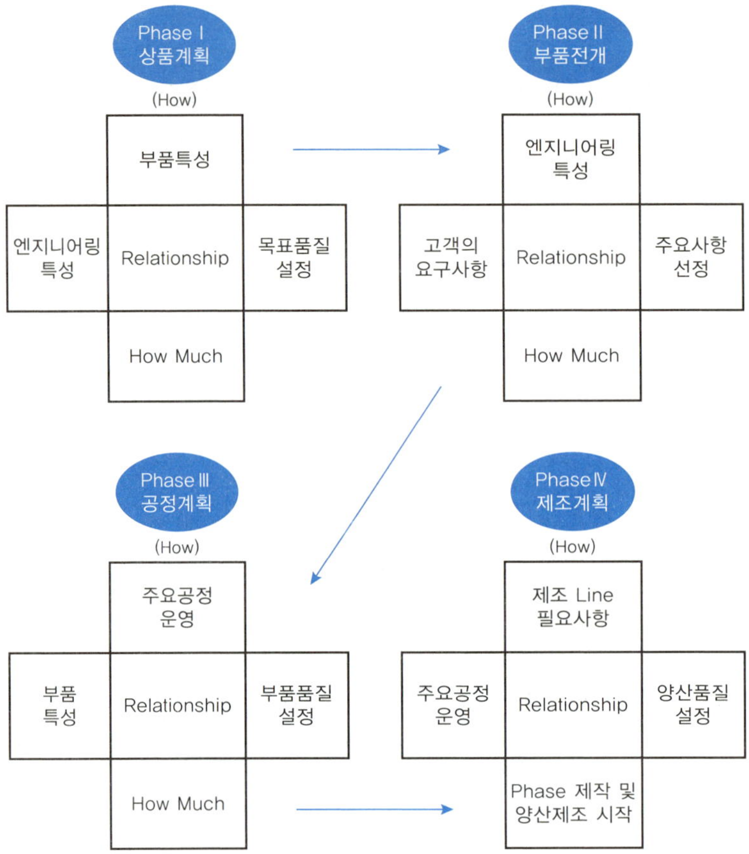

그림 6-6 QFD의 4단계 전개

4 품질의 집(House of Quality : HOQ)

이러한 품질의 집의 기본은 고객의 요구 및 취향을 반영하여 제품을 설계해야 한다는 것에 두고 있으며, 그렇게 함으로써 판매원, 설계자, 제조자들은 제품이 처음 입안되는 때부터 서로 밀접하게 일을 해야 한다.

〈그림 6-7〉은 품질의 집(House of Quality : HOQ)을 예시적으로 나타낸 것이다.

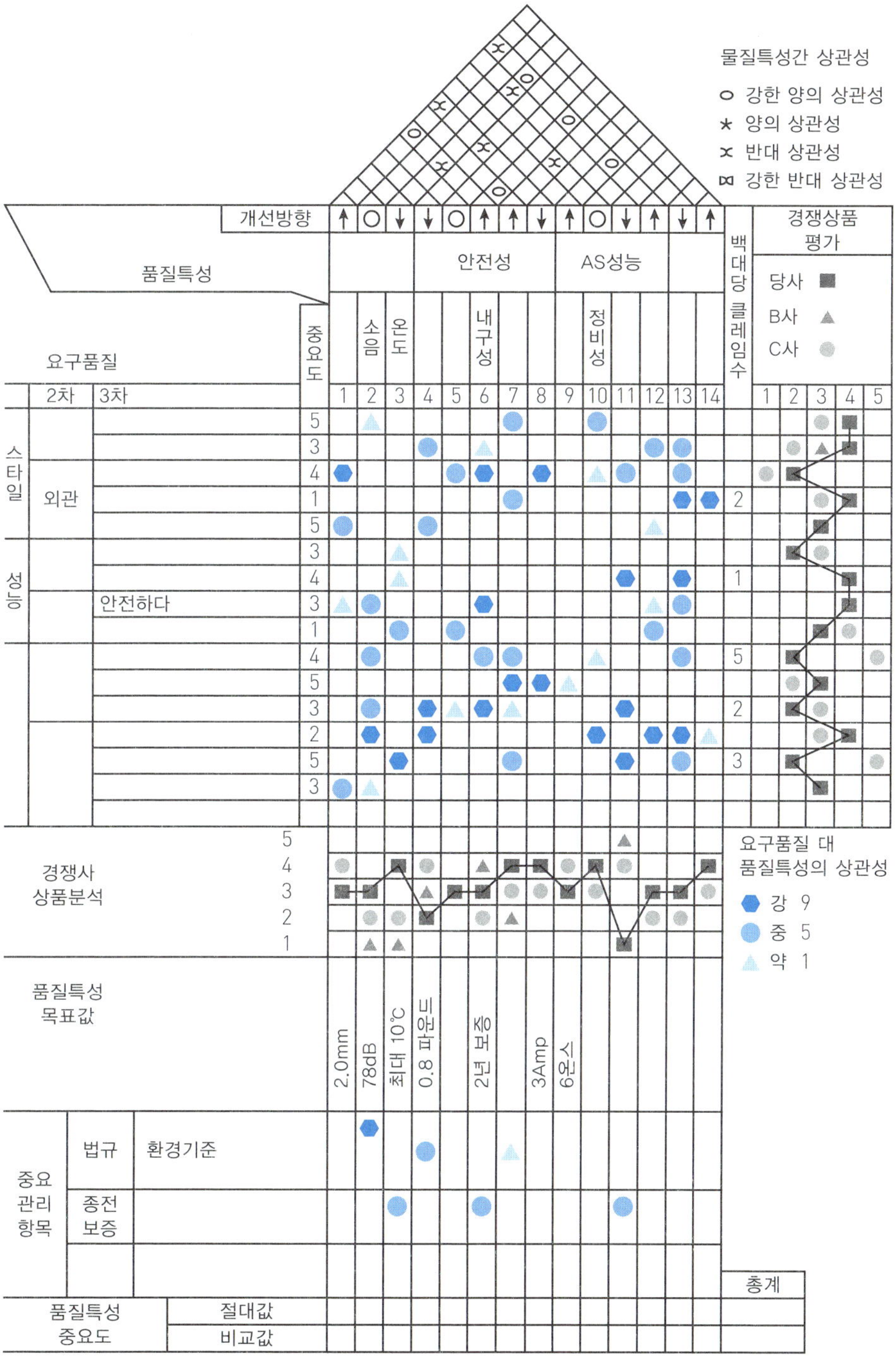

그림 6-7 품질의 집(House of Quality : HOQ)

품질의 집은 다음의 사항이 기록된다.

- 고객의 요구사항
- 목표들에 대한 경쟁적인 상태 및 고객의 인식 대 품질 특성
- 생산 요소나 대용품질 특성 사이의 상관관계
- 품질의 목표

또한 〈그림 6-8〉은 위의 품질의 집의 주요 구성요소를 나타낸 것이다.

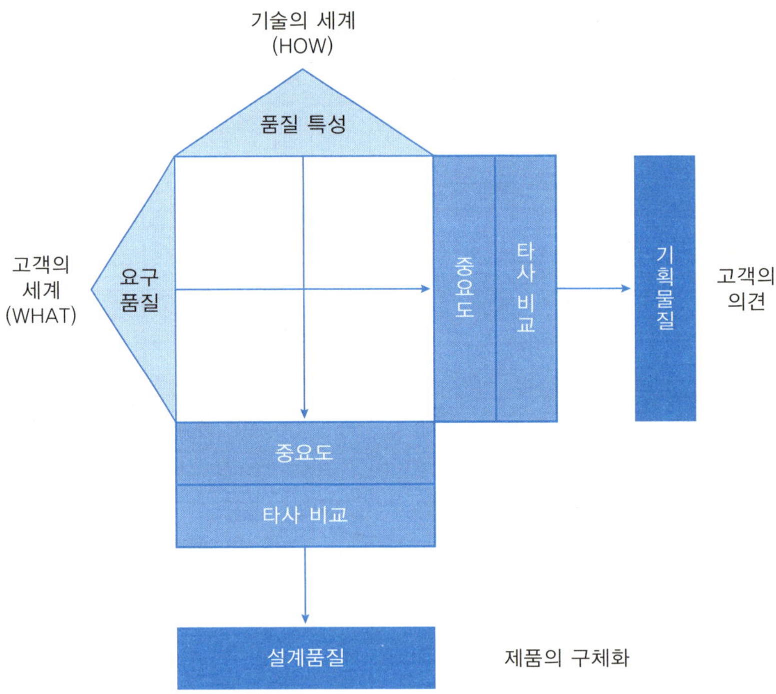

그림 6-8 품질의 집 구성요소

5 요구품질표

요구품질이란 고객이 원하는 요구사항 또는 기대사항으로 『What』이라는 항목으로 표현하였다. 이들 항목들은 일차원적이고 보통 시장조사를 통해 제시된다. 물론 여기에는 말해지지 않은 그 무엇 『What』도 존재할 것이다. 또한 이러한 것들은 비록 말하지는 않았지만 기능이 이미 상품 속에 존재하여 포함되거나 과거의 경험으로부터 추정된다. 말해지지는 않지만 무의식적

인 요구사항은 위험한 특성을 갖는다. 이러한 특성은 고객이 만족하고 있다 하더라도 크게 만족하지는 않을 것이다. 그러나 이런 특성들에 대해 만족하고 있지 않다면 아무래도 이러한 특성은 분명히 고객으로부터 강한 부정적인 영향을 갖고 있을 것이다.

요구품질에 대한 전개표는 다음과 같이 1차, 2차, 3차에 나누어서 동일한 특성별로 나누어서 세분화시켜 나가면서 전개를 한다.

〈예시〉 요구품질전개표

1차	2차	3차
DOOR의 작동과 사용	개폐용이	밖에서 문을 열기가 쉽다
		언덕에서 문이 열린 채 있다
		안에서 문을 열기가 쉽다
		안에서 문을 닫기가 쉽다
	차단성	빗물이 새지 않는다
		주행소음이 안들린다
		세차 시 새지 않는다
		바람소리가 없다.
		창문을 열었을 때 빗방울이 안 떨어진다
		떨리지 않는다
	ARM REST	편안하다
		제 위치에 있다.
외관	모양	닦기 쉽다
		차체와 유격이 잘 맞는다.

여기서는 일례로 몇 개만을 예시하였지만 보통은 30~100개 정도 열거한다. 일반적으로 시장조사를 통해 분야별로 조사하거나 기술적인 내용의 경우는 좀 더 세심한 분석을 통해 도출한다.

6 품질 특성표

품질의 집의 위쪽을 따라서 설계팀들은 고객의 속성에 한 가지 이상의 영향을 줄 가능성이 있는 엔지니어링 특성들을 리스트한다. 만약에 엔지니어링의 특성이 어떤 고객의 속성에도 영향을 주지 않는다면 품질의 집의 엔지니어링 특성에 필요없거나 팀이 고객의 요구속성을 지나쳐 버렸다고 볼 수 있을 것이다. 이러한 고객의 속성을 실현시킬 수 있는『품질 특성』의 집합을 설정할 필요가 있는데, 이는 고객이 요구한 사항을 대용품질의 특성값이나 설계평가기준으로 변환시킨 것이다. 이것을 여기서는 어떻게『How』라고 부르며, 품질 특성이라고 정의한다.

각각의『What』에 대해서 복수의『How』가 존재할 것이다. 이때 단지 측정가능하고 관리할 수 있는 포괄적인 평가기준만이 결정될 필요가 있다.

또한 앞으로 품질기능 전개도에서는『What』과『How』와의 상관 관계를 ◎○△의 표기를 통해 각각 강, 보통, 약 관계로 표기하기로 한다.

상관성 매트릭스에서 보여준 품질 특성 어떻게『How』는 얼마만큼이라는 목표값이 당연히 주어진다. 그 목표값은 고객의 요구들과 기대치들을 수치화한 것이며 설계팀이 수행해야 할 목표를 나타내고 있다. 고객의 요구사항이 확인되고 그 내용을 엔지니어링 특성으로 연결시킨 다음에 엔지니어링 특성이 속해 있는 품질의 집 하단에 목표값을 설정한다.

이렇듯 이러한 시스템을 사용하면 하나의 품질 특성이 다른 품질 특성에 어떤 영향을 주는지 금세 알 수 있으며, 이런 매트릭스는 엔지니어들이 동시에 개선되어야 할 여러 가지 엔지니어링 요소들의 특성을 조사하는데 도움을 준다. 또한 QFD를 활용하여 고객의 요구를 충족시켜주는 도구로 활용하며, 부정적인 상관성은 특성들 상호분석에 의해서 해결할 수 있다.

7 요구품질 및 품질 특성의 중요도 결정

(1) 고객요구의 중요도

중요도를 나타내는 방법에는 두 가지로 나누어 생각해 볼 수 있는데, 첫째는 시장조사를 기초로해서 매겨지는 고객요구의 중요도 등급과 사내에서 계산상으로 매겨지는 품질 특성의 중요도 등급이 있다. 중요도 등급은 최종적으로 상품 생산의 품질을 위한 HOW 나 WHAT 각각에 대한 중요도의 상대적 비교이다.

설계자의 용어와 추정들은 고객이 바라보는 관점과 다를 수 있으며 서로 상반되게 인식할 수도 있다. 또한 고객의 선호도가 모두 동일할 수는 없을 것이고 모두 중요하다고 볼 수도 없을 것이다. 그렇다면 어떻게 중요도를 결정해야 하는가? '품질의 집'에서는 가능한 많은 고객의 요구 속성을 상대적인 중요도를 측정하고 이러한 고객과 시장조사를 통해 경험한 바를 10점 이내로 하는 점수로 선별하여 정한다. 경우에 따라서는 전체를 100%로 해서 비율로 나누어서 그 값을 표기할 수도 있다. 예를 들어 경쟁사와의 경쟁에서 우위를 차지하려면 우선 타사 제품과의 비교를 통해 고객 요구사항에 대한 상대적인 중요도를 파악해야 하고, 또한 경쟁 제품에 대한 고객의 평가도 빼놓아서는 안될 것이다. 이 모든 것들이 단순히 조사되는 것이 아니라 결국은 고객에 대한 과학적인 조사를 기초로 하여 분석되어야 한다는 것을 의미한다. 이런 것들은 당연히 경쟁사와의 비교를 통해 개선을 위한 기회의 수단으로 사용될 것이다.

(2) 요구품질의 웨이트

이에 대해서는 다음과 같은 방식으로 계산할 수 있다.

- 중요도 : 고객요구의 중요도
- 레벨업수준
  목표제품의 상품성 점수 ÷ 기존 제품의 상품성 점수 * 100 %
- 절대웨이트 : 중요도 가중치 × 세일즈포인트 가중치 × 레벨업 수준율
- 요구품질 웨이트 : 절대 웨이트를 백분율로 표시

(3) 품질 특성의 Rate 산정

앞의 매트릭스의 관련성 표시에 대해서 ◎○△의 표기를 통해 각각 강, 보통, 약 관계로 표기하기로 하였는데 이들 표기에 대해 다음과 같이 Rate 표기를 한다.

◎ = 9　　　○ = 3　　　△ = 1

다음 그림과 같이 고객요구의 중요도 점수에 상관성의 강약에 해당되는 점수를 곱한 값 45(5 × 9)와 6, 3, 9를 더하면 63점으로 이것이 품질 특성 웨이트 값이 된다.

WHAT	고객요구중요도									
	3									
	5		○	◎			○			
	2			○				△		
	4				○			◎		
	3		△	△						
	1				△		◎			
	3		◎	○			△			
	5									
◎ = 9 ○ = 3 △ = 1										
			45	63	13		27	38		품질 특성의 중요도

8 품질기능전개도의 작성 순서

① 컨조인트 분석으로 얻은 최적의 요소에

- 조사, 발상 등의 단계에서 얻은 고정적인 요소(꼭 실현해야 할 성능, 기능, 내구성, 가격 등)
- 사회적 요청(환경에 대한 배려, 안전성 등 고객으로부터 요구가 없어도 실현해야 할 사항)을 종합해서 상품 컨셉으로 한다.

② ①의 상품 컨셉을 계통적으로 정리한 '기대항목 전개표'를 만든다.

③ 이를 기술적으로 실현하기 위한 특성, 설계시에 명확히 해야 할 특성을 모아 계통적으로 정리한 '기술특성전개표'를 만든다.

④ ②, ③을 매트릭스화 한다.

⑤ 크로스된 부분에 대응 관계의 강약을 ◎(강한 대응), ○(대응 있음), △(대응이 예상됨)로 기입한다.

6.2.2 QFD 기법의 활용

1 품질기능전개의 활용시 효용성

- 한번 작성한 품질표와 기술전개표를 모델 변경할 때마다 약간의 수정을 가해가면서 재이용하는 것에 따라 기술적인 노하우의 축적과 활용이 가능하게 되고 효율이 좋은 신제품개발을 추진할 수 있다.
- 목표한 품질설계목표 고유기술을 대비해서 제조방법 공정능력 코스트의 분석이 가능하고 과부족이 없는 상품품질을 추구하면서 비용 최소의 상품 제작이 가능하다.

2 품질기능전개의 선행조건

다음과 같은 선행조건들이 미리 만들어져서 QFD를 수행하기 전에 그 조건들과 부합되어야만 한다.

- 거의 모든 문제점들은 시스템과 관련된 문제이지 사람과 관련된 문제는 아니다(시스템의 문제 : 85%, 사람에 의한 문제:15%).
- 마케팅, 엔지니어링, 판매, 제조, 서비스 등 관련분야의 팀들이 함께 사용을 해야만 한다.
- 고객의 요구와 기대들을 고객입장에서 이해를 하는데 많은 시간을 할당해야하며 상품의 특성을 보다 더 상세하게 정의해야 한다.
- 전통적인 상품개발과정은 고객의 요구와 기대를 이해한 상태에서 QFD의 강력한 확장을 도모하기 위해 반드시 수정되어야 한다.

3 품질전개표의 활용

① 요구가 실현되는가?

고객의 기대 항목 중에서 전혀 마크되어 있지 않은 것은 '기술적으로 실현될 수 없다'든지 '기존의 기술로는 평가할 수 없다'는 것이다. 이런 내용은 긴급히 검토할 필요가 있다.

② 중요 품질 특성은 무엇인가?

마크가 많이 붙은 기술 특성은 고객의 시점에서 중요한 특성이다. 이것을 간단히 찾아낼 수 있다.

③ 비교한다면

타사 제품, 기존 제품 등의 품질 특성을 비교하고, 기대를 표현한다면 무엇을 어떻게 해야 하는지에 대한 방침을 쉽게 얻을 수 있다.

6.3 AHP

6.3.1 AHP의 개념 및 원리

평가나 의사결정의 경우 여러 기준을 놓고 보아야 할 때가 많다. 이러한 다기준 의사결정을 수리적 기법에 의해 분석적으로 접근하는 방법 중 하나로 바로 계층분석과정(analytical hierarchy process : AHP) 모형을 예로 들 수 있다. AHP는 정성적이면서도 정량적인 판단을 가능하게 해주는 장점이 있다. 의사결정 문제를 모형화할 때는 계층을 이용하는 정성적인 접근을 사용하고, 평가를 수행할 때는 쌍대비교를 통해 정량적 결과를 도출한다. AHP는 보통 다음의 다섯 단계를 거쳐 분석된다.

① 계층 모형 구축

일반적으로 계층구조의 형태는 〈그림 6-9〉와 같다. 계층구조의 최상위 단계는 하나의 의사결정 요소로 구성되며, 의사결정의 최종적인 목표를 나타낸다. 각 평가기준은 몇 단계의 하위평가기준을 포함하고, 최하위단계는 의사결정의 대상이 되는 대안들로 이루어진다. 평가기준을 몇 단계로 할 것인가는 문제의 복잡도에 따라 달라질 수 있다.

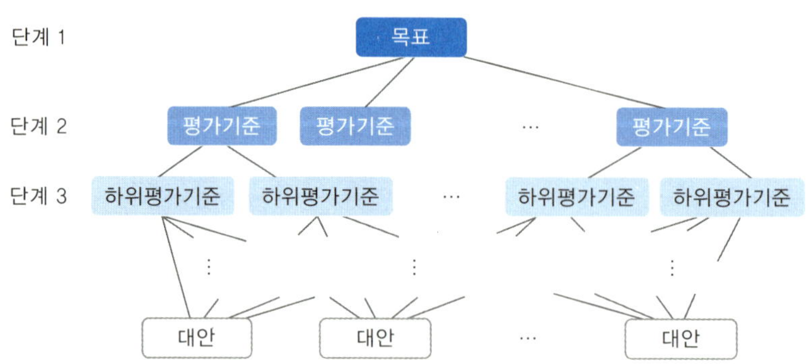

그림 6-9 AHP의 계층모형도

출처 : 박용태, 기술지식경영, 기술경영연구실 2007

② 쌍대비교

단계별로 의사결정 요소들의 상대적 중요도를 쌍대 형식으로 표시한다. 주어진 목표를 이루는데 특정 평가기준이 다른 평가기준보다 얼마나 더 중요한가를 평가한다. 다음으로 특정 대안이 다른 대안들에 비해 얼마나 더 우월한가를 평가한다. 일반적으로 〈표 6-6〉과 같이 쌍대 비교를 위해서 9점 척도를 이용한다.

〈표 6-6〉 의사결정을 위한 중요도

척도	정의
1	A와 B가 비슷함
3	A가 B보다 약간 중요함
5	A가 B보다 상당히 중요함
7	A가 B보다 매우 중요함
9	A가 B보다 극히 중요함
2, 4, 6, 8	위 값들의 중간 값

출처 : 박용태, 기술지식경영, 기술경영연구실 2007

〈표 6-7〉에서 1행, 2열의 경우, 즉 5는 위에서 표시된 쌍대비교 척도에 따라 '평가기준 1이 평가기준 2보다 상당히 중요하다'는 것을 의미한다.

〈표 6-7〉 쌍대비교 척도에 따른 평가기준

목표	평가기준 1	평가기준 2	평가기준 3
평가기준 1	1	5	7
평가기준 2	1/5	1	1/6
평가기준 3	1/7	6	1

출처 : 박용태, 기술지식경영, 기술경영연구실 2007, 재구성

③ 부분 우선 순위 도출

쌍대 비교가 이루어지면 다음으로 상대적 중요도가 결정되어야 한다.

〈표 6-8〉을 통해 설명한다. 우선 각 열에 따른 평가기준별로 각 행의 요소를 더하여 합계를 구한 후, 각 행의 요소를 해당 평가기준의 합으로 나누면 정규화가 이루어지는 것을 알 수 있다. 다시 말해 아래 표의 정규화 1에서 박스부분은 평가기준 1과 또 다른 평가기준 1과의 쌍대비교하여 얻은 요소, 즉 1을 평가기준 1의 합계 1.53으로 나눈 값이다. 정규화란 해당 열의 모든 원소의 합이 1이 됨을 뜻한다.

〈표 6-8〉 정규화

목표	평가기준 1	평가기준 2	평가기준 3	정규화1	정규화2	정규화3	산술 평균
평가기준 1	1	3	5	0.653	0.706	0.500	0.620
평가기준 2	1/3	1	4	0.217	0.235	0.400	0.284
평가기준 3	1/5	1/4	1	0.130	0.059	0.100	0.096
합계	1.53	4.25	10	1.000	1.000	1.000	1.000

출처 : 박용태, 기술지식경영, 기술경영연구실 2007, 재구성

④ 일관성 평가

AHP의 문제는 평가자가 얼마나 일관성을 갖고 평가하느냐이다. 일관성을 측정하기 위해 일관성 지수(consistency index : CI)와 임의 지수(random index : RI)를 이용한다. CI는 다음과 같이 구한다.

$$CI = (A_{max} - n) / (n - 1)$$

이때 A_{max}는 쌍대 비교 행렬의 최대 고유치

n 은 행렬의 차수로 쌍대 비교에 포함된 의사결정 요소의 수를 의미

여기서 의사결정요소가 3개이면 n은 3이 된다. 일반적으로 Amax가 n보다 크며, 만약 평가의 일관성이 완전할 경우 이들의 값은 일치할 것이다. 따라서 Amax의 값이 n에 가까울수록 평가자의 평가는 일관성을 갖는다고 말할 수 있다. 다시 말해 CI가 작을수록 일관성은 높아진다고 볼 수 있다.

또한 RI는 무작위로 추출한 CI값이다. 〈표 6-9〉는 이러한 RI를 1~10차수에 해당하는 값을 컴퓨터 시뮬레이션을 통해 구하여 정리된 값이다.

〈표 6-9〉 차수별 RI

차수(n)	1	2	3	4	5	6	7	8	9	10
RI	0	0	0.58	0.90	1.12	1.24	1.32	1.41	1.45	1.49

출처 : 박용태, 기술지식경영, 기술경영연구실, 2007

일반적으로 최종적인 일관성 평가는 일관성 비율(consisttency ratio : CR)에 의해 결정하고, 이러한 CR값이 작을수록 일관성은 상승한다. 통상적으로 CR값은 0.1 미만일 경우 일관성이 충분히 있다고 판단하며 0.2 이하까지는 허용한다.

〈표 6-10〉을 통해 일관성 평가를 하는 방법을 살펴보면, 먼저 행렬 곱으로 표시된 부분(b)는 쌍대비교행렬과 우선 순위의 값의 곱으로 얻을 수 있다. 즉, (b)부분의 박스부분인 첫 번째 행은 1.952(1 × 0.620, 3 × 0.284, 5 × 0.096으로 구함)이다. 같은 방법으로 나머지 행렬 곱을 구하면 0.875, 0.291을 얻는다.

〈표 6-10〉 A_{max} 구하는 계산의 예시

목표	평가기준 1	평가기준 2	평가기준 3	우선 순위 (a)	행렬 곱 (b)	(b)/(a)
평가기준 1	1	3	5	0.620	1.952	3.148
평가기준 2	1/3	1	4	0.284	0.875	3.080
평가기준 3	1/5	1/4	1	0.096	0.291	3.031

출처 : 박용태, 기술지식경영, 기술경영연구실, 2007, 재구성

A_{max}는 위의 표에서 (b)/(a)로 구한 3.148, 3.080, 3.031의 산술평균으로 얻을 수 있으며, 값은 3.09이다.

CI = (A_{max} − n) / (n − 1)에서 의사결정요소는 3개이므로 n = 3이며, CI = (3.09 − 3)/(3 − 1) = 0.045RK 된다. RI는 차수가 3이므로 위의 차수별 RI에서 구할 수 있다. 즉 RI값은 0.58

따라서 최종적인 CR = CI/RI에서 CR = 0.045/0.58 = 0.078 이는 0.1보다 작은 값이므로 일관성이 있다고 평가한다.

⑤ 최종 우선 순위 및 대안 도출

평가기준을 예를 들어 시장우위, 경쟁수준, 개발 비용 등으로 정하였을 경우 〈표 6-8〉과 같은 방법으로 평가기준간의 우선 순위를 정한다. 그 다음으로, 평가기준과 프로젝트간의 쌍대 비교를 통해 대안 프로젝트의 우선 순위를 정한다.

아래 〈그림 6-10〉과 같이 각 열이 평가 기준에 대한 대안들의 우선 순위 벡터로 구성된 행렬과 평가기준들의 우선 순위 벡터의 곱으로써 대안들의 최종 우선 순위 벡터를 도출할 수 있다. 최종적인 의사결정은 Wj 값이 높은 순서대로 이루어진다.

$$\begin{bmatrix} w_{11} & w_{12} & \vdots & w_{m1} \\ w_{21} & w_{21} & \vdots & w_{m2} \\ \cdots & \cdots & \ddots & \cdots \\ w_{n1} & w_{n2} & \vdots & w_{mm} \end{bmatrix} \begin{bmatrix} w_1 \\ w_2 \\ \vdots \\ w_m \end{bmatrix} = \begin{bmatrix} W_1 \\ W_2 \\ \vdots \\ W_n \end{bmatrix}$$

그림 6-10 우선 순위 벡터

6.4 특허가치 평가

6.4.1 평가 의의

특허가치 평가는 하나의 특허나 다수의 특허군의 잠재적 가치를 반영한 무형자산의 크기를 측정하는 것이다. 여기서 특기할 만한 사항은 특허 자체로부터 발생되는 어떤 가치도 포함하지 않는다는 점이다. 특허가치는 기본적으로 평가대상 기업의 환경에 따라 달라진다. 예를 들어 특허 대상물이 일정한 타 특허와 연계되거나 일반적으로 잘 알려지지 않은 특수한 노하우를 변경시킬 수 있을 때, 해당 특허가 타 경쟁사에 대해 상대적으로 가치가 없거나 작을 경우 특히 의미가 있다. 이러한 발명특허를 이전할 때 양수인은 양도인보다 더 유리한 가치로 계약을 체결할 수 있다. 또한 법정 소송에서 중립적인 전문가에 의해서 대상물의 가치가 계산될 경우 기업의 특수한 수익 창출과 시너지 효과가 희석될 수도 있다.

특허가치를 평가하는 주된 이유는 라이센스, 특허양도, 그리고 기술협력 시 가격 협상을 하기 위함이다. 그 밖에 다음의 경우에도 평가가 필요하다.

- 포트폴리오 관리시(비용 및 이용분석, 특허 유지 및 특허 출원)
- 인수합병(M&A)
- 리스크분석(특허침해)
- 회계

중요한 것은 특허평가 시 미래의 불확실성과 미래에 대한 발전을 평가하는 것이다. 특허의 사용기간을 측정하는 것은 필요하다. 법적 효력은 법적 규정을 근거로 하지만 경제적 사용기간은 이노베이션 수준과 마케팅 성공과 같은 여러 요소에 달려 있다.

한마디로 지식재산(특허) 또는 기술의 가치를 평가한다는 것은 지식재산(특허)의 경제적 가치를 화폐금액으로 측정하는 것이다. 지식재산의 평가가 필요한 이유는 기업에서 보유하고 있는 지식재산의 가치를 표시하기 위한 보고목적과 지식재산의 라이센스, 매매 등에 도움을 주기 위한 거래목적으로 나눌 수 있다.

보고목적이란 기업에서 재무제표 또는 관련보고서에 지식재산의 가치를 평가하여 보고하는 것을 말한다. 이는 순수하게 회계상, 기록상 또는 정보적인 이유들로 수행된다. 거래목적이란 지식재산에 대한 실제 상업적인 거래들을 협상하고, 구성하고, 체결하기 위하여 지식재산의 가치를 평가하는 것을 말한다.

1 기업 내부 사용

기업 내부에서 보고 및 관리목적의 지식재산의 평가에는 다음과 같은 용도가 있다.

① 재무 회계 목적의 지식재산 평가

기업에서는 재무회계 목적으로 특허권 등 지식재산의 가치를 평가하여 이 지식재산이 효익을 제공하리라 추정되는 기간에 체계적으로 상각하여야 하는데, 20년을 초과해서는 안 된다. 이러한 방식은 세무회계에서도 동일한데, 지식재산의 상각은 비용으로 인정되어 납세금액이 줄어들게 된다.

② 기업의 계획 수립과 관리

기업에서 사업부 관리자들은 사업부 단위의 재무성과 개선에 책임을 지고 있다. 그런데, 사업부 이익의 주요한 원천이 지식재산이다. 따라서 기업가치에 영향을 미치는 지식재산을 식별하여 그 가치를 측정하고, 그 지식재산의 개발에 기여하는 요인을 파악하는 것이 중요하다. 즉, 지식재산의 분석은 계획된 이익능력, 현금흐름 창출능력, 지식재산과 관련된 기능적·기술적·경제적 잔존연수를 이해하는 도구로 사용될 수 있다.

③ 공정한 대체가격 결정

여러 개의 사업부로 구성되어 있는 대기업들은 사업부 간 거래가 발생할 때, 내부대체가격을 적용하여 회계 처리한다. 사업부 간 유형의 자산에 대한 거래 뿐만 아니라 지식재산의 매매 및 대여에 대하여도 동일한 원칙을 적용할 수 있다. 따라서 사업부 간 지식재산 거래에 대한 공정한 대체가격 및 로열티율을 결정하는 것은 사업부의 업적 평가에 필수적이다. 특히 다국적 기업들은 과세소득을 소득세율이 낮은 국가로 이동시키기 위하여 지식재산 로열티율을 이용할 수도 있다. 따라서 공정한 과세를 위하여 모기업의 자기업 사이에서 지식재산의 대여나 대체에 대한 공장한 내부대체가격을 설정하는 것이 필요하다.

④ 재조직과 파산결정

기업의 재조직에서나 파산심판에서 지식재산에 대한 평가는 매우 중요한 역할을 한다. 즉, 정리할 사업부를 식별하기 위하여 이익의 중요한 원천인 각 사업부의 지식재산에 대한 평가가 중요한 판단 요소가 된다. 또한 법원에서 파산결정을 함에 있어서도 채무자 소유의 지식재산 평가는 제안된 재편성 계획에 대한 심사에서 매우 중요한 요소이다. 또한 기업이 해산될 때 청산가치는 기업실체로부터 지분소유자에게로 이전되는 유형의 자산이나 무형의 지식재산의 가치와 관련된다.

⑤ 자금 조달-기술담보대출

상술한 바와 같이 현재 우리나라에서는 기술을 담보로 한 대출이 이루어지고 있다. 이 기술담보제도에서는 지식재산이 창출하는 현금 흐름을 평가한다. 이 경우 금융기관들은 지식재산으로부터 예상 현금 흐름을 할인한 지식재산의 가치를 근거로 하여 담보를 설정한다. 일반적인 대출에서도 금융기관에서는 대출신청 기업들이 소유하고 있는 지식재산의 가치에 대하여 특별한 주의를 기울이는 것이 보통이다. 즉, 대출신청 기업의 총자산이 부채금액을 초과하는지 여부를 분석함에 있어서 지식재산의 산입 여부가 중요한 차이로 작용하는 것이다.

2 기업 외부 사용

기업이 외부와의 거래에서 사용되는 거래목적의 지식재산의 평가에는 다음과 같은 용도가 있다.

① 지식재산의 매매

오늘날 특허권, 상표 등 여러 가지 지식재산들이 거래되고 있다. 지식재산의 가치를 결정하는 것이 용이한 일은 아니지만, 지식재산 거래에서 필수적인 것이 지식재산에 대한 가치 평가이다. 이 경우 지식재산의 가치 평가는 지식재산 구매에 포함된 기대 시너지나 다른 경제적 효익들을 수치화하기 위한 경제적인 도구로서 유용하다.

② 지식재산 라이센스에 대한 적절한 로열티율 산정

특허권, 상표권, 저작권 등의 라이센스와 관련된 로열티 비율을 협상할 때 지식재산 분석은 프로젝트의 이익능력, 현금 흐름 창출능력, 그리고 대상 지식재산과 관련된 기능적, 기술적, 경제적 잔존 내용연수를 이해하는데 도움이 된다.

③ 기업의 인수 및 합병

기업을 인수하고 합병할 경우, 기업 인수 여부에 대한 결정이 이루어진 후, "얼마를 지불해야 하는지", "거래를 어떻게 구성해야 하는지"라는 질문들이 인수 및 합병 계획과 실행에서 주요한 문제가 된다.

기업의 가치는 그 기업의 유형자산 가치와 무형자산, 즉, 지식재산의 가치로 구성된다. 유형자산에 대한 가치는 일반적으로 결정하기가 용이하기 때문에, 기업에 대한 가치는 궁극적으로 지식재산에 대한 가치 평가 결과에 의하여 좌우된다. 기업이 합병될 때 소유자들에 대한 지분할당은 새롭게 형성된 사업체에 대한 지식재산과 유형자산에 대한 기여 정도가 중요한 요소로 작용한다.

기업의 지식재산에 대한 가치평가 결과는 기업매매 거래에 대한 승인을 얻기 위해 구매자나 판매자에 의해 사용될 수 있다. 또한 기업을 매수할 때 여러 금융지원을 획득하고 거래가격과 다른 거래 구성상의 조항들을 협상하기 위해 사용될 수 있다.

④ 소송 및 분쟁의 해결

간혹 기업 간에 지식재산의 침해에 대한 소송이 이루어지는 경우가 있다. 이때 변호사나 소송 당사자들은 계약위반 등과 관련된 경제적 손실을 인식하고, 그 가치를 평가하여야 한다. 이와 관련된 경제적 분석은 지식재산의 가치추정, 지식재산의 가치감소 추정, 지식재산 소유자의 이익 손실액 또는 다른 형태의 손실 추정을 포함한다.

⑤ 자본가와의 연결을 위한 지식재산 평가

발명가 등 지식재산 연구 개발자들은 그들이 개발한 지식재산들을 기업이나 조합에 출자하여 주식 등 기업의 지분을 소유하기도 한다. 이 거래에서 두 가지 평가 과제가 발생한다. 첫 번째 과제는 기업에 대한 지분이 지식재산과 얼마나 공정하게 교환되었는가이다. 여기에는 세 가지 가치 평가 문제가 있다. 지식재산이 평가되어야 하고, 기업의 주식이 평가되어야 하고, 합리적인 가치교환 비율이 결정되어야 한다. 두 번째 문제는 지식재산을 기업에 출자함으로써 발생하는 소득세 문제이다. 즉, 지식재산 개발자들이 지분을 받을 때 수혜한 수익을 평가하고, 이의 개발에 소요된 개발비용을 평가하여 개발자들이 얼마의 이익을 벌어들였는지를 평가하는 것이 필요하다. 특히 지식재산 평가는 발명가 등 지식재산 개발자와 자본가를 만나게 하는 중요한 역할을 한다. 즉, 지식재산 개발자들은 기술적 노하우를 다른 사람에게 판매하고자 하며, 자본가들은 자본을 유망한 기술에 투자하여 이익을 올리고자 한다.

따라서 지식재산 평가는 당해 기술이 어느 정도의 경제적 가치를 가지고 있는가를 평가함으로써 이 둘을 연결시켜 주는 고리의 역할을 하는 것이다.

6.4.2 평가방법론

일반적으로 특허의 가치를 평가하는 방법은 비용에 근거한 전통적인 산출방법 이외에 크게 비용접근법, 시장접근법, 수익접근법을 예로 들 수 있다. 이는 대부분 기업의 가치를 기초로 하고 있으며 특히 무형자산에 근거하고 있다. 또한 개별기술이 가지고 있는 특성에 따라 기술평가 방법(모델)이 다르다. 실물옵션법은 비교적 최근에 소개된 방법으로 아직까지는 현장에서 널리 쓰이고 있지는 않는 것으로 보인다. 평가결과는 평가기관 및 최종 용도에 따라 보통 등급, 금액, 소견 등으로 표시된다.

1 전통적인 접근법

〈표 6-11〉은 비용에 근거한 전통적인 방법의 예시이다.

〈표 6-11〉 비용에 근거한 전통적 방법

(단위 : 유로)

비용	t-4[a]	t-3[b]	t-2	t-1	t0[c]
R&D 비용					
인건비	750,000				
재료비	150,000				
정보검색비	50,000				
R&D 비용합계	950,000	0	0	0	0
특허청 비용					
출원수수료		100	0	0	0
심사청구비		1,565	0	0	0
정보검색비		1,035	0	0	0
번역료		0	0	0	4,00
연차료		0	0	0	400
선행기술조사비		600	600	600	600
중간사건처리비		0	0	0	0
무효소송		0	0	0	0
정보검색비		300	250	300	250
특허침해소송		0	0	0	0
변리사수임료		3,000	500	500	500
특허청 비용합계	0	6,600	1,350	1,400	5,750
특허 비용합계	950,000	6,600	1,350	1,400	5,750
특허가치	965,100				

a) R&D 단계

b) 특허출원시점

c) 가치 평가시점

위 표의 내용을 살펴 보면, 비용 구성은 크게 연구 개발비, 특허 출원비 및 유지 관리비 등 특허 관련 비용으로 구성되어 있다. 기술에 대한 미래 가치가 포함되지 않았다.

2 비용접근법

비용접근법 또는 원가접근법을 개별 무형자산에 대한 가치 평가에 적용하기 위해서는 해당 무형자산에 대한 ① 비용(cost) ② 진부화(obsolescence)를 어떻게 측정할 것인가 하는 문제를 해결해야 한다. 비용(원가)의 측정을 위해서는 재생산원가 혹은 대체원가 등을 개별적으로 계산하는 방식을 취하여야 하고, 진부화의 측정시에는 물리적 감소(physical deteriora-tion), 기능적 진부화(functional obsolescence), 기술적 진부화(technological obsolescence) 등을 감안하여야 할 것이다. 이 두 가지 요소가 측정되면 해당 무형자산의 가치는 원가에서 진부화 요인을 차감하는 방식으로 구한다. 그러나 비용접근법은 근본적으로 미래에 발생할 상황을 가치평가 과정에 반영하지 못하고 있기 때문에, 수익접근법과 시장접근법의 보완적인 평가기법으로 사용되는 것이 바람직할 것이다. 이러한 개별무형자산에 대한 개별적인 비용접근법 이외에 기업의 무형자산전체를 일괄적으로 측정하는 방법으로는 초과이익방식(excess earnings method)이 있다. 이러한 초과이익방식은 비용접근법과 소득접근법을 혼합한 형태로 보아야 할 것이다.

3 시장접근법

대부분의 무형자산의 경우 주식이나 부동산에 비해 유사한 무형자산이 거래된 사례를 찾기가 힘들고, 그러한 거래가 있었다고 하더라도 거래조건을 명확하게 알아내기 힘든 경우가 대부분이다. 비교가능성 측면에서 무형자산에 대해 시장접근법을 적용하는데에는 여러 가지 어려움이 존재한다.

이러한 어려움을 극복하고 시장접근법을 적용할 수 있는 사례가 구해진 경우에는 유사한 무형자산에 대해서 ① 시장에서 실제 매매된 가격을 비교(market transaction method)하거나 ② 시장에서 형성되고 있는 기술사용료 등 라이센스 비용을 비교(market royalty method)하는 방법을 사용할 수 있을 것이다. 유사매매 사례를 기준으로 시장접근법을 적용하는 것은 일반적인 기업가치나 주식가치를 산정할 때의 절차와 유사하다. 즉, 실제로 발생한 유사한 무형자산의 매매계약으로부터 시가배수를 산정한 수, 평가대상 무형자산에 선정된 시가배수를 적용하면 된다. 그런데 기술거래의 경우에는 매매거래보다는 기술사용료를 지불하는 라이센스 계약의 형태가 일반적이다. 이 경우 시장접근법을 적용하기 위해서는 기술라이센스 계약의 내용을 모아놓은 다양한 데이터베이스를 이용하여야 할 것인데 비교선별과정을 통하면 유사기술에 대한 기술사용료는 구할 수 있을 것이다. 그러나 궁극적으로 해당기술의 가치를 산정하기 위해서는 매출액 등의 소득 흐름을 추정하여 기술사용료를 곱한 후 이를 자본화하는 방식(소득접근법과의 결합) 등의 추가적인 과정을 거쳐야 할 것이다.

4 소득접근법

소득접근법의 가장 전형적인 형태인 현금 흐름 할인방식은 무형자산의 평가시에도 가장 일반적으로 적용되는 기법이다. 무형자산에 대한 현금 흐름 할인방식에서도 현금 흐름과 자본비용의 추정이 가장 중요한 문제이다. 반면, 해당 무형자산의 특성을 고려하기 위해서는 추가로 고려해야 할 사항들이 존재하는데, 예를 들면 기술 가치 평가시에는 기술의 내용연수를 고려해야 한다. 우리가 기업가치나 주식가치 평가시에 추정기간을 무한대로 가정하고 영구가치를 구했던 것과는 달리, 대부분의 기술 가치 평가시에는 해당 기술의 유한한 내용연수를 가정하고 평가를 실시하여야 한다.

첫째, 소득 흐름의 추정과 관련된 사항을 살펴보자. 기술가치를 산정하는 경우에는 일반적으로 다음과 같은 방식으로 각각 직접적인 수익, 비용을 산출하여 미래의 소득 흐름을 추정한다.

- 기술사용료방식(royal saving method) : 특정무형자산의 기술사용료를 기준으로 소득 흐름을 추정하는 방식
- 증분소득방식(incremental income method) : 특정무형자산이 공헌한 증분소득을 기준으로 소득 흐름을 추정하는 방식
- 이익분할방식(profit splitting method) : 기업의 총이익 중 무형자산에 일정비율을 배분하는 방식

둘째, 자본비용의 추정은 무형자산 자체의 위험을 고려하여 수익률을 측정하는 방법과 회사전체의 위험을 고려하여 회사의 자본비용을 사용하는 방법이 있다. 무형자산 자체의 위험을 반영하기 위해서는 기술개발의 단계, 신시장 개발 가능성, 라이센스 체결 가능성, 기술보호수단 등의 위험요인을 감안하는 요소가산방식(build-up method) 등을 통해 계산한다. 그러나 이러한 방식은 해당 요인에 대한 객관적인 위험 프리미엄(risk premium)을 구하기 쉽지 않으므로, 실무적으로는 회사의 전체 위험을 고려한 가중평균 자본비용 등을 사용하는 경우가 많다. 그러나 이 경우에도 해당기술 고유위험을 반영하도록 반드시 일정한 조정절차를 거쳐야 할 것이다.

셋째, 예상소득 기간의 추정에 관한 문제인데 기업가치 평가시에는 계속기업을 가정하나 기술

가치와 같은 무형자산의 경우에는 평가대상이 되는 기술의 경제적 잔여내용 년수의 분석 결과에 따라 예상소득 기간을 설정하여야 한다. 한편, 기술의 잔여내용 년수는 비단 소득접근법뿐만 아니라 시장접근법과 원가접근법에서도 활용되기 때문에 정확한 추정이 필요하다. 즉, 시장접근법에서는 비교대상기술의 선별 및 조정과정에서 활용되며, 원가접근법에서는 진부화의 정도를 측정하는데 활용된다.

6.4.3 비용접근법 고찰

비용접근법은 합리적인 특허 투자자가 특허 기술개발에 있어서 동일한 기능을 발휘하는데 드는 최대 비용을 지불하는 것을 전제로 하고 있다. 비용에 관한한 특허기술에 들어가는 비용이나 재생산 또는 대체 비용을 의미한다.

재생산 비용이란 오리지날 특허를 정확하게 복제 생산하기 위한 필요한 비용이다. 대체비용이란 오리지날 특허의 기술과 같이 자체 사용은 회피특허를 개발하기 위해 기술을 개발하는데 필요한 비용이다.

특허를 달성하거나 개발을 위한 필요한 전통적인 비용은 특허가 실제로 발생되면 비교적 간단히 결정할 수 있다. 물론, 연구 개발 부서에서 여러 개의 프로젝트가 서로 불분명하게 연계되어 동시에 진행될 경우 특허에 대한 비용의 범위를 산출하는 데는 다소 어려움이 많다.

따라서 비용접근법은 일정 평가시점에서 기술을 개발 내지 획득하는데 소요되는 모든 적정 비용을 합하고, 이에 감가상각하여 기술의 현재가치를 산정한다. 적정비용 계산시 동일한 자산을 만들 것이냐 아니면 동일한 효용을 창출하는 개량된 방식으로 생산된 것이냐에 따라 재생산비용과 대체비용으로 구분하여 구한다.

감가상각에는 다음과 같이 크게 세 가지로 나눌 수 있다. 물리적 감가란 주로 설비, 기계 등 유형자산의 경우 시간의 경과에 따라 노후화, 마모, 손상 및 재해 등에 따라 가치하락이 발생하는 것을 말한다. 기술 등 무형자산의 경우 물리적 감가의 가능성은 적다고 할 수 있다. 기능적 감가는 대상의 효용이 시대적 흐름과 걸맞지 않게 됨으로써 원래의 기능을 충분히 발휘하지 못하게 되어 발생하는 가치의 하락을 의미한다. 경제적 감가는 평가대상 자체와는 상관없이 환경적 요인 등 외부적인 힘에 의하여 초래되는 가치하락을 의미한다.

비용접근법은 평가 대상 기술을 개발하기까지 소요된 물적, 인적 자원의 가치를 합산한 후 이를 현재가치화하는 방법이기 때문에 측정이 비교적 용이하다는 장점이 있는 반면 대상기술의 수익성에 근거를 두고 있지 않기 때문에 향후 기대 수익에 대한 고려가 불가능하고 미래의 수익 창출 능력이 고려되지 않는다는 단점이 있다. 따라서 비용접근법은 기술 가치 평가시에는 수익접근법의 보완방법으로써 사용된다.

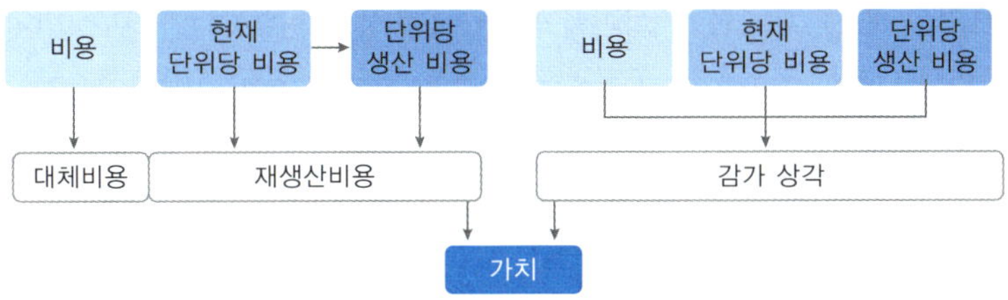

그림 6-11 비용접근법

6.4.4 시장접근법 고찰

기술 가치 평가에 있어서 가장 먼저 손쉽게 시도될 수 있는 방법은 거래하려는 대상과 유사한 사례를 찾아 이와 비교함으로써 시장가치를 추정하는 것이다. 이와 같이 시장에서 사람들이 그 기술에 대해 어떻게 평가하는가에 대한 의견일치에 의하여 미래 효용의 현재가치를 측정한다. 이를 위해서는 활발하고 공개적인 시장 및 비교할만한 기술들의 교환이 필요하다.

따라서 평가대상기술에 관한 필요한 정보와 충분한 시장자료를 얻기가 용이하지 않을 경우, 특히 신기술인 경우 매매사례가 없거나 비교가능성이 없는 경우가 대부분이기 때문에 이러한 경우에는 이 방법을 사용할 수 없다는 단점이 있다. 특수 기계류 및 특수 설비, 영업권, 권리의 제약이 있는 자산 등은 적용이 어려운 분야이다.

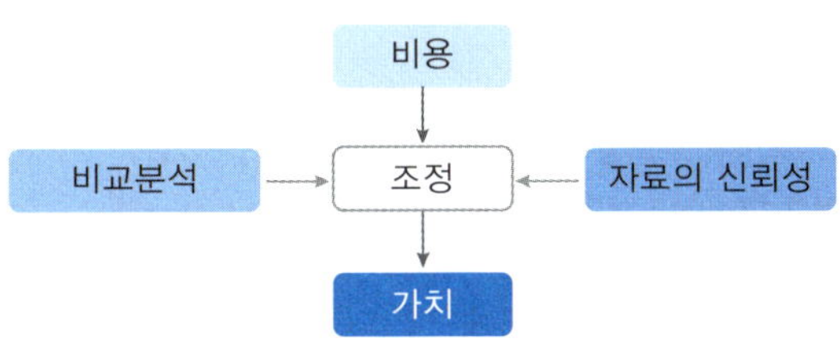

그림 6-12 시장접근법

6.4.5 수익접근법 고찰

수익접근법은 기술을 활용하여 미래에 예상되는 기대수익을 예측하고 이를 현재가치화하는 방법이다. 이 방법의 장점으로는 기업의 이윤추구의 원리에 입각하여 기술의 가치를 평가하기 때문에 가장 현실적인 방법이라 할 수 있다. 반면에 미래 가치의 예측 및 기업의 총산출물 중 기술의 기여도를 산정하는 과정에서 투입되는 변수들이 모두 예측 변수이기 때문에 이 변수의 추정 폭이 커질 경우 추정 자체가 무의미하게 될 가능성이 있다는 단점도 있다. 따라서 기술 가치 평가시에 보통은 수익접근법을 기본으로 위에 설명한 비용접근법과 시장접근법을 보완적 방법으로 활용을 하고 있다. 국내의 기술 가치 평가기관에서는 본 방법을 가장 많이 사용하고 있다.

수익접근법에서는 주요 이슈가 향후 일어날 초과이익에 관한 것이다. 이는 앞서 일어난 과거의 성장률과 같이 과거 수치에 의해 이루어진다. 특히 이런 문제에는 시장에 런칭된 신제품이나 서비스, 또는 할인율의 변동 등이 나타나 어려운 점이 많다. 더욱이 최적의 사용기간을 결정해야 하기 때문에 많은 어려움이 있다. 향후 초과이익에 대한 리스크는 리스크가 조정된 자본비용을 통해 계산된다. 일반적으로 할인율을 결정하기 위한 방법으로 WACC(Weighted Average Cost of Capital)와 CAPM(Capital Asset Pricing Model), APT(Arbitrage Prcing Theory)가 있다.

이러한 초과이익방식(excess earnings method)은 수익접근법에서 개별자산·부채의 가치를 측정할 때 무형자산에 대한 가치를 일괄적으로 구할 때 유용한 평가기법이다. 이 방식에서는 기업의 순유형자산(net tangible assets)의 가치에 초과이익(excess earnings)을 발생시키는 무형자산(intangible assets)의 가치를 합산하면 기업가치가 된다는 논리로 접근한다. 사실 초과이익방식은 수익접근법과 비용접근법의 혼합형태로, 실무에서는 수익접근법이나 시장접근법이 적용 가능한 경우에는 이들 방법을 우선적으로 적용하고 초과이익방식은 보충적인 방법으로 적용한다.

〈그림 6-13〉은 수익접근법에 대한 예시이다.

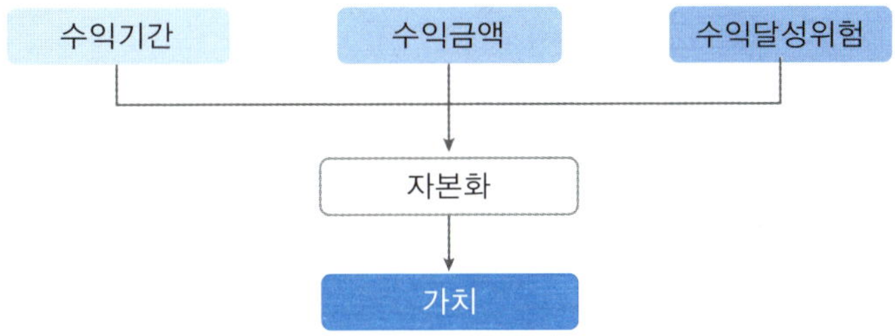

그림 6-13 수익접근법

〈표 6-12〉는 초과이익방식에 의한 특허가치의 산출 예시이다.

〈표 6-12〉 초과이익방식에 의한 특허가치 산출(예시)

		2005	2006	2007	2008	2009
특허제품 매출액		34,650	38,115	41,164	44,457	45,346
⊖ 제조원가		−13,860	−15,246	−16,466	−17,783	−18,138
⊖ 판매관리비		−14,900	−16,389	−17,701	−19,117	−19,499
= EBIT		5,891	6,480	6,998	7,558	7,709
⊕ 현금이 지출되지 않은 비용		1,733	1,906	2,058	2,223	2,267
= EBITDA		7,623	8,385	9,506	9,781	9,976
⊖ 출자 자산 매출액 대비 %						
대지 및 부동산	3.1%	−1,074	−1,182	−1,276	−1,378	−1,406
공장 및 시설	2.5%	−866	−953	−1,029	−1,111	−1,134
순운전자본	1.3%	−451	−496	−535	−578	−590
상표	2.2%	−762	−839	−906	−978	−998
고객관계관리	3.9%	−1,351	−1,486	−1,605	−1,734	−1,768
투입 인원	1.5%	−520	−572	−617	−667	−680
소프트웨어	2.5%	−866	−953	−1,029	−1,111	−1,134
전체 출자 자산	17.0%	−5,891	−6,480	−6,998	−7,558	−7,709
= 경상이익		**1,732**	**1,906**	**2,058**	**2,223**	**2,267**
⊖ 세금(40%)		−693	−762	−823	−889	−907
= 당기순이익		1,039	1,143	1,235	1,334	1,360
× 현가계수(할인율 10%일 경우)		0, 909	0.826	0.751	0.683	0.621
= 순현가		945	945	928	911	845
특허가치		4,573				

6.4.6 새로운 가능성 실물 옵션

1 가치평가의 새로운 가능성

최근 관심을 끌고 있는 실물 옵션은 옵션매입자가 일정 기간(life of the option) 동안에 미리 약정한 가격, 즉 행사가격(exercise price)으로 자산을 사거나 팔 수 있는 권리인 옵션(option)을 불확실성 하에서 경영자 의사 결정에 따라 가치가 변동할 수 있는 기업 활동에 적용한 것이다. 만약, 예측이 가능하여 불확실성이 존재하지 않는 상황이라면 옵션이 별도의 가치를 창출할 수는 없다. 실물옵션평가(Real Option Valuation)의 진정한 의미는 기존의 DCF 모형에 의한 가치(NPV)에 경영자가 기업이 처한 상황에 대응하여 반응할 수 있는 여러 의사결정 사항의 가치를 결합하여 종합적으로 투자안의 가치를 평가할 수 있다는데 있다.

실물옵션 평가는 기업이 당면한 불확실성이 클수록, 투자안의 규모가 크고 투자기간이 길수록, 시장선도기업일수록 더욱 유용한 가치평가 수단이 된다. 경영자는 투자 여부를 결정할 수 있는 권리나 투자의사결정을 수정할 수 있는 기회를 보유함으로써 투자안의 가치를 증대시킬 수 있으며, 이 경우 투자안의 가치는 전통적인 현재가치평가모형의 가치에 투자 전략의 수정 기회가 갖는 옵션으로서의 가치를 합해야만 정확한 투자안의 가치를 구할 수 있게 된다.

2 실물 옵션의 의의

우리를 둘러싸고 있는 경영환경은 늘 불확실하기에 불안하다. 투자에 대한 전략적 결정은 경영자에게는 성공에 대한 불확실성으로 인해 비용으로 생각할 수도 있지만, 동시에 가장 가치 있는 기회일 수도 있다.

거대한 자본이 투입되는 전략적 투자, 변화 조건에 따라 수시 재조정이 필요한 프로젝트, 합작투자로 인한 복잡한 자본구조, 금융시장으로부터 가치 창출 요구 등 새로운 사업 현실에서, 현재 사용하는 평가방법과 의사결정방법은 제대로 효과를 발휘하지 못한다. 실물 옵션은 가치평가와 전략적 의사결정에 적용할 수 있는 중요한 사고방식이며, 여러 분야에서 실험적으로 다양하게 시도하고 있다.

3 실물 옵션의 개념

좁은 관점에서 보면 실물 옵션 접근법은 금융 옵션 이론을 실물(비금융적)자산에 대한 옵션으로 확대한 것이다. 금융 옵션이 계약 시에 상세하게 정의되는 것과 마찬가지로, 전략적 투자에 내재된 실물 옵션도 개별적으로 인식하고 구체화시키는 과정을 거쳐야 한다. 다시 말해, 투자안의 진행과정에서 일어날 수 있는 시장상황의 변화에 따른 경영자의 대처능력의 가치를 옵션가격결정모형을 통해 계량화하여 이를 투자안에 내재되어 있는 옵션으로 인식, 투자안의 가치평가시에 이 옵션의 가치를 DCF모델에 의한 투자안의 가치에 더하여 나타내는 것이 실물 옵션에 의한 투자안의 평가방법이다. 이를 식으로 나타내면 다음과 같다(Mason & Trigeorgis, 1987).

Expanded NPV = Static NPV + Option Premium

- Expanded NPV : 실물옵션을 고려하여 계산된 투자안의 가치
- Static NPV : DCF모델에 의해 계산된 투자안의 가치
- Option Premium : 경영자의 대처능력을 옵션가격결정모형에 의해 계량화한 값

금융 옵션의 방식을 이러한 실물 옵션에 적용하기 위해서는 금융시장의 체계를 기업 내부의 전략적 투자결정에 도입할 수 있는 사고방식이 필요하다. 실물 옵션 접근법은 여러 사업 기회를 갖고 있는 경영자들이 전략적 투자를 계획하고 관리하는 데 효과적이다. MIT의 슬론(Sloan) 경영대학원의 마이어스(Stewart Myers)는 전략적 계획과 재무활동의 차이점을 설명하기 위해 '실물 옵션'이란 단어를 처음 만들어냈다.

다음은 옵션가격결정모형중 대표적인 블랙숄즈의 모형을 나타낸 것이다.

$$c = SN(d1) - Xe^{-r(T-t)}N(d2)$$

$$d1 = \frac{\ln\left(\frac{S}{X}\right) + \left(r - \frac{\sigma^2}{2}\right)(T-t)}{\sigma\sqrt{T-t}}$$

$$d2 = \frac{\ln\left(\frac{S}{X}\right) + \left(r - \frac{\sigma^2}{2}\right)(T-t)}{\sigma\sqrt{T-t}} = dl - \sigma\sqrt{T-t}$$

s = 행사주식의 가격
X = 옵션이 행사가격
r = 무위험 이자율
T = 만기일, t=현재시점, $T-t$=옵션의 잔존만기일(연단위)
δ = 기초자산의 변동성
$N(x)$ = 누적 정규분포 함수
$\ln = LN = \log$(로그)

블랙숄즈 모형의 기본가정은 다음과 같다.

- 거래가 지속적으로 이루어져 항상 가격변동이 일어나고 있다.
- 1일 가격변동치가 로그정규분포를 따른다.
- 옵션 잔존 기간 동안 무위험 이자율이 변하지 않는다.
- 가격의 변동성은 옵션의 잔존 기간 동안 고정되어 있다.
- 옵션 잔존 기간 동안 주식배당금이나 쿠폰 같은 배당금의 지불이 없다.
- 유럽식 옵션의 가격을 산정한다.

4 실물 옵션의 종류

① 성장옵션(growth option) : 성장 기회에 대한 가치를 두는 것으로서 R&D성과를 바탕으로 제품에 대한 상용화투자가 가능하게 되어 기업이 성장기회를 갖게되는 경우에 해당한다.

예시
A사는 독립적인 방문판매망을 통해 화장품을 판매하고 있는 회사로서, 중국시장으로의 진출을 고려 중이다. 현지제조와 판매망 구축에 소요되는 초기투자비용은 크지만, 이로 인해 안정된 판매망을 통해 전제품을 판매할 수 있는 기회를 갖게 될 수도 있다. 전통적 분석을 이용할 때에는 비용이 예상수익을 초과하는 것으로 나타났다. 그러나 실물 옵션 접근법을 이용한 결과는 초기투자를 훌륭히 수행할 경우에만 후속 프로젝트를 진행시키는 성장 옵션이 존재하므로 중국시장 진출을 위한 초기투자를 단행해야 한다는 것이었다.

② 연기옵션(timing option, option to defer, option to wait) : 환경 및 여건의 변화를 살피면서 투자안의 실행 시기를 연기 혹은 앞당길 수 있는 옵션이다.

예시

몸에 좋은 저지방 아이스크림의 판매가 치솟고 있다. B사는 저지방 아이스크림 판매가 계속 증가할지에 대해서는 장담할 수 없지만, 전통적인 분석법으로 추정한 결론은 설비확장에 대해 긍정적이었다. 실물 옵션 분석법은 여기에 미래의 가능 매출액을 포함시키고, 즉각적인 설비확장으로 인한 수입증대와 불확실성이 해결될 때까지 연기함으로써 회피할 수 있는 손실액 간의 상관관계를 구체적 수치로 평가한다. 이 경우에 실물 옵션 분석법을 이용, 즉각적인 시설확장의 가치를 초과하는 연기가치를 밝힘으로써 투자의 연기가 최선의 전략임을 깨닫는다.

③ 포기옵션(option to abandon) : 주변 환경이 불리하게 진행되어 애초에 예상했던 현금흐름이 실현되지 않을 것으로 판단되는 경우, 사용중인 자산 또는 사업부분을 매각하여 기존의 경우보다 사업의 가치를 높일 수 있는 옵션이다.

예시

신제품개발을 고려하고 있는 C사는 시장 규모의 불확실성과 제조과정이 정부의 독성 화학물 규제를 충족시킬 수 있을 것인가를 우려하고 있다. 전통적 분석 결과, 프로젝트를 시작해서는 안 된다고 나타났다. 그러나 실물 옵션 분석은 C사가 가지고 있는 철수 옵션, 즉 시장기회나 정화의무에 대한 불리한 결과가 발생할 경우 프로젝트에서 빠져 나올 수 있는 옵션에 가치를 두었다. 포기 옵션(abandonment option)이 포함됨으로써 프로젝트 가치가 증가하였고 이로써 C사는 신제품개발을 시작하였다.

④ 축소옵션(option to contract) : 주변 환경이 투자안에 불리하게 전개되는 경우 생산 또는 영업 규모의 축소를 결정할 수 있는 옵션이다.

예시

D사는 최신 이동전화단말기 생산을 위해 공장을 신축하여야 한다. 전통적 시장 예측 결과, 신제품의 판매량이 대단히 불확실하고, 제품판매가 두 대륙에 걸쳐서 이루어질 것으로 추정되었다. 전통적인 원가분석 결과, 공장을 하나로 짓는 것이 건설비용과 운영비용을 줄일 수 있는 것으로 나타났다. 그러나 실물 옵션 분석을 이용하였을 때에는 생산량을 변경할 수 있는 옵션을 창출해 주기 때문에 각각의 대륙에 하나씩 두 개의 공장을 짓는 것이 더 타당하다는 결론을 내렸다.

5 가격가치결정의 주요 요인

위에 기술한 블랙숄즈의 모형을 참조하여 다음의 주요 요인을 살펴보기로 한다.

① 기초자산의 현재가치(S) : 옵션의 가치는 기초자산의 가치에 의하여 결정된다. 따라서 기초자산의 가치가 변하면 옵션의 가치도 변한다. 콜옵션의 경우 옵션의 보유한 자가 약정한 가격에 기초자산을 살수있는 권리를 의미한다. 따라서 다른 조건이 일정하다면 기초자산의 가치가 증가하면 콜옵션의 가치는 증가한다. 반면에 기초자산의 가치가 증가하면 풋옵션의 가치는 감소한다.

② 옵션의 행사가격(X) : 일정한 기간동안 기대되는 투자비용의 현재가치이다. 콜옵션의 경우, 옵션을 보유한 자는 일정한 가격에 매입할 권리를 가지므로 다른 조건이 일정하다면 행사가격이 증가함에 따라 실물옵션의 가치는 감소한다. 반면에 행사가격의 가치가 증가하면 풋옵션의 가치는 증가한다.

③ 옵션의 만기(T) : 만기일이 증가하면 미래의 불확실성을 감소시킬 수 있는 정보를 많이 수집할 수 있다. 따라서 다른 조건이 일정하다면 만기일까지의 기간이 증가할 수록 콜옵션과 풋옵션의 가치는 증가하게 된다.

④ 기초자산의 변동성(σ) : 기초자산의 변동성이 커지는 경우, 콜옵션과 풋옵션의 가치는 증가하게 된다. 변동성은 과거자료를 활용하여 통계적으로 산출하는 것이 바람직하다.

⑤ 무위험이자율(γ) : 단기국채의 시장이자율을 적용한다.

실물 옵션의 6가지 주요 변수를 금융 옵션과 비교하면 다음과 같다.

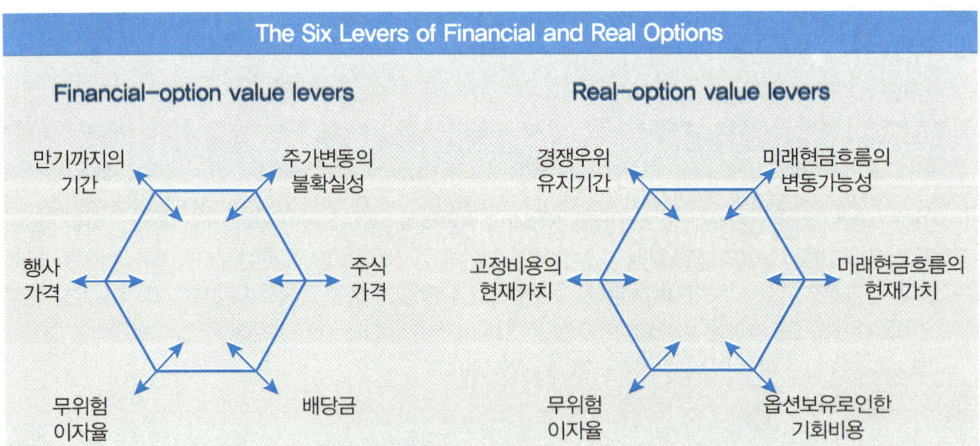

자료 : Keith J. Leslie & Max P. Michaels, "The Real Power of Real Options"
The McKinsey Quarterly (1997 Number 3), Korea investors service 2001.10.22 재인용

- 기대 현금흐름의 현재가치(S) : 일반옵션의 시장가격에 해당하는 변수로, (+)일수록 기업의 가치가 높아진다. 따라서 전략적으로는 예를 들어 효율적 마케팅 전략의 개발, 상대적으로 낮은 가격을 제시할 수 있는 원재료 공급업체들과의 전략적 제휴 구축 등과 같이 기대 현금흐름의 현재가치를 확대하는 것이 바람직하다.
- 기대 현금흐름의 변동가능성(V) : 일반옵션에서 주가변동의 불확실성에 해당하는 변수로, (+)일수록 기업의 가치가 높아진다. 따라서 관련 시장들로 기회의 범위를 확대, 보완재 조장, 제품혁신(Product Innovation), 제품패키지화(Product Bundling) 등을 통해 기대 현금흐름의 변동가능성을 높이는 것이 중요하다.
- 경쟁우위 유지기간(T) : 일반옵션의 만기에 해당하는 변수로, (+)일수록 기업의 가치가 높아진다. 따라서 이때는 규제장벽을 유지하고 지속적인 기술적 우위를 점할 수 있도록 혁신적인 신기술 및 기법을 창조함으로써 옵션의 기간을 연장시킬 필요가 있다.
- 고정비용의 현재가치(X) : 일반옵션의 행사가격에 해당하는 변수로, (-)일수록 기업의 가치가 높아진다. 이런 경우에는 규모의 경제성, 범위의 경제성, 학습의 경제성을 활용하는 등 고정비용의 현재가치를 축소하는 것을 고려해야 한다.
- 무위험 수익률(Rf) : 일반옵션의 무위험 수익률에 해당하는 변수로, (+)일수록 기업의 가치가 높아진다. 따라서 무위험수익률의 변동이 옵션가치에 미치는 영향을 지속적으로 감시한다.
- 옵션보유기간 동안의 기회손실(D) : 일반옵션의 배당금에 해당하는 변수로, (-)일수록 기업의 가치가 높아진다. 따라서 경쟁업체 사업실행에 장애물 생성, 핵심 원재료들을 경쟁업체로부터 독점하는 등 옵션보유에 따른 기회손실규모를 축소하는 것이 중요하다.

기업이 사업진행과정을 거치면서 여러 가지 불확실성과 환경변화를 맞게 되는데 이에 대해 경영자는 의사결정 권한(옵션)을 갖고 있다. 이와 같이 실물옵션은 전략적 측면에서 옵션의 가치를 상승시키는 방향으로 경영자가 전략의 수정 내지 여러 가지 의사결정을 함으로써 기업 및 프로젝트의 가치를 상승시킬 수 있다.

실물 옵션은 크게 다음의 2가지 관점에서 바라 보아야 한다.

첫째, 경영자는 학습과 지속적인 연구 개발, 아이디어 창출을 통해 기업가치를 확대시킬 수 있으며, 각 환경변화의 시점에서 유연한 의사결정을 내릴 수 있다는 '사실'을 가치평가에 반영한다. 즉, 합리적인 경영자의 경우, 미래가 불확실하다면 어떤 자산에 대해서 제한된 범위 내에서 투자를 진행한 후 만약 그 시점에서 미래가 긍정적으로 판명되면 투자를 계속하고 부정적으로 판명되면 투자한 금액인 행사금액을 손실로 인정하고 투자를 중단할 것이다.

둘째, 시장환경의 변동성 또는 불확실성이 높은 경우, 경영자가 그 기회를 포착하여 최대한 활용할 수 있는 능력만 있다면 그 기업의 가치는 변동성의 크기만큼 더욱 높아질 수 있다.

6.4.7 특허 로열티 산정법

로열티 산정법은 특허의 가치를 평가하는 방법 중 잘 알려진 방법으로, 기술료율 또는 실시료율(로열티율)에 있어서 시장에서 통용되는 업종별 적용 요율을 이용하는 이점이 있다(하단 '국내 산업 업종별 로열티율' 참조).

1 로열티의 산정

로열티율 산정은 동종업계에서 종래에 지급된 금액을 기준으로 하지만 이 외에도 기술의 중요성 및 로열티 지급방식에 따라 로열티율이 가감될 수 있다.

① 기술의 중요도에 따른 구분

- 혁신기술 : 오랫동안 느껴온 필요를 충족시키거나 완전히 새로운 산업을 창조하는 것
- 주요 개량기술 : 현존하는 제품, 공정 또는 서비스에 제품의 우위성을 상당한 수준 높이는 것
- 보통 개량기술 : 현존하는 제품, 서비스에 점진적인 향상을 가져오는 것

② 로열티 지급조건에 따른 구분

- 경상실시료 : 기술의 실시성과에 따라 지불되는 실시료로서 그 금액은 실시권자에 의한 사업성과에 의해 결정된다. 통상적으로 매출액기준으로 정한다.
- 정액실시료 : 성과에 관계없이 지불되는 고정액의 실시료를 말한다. 계약 전 기간의 실시료의 금액을 일시불로 지불하는 방식으로 정하거나 또는 매월, 매분기당 몇 백만 원, 몇 천만 원 등으로 분납하는 방식으로 정한다.
- 기타 지급조건 : 금전대가 이외의 현물(주식포함) 등으로 지급되는 실시료를 말한다.

〈참조〉 국내 산업 업종별 로열티율 분석자료

산업분야	표준산업분류	로열티율				해당건수	순위
		평균	중앙 값	최고	최저		
음·식료품 제조업	15	3.31	3	10	1	16	7
코크스, 석유정제품 및 핵연료 제조업	23	3	2.75	5.5	1	4	10
화합물 및 화학제품 제조업	24	3.44	2.5	15	0.01	219	6
고무 및 플라스틱제품 제조업	25	2.74	3	5	1	11	14
비금속광물제품 제조업	26	2.57	2.5	5.25	0.5	18	15
제1차 금속산업	27	3.56	3	10	1	9	4
조립금속제품 제조업; 기계 및 가구 제외	28	3.51	3	8	1	12	5
기타 기계 및 장비 제조업	29	2.83	3	10	0.2	100	13
컴퓨터 및 사무용 기기 제조업	30	2.28	1.5	5	0.9	5	16
기타 전기기계 및 전기변환장치 제조업	31	2.88	3	8	1	48	11
전자부품, 영상, 음향 및 통신장비 제조업	32	3.11	3	12.5	0.1	127	8
의료, 정밀, 광학기기 및 시계 제조업	33	4.02	3	10	1.5	73	2
자동차 및 트레일러 제조업	34	3.01	3	10	1.5	64	9
기타 운송장비 제조업	35	3.73	2.7	10	1.5	13	3
정보처리 및 기타 컴퓨터 운영 관련업	72	5.91	2.92	30	0.5	84	1
전문, 과학 및 기술 서비스업	74	2.84	3	5	0.2	5	12

출처 : 기술거래 사례구축을 통한 시장접근법 연구-한국기술거래소 2005년 1월

상기 분석자료는 민간기업-민간기업 간 및 공공기관-민간기업 간 특허기술 실시에 대한 로열티율을 합산한 통계 자료이다.

상기와 같은 우리나라의 로열티율 분포는 적은 개체수를 대상으로 조사한 것이므로, 일반적인 기준은 될 수 없고 참고사항에 불과할 뿐임을 유념하여야 한다.

2 산출 예시

〈표 6-13〉은 로열티 산정법에 의한 특허가치의 산출 예시이다.

〈표 6-13〉 로열티 산정법에 의한 특허가치 산출의 예

	2005	2006	2007	2008	2009
특허제품매출액	34,650	38,115	41,164	44,457	45,346
* 기술료율	5%	5%	5%	5%	5%
= 세 전 로열티	1,733	1,906	2,058	2,223	2,267
– 세금(40%)	–693	–762	–823	–889	–907
= 세 후 로열티	1,040	1,143	1,235	1,334	1,360
* 현가계수(할인율 10%)	0,909	0,826	0,751	0,683	0,621
= 순현가	945	945	928	911	
특허가치	**4,573**				

위 표에서 보면 특허와 관련된 매출액에서 기술료율 5%를 적용하였으며, 여기서 세금을 공제하면 실질적인 로열티(기술료)를 구할 수 있다. 또한 할인율 10%를 통해 최종적으로는 5년간의 특허의 가치를 얻을 수 있다.

3 또 다른 산정 방식

① 이익접근법에 의한 경상기술료 산정방식이 있으며 산정 절차는 다음과 같다.

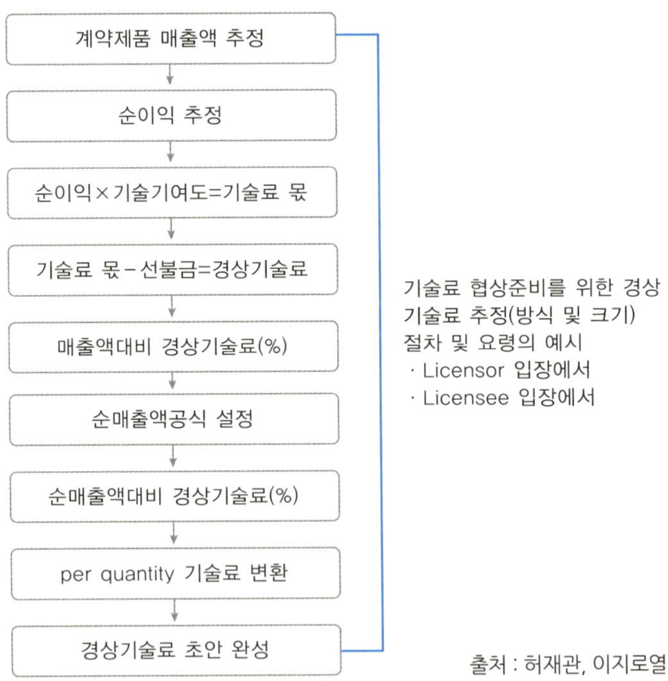

출처 : 허재관, 이지로열티, 이지펙스, 2012년

② 문제점

순매출액을 추정하기 위해서는 거래 당사자가 이해할 수 있는 공제항목(비용)의 설정이 중요한데 당사자 간의 시시비비가 있을 수 있어 증빙자료 등 꼼꼼한 준비가 필요하다.

6.4.8 기술 가치 평가방법

일반적으로 기술가치를 평가할 때는 평가에 앞서 필요한 관련 자료의 수집이 선행되어야 한다. 예를 들어 기술성이나 시장성 및 사업성을 분석하기 전에 관련 기술에 대한 현황, 시장에 대한 환경, 사업성에 대한 재무제표의 분석 등이 필요하다. 기술에 대한 현황의 경우 유사특허조사 및 분석, 그리고 기술로드맵 등을 통해 자사의 기술 수준을 측정하고 평가하는 일은 매우 중요하다.

기초적인 자료 수집 및 분석에 대해서는 아래 〈그림 6-14〉의 경우와 같이 실시한다.

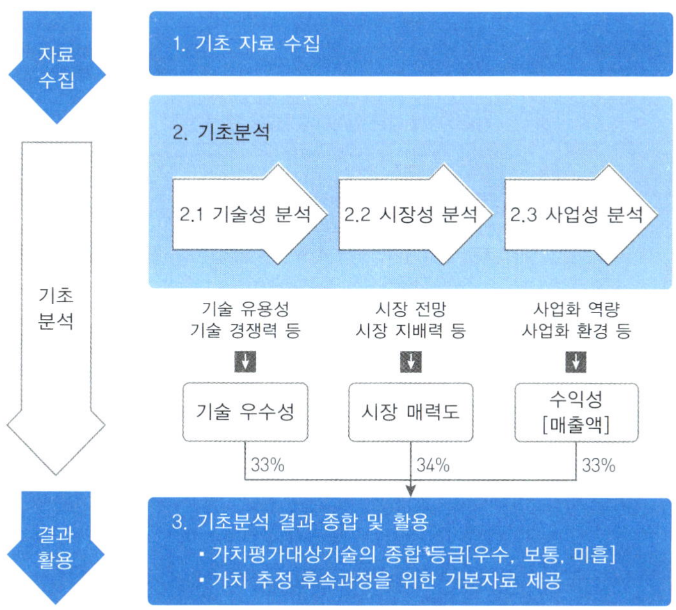

그림 6-14 기초자료 수집 및 분석을 위한 3단계

출처 : IT 기술가치평가가이드, 정보통신연구진흥원, 2007.

여기서 기술성 분석에 있어서는 '기술의 우수성', 시장성 분석에 있어서는 '시장 매력도', 사업성 분석에 있어서는 '수익성'을 초점으로 분석한다.

〈그림 6-15〉는 기술 가치 평가를 실시할 경우의 순서도이다.

절차	세부방법	활용방안
1. 기술성, 시장성, 사업성 분석	· 기술성, 시장성, 사업성 분석 및 평가 · 기초분석 종합결과	기술동향, 경쟁력수준, 매력도, 사업화가능성
2. 기술의 경제적 수명 추정	· 기술로드맵을 활용한 기술수명주기 · 전문가 의견에 의한 추정방법 · 인용특허수명지수의 활용 · 벤처캐피탈에서 적용하는 5년으로 일률적용	기술동향, 시장전망
3. 매출액 추정	· 평가대상기술로 매출액이 있는 경우 – 시장점유율에 대한 매출액 추정법 – GNP탄성치에 의한 매출액 추정법 – 최소자승법에 의한 매출액 추정법 · 매출액이 없는 경우 – 국내외 현존시장의 매출 판단 – 국내외 잠재시장의 추정	국내외 시장규모 전망
4. 가상 재무제표 추정	· 손익계산서 추정 · 대차대조표 추정	국내외 시장규모 전망
5. 미래현금 추정금액	· 기술수명에 따른 잉여미래 현금흐름 추정	국내외 시장규모 전망
6. 할인율 추정	· WACC에 의한 방법 (거래소나 코스닥에 상장된 기업) · 상장되어 있지는 않으나 비교대상이 될만한 유사기업(WACC에 의한 방법) – WACC+규모위험 프리미엄 · 벤처캐피탈 할인율	국내외 시장규모 전망
7. 기술기여도 적용	· 기술별 중요도를 고려한 기술기여도 산정 · 산업기술요소를 고려한 기술기여도 산정 · 산업기술요소(고정값)를 고려한 기술기여도 산정	기술경쟁력
8. 기술가치 산정	· 사업가치×기술기여도	기술가치

그림 6-15 기술 가치 평가를 위한 순서도

출처 : IT 기술 가치 평가가이드, 정보통신연구진흥원, 2007

위 표에서 보는 것 처럼 최종적으로 기술의 가치를 산정하는 식은 다음으로 요약된다.

$$기술의\ 가치 = 사업가치 \times 기술기여도$$

1 기술성, 시장성, 사업성 분석

대상 기술에 대한 가치를 분석하기 위해서는 먼저 기술성과 시장성, 사업성을 분석해야 한다. 기술성 분석은 해당 기술이 속하는 기술군에 대한 동향, 활용가능 분야, 경쟁기술, 기술수명 주기 등에 대해 조사 분석한다. 여기서 기술수명 주기의 경우는 실무적으로 접근할 경우 예를 들어 정보통신 산업에 있어서는 본 서의 부록을 참조하기 바란다.

시장성 분석은 대체로 향후 5년간 국내외 시장 규모 및 성장률 등을 조사 분석한다. 물론, 앞서 설명한 것과 같이 정보통신산업에 있어서는 부록으로 첨부된 기술수명 주기에 따라 사업성 평가대상 기간도 여기에 맞추어서 하는 것이 바람직하다. 그 밖의 사업성 분석은 해당 기술을 보유한 기업의 재무제표를 근거로 하여 투자 수익성 및 경쟁환경 분석 등을 실시한다. 더욱이 사업화 능력을 파악하기 위해 기술제품화 능력, 즉 기술생산 능력, 신제품 마케팅 능력, 경영자 의지 등이 필요하다.

2 기업의 사업화 능력

기술의 가치를 분석하는 것은 결코 간단치 않다. 일반적으로 기술이 고도화된 경우나 첨단화 되었을 경우 시장에서 매우 주목받는 것은 사실이나 반드시 가치가 높다고 단언하기는 어렵다. 왜냐하면 같은 기술이라도 그 기술을 상용화하여 사업으로 이어지게 하기 위해서는 무엇보다도 그 기술을 사업화하려는 기업의 능력이 매우 중요하기 때문이다. 따라서 기술의 가치는 그 기술을 사업화하려는 기업의 능력과 비례한다고 볼 수 있다.

3 할인율의 추정

할인율의 추정 또한 매우 중요하다. 이는 그 기술이 제품화에 적용될 경우의 리스크와 관계한다고 볼 수 있다. 리스크가 높으면 높을수록 당연히 기술의 가치는 떨어질 것이다. 이러한 관점에서 기술의 평가와 기술가치의 평가는 분명히 다를 것이다.

〈그림 6-16〉의 프로세스는 할인율 추정에 대한 흐름도를 나타내고 있다.

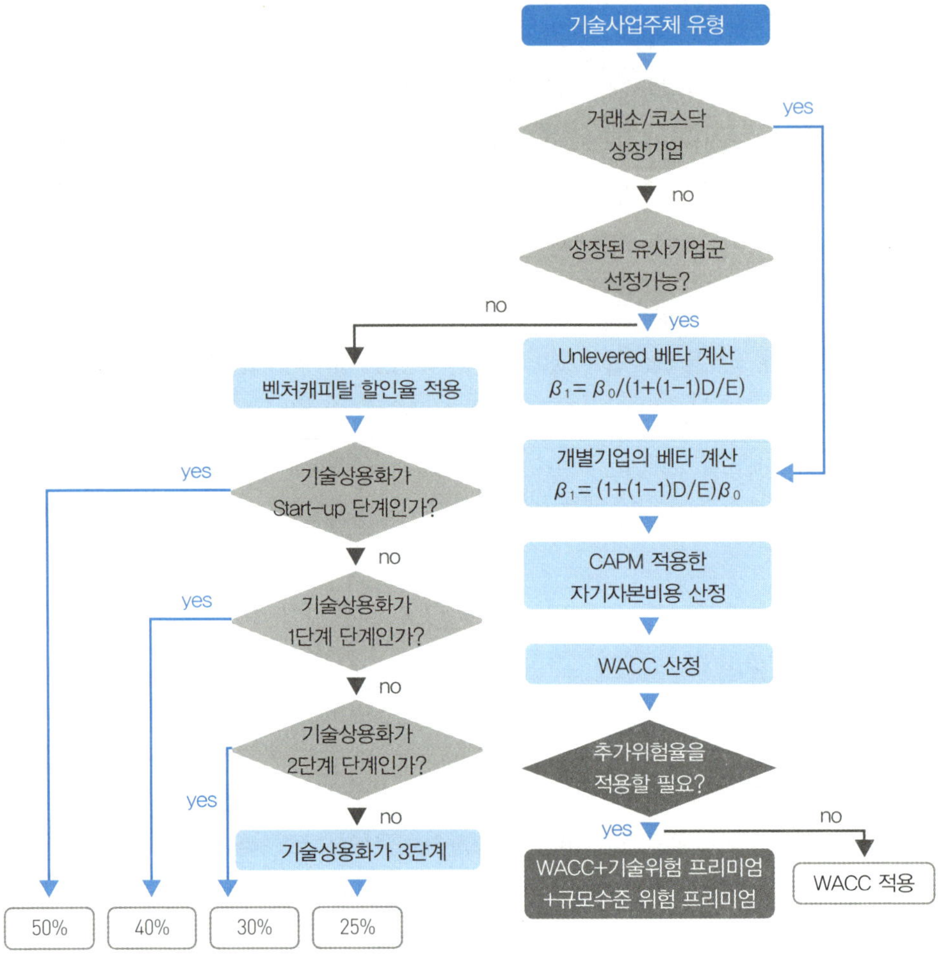

그림 6-16 할인율 추정 프로세스

출처 : IT 기술 가치 평가가이드, 정보통신연구진흥원, 2007

〈그림 6-16〉에서 보는 것처럼 할인율 추정은 환경에 따라 다소 복잡하다. IT 산업의 경우 실무적으로 접근할 때 한국기술거래소가 발간한 다음의 할인율을 적용하기도 한다.

분류			kd	자가 자본 비율	WACC	최종 할인율
컴퓨터 및 사무용기기 제조업(D300)	1.726	18.808	13	0.53	14.856	23.156
전동기 발전기 및 전기변환장치 제조업(D311)	1.260	15.08	13	0.47	12.600	20.900
전기공급 및 전기제어장치제조업(D312)	1.567	17.536	13	0.63	14.896	23.700
절연선 및 케이블 제조업(D313)	1.207	14.656	13	0.47	12.400	20.700
축전지 및 일차전지제조업(D314)	1.654	18.232	13	0.45	13.924	22.224
기타 전자부품 제조업(D321)	1.532	17.256	13	0.54	14.102	22.402
통신기기 및 방송장비 제조업(D322)	1.723	18.824	13	0.53	14.865	23.165
방송수신기 및 기타영상 음향기기제조업(D323)	1.523	17.184	13	0.48	13.656	21.956
전기통신업(J642)	1.723	18.784	13	0.53	14.844	23.144
컴퓨터 시스템 설계 및 자문업(D721)	1.877	20.016	13	0.56	15.785	24.085
소프트웨어 자문개발 및 공급업(D722)	2.067	21.536	13	0.65	17.638	25.938

출처 : 한국기술거래소[1)] 기술 가치 평가 실무지침
(※ 1) 현 한국산업기술진흥원으로 통합)

4 기술기여도 추정

기술기여도(%)=기술별 중요도(%) × 개별 기술강도(%)

① 기술별 중요도

이에 대해서는 보통 전문가에 의한 평가를 거쳐 결정한다. 실무적으로 IT산업의 경우, 업종별 중요도를 예시한 부록을 참조하기 바란다.

② 개별 기술의 강도 측정

다음으로 기술의 가치를 평가함에 있어서 중요한 부분으로 개별 기술의 강도를 들 수 있으며, 그것은 〈표 6-14〉와 같다.

〈표 6-14〉 개별 기술 강도 평가표

대항목	중항목	소항목	평점				
기술경쟁력	법적인 보호강도	권리보호의 중요성	4.75	3.75	2.50	1.25	0.25
		권리범위 및 강도	4.75	3.75	2.50	1.25	0.25
		권리의 안정성	4.75	3.75	2.50	1.25	0.25
		경쟁기술대비 방어정도	4.75	3.75	2.50	1.25	0.25
		소계(A)					
	상업적 우위성	기술상용화 단계	4.75	3.75	2.50	1.25	0.25
		기능적 우위성	4.75	3.75	2.50	1.25	0.25
		기술의 생산력	4.75	3.75	2.50	1.25	0.25
		기술의 자립도	4.75	3.75	2.50	1.25	0.25
		기술의 파급효과	4.75	3.75	2.50	1.25	0.25
		유사기술의 성공사례	4.75	3.75	2.50	1.25	0.25
		시장진입 용이성	4.75	3.75	2.50	1.25	0.25
		시장확보 가능성	4.75	3.75	2.50	1.25	0.25
		가격/원가 우위성	4.75	3.75	2.50	1.25	0.25
		이익구조상 우위성	4.75	3.75	2.50	1.25	0.25
		소계(A)					
평점합계(C=(A×2+B×1.2))							
기술별 중요도(D)							
기술기여도(E=C×D)							

출처 : IT 기술 가치 평가가이드, 정보통신연구진흥원[2], 2007
(※ 2) 현 정보통신산업진흥원으로 통합)

이때, 평가 항목에 대한 평점은 델파이 기법을 사용하여 여러 명의 전문가에 의해 산출하는 것이 바람직하다. 왜냐하면 기술의 가치를 산정하는 과정에서 사업의 가치를 제대로 잘 산출하였다 하더라도 기술의 기여도를 잘 따져 산정하지 않으면 결국 기술의 가치는 잘못된 결과를 얻기 때문이다.

6.4.9 기술 가치 평가 예시

1 추정 손익계산서

실무적으로는 보통 업종별 평균 재무비율을 참조하여 추정 손익계산서를 작성한다.

2 할인율의 추정

실무적으로 할인율 결정은 예를 들어 기술신용보증기금이 발행한 '기술 가치 평가 실무요령'에 따라 다음의 표에 의거한 방법을 사용하기도 한다.

■ 업종별 7개 Group

기술군	기술 분야
IT(group1)	전기/반도체, 전자/통신, 정보매체, 컴퓨터
BT(group2)	농수산, 바이오, 식료품, 의약, 의료·레저, 생명공학, 보건의료, 환경
기계(group3)	기계부품, 엔진/펌프, 포장, 의료정밀기기, 기반기술
소재(group4)	고분자, 금속가공, 분리/혼합, 비금속가공, 섬유, 야금/도금제지, 조명/가열, 초미세기술, 측정/광학, 가정용품, 광업
화학(group5)	무기화학/수처리, 무기/폭발, 석유/정밀화학, 원자력, 유기화학
건설, 수송(group6)	수송교통, 건설·토목
기타(group7)	출판, 기타제조업, 도소매

■ 기업형태별 또는 규모별 6개 Group

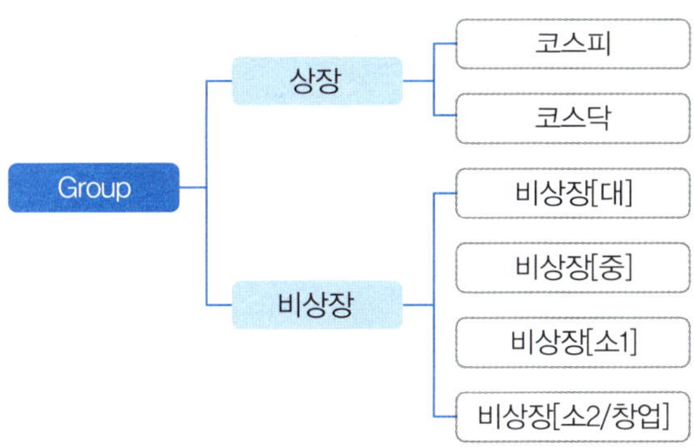

규모별	업종별	할인율	규모별	업종별	할인율
코스피	group1	0.070	비상장(중)	group1	0.111
	group2	0.062		group2	0.097
	group3	0.077		group3	0.095
	group4	0.067		group4	0.096
	group5	0.066		group5	0.097
	group6	0.076		group6	0.105
	group7	0.068		group7	0.106
코스닥	group1	0.091	비상장(소)	group1	0.131
	group2	0.078		group2	0.119
	group3	0.077		group3	0.120
	group4	0.077		group4	0.120
	group5	0.079		group5	0.119
	group6	0.082		group6	0.128
	group7	0.089		group7	0.129
비상장(대)	group1	0.101	비상장(창업)	group1	0.159
	group2	0.087		group2	0.145
	group3	0.084		group3	0.153
	group4	0.086		group4	0.151
	group5	0.088		group5	0.146
	group6	0.091		group6	0.166
	group7	0.094		group7	0.159

3 현금 흐름의 추정

이상의 과정을 거쳐 DCF방법에 의한 현금 흐름 추정 내용을 다음과 같이 정리한다.

현금 흐름의 추정 (단위 :)

구분	2013년	2014년	2015년	2016년	2017년
영업이익					
법인세		추정 손익 계산서 적용			
세후 영업이익					
감가상각비					
운전자본 증분(-)					
운전자본 회수(+)					
FCF	–78	161	369	251	9445
할인율	9 %				
할인계수	0.92	0.84	0.77	0.71	0.65
현재가치	–72	136	285	178	6139
현재가치 합계(NPV)	6665				

상기 표의 결과에 따른 사업의 가치는 6,665이다.

4 기술기여도 추정

기술기여도는 편의상 30%로 추정한다.

5 기술가치 추정

기술가치는 사업가치 × 기술기여도로 산정하므로, 1999.5이다.

6.4.10 특허포트폴리오에 의한 특허가치

여러 개의 특허로 구성되는 기술의 경우, 기술가치를 개별 특허별로 평가한다는 것은 사실상 어려운 일이다. 왜냐하면 이들 특허가 합쳐져 비로소 단일 개념의 기술을 이룬다면 일일이 하나의 특허에 대한 가치를 평가한다는 것은 무의미할 뿐만 아니라 시간적으로나 비용적으로나 매우 소모적인 일이 아닐 수 없다. 이러한 소모적인 일을 줄이기 위해 개별 특허로 평가하기보다는 제품군으로 먼저 분석 평가를 한다. 그 다음으로 기술군을 분석 평가하고 마지막으로 개별 특허를 추정하는 것이 바람직하다.

〈그림 6-17〉은 여러 제품에 들어가 있는 특허에 대한 예시를 표시한 것이다.

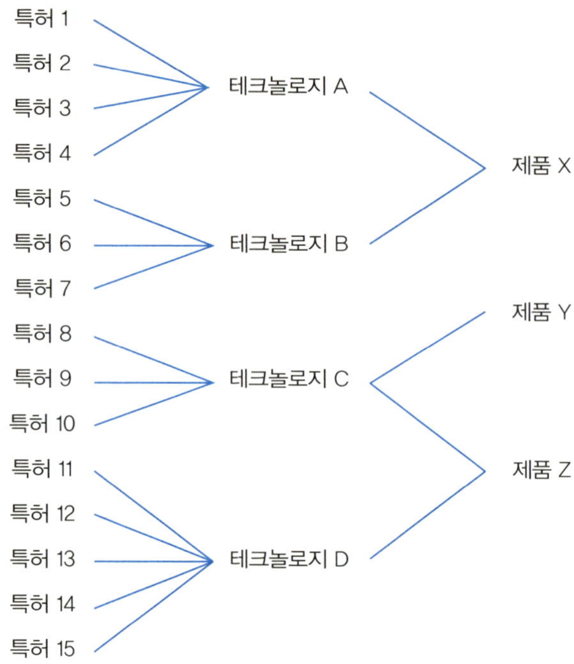

그림 6-17 기술 및 제품에 대한 특허 배열의 예시

출처 : Moser, U. (2004b), Folie 2, Patentmanagement 재인용

이들에 대한 가치를 평가할 때, 일반적으로 수익접근법을 사용한다. 제품의 경우는 보통 미래에 있을 부가가치를 고려하여 현재의 제품가와 수량을 계획한다. 다시 말해 제품에서 생성되는 미래의 가치를 현재가로 할인한다. 이러한 현재가는 제품에서 차지하는 해당 기술에 따른 적용 비율을 추정하여 이를 곱하면 해당 기술의 가치를 얻을 수 있으며, 이러한 기술에 속하는 특허의 가치 역시 차지하는 비율을 추정하여 곱하면 개별 특허의 가치를 예상할 수 있다.

다음은 특허포트폴리오에 의한 특허가치의 산출 예시이다.

〈표 6-15〉 특허포트폴리오에 의한 특허가치 산출의 예

제품	매년 초과 이익	i	순현가	테크놀로지	제품중 기술비율		특허	기술상 특허 비율		특허	가치
제품 X	10,000	10%	100,000	테크놀로지 A	50%	50,000	특허 1	15%	7,500	특허 1	7,500
							특허 2	40%	20,000	특허 2	20,000
							특허 3	20%	10,000	특허 3	10,000
							특허 4	25%	12,500	특허 4	12,500
							합계	100%	50,000		
				테크놀로지 B	35%	35,000	특허 5	35%	12,250	특허 5	12,250
							특허 6	55%	19,250	특허 6	19,250
							특허 7	10%	3,500	특허 7	3,500
							합계	100%	35,000		
제품 Y	15,000	10%	150,000	Techn.C	85%	127,500	특허 8	45%	57,375		
							특허 9	30%	38,250		
							특허 10	25%	31,875	특허 8	70,875
							합계	100%	127,500	특허 9	47,250
										특허 10	39,375
제품 Z	12,000	10%	120,000	테크놀로지 C	25%	30,000	특허 8	45%	13,500		
							특허 9	30%	9,000		
							특허 10	25%	7,500		
							합계	100%	30,000		
				테크놀로지 D	35%	42,000	특허 11	20%	8,400	특허 11	
							특허 12	15%	6,300	특허 12	
							특허 13	25%	10,500	특허 13	
							특허 14	30%	12,600	특허 14	
							특허 15	10%	4,200	특허 15	
							합계	100%	42,000		

i : 할인율

EÜ : 초과이익

6.4.11 기술 가치 평가기관

〈표 6-16〉 국내 기술평가제도 및 평가기관 현황

평가제도	근거법령	평가기관		비 고
기술평가 (벤처기업 지정)	벤처기업 육성에 관한 특별조치법 시행령(제2조의2)	기술신용보증기금 중소기업진흥공단 한국과학기술기획평가원 한국산업기술평가원 한국과학기술연구원 한국관광연구원 한국문화콘텐츠진흥원 한국전자거래진흥원	정보통신연구진흥원 한국과학기술원 한국디자인진흥원 한국보건산업진흥원 한국과학기술정보원 한국게임산업개발원 한국식품개발연구원 국방품질관리소	
기술 가치 평가 (현물출자)	벤처기업 육성에 관한 특별조치법 (제6조) 및 외국인투자촉진법 (제30조)	한국산업기술평가원 환경관리공단 한국과학기술정보연구원	기술신용보증기금 기술표준원 한국과학기술연구원	
기술평가 (발명의 사업화)	발명진흥법 (제21조)	기술신용보증기금 산업기술시험원 자동차부품연구원 한국과학기술정보연구원 한국건자재연구원 한국기술거래소 한국산업기술평가원 한국생산기술연구원 한국식품개발연구원 한국원사직물시험연구원 한국전기연구원 한국지질자원연구소 한국화학시험연구원	기술표준원 요업기술원 한국과학기술연구원 한국건설기술연구원 한국기기유화시험연구원 한국담배인삼공사 한국산업은행 한국생활용품시험연구원 한국에너지기술연구원 한국원자력연구소 한국전자전기시험연구원 한국해양연구원 한국화학연구원	
기술 가치 평가 (기술이전 거래)	기술이전촉진법 (제8조)	기술신용보증기금 한국과학기술정보연구원 한국보건산업진흥원 한국에너지기술연구원	전자부품연구원 한국발명진흥회 한국산업은행 한국전자통신연구원	

평가제도	근거법령	평가기관	비 고
기술담보가치 평가	산업기술기반 조성에 관한 법률 (제14조)	산업기술평가원	한시적으로 시행
기술평가 (여신, 담보심사용)	기술개발촉진법 시행령(제2조)	기술신용보증기금 한국과학기술원 한국산업은행 산은캐피탈㈜ 한국과학기술기획평가원 한국산업기술진흥협회 KTB네트워크㈜	
기술영향 및 기술평가	과학기술기본법 시행령 (제23,24조)	한국과학기술기획평가원	

※ 주의 : 일부 기관은 공공기관 통합에 따라 기관명칭 등 변경 사항 있음.

기술가치평가는 해당 기술의 기술성, 시장성, 경제적 타당성 등을 모두 고려한 후에 각 요소들을 통합하여 총체적인 결정을 내려야 하므로 상당한 비용과 시간을 요한다. 따라서 자금과 인력이 부족한 중소기업이 기술 가치 평가를 자체에서 수행하는데에는 상당한 무리가 따르므로 기술 가치 평가 전문기관의 도움을 받아야 될 것으로 보인다. 현재 국내에서 기술 가치 평가를 수행하는 평가기관들을 〈표 6-16〉에 소개한다. 각 기관에서는 중소기업의 기술 가치 평가를 지원하기 위한 사업을 실시하고 있으므로 〈표 6-16〉의 해당 기관의 사이트를 방문하면 매우 유용한 정보를 얻을 수 있다.

6.5 특허경영 포트폴리오

6.5.1 포트폴리오의 의의

포트폴리오 분석은 많은 복잡한 정보, 예를 들어 회사의 정보, 경쟁자의 정보, 환경 정보 등을 시각적으로 나타낸다. 포트폴리오 분석의 장점은 표시된 정보를 쉽게 비교하여 개관하고 형태적으로는 단순화시켰다. 더욱이 포트폴리오 분석은 특허정보 및 지표로 잘 나타내지 못하는 전략의 도출 및 대책 수립을 가능하게 한다.

포트폴리오는 목적에 따라 다양하게 전개시킬 수 있다. 즉, 시장, 기술, 특허 관련 포트폴리오를 작성할 수 있다. 포트폴리오 분석은 다음과 같은 특징을 갖는다.

- 포트폴리오 방법은 기업에 악영향이 미치는 외부 요인에 의해 기회와 위험을 함께 나타낼 뿐만 아니라 기업에 영향을 미치는 내부 요인에 의해 강점과 약점을 나타낼 수 있다.
- 이러한 요인은 지표를 통해서 나타낼 수 있으며, 높은 지표 또는 혼합된 지표는 매우 큰 의미를 가져다 준다.
- 포트폴리오 분석은 그 결과를 2차원의 다양한 주제의 포트폴리오 매트릭스로 시각화할 수 있다.
- 포트폴리오 매트릭스의 수직축은 보통 외부 요인을 나타낸다.
- 수평축은 보통 기업의 내부 요인을 나타낸다.
- 포트폴리오 매트릭스에서 나타내는 분석 대상에 대해서는 내부 및 외부요인을 측정하여 보통 원으로 표시하고, 그 원의 크기는 분석의 의미를 갖는다.
- 포트폴리오 매트릭스는 다양한 목적에 따라 전략 방안을 도출해낼 수 있다.

6.5.2 시장 포트폴리오

〈그림 6-18〉은 일반적으로 기업의 전략 경영을 위한 보스톤컨설팅이 개발한 시장 포트폴리오를 나타내는 BCG-매트릭스이다. 보통 수직축은 시장성장성을 나타내고 수평축은 경쟁업체가 있는 시장

그림 6-18 BCG-매트릭스

의 점유율을 나타낸다. 또한 원의 크기는 기업 또는 제품의 매출액 등 전략적 의미를 나타낸다.

이러한 매트릭스는 보통 4개의 영역으로 구별하는데, 제품사이클에 기초하고 있다. 이를 설명하면, 상단 좌측은 상대적으로 시장점유율은 작지만 여전히 성장 가능성이 있는 전략적 사업단위가 위치하며 이는 표준 전략으로 'Question Marks'라고 하고 사업을 배가시킬 것인지 아니면 축소시킬 것인지를 모색할 단계이다. 다시 말해 경쟁적 환경을 결정적으로 개선할 수 있도록 투자하여 'Star' 자리로 옮길 것인지 아니면 시장에서 사업을 축소하거나 다른 사업을 위해 투자를 줄일 것인지를 검토해야 하는 단계이다.

성장률이 높고 비교적 시장성이 높은 사업 단위는 'Star'라 표시한다. 이는 기업 외부의 기회뿐만아니라 기업 내부역량이 일체되어 매우 높은 성과를 낼 경우에 해당한다. 여기서는 경쟁기업을 따라잡기 위해 투자를 해야할 전략적 위치이다. 하단 우측의 경우는 'Cash Cows'로 표기되며 상대적으로 시장점유율이 높아 성과는 좋지만 시장성장성은 떨어지는 위치이다. 성장성이 계속 떨어지는 추세라면 당연히 추가 투자를 해야 할지 고민해야 할 성숙단계이다. 'Poor Dogs'라 표기된 위치는 낮은 성장성과 상대적으로 낮은 시장점유율을 보여 투자를 중단하거나 사업을 철수해야 할 위치이다.

이러한 4가지 시장포트폴리오에 대한 추가 개발로 맥킨지의 9영역의 매트릭스가 있다. 시장매력도를 통해 외부 시장 규모를 나타내고 상대적으로 우월한 경쟁 기업의 내부 규모를 나타낸다. 이러한 매트릭스에서 가로축 및 세로축 차원은 실제로는 BCG-매트릭스의 경우 보다 더 복잡하고 9개의 섹션을 포함하고 있다.

6.5.3 기술 포트폴리오

기술 포트폴리오를 통해 기술의 전략적 의미를 도출하는 일이 계속 점증하고 있다. 만약 시장포트폴리오가 제품의 수명주기가 아니라 시장의 사이클 안에서만 형성한다면 기술의 창출은 제한적으로 적용될 것이며, 이때 기술은 이미 시장에서 변화되기 쉽다. 이러한 기술을 적시에 알아내고 판단하기 위해서는 새로운 기법의 포트폴리오가 필요하다. 맥킨지는 이러한 요구를 위해 다음의 포트폴리오와 같이 기술의 잠재성과 전략적 비용에 영향을 주는 요소를 개발하였다.

〈그림 6-19〉는 포트폴리오의 상대적인 기술수준과 기술매력도와의 관계를 나타내고 있다. 기술매력도에 영향을 주는 요소는 기술잠재성과 개발비용이다. 이때 기술위치(수준)는 경쟁기업과 비교하여 보면 노하우와 개발비용이 해당한다. 이에 반해 틸(Tyll)은 기술매력도에 대해 기술잠재성, 기술수요도 및 기술환경을 제안한 바 있으며, 상대적인 기술위치에 대해서는 기술잠재성, 금융잠재성을 예시하였다.

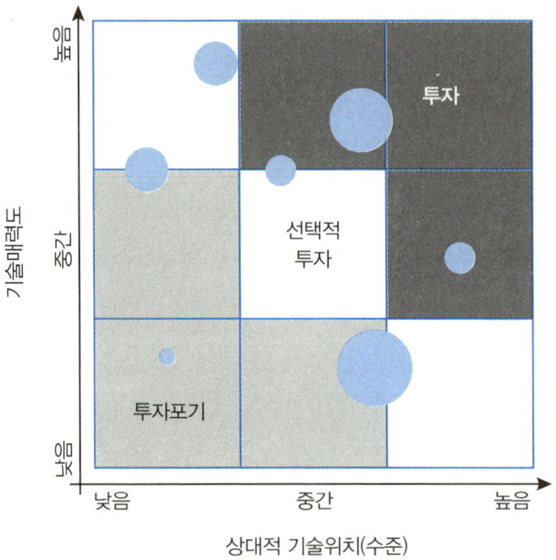

그림 6-19 기술 포트폴리오

출처 : Ernst. H(1977), S492

파이퍼(pfeiffer)에 의하면 기술 포트폴리오는 마찬가지로 기술매력도를 외부 요인으로 파악하였으며 기술의 적용범위, 추가개발 잠재성으로부터 결정한다고 하였다. 내부 요인으로는 기술의 질적 수준, 잠재성, 실행속도를 기준으로 하였으며, 이를 리소스 강도라 불렀다. 또한 그는 높은 기술매력도와 상대적으로 높은 기술수준을 지닌 기술 분야의 경우 공격적인 연구 개발투입을 예로 들었으며, 중간에 해당하는 영역에서는 선택적인 방법을 취할 것을 제시하였고 기술매력도가 작고 상대적으로 기술수준이 낮은 경우는 방어적 전략을 권장하였다.

6.5.4 특허포트폴리오

제시된 모든 기술 포트폴리오의 경우 내부 또는 외부 요인을 평가하기 위한 요소에 있어서 측정 편차가 많이 발생하고 평가 자체는 매우 주관적일 수 있다. 무엇보다도 심사숙고하는 번거로운 일을 다소 줄여주고 객관적인 정보를 도출하는데 의의가 있다. 반면에 특허포트폴리오는 활용 가능성과 객관성을 바탕으로 특허정보를 제공한다.

다음은 여러 목적에 따른 다양한 형태의 특허포트폴리오를 예시적으로 보여주고 있다.

1 일반형

브록호프(Brockhoff)는 기업의 기술 분야를 살펴보는 기술 포트폴리오를 더욱 개선한 포트폴리오를 제안하였다. 외부 요인으로는 환경관련 요소를, 내부 요인으로는 특허 데이터로만 산출한 기업 관련 요소를 제시하였다. 또한 외부 요인으로 특허출원의 변화를 전제로 한 기술매력도를 제시하였다. 그는 기술매력도의 산출을 과거 16년간 특허성장율과 최근 4년간의 성장율의 관계비를 통해 계산하였다.

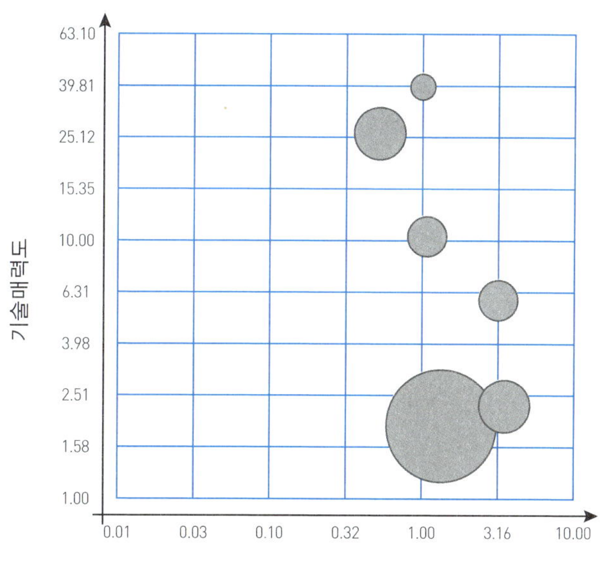

그림 6-20 브록호프의 포트폴리오

출처 : Vivian Nitsche, Patentmanagement, 2007

내부 요인은 여기서 상대적 특허위치를 나타내며 강력한 특허출원인과 관계한 상대적 특허활동성과 동일한 개념으로 사용하였다. 문제는 활동성 요소를 표시하였다 하더라도 정성적 차이를 고려할 수 없다는 것이다. 이러한 문제는 앞서 기술한 질적 지표를 통해 보완될 수 있다. 원의 크기는 내부 활동성을 의미한다.

〈그림 6-20〉의 포트폴리오와 같이 브록호프는 다른 포트폴리오와는 달리 영역을 나누지 않았으며, 전략적으로 토론의 여지를 남겼다.

2 기술기반의 특허포트폴리오

파이퍼(pfeiffer)는 기술 분야의 측면에서 또 다른 포트폴리오를 제안하였는데, 수직축과 수평축에 위와 같은 명제들을 좀 더 세분화하여 기술하였다. 그가 말한 세분화란 정량적, 정성적 그리고 시간 간의 관계를 나타낸 지표를 사용하였으며, 이를 다시 하위 지표로 재구성하였다.

〈표 6-17〉은 외부 요인으로 기술에 대해 기술적 그리고 경제적 장점의 합을 나타낸 특허매력도의 크기에 대한 구성을 보여주고 있다.

〈표 6-17〉 특허매력도의 크기에 대한 구성

지표	비중	하위 지표	설명
정량적	15~20%	폐기 특허	지난 3년간 만료된 특허나 포기한 특허의 비율
		신규 특허	지난 3년간 새로이 출원한 특허의 비율
정성적	55~65%	사업분야 적합도	기업이 보유하고 있는 구조 및 프로세스에 대한 기술의 적합도
		기능적 값	복수로 분류된 특허의 비율
		지리적 값	1개국 이상 출원된 특허의 비율
		인용값	타 특허문헌에 피인용된 특허의 비율
시간관계	20~25%	신속한 출원	해당 기술영역에서의 연속 출원활동성
		잔존 기간	타 특허에 비해 잔존하고 있는 평균기간

출처 : Vivian Nitsche, Patentmanagement, 2007.

〈표 6-18〉은 내부 요인으로 상대적인 보호수준의 크기에 대한 정보를 나타내 주고 있다. 이는 파이퍼가 말한 정량적, 정성적 및 시간관계를 경쟁사와의 관계에서 고유 특허 또는 노하우에 대해 표현한 것이다.

〈표 6-18〉 상대적 보호수준의 크기

지표	비중	하위 지표	설명
정량적	15~20%	상대적 특허비율	강력한 경쟁자와의 관계
정성적	55~65%	R&D 선호도	보유하고 있는 R&D 구조에 대한 기술의 적합성
		정성적 특허강도	인용 결과에 대한 비율
		노하우	노하우 획득 비율, 예를 들어 인력이동 또는 라이센스계약을 통한 획득
시간관계	20~25%	잔존 기간	타 특허에 비해 잔존하고 있는 평균기간

출처 : Vivian Nitsche, Patentmanagement, 2007.

이러한 요인들은 다음의 파이퍼(pfeiffer)에 따른 포트폴리오를 구성할 수 있다.

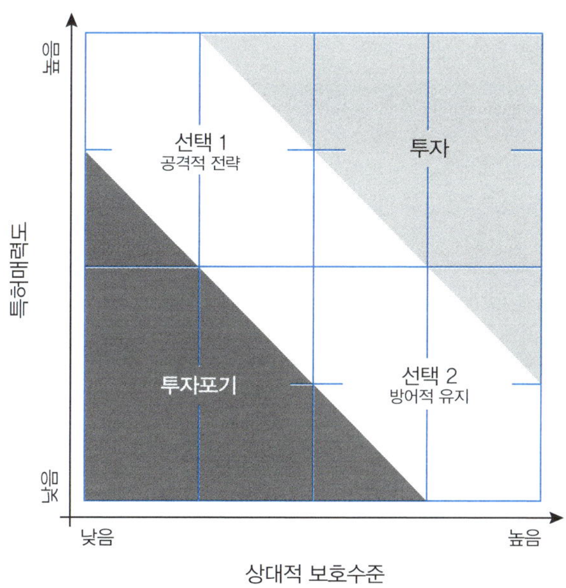

그림 6-21 파이퍼의 포트폴리오

출처 : Gerpott. T. (1999), p. 154.

파이퍼에 따른 포트폴리오는 다른 포트폴리오와 마찬가지로 우측 상단 부분에 대해서는 투자 전략을 나타내고, 좌측 하단 부분은 투자 포기를 나타내고 있다. 기술에 대한 매력도는 높지만 상대적으로 보호수준은 약한 특허에 대해서는 경쟁자에 대한 부족을 메꾸고 여전히 경쟁자에 대해 장점을 가질 수 있으나 특별한 매력이 없는 기술의 경우 계속 유지를 해야할지 선택적으로 고민해야 하는 부분이다.

3 특허기반의 특허포트폴리오

페익스(Faix)는 조사 대상으로 특허 또는 특허군을 예시하였다. 매트릭스 구조로 표현하기 어려울 정도로 기업이 다량의 특허를 보유하고 있을 경우 의미있는 포트폴리오이며, 이러한 특허는 특허군에 따른 어떤 기준에 의해 분류 요약된다. 특허군은 다수의 특허들로 구성되며, 이들 특허들은 유사특허를 보호하는 자체 패밀리에 속하거나 제품 및 공정에서 공통으로 인접하거나 또는 서로 관계가 있는 것들이다.

페익스의 포트폴리오 매트릭스는 수직 및 수평 축에 들어가는 요인으로 특허매력도 및 특허강도를 예시하였으며 다음의 지표로 요약된다.

〈표 6-19〉 특허의 매력도 판단을 위한 기준 및 지표

발명의 매력도	특허보호의 매력도
1) 발명의 기술적 의미(발명, 특허허여, 보유하고 있는 인용문헌의 빈도수에 대한 R&D 지출 및 인력투입의 범위)	1) 특허보호의 가능성, 신규성 소멸의 여지, 지불할 연차료의 납부 여부(무엇보다도 특허청구범위 및 청구항수와 관련됨)
2) 발명의 경제적 의미(수입의 현재가, 외국출원의 수, 외국특허등록의 수, 복수의 특허분류기호 또는 특허분류기호의 빈도)	2) 어떤 기술 분야에서의 특허의 전략적 역할(예를 들어 경쟁사의 중요한 기술개발을 저지할 수 있는 기술수준의 획득과 관계됨)

〈표 6-20〉 특허의 강도 판단을 위한 기준 및 지표

법적 측면의 특허 강도	특허권자의 강도
1) 특허허여절차에 따른 특허의 지위(출원, 출원공개, 거절 이유가 있는 출원특허, 최종적으로 허여된 특허)	1) 무엇보다도 금융 수단의 측면에서의 기업의 리소스, 그리고 타 경쟁사와 비교하여 외부 특허사무소의 질 또는 특허부서의 양과 질

법적 측면의 특허 강도	특허권자의 강도
2) 출원인/특허권자의 법적 지위 보장을 위한 청구 및 이용가능한 방법, 특허보호에 대한 제3자의 침해 가능성(해당 특허법과 관련)	2) 방어특허의 형태로 관련 보호법의 실시 보장

다음은 위에서 설명한 지표를 활용한 페익스에 따른 포트폴리오 매트릭스를 예시적으로 보여주고 있다. 여기서 원의 크기는 특허군에 속하는 특허의 수를 나타낸다.

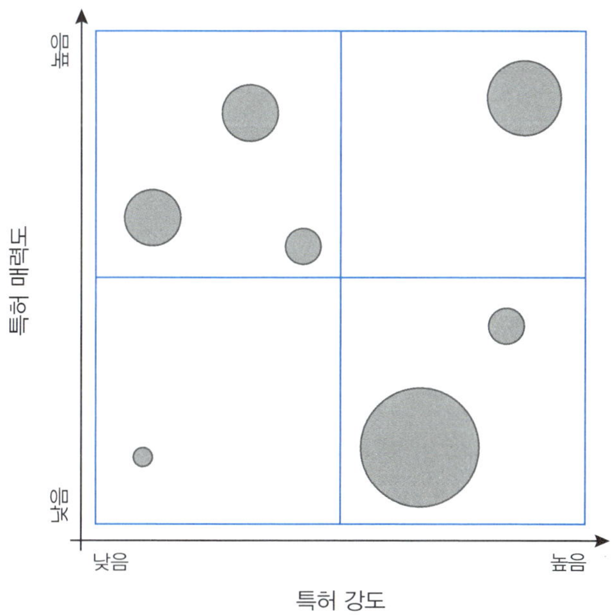

그림 6-22 페익스의 포트폴리오

출처 : Vivian Nitsche, Patentmanagement, 2007

이러한 포트폴리오로부터 도출되는 전략은 R&D프로그램 기획 뿐만 아니라 특허 특허전략을 위한 포트폴리오로 적합하다. 포트폴리오 좌측 상단 부분에는 기업의 향후 성공 가능성이 잠재된 특허를 나타낸다. 여기서 향후 출원 정책은 특허를 방어적으로 축적하는 것이 필요하다. 이때 여전히 기술 개발의 여지가 있다면 타 경쟁사의 개발을 저지하기 위해 발명 혹은 개발에 대해서는 조기 출원을 하는 것이 바람직하다. 특허침해는 결과적으로 발생되는 것이기 때문에 특허 강도가 약해서 발생되는 법적 다툼은 가능한 피하는 것이 올바르다.

이 포트폴리오의 우측 상단 영역은 특허 강도가 매우 높은 것으로 구성되며, 이 영역에 속하는 제3자의 특허를 비교 관찰하는데 매우 중요한 의미가 있다. 방해특허의 경우 특허침해 검색을 통해 무효 처리가 가능한 지를 알아 볼 수 있다.

또한 우측 하단 영역은 여전히 특허 매력도가 떨어지는 것을 나타내 보여 준다. 이 영역에서는 특허활동성을 줄이고 제3자의 방해 특허에 대한 조치를 강구할 필요가 있다. 더욱이 이 영역에 속하는 특허의 유지 관리에 대해 경제성이 있는 지의 여부를 검토해야 할 단계이다.

좌측 하단 영역에 속하는 특허는 특허 매력도가 떨어질 뿐만 아니라 특허 강도도 떨어지는 특허로 특허 양도나 특허라이센스에 적합하다. 어떤 형태로든 활용의 여지가 있다면 유지 관리는 별 의미가 없다. 그렇지 않다면 특허활동성을 강화시켜 특허 매력도가 높게 되도록 전환해야 할 것이다.

4 제품 기반의 특허포트폴리오

기술 포트폴리오 및 이를 기초로 구성된 특허포트폴리오의 경우 시장 요소가 완전히 소멸되었을 때가 문제이다. 예를 들어 에른스트나 졸 또는 브록호프에 의해 통합적으로 시도된 시장 및 기술 포트폴리오가 있다. 호핑거 역시 시장에서의 기술 전환에 대한 의미를 강조하였다. 강력한 시장 지향의 사고방식은 성공적인 특허정책의 기본 전제이다. 특허정책에 있어서 평가 대상의 중심이 곧 제품이라는 말이다. 포트폴리오 구성 시 보통 수직축에 나타내는 외부 요인으로 시장 및 기술이 정의된 특허가치를 나타낸다.

다음은 이를 요약한 표이다.

〈표 6-21〉 시장 및 기술이 정의된 특허가치의 산출

지표	비중	설명	점수
시장구조	0.4	제품 공급자의 수가 적으면 적을수록 특허침해가 적다.	독점일 경우 100점 과점일 경우 70~95점 완전 자유경쟁 시장일 경우 20점
선택적 보호메카니즘	0.2	여기서는 특허에 대해서 또 다른 보호 메카니즘이 있는지의 여부이다. 방법 특허는 대개 비밀로 유지되는 경우가 많은데 제3자에 의한 특허침해 입증이 어렵기 때문이다.	방법 혁신의 경우 10~50점 순수 제품 혁신에 대해서는 50점 이상

지표	비중	설명	점수
경쟁 도구	0.15	경쟁 도구의 순위 : 특허, 가격정책, 광고/마케팅 등 성공을 위한 경쟁도구 선정 순위	특허가 첫 번째일 경우 100점 두 번째일 경우 80점
경쟁적인 특허활동성	0.25	경쟁업체의 높은 활동성은 다른 기업들의 새로운 특허출원을 어렵게 하고 회피 설계도 어렵게 한다.	경쟁업체의 활동성이 높으면 높을수록 점수는 낮아진다.

출처 : Hofinger, 1999

수평축에 나타내는 내부 요인으로는 기업 및 기술혁신이 정의된 특허가치를 나타내고 있다. 이에 대한 판단 기준은 다음과 같이 예시적으로 요약된다.

〈표 6-22〉 기업 및 기술혁신이 정의된 특허가치 판단기준

판단 기준	비중	설명	평점 0~100점
전체 매출액에서 해당 제품이 차지하는 상대적 비율	0.45	전체 매출액에 대해 얼마만큼 기여하는가를 측정	매출액이 매우 클 때(예를 들어 전체 매출액에서 80% 이상) 100점, 그 다음으로 이를 기준으로 비례적으로 점수를 감소시킴
발명의 질 (고객 사용 및 제조업자 사용)	0.4	발명의 질을 고객의 사용에 의해 결정하고 이에 속하는 사용 편의성 및 기능에 있어서 개선정도, 높은 안전성, 선호도, 추가적인 응용가능성, 제조업자의 제조단가 절감 가능성을 따져 봄	발명의 질이 높을 수록 점수는 높음
특허침해가능성	0.15	경쟁사에 대해 회피가 쉬운 특허, 또는 회피 설계를 하여 출원한 특허	종래 기술과 차이가 많으면 많을수록 높은 점수

시장 및 기술이 정의된 특허가치와 기업 및 기술혁신이 정의된 특허가치가 결정되고 난 후 제품이 포트폴리오 매트릭스에 위치하게 되는데, 이때 원의 크기는 제품에 적용된 특허의 수를 반영한다.

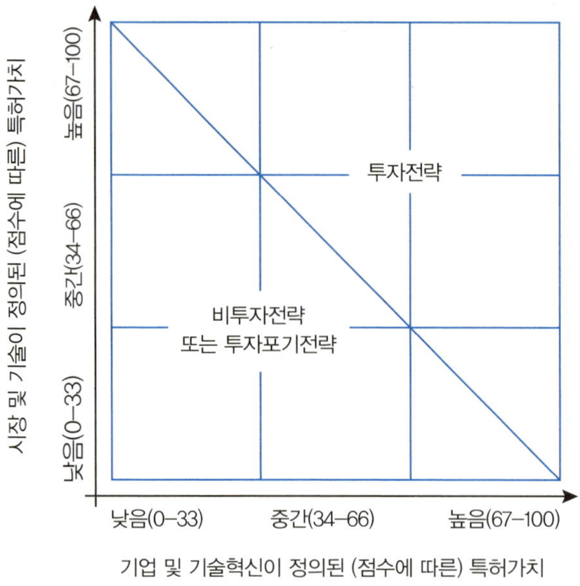

그림 6-23 호핑거의 포트폴리오

출처 : Hofinger, S. 1999

〈그림 6-23〉의 포트폴리오 그림에서 대각선 상위 부분은 투자 전략의 대상으로, 예를 들어 추가 출원이나 추가 외국출원 및 기존 특허의 장기간 유지 관리 전략이 필요하다. 대각선 하위 부분의 제품에 대해서는 특허활동을 강력하게 제한하거나 이러한 제품에 투자된 금융 수단을 제한해야 한다. 마찬가지로 경쟁력 있는 다른 방법을 모색해야 한다. 더욱이 기존 특허의 유지 관리에 대한 경제성을 검토해야 한다.

5 R&D 프로젝트 기획을 위한 특허포트폴리오

기술 포트폴리오와 마찬가지로 R&D 프로젝트 기획을 위한 특허포트폴리오는 기업의 서로 다른 여러 전략적 프로젝트 단위의 강점 및 약점을 나타내는 데 있다. 또한 기존에 보유하고 있는 자원에 대한 할당도 제시할 수 있다. 여기서 일반적인 투자 전략을 살펴보면, 전략적으로 강하거나 기회가 충분한 대상이 해당되고 비투자 전략으로는 전략적으로 약하거나 리스크가 많은 대상이 해당된다. 이런 특허포트폴리오의 사용은 대상을 선택함에 있어서 특허 주의가 필요하거나 실패하기 쉬운 방법을 변경시킬 때 의미가 있다. 자체 포트폴리오를 나타내는 것 이외에 포트폴리오 분석을 통해 주요 경쟁사의 포트폴리오를 모니터링할 수 있다. 또한 경쟁사의

R&D 활동 및 새로운 기술의 경향을 적시에 알아내기 위해 특허통계량 및 특허지표를 정기적으로 계산할 필요가 있다.

브록호프에 따른 특허포트폴리오의 주요 장점은 특허데이터로부터 얻는 지표만을 활용하여 포트폴리오를 구성할 수 있다는 것이다. 또한 순수하게 특허데이터만을 활용하기 때문에 결과에 대해서도 나중에 검토해 볼 수 있는 장점도 있다. 그러나 이러한 정량적 데이터가 과연 현실성을 얼마만큼 완전하게 나타낼 수 있는가 하는 의문은 여전히 있게 마련이다. 이런 문제는 정량적 데이터의 활용에 있어서 동일하다. 따라서 전문가의 추가적인 의견도 매우 필요하다.

기술 분야 측면의 특허포트폴리오는 시장을 고려하지 않았다. 다시 말해 시장과 관련되는 어떠한 정보도 제공하지 않는다.

6 경쟁사 분석을 위한 특허포트폴리오

이에 해당하는 특허포트폴리오는 수평축에 특허출원에 의한 특허활동량을 나타낸다. 이는 R&D 활동과 비례하기도 한다. 이때 R&D 활동에 대해서 연구원의 수는 별로 의미가 없다.

특허의 질은 이미 설명한 특허질에 대한 지표인 특허등록율, 유효특허율, 인용비율 및 미국출원비율 등과 복합적으로 구성한다.

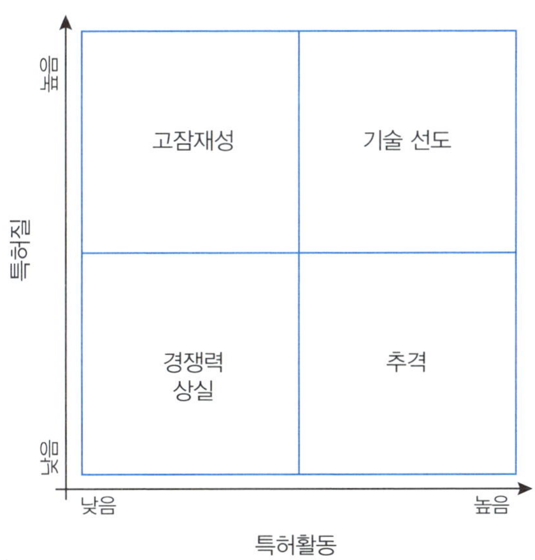

그림 6-24 에른스트의 포트폴리오

출처 : Vivian, Patentmanagement, 2007

우측 상단 부분에 속하는 기업은 기술선도기업으로 특허 출원의 수가 많고, 질적으로도 양호한 특허를 보유하고 있다. 분야마다 기술 발전을 결정하고 대부분 가장 성공적인 경우이다.

좌측 상단 부분은 일반적으로 잠재성이 높은 발명특허를 보유한 기업의 경우로 특허를 위한 관련 출원이 상대적으로 적은 경우가 있지만 반대로 특허의 질은 높은 편이다. 여기서는 기업의 선택적인 출원전략이 중요하고 필요시 관련 사업의 규모를 줄여야 한다.

우측 하단 부분에 속하는 기업은 기존 보유 기술에 대한 지속적인 개선 및 개량을 통해 선도기업을 추격해야 하는 기업으로, 추가 개발에 집중해야 한다. 대부분 특허의 질은 다소 떨어지지만 특허 출원은 많은 편이다. 이들 특허는 새로운 기술은 아니지만 작은 이익이라도 가져다 주는 개선된 내용을 갖고 있다. 좌측 하단 부분은 기업이 보유하고 있는 자원의 할당을 재검토해야 하는 기업으로 기술 경쟁력이 떨어지는 특허를 보유한 기업이다.

7 발명자기반의 특허 포트폴리오

여러 연구를 통해 나타난 바로는 발명자의 능력은 대체로 균등하게 나타나지 않으며, 이런 현상은 기업에게는 매우 큰 의미가 있다. 발명가는 특허 성과 능력, 다시 말해 질이 좋은 특허를 많이 만들어내야 하는 책임이 있다.

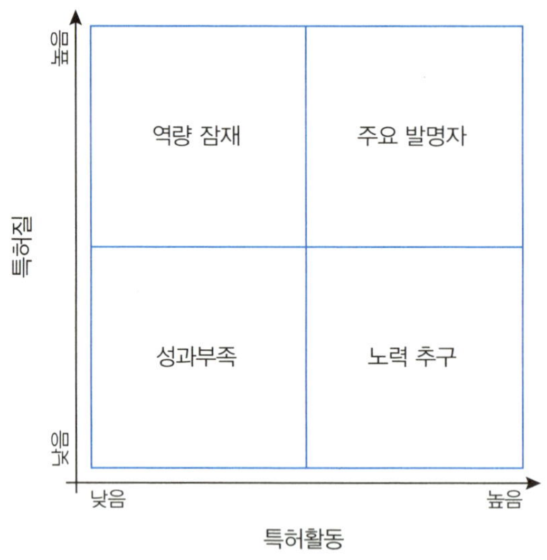

그림 6-25 발명자 포트폴리오

출처 : Graham, D. 2003

발명자의 이름은 대부분 특허문헌에 기재되어 있으며, 예를 들어 특허정보시스템에서 주요 발명자를 찾아낼 수 있다. 발명활동성은 발명자의 특허출원으로부터 결정된다. 또한 발명특허의 질은 위에서 설명한 것과 같이 특허등록율, 유효특허율, 인용비율 및 미국출원비율 등과 복합적으로 구성한다.

〈그림 6-25〉 포트폴리오를 설명하면, 우측 상단 부분은 주요 발명자에 대한 영역으로 수준 높은 발명자라 할 수 있다. 독일의 에른스트 교수에 의하면 보통 2,000명의 발명자 중 7% 정도가 주요 발명자라 하였다. 이 중 35%는 특허활동성과 특허의 질 모두 책임이 있는 발명자이다. 이들은 마치 골키퍼와 같이 매우 중요한 기술적 역할을 한다. 또한 이들은 기업 내 기술의 흐름에 대해 결정적인 역할을 하며, 동료에게는 기술적 문제에 대한 자문 파트너의 역할을 한다.

좌측 상단 부분은 특허질이 높은 특허출원에 해당하는 발명자의 경우이나 상대적으로 낮은 특허질이면서 특허활동성이 높은 발명자와는 대응되는 영역이다. 기업의 입장에서는 우측 하단 부분에 속하는 발명자보다 좌측 상단 부분에 속하는 발명자가 더 의미가 있다. 좌측 상단 부분의 발명자는 특허활동성의 강화를 통해 우측 상단 부분의 주요 발명자로 전환될 가능성이 많다.

주요 발명자를 찾아내는 일은 기업이 가장 큰 관심을 갖고 바라보아야 할 사항으로 R&D 인사관리의 대상이며 기업 목표 지향의 주요 발명자를 보유하는 길이다. 기업은 이들에게 사내 연구원에게 기술이전을 시키도록 해야 한다.

이러한 포트폴리오를 통해 기업은 자사의 경영목표에 부합한 발명자를 영입할 필요가 있다. 그러나 기술적 동기에 의해서 영입한 이들 주요 발명자가 사내에서의 기술 전수 이후 버려지는 일은 경계되어야 한다.

6.5.5 경쟁사 특허포트폴리오

1 특허 지표 산출

다음의 예시에서 보는 바와 같이 다양한 특허 지표를 통해서 여러 목적의 특허포트폴리오를 작성할 수 있다.

특허포트폴리오를 상세히 설명하면, 앞서 기술한 특허지표 산출 방식에 따라 목적에 맞는 여러 형태의 특허포트폴리오를 구상할 수 있다.

〈표 6-23〉 경쟁사 특허의 지표 산출값(예)

	업체명	특허 출원수	등록 특허수	평균 특허질	특허 강도	특허강도에 따른 기술 점유율	타사 협력 정도	상대적 특허위치 (상대적기술 점유율)	R&D 집중도
1	A 사	16	9	0.31	4.92	0.131	0	0.0058	0.563
2	B 사	7	7	0.50	49.00	1.309	0	0.0576	1.000
3	C 사	9	0	0.08	0.75	0.020	0	0.0009	1.000
4	D 사	25	21	0.36	525.00	14.023	0	0.6169	0.560
5	E 사	37	23	0.39	851.00	22.730	0.33	1.0000	0.405
6	F 사	11	7	0.31	3.43	0.092	0	0.0040	0.364
7	G 사	10	3	0.33	3.25	0.087	0.14	0.0038	0.700

여기서는 특허성장율과 기술점유율(기술의 수준)간의 포트폴리오를 예시적으로 작성해 보자.

〈표 6-24〉 특허포트폴리오 예시

	특허성장율 (R&D 집중도)	특허기술 위치(기술점유율)
A사	0.56	0.13
B사	1	1.31
C사	1	0.02
D사	0.56	14.02
E사	0.41	22.73
F사	0.36	0.09
G사	0.7	0.09

이를 도표로 나타내면 다음과 같다.

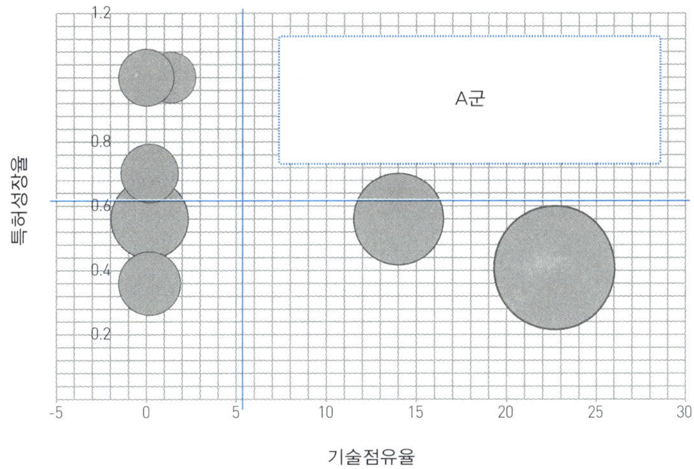

그림 6-26 기술사업화 성공 가능성(예시)

우측 상단 'A' 군의 경우 특허성장율이 높고 기술점유율(특허수준)이 상대적으로 높은 것으로 보이나 위 그림에서는 해당되는 기업이 없다. 따라서 기술사업화의 성공 가능성을 높이려면 'A'에 속하도록 노력해야 할 것이다.

2 경쟁사 모니터링 기법

〈그림 6-27〉에서 보는 것과 같이 각각의 업체에 대한 비교 항목들은 위의 경쟁사의 특허 지표 산출값으로부터 도표를 통해 쉽게 비교하고 이해할 수 있도록 하고 있다.

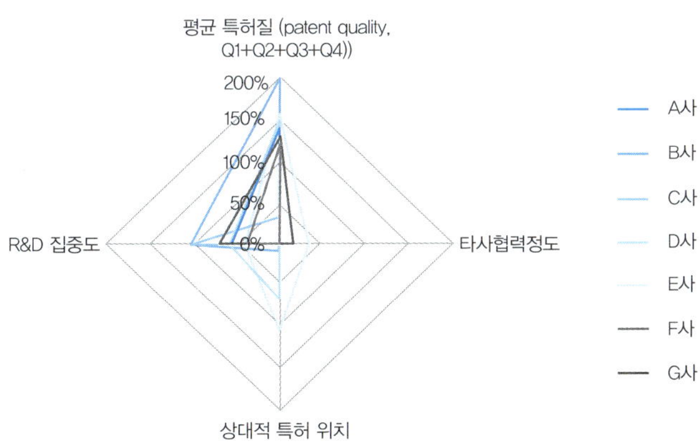

그림 6-27 경쟁사 별 특허의 가치 구성요소의 크기

6.5.6 특허가치 포트폴리오

특히 위 〈그림 6-27〉에서와 같이 특허의 가치를 구성하는 요소를 보면 평균특허질, R&D 집중도, 상대적 특허위치, 타사협력도를 예로 들 수 있다. E사를 기준으로 볼 때 B사는 평균특허질과 R&D 집중도에 있어서 E사보다 양호하다. 특히 평균특허질은 다른 어느 업체보다도 양호한 것으로 추정되나 이는 측정의 기준이 정량적인 상대적 특허활동량 등을 고려하여 산출된 것이므로 정성적인 평가로 전체 평가측정이 보완되어야 할 것이다.

- 반면에 B사는 상대적 특허위치나 타사협력도 면에서는 매우 낮아 취약한 편이다. 특허위치란 기술점유 정도를 나타내는 것으로 상대적 특허위치가 낮다는 말은 상대적인 기술점유율이 낮다는 것을 말한다. 이러한 지표는 벤치마킹을 할 때 참고로 할 수 있는 지표로 특허위치가 낮을 경우 벤치마킹 대상에서 제외된다. 이를 고려할 때 예를 들어 다른 특허로부터 벤치마킹될 기회가 적음을 이유로 다른 특허로부터 인용될 경우가 상대적으로 낮은 것으로 예상된다.

1 특허 강도

아래 〈그림 6-28〉과 같이 E사가 타 경쟁업체에 비해 특허강도가 높으며, 다음으로 D사로 나타난다. 반면에 G사, A사, F사, B사 등은 산출값이 매우 작게 나타나고 있다. 특허 강도 역시 벤치마킹 대상 여부를 결정할 때 사용할 수 있는 지표이다. 다시 말해 특허강도가 높으면 벤치마킹 대상이며 타 특허로부터 인용참조의 가능성이 높다.

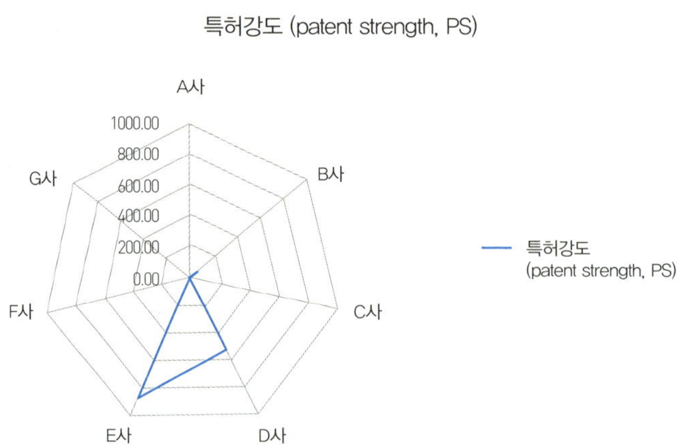

그림 6-28 경쟁사의 특허강도

이는 해당 기술 분야의 특허출원에서 기술의 밀집도를 나타낸다. 다시 말해 기술의 집중도를 의미하는 것으로 특허 강도가 높다는 것은 해당 기술 분야에서 기술개발에 대한 집중도에 따른 연구 개발력이 높다고 추정할 수 있다. 이에 따라 E사는 타 경쟁업체에 비해 상대적으로 기술개발 능력이 있다고 추정된다.

2 기술점유율(특허위치/수준)

해당 기술 분야에서 특허강도를 최대 특허강도로 나눈 값을 말한다. 전체적으로 기술에 대한 점유율은 〈그림 6-29〉와 같이 E사가 매우 높은 편으로 해당 기술이 차지하는 비율이 높음을 의미한다. 다시 말해 특허레벨이 높을 수 있음을 예상할 수 있다. B사, A사, G사 등은 이에 대한 지표값이 작은 것으로 나타났다.

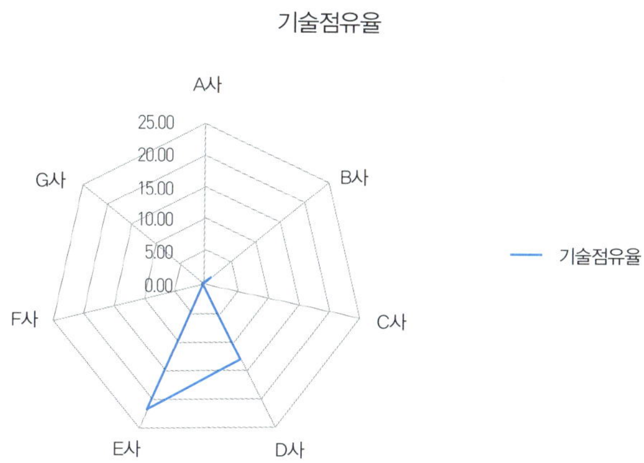

그림 6-29 경쟁사의 기술점유율

연구문제

1. '트리즈'에서 3가지 전제는 무엇인가?

2. 트리즈를 통해 문제를 어떻게 해결할 수 있는지 예를 들어 설명하시오.

3. 품질기능전개(QFD)에서 기획품질을 도출하는 과정을 기술하시오.

4. 품질기능전개(QFD)의 선행조건과 효용성에 대해 설명하시오.

5. 계측분석과정(analytical hierarchy process: AHP)에서 분석순서를 예를 들어 기술하시오.

6. AHP(계측분석과정)는 어느 때 필요한가?

7. 기술가치와 특허가치의 차이점을 설명하시오.

8. 기술가치평가의 종류를 아는대로 열거하고 장단점을 설명하시오.

9. 실물옵션이 기술가치평가에 어떻게 활용될 수 있는지 논의하시오.

10. 수익접근법에 따른 기술가치평가 절차를 기술하시오.

11. 포트폴리오의 장점을 설명하시오

12. 특정제품의 특허출원인을 검색하여 3개 기업을 선정하고 이들 기업의 제품 기반의 특허 포트폴리오를 작성하시오.

CHAPTER 7

특허창출과 특허경영

학습목표

이 장에서는 기본적인 발명의 이해와 더불어 특허창출을 위한 기술로드맵의 고찰, 공백기술의 활용을 통한 특허창출 등을 살펴보고 특허출원전략을 학습하기로 한다.

7.1 발명의 이해

7.1.1 발명과 발견

1 발명의 정의

어원을 살펴보면 라틴어 'inventio(생각이 떠오르다)'라는 말에서 유래되었으며 의미적으로는 이전에 없었던 새로운 물건, 기술, 기구, 방법 등을 만들어내거나 생각해내어 삶을 풍요롭게 하는 창조적 활동을 뜻한다. 발명의 과정을 보면 문제의 이해-아이디어 탐색 및 개발-실현-평가의 순서로 이루어진다. 우리 특허법에서는 '자연 법칙을 이용한 기술적 사상의 창작으로 고도의 것'이라 정의하고 있다. 또한 세계지식재산권기구의 정의에 따르면, 발명이란 새로운 물건을 만들거나 그 과정에서 특정 분야의 기술적 문제를 해결하는 일이라 하였다.

2 발명과 발견의 차이점

'발명'은 아이디어 상태에서 조금 더 발전한 상태로 마음속에 머물러 있던 추상적인 생각들을 밖으로 끄집어내어 구체화시킨 상태를 의미하며, 일반적으로 이는 새로운 물건이나 방법을 만들어내는 것을 말한다. 이러한 것들은 기술적 활동에 해당된다고 볼 수 있다.

이에 반해 '발견'이란 아직 알려지지 않은 대상이나 물질을 찾아내는 일을 말하며, 새로운 사실이나 현상을 탐구를 통해 알게 되는 것을 말한다. 따라서 과학적 활동에 해당된다고 볼 수 있다.

3 발명의 가치

발명은 한마디로 창의적이고, 실용적이며, 경제성을 갖추었을 때 비로소 그 가치가 있다할 것이다. 창의적이라 함은 기존에 없었던 것을 만들어내거나 또는 훨씬 개선시킨 것을 의미하며, 사람들에게 필요한 물건이라야 한다. 또한 사람들에게 필요한 것이라 하더라도 경제성을 갖추지 못하고 비용이 많이 들어가 물건의 가치가 상대적으로 떨어진다면 진정한 의미의 발명이 아니라 불필요한 발명이 될 것이다.

7.1.2 발명과 특허

1 발명의 종류

발명을 대상에 따라 분류하면 각각 〈표 7-1〉와 같다.

〈표 7-1〉 발명 대상에 따른 분류

	분야	예시
물건의 발명	기계, 기구, 장치, 시설과 같은 제품, 의약품, 농약, 음식물, 기호품 등	가방, 연필, 자전거 등
방법의 발명	물건의 생산 방법에 기술적 특징이 있는 발명, 기존의 발명을 다른 것에 이용하는 발명	저온 살균법, 교통 제어 시스템
식물의 발명	유전자 조작, 접합 등에 의한 변종 식물 발명	씨없는 수박, 가자, 무추
동물의 발명	무성 번식, 유성 번식 등	복제양 돌리

2 지식재산으로서의 특허

'특허'란 발명자가 정해진 기간 동안 다른 사람의 침해를 받지 않도록 발명을 인정해 주는 제도로 발명가를 보호하기 위한 목적이다. '특허권'은 이러한 발명을 이용할 수 있도록 보장하는 권리를 말하며, '특허제도'는 특허권을 주는 제도이다. 특허제도는 발명을 적극적으로 장려하고 기술과 산업 발전에 이바지하며 국가 경쟁력을 키울 수 있다는 측면에서 매우 중요하다.

3 지식재산권

특허법으로 규정하고 있는 발명과 관련된 권리를 말한다. 여기에는 크게 산업재산권, 저작권, 신지식재산권이 있다.

(1) 산업재산권

① 특허권

이전에 없었던 물건 또는 방법을 최초로 발명한 원천기술로 자연법칙을 이용한 기술적인 창작에 대한 권리이며 20년간 유지된다. 특허의 요건은 다음과 같은 체크리스트를 통해 파악해 볼 수 있다.

- 자연 법칙을 이용한 기술적 사항인가?
- 산업상 이용할 수 있는 것인가?
- 새로운 발명인가?
- 종전에 있던 발명보다 진보된 발명인가?
- 발명이 구체적으로 기재되고 청구 범위는 명확한가?
- 다른 사람보다 먼저 출원하였는가?

② 실용신안권

이미 발명된 것을 보다 편리하고 유용하게 쓸 수 있도록 물품을 창안한 개량 기술에 대한 권리이며 10년간 유지된다.

예 하이패스제도, 펀드 상품

③ 디자인권

물건의 형상, 모양, 색채 등 아름다움을 느낄 수 있게 하는 것에 대한 권리이며 15년간 유지된다.

예 슬라이드형 휴대 전화, 폴더형 휴대 전화

④ 상표권

다른 사람의 상품과 식별하기 위해 사용하는 기호, 문자, 도형, 입체적인 모양 또는 이들을 결합한 것에 대한 권리이며 10년간 유지된다.

예 회사 로고, 브랜드 로고

〈표 7-2〉는 산업재산권을 정리한 것이다.

〈표 7-2〉 산업재산권의 종류

구분	특허	실용신안	디자인권	상표권
정의	자연법칙을 이용한 기술적 사상의 창작, 고도의 것(아직까지 없었던 물건 또는 방법으로 최초로 발명한 것)	자연법칙을 이용한 기술적 사상의 창작(이미 발명된 것을 개량해서 보다 편리하고 유용하게 쓸 수 있도록 한 물품)	물품의 형상, 모양 색채 또는 이들의 결합으로 미감을 갖는 것	타인의 상품과 식별되도록 사용하는 기호, 문자, 색채, 또는 이들의 결합
보기	벨의 전화기	분리된 송수화기를 하나로 한 것	탁상전화기를 반영구형이나 네모꼴로 한 것	전화기 제조회사 로고
보호대상	물건, 방법	물품의 형상, 구조	물품의 형상, 모양, 색채	상표사용자의 업무상의 신용, 수요자의 이익
등록요건	산업상 이용가능성 신규성 진보성	산업상 이용가능성 신규성 진보성	공업성 신규성 창작성	상품의 식별 여부
존속기간	출원일로부터 20년	출원일로부터 10년	등록일로부터 15년	등록일로부터 10년(10년마다 갱신가능, 반영구적 권리)

(2) 저작권

각종 문화, 예술 분야 창작물(소설, 음악, 그림, 시, 영화, 연극, 사진 등)에 관한 권리

① 협의의 저작권 : 문학, 예술적 창작물

② 광의의 저작권 : 실연가, 음반제작가, 방송, 사업자의 권리

(3) 신지식재산권

과학기술의 급속한 발전과 사회여건의 변화에 따라 종래의 지식재산법규의 보호범주에 포함되지 않지만 경제적 가치를 지닌 지적 창작물을 보호하는 제도이다. 컴퓨터 프로그램, 반도체 칩 배치 설계도, 동식물 신품종, 유전자조작 기술 등이 포함된다. 하지만 이들은 전통적인 지식재산권 분류기준인 산업재산권과 저작권 중 어느 하나로 쉽게 판별하기 어렵다는 특징이 있다. 한편 WTO는 신지식재산권의 범위를 다음과 같이 정의했다. 문학·예술적 및 과학적 작품, 연출·예술가의 음반 및 방송, 인간 노력의 모든 분야에서의 발명, 과학적 발명, 산업디자인, 등록

상표·서비스마크·상호 및 기타 명칭, 부정 경쟁방지에 대한 보호 등에 관한 권리와 공업, 과학, 문학 또는 예술분야의 지적 활동에서 발생하는 기타 모든 권리 등이다.

신지식재산권은 대체로 다음과 같이 나눈다.

① 첨단산업재산권 : 반도체 집적 회로 배치 설계, 생명공학
② 산업저작권 : 컴퓨터 프로그램 및 소프트웨어
③ 정보재산권 : 기업 영업 비밀, 데이터 베이스, 뉴미디어
④ 기타 : 신품종, 캐릭터, 인터넷 도메인 네임, 지리적 표시, 색채 상표, 입체 상표

7.2 발명을 위한 로드맵 연구

7.2.1 기술로드맵

1 기술로드맵의 중요성

'기술로드맵'이란 특정 제품개발에 필요한 핵심기술과 지원기술을 순차적으로 서술하는 기술기획 방법의 하나이다. 기술로드맵은 대상 제품의 기능과 성능의 발전에 따라 필요한 기술을 시간의 순서에 따라 기록하는 것이 특징이다.

기술로드맵은 제품의 설계와 공정에 필요한 주요 기술적 요소를 산출하고 기술 전략수립 시에 일반적으로 사용한다. 기술로드맵은 2~10년을 전망하여 여러 기술 또는 제품의 세대를 추적한다. 그리고 의사결정자들에게 유용한 미래기술의 전망에 대한 합의된 견해 또는 비전을 제시할 수 있게 한다. 따라서 기술로드맵은 특정 제품의 개발을 목표로 한 미래지향이라고 할 수 있다.

기술로드맵을 작성하는 주요 목적은 다음과 같다.

① 다양한 제품군들의 기술적 원천과의 상관관계를 제시함으로써 기업이 기술개발에 필요한 자원배분의 방향과 우선 순위를 결정하기 위함이다.
② 현재와 미래의 기술적 위치와 방향을 파악하여 경쟁자와 객관적으로 비교함으로써 기업의 전략적 대안을 마련하기 위함이다.

③ 기업 외부의 핵심적인 기술 변화과정을 잘 추적하고 기업의 미래지향적 기술경쟁력을 확보하기 위함이다.

2 기술로드맵의 작성방법

기술로드맵은 시간의 흐름에 대하여 제품과 기술의 두 축으로 작성된다. 이를 통하여 미래의 핵심기술들과 이를 바탕으로 하는 미래의 핵심제품들의 발전과정을 지도로 나타낼 수 있다. 기술로드맵의 구성단계를 살펴보면, 첫 번째 단계는 신기술들에 대한 로드맵을 작성하고, 두 번째 단계는 이들 기술들을 활용할 수 있는 예상 제품군들에 대한 로드맵을 작성한다. 이로써 기술 및 제품개발의 과거, 현재, 미래 측면의 기술로드맵을 통해 기업의 기술전략을 수립할 수 있다.

〈표 7-3〉 기술로드맵 작성표

시간		T_{-2}	T_{-1}	T_0	T_{+1}	T_{+2}	T_{+3}	…	T_{+x}
신흥 기술	기술$_1$								
	기술$_2$						기술$_{2+3}$		
	기술$_3$								
	기술$_4$								
	기술$_5$						기술$_{5+3}$		
	⋮								
	기술$_x$								
신흥 제품	제품$_1$	제품$_{1-2}$	제품$_{1-1}$	제품$_{1-0}$	제품$_{1+1}$	제품$_{1+2}$	제품$_{1+3}$	…	제품$_{1+m}$
	제품$_2$								
	제품$_3$								
	⋮	⋮	⋮	⋮	⋮	⋮	⋮	⋮	⋮
	제품$_m$								

출처 : 정선양, 전략적 기술경영

〈표 7-3〉은 기술로드맵의 작성방법을 나타내 준다. 이 기술로드맵은 주력제품에 대한 로드맵을 나타내 준다. 우선 시간의 흐름은 과거로부터 현재를 거쳐 미래로 진행되는 것으로 파악한다. 이와 같은 시간의 흐름에 따라 주력제품은 제품에서 제품으로 발전에 나가는 것으로 파악할 수 있다. 한편 기업이 필요로 하는 기술은 기술에서 기술에 이르기까지 매우 다양한데 이들도 각각 시간에 따라 발전해 나가는 것으로 파악할 수 있다. 이와 같은 제품의 발전과 신흥기술의 발전 추이를 결합하면 어느 시점의 주력제품이 필요로 하는 신흥기술들을 파악할 수 있다. 〈표 7-3〉에서 음영이 처진 셀은 어느 시점에 있어서 주력 제품의 개념들이 필요로 하는 기술들을 나타내 준다.

예를 들어 T+3의 시점에서의 주력제품의 개념은 제품1+3 이고 이 제품이 필요로 하는 기술들은 기술2+3과 기술5+3이 된다.

이와 같은 기술로드맵은 기업의 주력기술별로 작성을 하여야 할 것이다. 즉, 〈표 7-4〉는 기업의 주력제품1에 대한 기술로드맵을 나타내며, 기업은 주력제품2, 주력제품3 …… 등등에 대하여 이와 유사한 기술로드맵을 만들 수 있다. 이와 같은 기술로드맵은 기존의 주력제품 뿐만 아니라 향후 주력제품이 될 수 있는 신흥제품에 대해서도 기술로드맵을 작성할 수 있다. 이와 같은 신흥제품은 현재시점(T0) 이후부터 로드맵이 형성되게 될 것이다.

이와 같은 각각의 주력제품과 신흥제품에 대하여 기업은 목표로 하는 미래의 어느 시점에 있어서 제품의 개념을 파악하고 이 제품의 개념이 필요로 하는 미래 기술들을 도출하여 이에 대한 연구 개발 프로젝트를 추진하여야 할 것이다. 이를 바탕으로 기업은 기술을 바탕으로 새로운 제품을 개발하여 미래의 성장동력으로 삼을 수 있을 것이다.

3 기술로드맵의 효과

기술로드맵은 어떠한 기준으로 어떠한 시간대에 어떠한 기술을 개발할 것인지를 선택할 수 있는 기술기획의 효과적인 도구이다. 또한 기술로드맵은 다수의 연구과제 형태를 통해 여러 가지의 기술들을 개발할 이들 간의 조정과 관리를 위해 유용하게 활용될 수 있다. 그리고 특정 분야의 연구에 지나치게 과도한 투자나 다른 중요한 기술에 대한 경시의 가능성을 피할 수 있으며, 핵심기술들을 공동으로 개발할 수 있는 기초자료를 제공한다. 더불어 조직 구성원 혹은 관련 집단 전문가들이 기술혁신의 목표, 전략, 수요, 기술발전 방향 등에 대한 자료를 공유함으로써 관련 업무의 효율성 제고에 기여할 수 있다.

좀 더 세부적으로 기술로드맵은 다음의 세 가지 용도로 활용될 수 있다. 첫째, 미래의 특정 기술영역에 대한 수요의 합리적인 파악과 이를 충족시킬 기술들에 관한 기업 내 합의를 이끌어내는 수단으로 활용할 수 있다. 둘째, 기업 내 전문가들이 특정분야의 기술 발전을 예측하고 이에 대한 효과적인 대응을 하기 위해 사용할 수 있다. 셋째, 기술혁신 활동을 기획·조정하기 위해 기업이나 산업에서 사용하는 작업의 틀로서 이용할 수 있다.

7.2.2 기술발전도

다음은 한국특허정보연구원에서 간행된 '기술로드맵 작성을 위한 특허분석방법론'에 게재된 기술발전도를 소개한다. 이와 같은 기술발전도를 통해서도 기술로드맵에서와 같이 향후 발전 가능한 기술을 예상해 볼 수 있다.

1 개요

기술 발전도는 연도 별로 핵심기술의 특허를 선정한 후 출원번호나 등록번호, 우선권번호, 출원인 등을 이용하여 서지사항의 일부와 기술적인 내용 요약을 기재함으로써 대상 핵심기술의 분류와 변화의 흐름을 단편적으로 알려주는 것이다.

2 분석방법의 활용방안

본 분석방법은 기술의 발전현황을 시계열적으로 한눈에 파악할 수 있도록 기술적 내용의 서술이나 도면을 이용하여 나타낸 것으로 사용자가 알아보기 쉽게 특허의 권리를 분석할 수 있으므로 핵심기술의 흐름을 분석하는 데 유용하게 사용될 수 있다.

3 적용방법 및 사례

본 사례는 기술발전도를 표현하는 방식을 나타낸 것으로, 일반적으로 가장 많이 사용하는 서술형식과 대표도면을 이용하여 구성의 변화를 시계열적인 기준 하에서 도식적으로 표현한다. 또한 핵심 특허들을 중심으로 기술 분류상에 어떠한 변화가 있는지를 표현하는 형식도 사용하고 있으며, 기술 분류를 시계열적인 기준 하에 기본특허 리스트를 표시하여 어떠한 특허군이 구성되었는지도 표현이 가능하다.

표면코팅의 기술흐름도

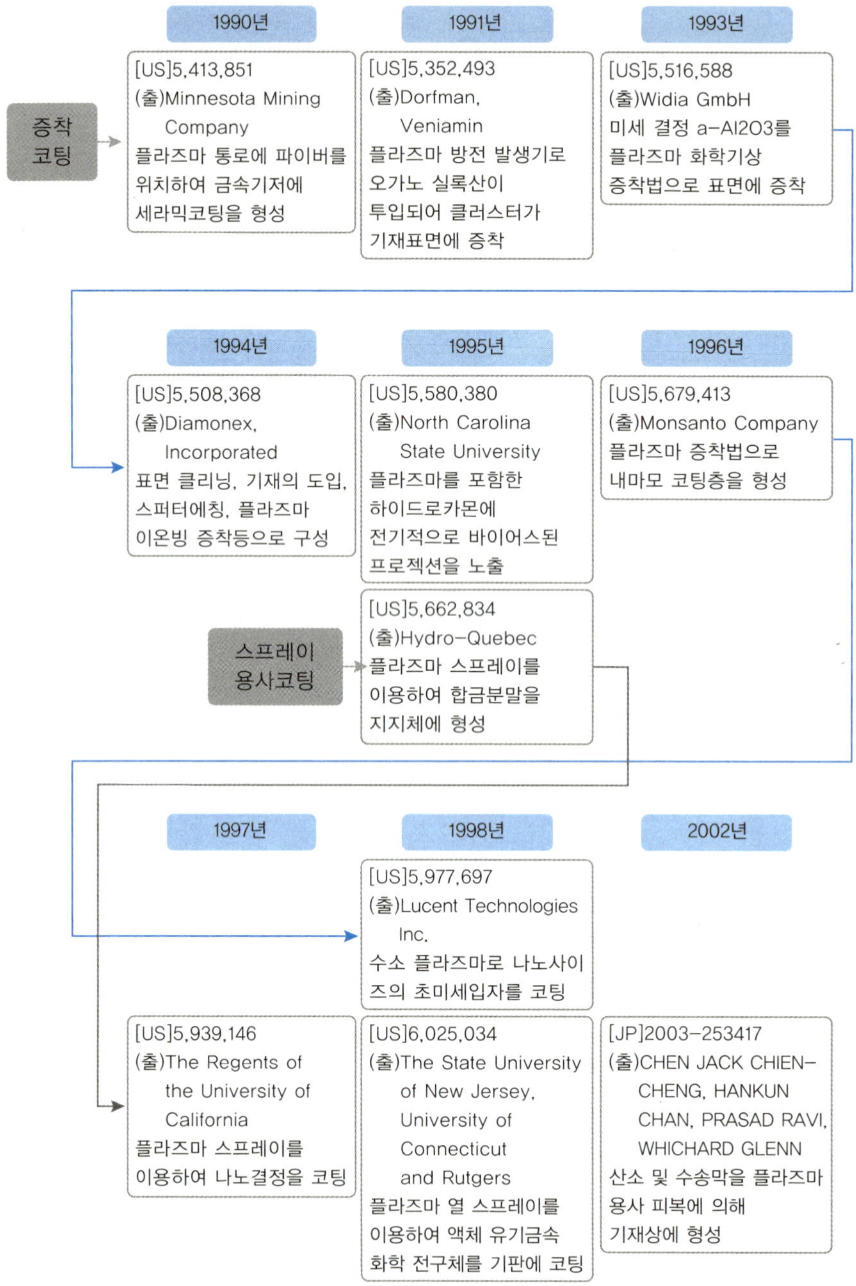

그림 7-1 표면코팅의 기술발전

출처 : 한국특허정보연구원

7.3 공백 기술의 활용

신규 사업을 위한 유망 아이템 발굴에 있어서 다양한 방법을 활용하고 있으나 공백 기술의 활용도 충분히 고려해 볼 만한 일이다. 아직 아무도 시작하지 않는 분야를 발견하고 사업의 타당성을 따져 보는 것은 매우 의미있는 일이다. 그러나 현실적으로 어떻게 이런 것을 발견할 수 있을까 하는 실질적인 문제에 봉착하게 된다. 이때 특허맵을 활용하여 이러한 공백 기술을 예상할 수 있다. 특허맵에서는 다양한 매트릭스 도표를 이용하여 추정한다. 예를 들면 기술과 기술의 매트릭스, 기술과 효과의 매트릭스, 기능과 구조의 매트릭스, 기술과 출원인 매트릭스 등과 같은 매트릭스 맵을 작성함으로써 기술의 공백 부분을 발견할 수 있다.

다음의 예시를 통해 공백 기술의 활용에 대해 살펴 본다. 아래 매트릭스 맵은 미국 출원 특허를 기준으로 작성된 매트릭스이다.

여기 미국특허에서는 IDEMITSU KOSAN사가 OLED 조명구조 기술에 대한 등록이 10건으로 가장 높은 등록 비중을 보였으며, 고효율 OLED 면광원 분야에도 비중이 높은 것으로 나타났다. CANON사는 고효율 OLED 면광원에 대한 등록이 6건으로 이 분야에 있어서 가장 높은 등록건을 보유한 출원인으로 파악되었으며 OLED 조명구조 및 대면적 방열봉지에 대해서도 일부 등록건수를 보유하고 있음을 알 수 있다. SEIKO EPSON사의 경우, 주로 고효율 OLED 면광원과 조명용 OLED 소자구조에 대한 등록건수를 보유하고 있는 것으로 나타났으며, 전체적으로 보면 미국특허에서는 대면적 방열봉지와 플렉시블 OLED 면광원 기술에 대한 등록건수가 가장 저조하여 이 기술 분야가 미국에서의 공백 기술 분야인 것으로 나타난다.

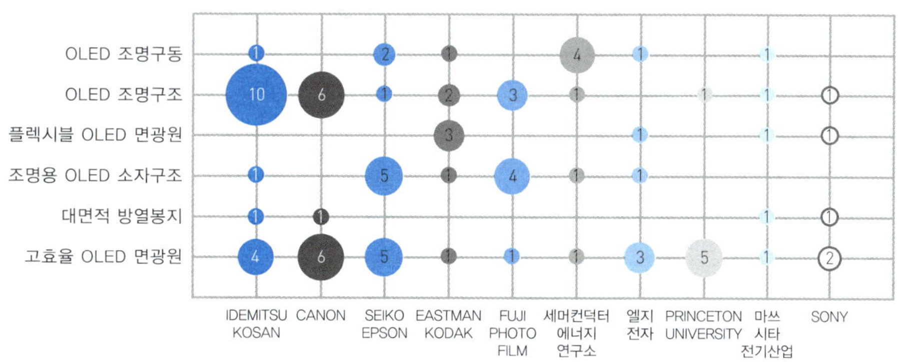

그림 7-2 공백기술 발굴(I)

마찬가지로 일본특허에서는 FUJI PHOTO FILM사가 고효율 OLED 면광원에 대한 출원이 53건으로 가장 높은 출원비중을 보였으며, 조명용 OLED 소자구조, OLED 조명구조, 플렉시블 OLEd 면광원 등 전체적인 기술 분야에 대한 특허활동을 활발히 수행하고 있음을 알 수 있다. SEIKO EPSON 및 CANON사의 경우 FUJI PHOTO FILM사와 같이 전체적인 기술 분야에 대한 특허활동을 수행하고 있으나 주로 조명용 OLED 소자구조, OLED 조명구조 및 고효율 OLED 면광원 기술 분야에 출원이 집중되어 있다. 주요 기업들 또한 모두 조명용 OLED 소자구조, OLED 조명구조 및 고효율 OLED 면광원 기술 분야에 출원이 집중되어 있어 상대적으로 플렉시블 OLED 면광원과 OLED 조명구동 기술이 공백기술 분야인 것으로 나타나고 있다.

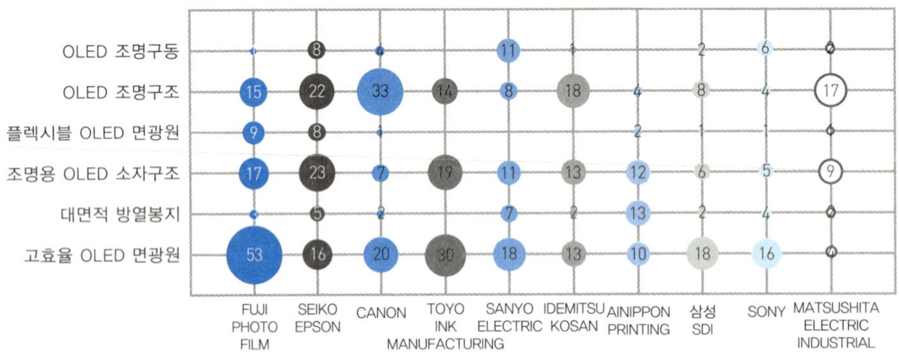

그림 7-3 공백기술 발굴(II)

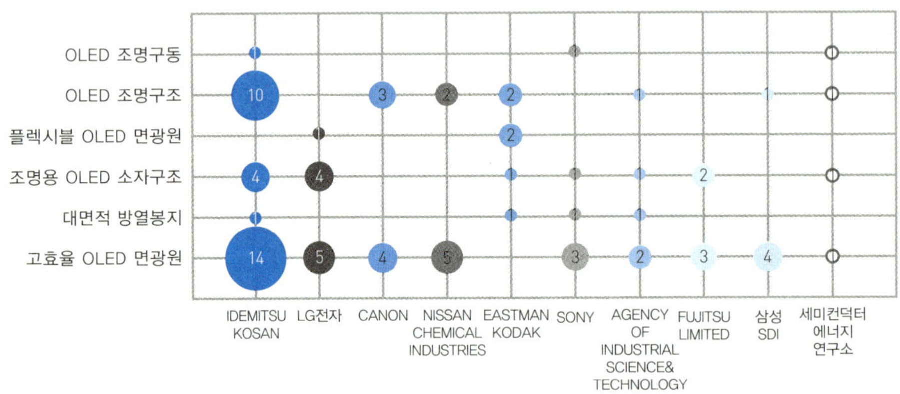

그림 7-4 공백기술 발굴(III)

유럽 특허에서는 IDEMITSU KOSAN사가 고효율 OLED 면광원에 대한 출원이 14건으로 가장 높은 출원 비중을 보였으며, OLED 조명구조 분야에서도 높은 비중을 차지하고 있는 것으로 나타났다. 유럽에서도 미국, 일본과 같이 고효율 OLED 면광원과 OLED 조명구조 기술분야에서 출원활동이 가장 활발히 일어나고 있음을 알 수 있다.

이때 〈그림 7-2〉, 〈그림 7-3〉, 〈그림 7-4〉 세 가지 예시에서 만약 공통으로 출원 활동이 저조한 분야가 있다면 그것은 더 유력한 공백 기술에 해당한다고 볼 수 있다. 그러나 주의할 것은 이러한 공백 기술이 개발의 가치가 떨어져 출원 활동이 저조할 수도 있다는 점을 간과해서는 안 된다. 따라서 최종적으로는 공백 기술로 파악되는 분야에 대해서 좀 더 광범위하게 주변 상황을 파악해야 한다.

7.4 연구 개발과 비용

특허경영은 연구 개발 투자비용에 관한 내용에 있어서도 제한적 범위 내로 다루어져야 한다. 왜냐하면 연구 개발에 따른 특허 비용이 꾸준히 상승하고 있기 때문이다. 이미 앞에서 언급한 것과 같이 우리나라의 R&D 투자비용은 OECD 국가와 비교해 볼 때에도 적지 않은 수준으로 지속적으로 늘어나고 있는 추세이다. 그러나 그에 비례하는 성과는 일부에 그치고 있는 실정이다.

다음은 「2011년도 R&D 1000대 기업의 연구 개발 투자 동향」(한국산업기술진흥원, 2011년)에 발표된 내용을 요약 정리한 것이다. 이를 통하여 우리나라의 연구 개발 동향과 이에 따른 특허경영의 필요성에 대해서 살펴보기로 한다.

아래 〈그림 7-5〉 및 〈표 7-5〉에서 보는 것과 같이 2010년도 R&D투자 상위 1,000대 기업의 연구 개발 투자액은 전년대비 17.6% 증가한 29조 5,781억 원을 기록하였다. R&D 집중도는 2010년에 2.79%로 최근 3년 가운데 가장 높은 수준을 보이고 있다. 여기서 R&D 집중도는 매출액 대비 R&D 투자를 의미한다. 따라서 R&D 집중도가 증가한다는 것은 매출에서 연구 개발비가 차지하는 비율이 상승하는 것을 말한다.

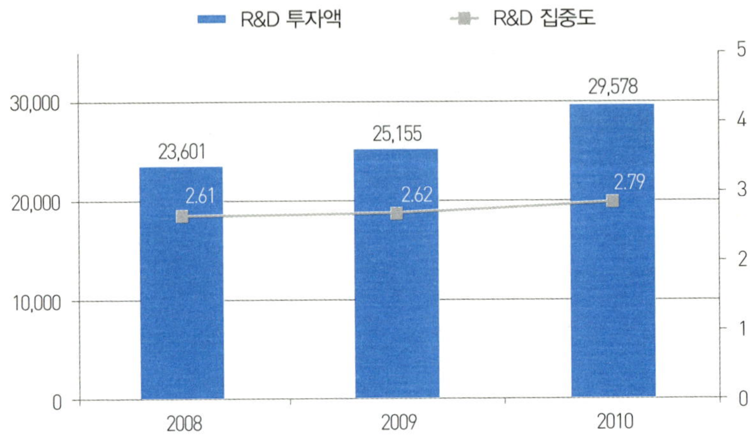

그림 7-5 연도별 연구 개발 투자 금액

다음에서 R&D 집중도의 경우 중소기업이 4.06%로 가장 높게 나타났으며, 대기업은 3년 연속으로 증가, 중견기업은 지속적으로 감소 추세에 있다. 향후 중견기업의 R&D 집중도 강화는 매우 필요하다.

<표 7-4> 기업 규모별 연구 개발 투자액 및 R&D 집중도

구분	'08			'09			'10		
	R&D 투자액	비중	R&D 집중도	R&D 투자액	비중	R&D 집중도	R&D 투자액	비중	R&D 집중도
대기업	19,411	82.2	(2.50)	20,828	82.8	(2.51)	24,788	83.8	(2.77)
중견기업	1,934	8.2	(2.47)	2,020	8.0	(2.41)	2,359	8.0	(2.24)
중소기업	2,255	9.6	(4.62)	2,307	9.2	(4.84)	2,431	8.2	(4.06)
전체	23,601	100	(2.61)	25,155	100	(2.62)	29,578	100	(2.79)

또한 아래 표에서 R&D 상위 기업과 매출 상위 기업과의 비교를 살펴 보면, 매출 규모면에서 매출 상위 1,000대 기업이 총액으로는 훨씬 많으나 매출성장에서는 R&D 상위 1,000대 기업이 안정적인 성장 추세를 보이고 있다. 2010년 매출 1,000대 기업의 매출총액은 1,597조 원으로 R&D 1,000대 기업의 1,060조 원보다 1.5배 정도가 많다. 반면 전년대비 매출 증가율은 R&D

1,000대 기업이 09년 6.27%, 10년 10.35%로 안정적인데 비해 매출 1,000대 기업은 09년 0.25%, 10년 16.64%로 등락이 크다.

〈표 7-5〉 기업 규모별 연구 개발비

구분		R&D투자 상위 1,000대 기업			매출액 상위 1,000대 기업		
		2008	2009	2010	2008	2009	2010
R&D투자액		23,601	25,155	29,578	20,918	22,310	26,494
	전년대비 증가율	–	6.58	17.59	–	6.65	18.75
	R&D 집중도	2.61	2.62	2.79	1.53	1.63	1.66
종업원 1인당 R&D 투자액		22.76	23.97	28.07	15.02	16.02	18.32
	전년대비 증가율	–	5.31	17.10	–	6.65	14.35

〈표 7-6〉의 수익성 측면에서 비교해 보면, 매출 상위 기업들이 영업이익과 당기순이익 등의 총액은 더 크지만 영업이익률과 당기순이익률 등과 같은 효율성 지표는 연구 개발 투자 상위기업들이 더 높게 나타난다. 영업이익의 경우, 매출 1,000대 기업들이 연구 개발 투자 1,000대 기업보다 1.4배 가량 많으나 영업이익률을 보면 연구 개발 투자 상위기업이 매출 상위기업보다 0.69%가 높다(2010년 기준). 또한 전년 대비 영업이익과 당기순이익의 증가율 역시 매출액 상위 기업보다 R&D 투자액 상위 기업들이 더 높은 것으로 나타났다.

〈표 7-6〉 3년간 R&D 투자액(단위 : 십억 원, %)

구분		R&D투자 상위 1,000대 기업			매출액 상위 1,000대 기업		
		2008	2009	2010	2008	2009	2010
영업이익	금액	53,919	60,944	80,934	78,999	81,999	110,782
	매출대비	5.96	6.34	7.63	5.78	5.99	6.94
당기 순매익	금액	23,447	49,189	74,543	33,616	61,568	95,366
	매출대비	2.59	5.12	7.03	2.46	4.50	5.97
매출액	금액	904,402	961,147	1,060,618	1,366,110	1,369,533	1,597,430

〈표 7-7〉을 통해 살펴 보면 대체로 기업들은 매출증가에 따라 R&D투자를 확대하는 경향을 보이나 연구 개발 투자 상위 기업들이 매출 상위 기업들보다 R&D 투자확대 성향이 더 크다. 매출이 증가한 연구 개발 투자 상위 기업의 약 80% 정도가 전년보다 R&D 투자를 늘렸으나 매출 상위 기업은 60% 정도만이 확대하였다. 또한 전년보다 매출이 감소한 경우도 연구 개발 상위 기업의 60% 정도는 R&D 투자가 증가하였으나 매출 상위 기업은 45% 정도만 확대하였다.

〈표 7-7〉 3년간 R&D 투자액 증감변화(기업수, %)

구분		R&D투자 상위 1,000대 기업			매출액 상위 1,000대 기업		
		2008	2009	2010	2008	2009	2010
전년대비 매출감소	전년대비 R&D 감소	96 (35.0)	149 (42.5)	80 (35.7)	46 (45.1)	120 (54.3)	51 (55.4)
	전년대비 R&D 증가	178 (65.0)	202 (57.5)	144 (64.3)	56 (54.9)	101 (45.7)	41 (44.6)
	소계	274 (100)	351 (100)	224 (100)	102 (100)	221 (100)	92 (100)
전년대비 매출증가	전년대비 R&D 감소	552 (77.0)	487 (77.1)	628 (81.5)	317 (58.3)	257 (60.0)	357 (64.7)
	전년대비 R&D 증가	165 (23.0)	145 (22.9)	143 (18.5)	227 (41.7)	171 (40.0)	195 (35.3)
	소계	717 (100)	632 (100)	771 (100)	544 (100)	428 (100)	552 (100)
합계*		991	983	995	646	649	644

* 합계가 1000이 아닌 이유는 매출액 또는 R&D투자액 등 누락 또는 미발생에 기인

〈표 7-8〉에서와 같이 연구 개발에 따른 특허 동향을 보면 국내 특허등록 건수는 감소하였으나 국제 특허 등록 건수는 오히려 증가하였다. 국내 출원 및 등록, 국제 출원 건수는 08년 대비 09년의 경우 감소하였으나 국제 등록 건수는 반대로 증가하는 것으로 나타났다. 이는 최근 기업들이 전략적으로 양적인 확대보다 보유특허 수가 줄더라도 양질의 특허를 확보하는 방향으로 변화됨에 따라 등록특허 수가 줄어든 것으로 보인다.

〈표 7-8〉 특허 현황 (단위 : 건수)

구분		2008	2009
국내	출원	58,893	43,429
	등록	26,202	15,586
국제	출원	16,957	10,241
	등록	9,240	9,867

위의 특허 현황과 비교하여 국내 출원 및 등록 건수와 국제 출원 건수가 감소하는데 반해 연구 개발 투자액은 증가하여 특허 1건당 연구 개발 투자액이 증가한 것으로 나타났다. 반면 국제 특허 등록 건수는 증가한데 반해 국제 특허 등록 1건당 연구 개발 투자액은 약간 감소하였다. 산업별로는 대부분의 특허가 제조업에 집중되어 있으며 이는 연도별로 동일한 양상을 보이고 있다.

〈표 7-9〉 특허 1건당 연구 개발 투자액 (단위 : 억원)

구분		2008	2009
국내	출원	4.01	5.79
	등록	9.01	16.14
국제	출원	13.92	24.56
	등록	25.54	25.49

지금까지 살펴 본 바와 같이 중견기업과 같이 어느 정도의 규모가 있는 기업이 R&D 투자에 있어서 중소기업이나 대기업에 비해 상대적으로 소극적이며 전반적으로 R&D 투자가 지속적으로 증가하고 있는 경향이다. 더욱이 특허 1건당 연구 개발 투자액이 대체로 늘어나는 상황인데, 이는 한편으로는 특허 수가 줄어들고 있는 것을 의미하기도 한다. 물론 이러한 현상에는 여러 복합 요소가 내재되어 있고, 또한 과거의 양적인 출원에서 질적인 출원으로 바뀌어 가고 있는 것으로 추정되지만 양과 질 모두가 중요하다. 기업의 특허 건에 관한한 양과 질적인 면 모두 전략적 차원 하에 특허경영에서 다루어져야 할 필요가 있다.

7.5 특허출원전략

7.5.1 선택적 특허 보호

새로운 발명에 대해서는 당연히 특허에 의해 보호되어야 한다. 그러나 때로는 발명을 공개하지 않거나 노하우로 보유하는 것이 유리할 수 있다. 〈그림 7-6〉은 이에 대한 것을 요약한 것이다.

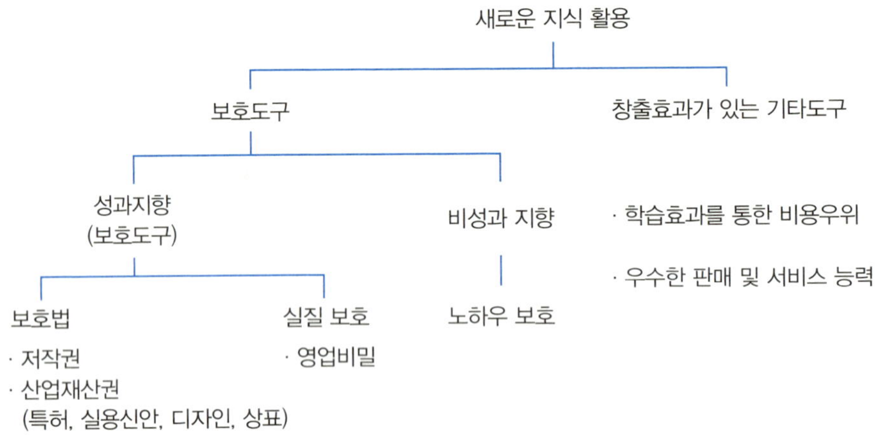

그림 7-6 체계적인 보호 및 창출 도구

출처 : Ernst, It (2002b)

발명을 보호할 수 있는 방법으로는 앞서 기술한 것과 같이 여러 형태의 보호법이 있다. 기술에 대한 발명은 보통 특허법에 의해 보호되지만 실용신안법에 의해서도 가능하다. 실용신안은 일반적으로 특허에 비해 발명의 정도가 약한 경우에 해당하지만 빠른 시장 진입을 위해서는 실용신안을 고려해 볼 수 있다. 물론 실용신안과 함께 특허를 병행하는 것도 유리할 수 있다. 이러한 보호법에 의한 보호와는 달리 기술을 공개하지 않고 비밀유지하는 것이 오히려 보호에 유리할 수도 있다.

비슷한 방법으로 특허출원을 하지 않고 노하우 보유로써 보호할 수도 있다. 상대적으로 기술의 가치를 고려하여 이 방법을 택할 수 있지만 그럼에도 불구하고 상대 경쟁자로부터 복제당할 경우 발명 기술을 보호하기가 매우 어렵다. 이러한 모방을 억제하고 발명을 보호하기 위한 방법으로는 공개 또는 비공개 출원중 하나를 선택할 수밖에 없는 경우가 현실적이다. 기업이 특허전략을 수립하기 위해서는 위와 같은 보호 메카니즘을 잘 따져 우선 어느 방법을 선택하는 것이 유리한지를 고민해야 한다.

특허출원은 기본적으로는 강력한 보호를 제공해 줄 수 있는 도구이기도 하다. 실제로 기술에 대한 비밀을 유지하는 것은 쉽지 않으며, 비교적 짧은 시간 안에 기술에 대한 정보가 경쟁자에게 흘러 들어가기가 쉽다. 이런 경우 경쟁자의 모방을 피할 길이 없으며, 경쟁자로부터 특허출원의 위험성이 있게 된다.

비밀 유지 전략의 경우도 경쟁자로부터 기술 노출을 완전히 차단할 수 있는 가능성은 적다. 이때 특허화되어 있을 경우 특허침해를 제소할 수 있다. 특히 방법 특허의 경우 비밀 유지 전략이 일반적으로 유리하다. 특허법 등 관련 보호법으로 보호되고 있는 것중 90% 정도는 제품에 관한 것이고 10% 정도는 공정에 관한 것이다.

이에 반해 특허출원은 특허분쟁을 야기할 수 있는 단점이 있다. 또 다른 측면에서 특허출원은 특허 등록을 통해 특허의 활용 기회 가능성을 제공해 주고 기술에 대한 분쟁시 해결점을 줄 수 있는 장점이 있다. 또한 발명의 사용 기간을 고려할 수 있다. 특정 분야에서 매우 짧은 수명주기로 인해 또 다른 기술혁신이 도래하기 전에 적시에 특허 등록을 할 수 있는지에 대한 여부를 생각해 볼 수 있는 장점이 있다. 적정한 시장 진입에 대한 준비 시간과 특허 출원을 통한 시장 진입에 대해 부작용을 미리 예측해 볼 수도 있다.

기업은 특허화 전략을 수립할 때 제품혁신과 공정혁신에 따라 어떤 보호 방법을 택할 것인지 결정해야 한다. 대부분의 기업은 제품혁신의 경우 특허출원을 하고 공정혁신의 경우 비밀유지를 하는 경우가 많다.

기업은 비밀 유지 전략을 구사할 경우 예기치 않은 기술 유출을 방지하는 규정을 갖고 있어야 한다. 이러한 규정은 예를 들어 종업원을 통한 유출에 대한 조사, 종업원 보상 제도 확립, 주요 연구 개발자의 이직, 경영 정탐 금지, 개발 구역의 출입 통제, 기업의 비밀 유지 정책의 이행 등을 고려해야 한다.

7.5.2 특허권리화

특허권리화는 특허화가 가능한 발명들을 실제로 얼마만큼 특허권리화할 수 있는지가 문제이다. 선택적인 출원인은 가능한 적게 출원하는 경향이 있고 주요 출원인의 경우는 가능한 많이 출원하고자 하는 경향이 있다.

특허화에 관하여 살펴보면 분야 및 국가 간에 차이가 존재한다. 레빈(Levin)의 연구에 따르면 일본 기업들의 74%가 특허화 가능성이 있는 발명 중 50% 이상을 특허권리화하는 반면에 유럽의 경우 기업의 50%가 특허화 가능성이 있는 발명 중 50% 이상을 특허권리화하는 것으로 조사되었다. 또한 에른스트 홀거(Ernst Holger)의 연구에 따르면 화학 및 제약 산업에서의 특허 보호가 자동차 산업 및 섬유 산업에서의 그것보다 훨씬 큰 의미를 갖고 중요하다고 하였다.

특허화는 특허전략에 달려 있다. 예를 들어 어떤 기업은 비용을 고려하여 선택적인 출원 전략을 선택할 수 있으며, 또 다른 경우는 강한 특허로 만들기 위해 가능한 많은 특허 출원을 시도할 수도 있다. 일부 기업은 특허 보호로부터 이익을 고려할 수도 있다. 보통은 기술 포트폴리오 분석을 통해 잠재된 기술 중에서 얼마만큼을 특허화할 수 있는지를 알아 낼 수 있다.

7.5.3 출원국가의 선택

해외출원의 경우는 국내 출원과는 달리 출원에 따르는 비용이 매우 높기 때문에 시장 진입에 따르는 국가의 선택과 진입 시기를 고려하여 결정해야 한다. 그렇지 않으면 많은 비용을 상대적으로 값 없이 소모시킬 우려가 있다. 기업은 특허의 활용 가능성이 높다고 생각하는 국가에 특허 출원을 할 것이다. 예로서 생산 시설을 보유하고 보호된 생산물을 생산하거나 보호된 공정을 적용할 수 있는 국가가 해당될 것이며, 그 외 관련 경쟁자 및 잠재 라이센스 사용자가 있는 주요 시장을 갖고 있는 국가를 출원 대상으로 하여야 할 것이다. 공동 특허 출원의 경우는 비용 절감이 가능하고 관련 해당 시장 진입이 용이하다.

해외출원의 경우는 미리 진행해야 할 사항에 대해 검토 및 확인을 해야 한다. 기본적으로는 국내 출원을 한 후 미국 혹은 유럽 출원 또는 PCT 출원을 하는 경우가 많다. 먼저 국내 특허 출원 이후 우선권 기간 중 해외출원으로 이어지게 하거나 바로 미국 또는 유럽으로 출원을 해야 할 지를 분명히 해야 한다. 이에 대해 첫 번째로 해야 할 일로 우선권 기간 중 발명의 사용에 대한 추가적인 정보를 얻을 경우, 이를 통한 경제적인 의미를 제대로 평가하고 해외출원의 범위를 정해야 한다.

7.5.4 출원 시기의 선택

출원국 선택 이외에 출원 시기도 잘 결정해야 할 중요한 사항이다. 경쟁업체와의 관계에서 조기 출원은 경쟁사의 출원을 미리 저지할 수 있는 장점이 있다. 발명을 언제했든 먼저 출원한 출원인에게 우선한다는 소위 '선출원주의'를 통해 주도권을 잡을 수 있을 것이다. 이렇게 함으로써 후발 경쟁사의 발명을 무력화시킬 수 있다. 따라서 타 경쟁사들의 유사한 발명을 시도하고 있거나 발명의 내용이 노출되었을 때 조기 출원은 의미가 있다. 조기 출원후에도 우선권 제도와 보정기간을 활용하여 조기 출원에 따른 미흡한 부분을 수정 보완할 수 있다.

한편, 이런 조기 출원에 따른 단점도 있다. 통상 출원 후 18개월 뒤에 출원 특허의 내용이 공개됨으로써 경쟁사에게 발명에 관한 내용이 자연스럽게 노출되고 경쟁사의 회피특허나 경쟁 개발을 유발할 수 있다. 경쟁사는 공개된 정보를 바탕으로 추가개발을 하여 원천특허를 보유한 기업이 추가 개발을 하거나 추가 출원을 하기 전에 출원을 할 수 있다. 이럴 경우에는 어떠한 경우에도 특허 분쟁에 휘말리기 쉽기 때문에 경쟁사로부터 추격을 피하려면 원천 특허를 보유한 기업이 추가적인 개발을 게을리해서는 안된다.

반면에 상대적인 문제이긴 하지만 발명 이후 늦게 출원하는 경우도 장점이 있는데 이는 상술한 경쟁기업 관계에서 조기 출원의 단점을 활용하는 경우이다. 다시 말해 출원을 먼저 실시한 상대 경쟁기업이 추가적인 개발을 미루는 동안 특허분쟁을 피할할 수 있는 회피 특허를 만들어 출원하는 경우이다. 따라서 경쟁 기업에 대한 모니터링은 자사 특허의 보호를 위해서 필수적인 일이며 이를 전략적으로 활용해야 한다.

7.5.5 청구 범위의 설계

특허보호를 위한 특허청구범위는 공개되는 청구항에 달려 있다. 청구항이 일반화되면 될수록 보호 범위는 넓어진다. 청구항을 설계하는 것은 출원 시점과도 관계한다. 위에서 설명한 것과 같이 타 경쟁기업이 추가적인 발명 출원을 할 경우 당연히 특허침해를 회피하기 위해서 특허청구범위를 어떻게 잡을 것인지 고민해야 한다. 출원을 서둘러 하면 어떤 경우든 보호 범위는 상대적으로 좁아진다. 나중에 여러 형태의 많은 선택 사항과 변수를 고려하면 실제로 약간 넓게 설정하는 것이 나을 수 있지만 정확한 임계점을 구별하기란 쉽지 않다. 따라서 특허전략을 수립할 때 경쟁기업과의 관계에 따라 경쟁 환경을 충분히 고려하고 관련 전문가의 자문을 받아야 한다.

특정 기술 분야에서 넓게 해석된 특허 출원은 대부분의 기술 분야를 침해할 수 있으며, 좁게 해석된 특허 출원은 해당 기술 분야에서 특정지어질 수 있다. 기본적으로 타 경쟁 기업이 회피 특허를 만드는 것을 어렵게 하여 특허 보호 강도를 높일 때 특허의 가치는 올라간다. 물론, 보호 범위가 너무 넓으면 특허를 보호할 가능성은 줄어들고 특허의 가치도 상대적으로 떨어진다. 따라서 특허 출원 시 청구 범위를 넓게 잡으면 잡을수록 특허심사에서 신규성을 해치는 경우가 발생하며 경쟁업체는 이러한 특허에 대해 무효처리를 요구할 수 있다. 이럴 경우에는 청구 범위를 비교적 좁게 하여 여러 건의 특허로 보유하는 것이 낫다.

요약하면, 청구 범위에 대한 전략적 선택이나 설계는 출원 시점과도 매우 밀접한 관계가 있다. 또한 일반적으로 청구 범위를 다소 넓게 잡는 경향이 있다. 그러나 이러한 전략은 경쟁업체가 비슷한 시기에 비슷한 발명을 할 위험 가능성이 비교적 적은 화학분야에 적합하다.

전략적 선택의 다른 경우를 보면 조기 출원 시 청구 범위가 좁게 잡혀 있을 경우 추가 연구 개발을 통해 특허를 보완하여 다시 출원할 수 있다. 이러한 전략은 기술수명이 짧은 분야에 적합한데, 예를 들어 컴퓨터 하드웨어나 첨단 기술 분야가 해당된다.

7.5.6 심사청구

심사청구는 보통 출원일로부터 5년 이내에 하게 되어 있다. 만약 이 기간 내에 심사청구를 하지 않으면 출원한 특허는 자동 소멸된다. 기업은 어느 시점에 심사청구를 해야할 지 결정해야 한다. 예를 들어 출원 공개와 특허 등록 사이의 기간 동안 출원 특허의 보호가 약화될 수 있는 경우가 있다면 당연히 심사청구를 조기에 해야 할 것이다. 만약 더 빠른 특허 보호를 원한다면 출원과 동시에 할 수도 있다.

반면에 늦게 심사 청구를 하는 것도 전략적으로 고려해 볼 수 있는데, 특허 출원이 빈번한 경우 심사청구 비용 및 연차료 등의 비용 지급을 늦추고 더 개선된 혁신적인 개발 결과물로 심사 청구할 수 있는 이점이 있다.

연구문제

1. 산업재산권과 신지식재산권의 차이점을 설명하시오.

2. 특허창출과 특허경영과의 관계를 연구하고 이를 논의하시오.

3. '기술로드맵'이 왜 중요한가?

4. 특정제품을 선택하여 '기술로드맵'을 작성하고 이를 설명하시오.

5. '공백기술'의 도출 방법을 예를 들어 설명하고 이에 대한 유효성을 논의하시오.

6. 특허경영에서 특허출원전략은 왜 중요한지 논의하시오.

7. 해외출원의 경우 출원국가 선택시 고려해야 할 사항은 무엇인가?

8. 해외출원의 경우 출원시기 결정시 고려해야 할 사항은 무엇인가?

9. 청구범위의 설계시 고려해야 할 사항은 무엇인가?

10. 특허 창출의 경우 다출원과 양질의 특허출원간의 상대적 장단점을 논의하시오.

CHAPTER 8

특허보호와 기술축적

학습목표

이 장에서는 특허보호와 기술축적에 대해 살펴 보기로 한다. 앞서 언급한 바와 같이 최근 들어 특허 분쟁이 많이 발생되고 있는 시점에서 지식재산권에 대한 보호는 말할 것도 없이 매우 중요하다. 그리고 이렇게 보호된 기술을 축적해야만 방어특허로서 역할을 제대로 해낼 수 있으며, 특허활용 측면에서도 그 가치를 인정받을 수 있다.

8.1 특허권의 보호

8.1.1 방어특허 구축의 필요성

특허소송의 대표적인 사례가 되어버린 코닥사는 그 당시에 폴라로이드사와의 크로스 라이센싱을 맺는 대신 폴라로이드사가 제소하는 경우 해당 특허를 무효화시킨다는 전략을 가지고 즉석사진 사업에 뛰어들었다. 그러나 1976년도에 양사가 소송에 휩싸이고 이 소송은 14년간 지속되어 1990년이 돼서야 종결된 미국 역사상 가장 장기간의 거액 소송이 되어 버렸다. 여기서 패소한 코닥은 10억 달러의 손해배상과 더불어 6억 달러의 변호사 비용을 지불하였고 15억 달러에 달하는 공장을 철수하면서 700여 명에 이르는 임직원을 해고시켰다. 물론 즉석사진 사업 또한 접어야했다. 침해 소송으로 인하여 세계적인 기업이 쓰러진 대표적인 사례이다. 이를 통해 기업들은 방어특허 구축의 필요성을 절실히 깨닫는 계기가 되었다.

8.1.2 포트폴리오에 의한 방어특허 구축

특허침해 소송의 위력을 지켜봤던 제조 기업들은 자신들의 특허권을 지키기 위한 침해 금지의 제소도 중요하지만 피소되는 것을 미리 막을 필요성을 인식하기 시작했다. 특히 방어특허로 제조 기업이 피소 당하는 위험을 분산시킬 수 있다고 판단하였고, 기업들은 방어특허를 사용하여 유리한 위치에서 포트폴리오 라이센싱 계약을 맺을 수 있다고 보았다. 특허포트폴리오 구축시 크로스 라이센싱에서 당사자들은 특허의 질적인 측면 못지않게 양적인 측면을 고려하게 되었다.

왜냐하면 포트폴리오가 방대한 경우, 각 특허에 대한 가치 평가를 하는데에 막대한 비용과 시간이 소요되므로 주로 그 포트폴리오에 있는 특허의 양으로 비용을 측정하게 되는 경우가 많기 때문이다. 상대방이 보유한 다수의 특허에 대해서는 각각 정확하게 평가하지 못하면서 상대적으로 보유특허 수가 적은 자신의 특허에 대해서는 면밀히 평가를 당할 수 있으므로 방대한 특허포트폴리오를 갖는 것이 라이센싱 계약에서 유리한 위치를 선점할 수 있게 되는 것이다. 이러한 포트폴리오의 확장을 통해 방어 특허를 구축할 수 있다.

8.1.3 포트폴리오 극대화(portfolio maximization)의 과제

특허포트폴리오의 양적 극대화가 과연 유리할 것인지에 대해서는 한번 심각하게 고려해봐야 할 사항이다. 왜냐하면 최근 들어 소위 특허괴물(patent troll)들은 보유특허의 수에 상관없이 소송을 제기할 것이다. 또 산업계의 블랙리스트에 이름을 올린 기업들은 결코 판결을 두려워하지 않을 것이 분명하다. 특허포트폴리오 소송 건수를 줄일 수 있을지는 모르지만 소송이 사라지지는 않을 것이다. 소송을 두려워하지 않는 특허괴물과 같은 기업들로 인해 방어 특허는 그 본연의 목적을 제대로 달성하지 못할 경우도 있다.

그러나 중요한 것은 이러한 문제에 대한 두려움 때문에 양적으로 지향할 것인지에 대해 고민할 것이 아니라 시장지향적인 활발한 연구 개발과 그로 인한 질적인 면과 양적인 면 모두를 고려해야지 단순히 전략적인 면만 고려하기에는 변수가 너무 많다.

소위 말하는 특허괴물(patent troll)에 대해서도 강대국의 무역장벽과 같이 암묵적 개입이 배후에 깔려있는 한 근원적으로 차단하기는 어렵지만 부정적인 측면에서의 폐해가 지속적으로 가긴 어려울 것으로 보인다. 왜냐하면 결국 크게 보면 시장에서의 싸움이고, 현재의 상황은 이러한 특허괴물이 자국의 기업 등 국내외를 막론하고 소송을 야기시키고 있으므로 무분별한 시장 혼란을 초래하는 것에 대해 국제적으로 제어할 수단을 강구할 여지는 많다. 더 중요한 것은 이런 특허괴물이 타켓으로 삼을 목표지점이 특허경영과 같이 지식재산을 제대로 다루고 있지 않는 기업으로 파고들 가능성이 너무도 크다는 사실이다.

8.1.4 특허괴물(patent troll)

1 특허분쟁 현황

2009년 전국 경제인연합회에서 조사한 바에 따르면 아래의 〈표 8-1〉에서 보는 바와 같이 특허 보유의 목적은 사업화에 있으나, 방어적 목적으로 보유하는 경우도 상당수에 이르고 있다.

〈표 8-1〉 특허보유 목적 현황

구분	특허 보유 목적	응답률
1	사업화	53.3%
2	공격적 보유	6.7%
3	방어적 보유	36.7%
4	단지 보유만 하고 있는 휴먼권리	3.3%

출처 : 기업의 전략적 기술관리, 기업 R&D 전략리포트 ③, 전경련연합회, 2009

이와 관련된 내용으로 최근 글로벌 경제위기 속에서 각국이 지식재산권을 강화하는 등 새로운 패러다임으로 부상하면서 각종 특허 분쟁이 끊이지 않고 있다. 아래 표에서 보는 바와 같이 2005년 이후 국내기업의 국제 특허 분쟁 건수는 증가 추세를 보이고 있으며, 기업이 대부분 핵심기술과 관련된 사항을 대외비로 취급하는 관계로 실제로는 더 많을 것으로 추정하고 있다.

〈표 8-2〉 외국기업의 국내기업에 대한 특허분쟁 제기 현황(단위 : 건)

연도	'05	'06	'07	'08	계
분쟁건수	11 (2)	16 (4)	38 (11)	19 (9)	84 (26)

출처 : 특허청(괄호는 국내기업이 외국기업을 상대로 소송을 제기한 건수)

2 특허괴물 현황

다음은 미국 소재의 대표적인 특허괴물 업체에 대한 현황이다.

명칭	현황
인터디지털 (InterDigiral)	• 1972년 설립, 펜실베니아에 위치 • 이동통신 분야에서 4,200여 건의 특허를 보유하고 있으며, Nokia, 인피니언, NEC, Sharp, 삼성, LG 등과 이동통신 기술 라이센스를 체결, 로열티를 받음 • Nokia를 상대로 승소하여 2억 5300만 달러, 삼성을 상대로도 승소하여 670만 달러 로열티('07년) 받음 • LG전자와 '09년까지 총 2억 8,500만 달러 로열티 합의('60년)
인텔렉추얼 벤처스 (Intellectual Ventures)	• Microsoft CTO 출신인 네이선 마이어볼트(Nathan Mythvold)와 Microsoft 소프트웨어 개발자였던 에드워드 정(Edward Jung)이 2000년 설립하여 현재 직원 수 600명(변호사, 변리사, 과학자, 마케팅 및 라이센스 전문가 등) • 자본규모 50억 달러(약 6조 원)이고, 주요 투자자는 MS, Intel, Nokia, AT&T, GE, HP, Sony, Apple, Bill Gates 등이며, 최근 2년간 수익은 10억 달러(약 1조 2,500억 원) • IT 분야 폐업한 기업 및 개인 발명가로부터 특허를 매입하여 현재 보유특허 수는 27,000건 • (사업모델) 대학 및 연구기관의 기술매입 펀드(IDF), 전략적 라이센싱을 위해 특허를 매집하는 펀드(IIF), 특정 분야의 아이디어를 발굴하는 펀드(ISF)로 구성 • Invention Development Fund, Invention Investment Fund, Invention Science Fund 등 세 개의 펀드는 50여 개의 자펀드로 구성되고, 자펀드들은 다시 1000여 개의 shell company로 구성 • (국내 활동현황) IV Korea 는 '08.10월 공식 출범했으며 8개 대학에서 총 268건의 특허 및 아이디어를 매입(교과부 '09.3월 자료) – 아이디어를 매입시 약 8,000달러를 선지급하고, 라이센싱 수익 발생시 20%를 지급하는 조건 – '09.7월 삼성전자, LG전자에 각각 11조 원, 5.5조 원의 특허 로열티 요구

그림 8-1 주요 지식재산관리회사(NPEs) 현황

출처 : 기업의 전략적 기술관리, 기업 R&D 전략리포트 ③, 전경련연합회, 2009

〈그림 8-1〉에서 보는 것처럼 인텔렉추얼 벤처스는 변호사, 변리사 등 직원 600여 명을 앞세워 전 세계적으로 특허 사냥에 나섰으며 국내에도 삼성전자, LG전자가 주요 표적이 되고 있으며, 2008년에는 이미 대학 기술 268건을 매입하였다. 주로 정보통신 분야가 주요 표적이 되고 있다.

〈표 8-3〉 기업체 설문조사 응답

구분	사전 검토 여부	응답률
1	거의 모든 제품에 대해 사전 검토한다.	33.3%
2	관련이 있을 것이라고 추정되는 제품에 한하여 사전 검토한다.	63.3%
3	사전보다는 제품출시 후 검토의 비중이 크다.	3.3%

특허분행을 회피하기 위해서는 선행기술에 대한 사전조사가 반드시 필요하지만, 〈표 8-3〉에서 보는 것처럼 '관련이 있을 것이라고 추정되는 제품에 한하여 사전 검토한다'가 63.3%로 전반적인 사전 조사가 미흡한 것으로 드러났다. 앞으로의 상황을 고려하면 신규 사업 진출시 '특허맵(patent map)' 등을 활용한 사전 선행기술조사는 절대적으로 필요하다.

8.1.5 특허청구범위의 회피설계

앞서 살펴 본 코닥사와 폴라로이드사 간의 특허 소송의 위력을 되새기며 우리 기업들은 앞으로 특허분쟁의 소지를 어떻게 줄이고 어떻게 해야 사전에 피할 수 있을지 제품을 시장에 내놓기 전에 회피설계에 대해 고민해야 한다. 이를 위해 다음의 회피설계 방법에 대해 살펴보기로 한다.

1 회피설계

(1) 의의

회피설계란 선행 특허발명의 보호범위, 즉 특허청구범위에 기재된 발명의 동일성(균등) 범위를 벗어날 수 있는 개량발명을 설계하는 것을 말한다. 이러한 회피설계를 통하여 선행특허의 침해로 인한 민·형사상 책임을 면할 수 있을 뿐만 아니라 특허전략상 선진기업들과의 특허분쟁 시 크로스 라이센싱 등을 통해 로열티를 절감할 수 있으므로 중요한 의미를 가진다.

(2) 회피설계의 성립요건

① 우선 선행 특허발명의 문언적 침해에 해당하지 않아야 한다.
이를 위해 선행특허의 특허청구범위(청구항)에 기재된 모든 구성요소를 분석한 후 이들 모든 구성요소(all elements)가 그대로 포함되지 않도록 이중 일부를 변경하여야 한다.

② 또한 선행 특허발명의 균등범위에 속하지 않아야 한다.
이를 위해 선행특허발명의 일부 구성요소를 치환함으로써 서로 다른 기능 또는 작용효과를 나타내도록 하거나 당업자가 치환가능할 것으로 용이하게 예측할 수 없는 구성요소로 치환하여야 한다.

③ 가능하면 진보성을 획득하여 특허권을 확보하는 것이 유리하다.

선행특허발명의 동일성(균등) 범위를 벗어나더라도 진보성을 인정받지 못하면 개량발명으로서 특허받을 수 없다. 이를 위해서는 구성요소의 치환으로 인한 효과가 당업자가 용이하게 예측할 수 없을 정도로 현저하여야 한다.

2 회피설계의 과정

우선 해당 기술 분야의 경쟁업체 또는 선도업체의 특허포트폴리오를 철저히 검색하는 것이다. 그리고 검색된 특허 건들을 정밀하게 분석해야 하는 작업이 뒤따라야 한다. 여기에는 특허맵(patent map) 작성이나 권리분석 방법이 활용될 수 있다. 이 두 방법을 통해 경쟁업체 또는 선도업체의 특허포트폴리오가 어떤 연도에, 어떤 세부기술에 많이 분포돼 있는지 파악할 수 있다. 또 해당 특허포트폴리오에 포함돼 있는 각각의 특허에 기재된 특허 청구 범위가 얼마나 넓은 권리범위를 형성하고 있는지에 대한 분석을 수행할 수 있다. 이때 해당 특허 청구 범위가 넓은 권리범위를 형성할 때에는 해당 특허에 대한 무효 가능성 여부를 분석해 보고, 동시에 특허청구의 권리범위를 벗어날 여지가 있는지 청구항의 각 구성요소(element) 기재 내용을 면밀히 살피면서 회피설계를 해야할 것이다.

3 회피설계의 구체적 방법

선행특허발명이 A+B+C로 구성되어 있을 경우 예를 들어 다음의 5가지 방법을 통해 회피설계를 시도할 수 있다.

① 새로운 구성요소를 부가하는 방법 (A+B+C+D)

회피설계 중에 (A+B+C)가 일체형을 가진 형태로 존재하는 경우 All Elementary Rule에 의해 선행특허발명의 권리범위에 속하게 된다. 그러나 이 경우에도 D의 부가로 인해 현저한 효과를 나타낸다면 이용발명으로서의 특허성이 인정되어 크로스 라이센스 등을 통하여 로열티를 절감할 수 있는 장점이 있다. 한편, 부가된 D가 A, B 또는 C와 유기적인 결합을 하여 ((A+D)+B+C, A+(B+D)+C 또는 A+B+(C+D) 등) 특유의 작용효과를 나타내는 경우에는 별개의 발명으로서 선행특허의 권리범위를 벗어날 수도 있다. 특히 화학관련 발명의 경우에는 D(반응물질 또 는 촉매)의 부가가 상호의 반응을 주목적으로 하는 경우가 많아 과정의 일시점을 잡아 선행발명에서 사용하는 물질이 상호 반응 후에도 그대로의 형태로 존재하는 것을 입증하기가 극히 곤란하므로 별개 발명으로 인정될 가능성이 높다.

② 선행 특허발명의 구성요소 중 일부를 치환하는 방법(A+B+C')

C와 C'의 기능이 실질적으로 동일하여 실질적으로 동일한 효과를 나타내는 경우에는 균등의 범위에 속하게 된다. 그러나 C와 C'가 당해 발명 내에서 서로 다른 기능을 하거나 서로 같은 기능을 하더라도 현저한 작용효과를 나타내는 경우에는 균등의 범위에서 벗어나게 된다. 특히 화학 제법발명에서는 최종물질이 동일 또는 유사하더라도 출발물질, 반응물질, 반응조건 등의 변경으로 인해 수율이 현저히 높아지거나 작용효과가 현저히 우수한 최종물질을 생성하는 경우에는 균등물의 치환이 아닌 것으로 보는 경우가 많다.

③ 선행 특허발명의 구성요소 중 일부를 생략하는 방법(A+C)

생략된 구성요소(B)가 비교적 중요도가 낮으며, 생략이 당업자에게 용이하고, 효과가 특허발명에 비해 낮은 경우에는 불완전이용발명론에 의해 선행특허발명의 권리범위에 속할 수 있다. 그러나 선행 특허발명에서 필수불가결하다고 판단되었던 구성요소를 생략함에도 불구하고 선행 특허발명과 동등하거나 그보다 우수한 효과를 나타내는 경우에는 권리범위에 속하지 않을 수 있다.

④ 공지기술을 활용하는 방법(A+B+C가 공지되었거나, A+B가 공지되고 C와 유기적 결합이 아닌 경우 등)

A+B+C(또는 그 하위개념인 a+b+c) 자체가 공지된 경우에는 A+B+C(또는 그 하위 개념인 a+b+c) 자체가 공지기술제외설에 의해 선행특허발명의 보호범위에서 제외되고, A+B+C'가 공지인 경우에는 A+B+C'가 A+B+C 특허발명의 균등의 범위에서 배제된다.

⑤ 금반언의 원칙을 적용하는 방법(출원과정에서 A+B+C에서 A+B+c1으로 축소보정한 경우 등)

A+B+C에서 A+B+c1으로 축소보정한 이유가 불명확한 기재를 명확하게 하거나 당업자의 실시가능성 요건을 충족하기 위하여 보정하였다는 것이 명백한 경우에는 A+B+c1과 균등물인 A+B+c2에도 권리범위가 미친다. 그러나 왜 청구항을 축소보정하였는가가 불명확한 경우에는 그 보정은 특허성과 관련된 이유로 즉, 선행기술을 극복하기 위해 행해진 것으로 추정되므로 출원포대 금반언의 원칙이 적용되어 최종 클레임에서 삭제된 A+B+c2는 균등의 범위에 속하지 않는다.

4 바람직한 회피설계

회피설계에는 특허 전문가와 기술자 공동의 노력이 필요하다. 특허 전문가만의 회피설계 도출은 기술적인 입장에서 구현이 불가능하거나 생산비용에 문제가 발생하는 설계가 될 수도 있기 때문이다. 반대로 기술자만의 회피설계 도출은 특허 청구 범위의 각 구성요소 분석에 부족함이 있을 수 있다. 회피설계에 쏟는 노력이 크면 클수록 향후 발생할 수도 있는 특허소송으로 훨씬 더 큰 소송비용이 드는 것을 막을 수 있을 것이다.

8.2 특허침해와 손해배상

특허침해에 따른 손해배상액의 산정은 보는 시각이나 법의 해석(이론), 또는 국가마다 다소 상이한 경우가 있다. 일례로 삼성과 애플의 소송에서와 같이 동일한 사안을 놓고도 그 배상액이 배심원 평결과 판사의 판결과는 큰 차이가 있었다. 또한 미국법원과 독일법원 간의 차이도 있었다. 여기서는 손해배상액 산정에 대해 간략히 소개하고 관련 전문서적의 일독을 권한다.

8.2.1 특허침해의 의의

특허침해로 인하여 특허권자가 입는 손해는 대개 판매의 감소, 특허권자 제품의 가격하락, 또는 비용증가 등이 열거된다. 특허침해는 일반적으로 위법한 것이고 책임 무능력자의 특허침해가 문제되는 경우는 거의 없으므로 특허침해 소송에 있어서는 결국 실시 발명이 특허의 권리범위에 속하느냐의 문제와 권리자의 손해 발생 및(특허침해와 권리자의 손해 사이의) 인간관계가 핵심적인 쟁점이 된다.

특허침해에 있어서는 과실로 침해품을 제조하였다거나 판매하였다는 일은 있을 수 없다. 따라서 추정되는 과실의 내용은 특허권의 존재에 관한 인식 예견을 하지 않은 것과 기술적 범위(특허권의 보호범위)에 속하는 것을 인식 예견하지 않은 것으로 나누어 볼 수 있다고 한다. 저작권 침해의 경우와 달리 타인의 특허권과는 전혀 무관하게 스스로 발명하여 실시한 경우에도 과실이 인정되어 손해배상책임을 지게 되는 것이다.

특허침해에 대하여 이와 같이 무거운 주의의무를 과하는 근거로는 특허공보가 발간되어 있으므로 누구나 특허의 존재를 알 수 있다는 것과 어떤 기술을 업으로서 실시하려는 자는 새로이 실시하고자 하는 제품이나 방법이 타인의 특허권을 침해하는지 아닌지에 관하여 특허공보 등을 조사해 보아야 한다는 것이다.

1 손해배상액의 산정

(1) 한국의 경우

불법행위를 청구원인으로 하는 소송에 있어서 원고가 손해의 발생을 증명한다는 것은 손해가 발생하였다는 사실 자체는 물론 '손해의 액이 얼마인지'까지도 증명을 하여야 한다는 것이다. 특허법 제128조 제1항은 침해자의 판매량에 특허권자의 이익률을 곱하여 특허권자의 손해액으로 삼을 수 있음을, 제2항은 침해자의 이익액을 특허권자의 손해의 액으로 추정함을, 제3항은 실시료 상당액을 손해의 액으로 할 수 있음을 각각 규정하고 있으며, 제4항에서는 위 규정에서도 불구하고 손해의 액이 제3항이 규정하는 금액을 초과하는 경우에는 그 초과액에 대해서도 손해배상을 청구할 수 있음과 침해자에게 경과실만 있는 때에는 법원이 이를 참작할 수 있음을, 제5항은 손해액의 입증이 극히 곤란한 경우 법원이 상당한 손해액을 인정할 수 있음을 규정하고 있다.

(2) 독일의 경우

○ 판례상 손해배상액 산정방법

독일 특허법 제139조 제2항에서 "고의 또는 과실로 특허를 침해한 자는 그로 인한 손해를 배상할 책임이 있다"라고 규정하고 있지만 위 규정은 손해액의 산정방법에 대해서는 전혀 정하고 있지 않다. 따라서 독일의 경우 특허침해로 인한 손해배상의 산정방법은 판례와 학설에 맡겨져 있다. 독일 판례에 의하면 특허권자는 자신의 선택에 따라 고의 또는 과실로 특허를 침해한 자에게 다음과 같은 것을 요구할 수 있다.

① 일설이익을 포함한, 민법 규정에 따라 구체적으로 산정된 손해의 배상(독일 민법 제249조 내지 제252조) 또는

② 불법 사용의 범위 및 기간을 고려하여 통상실시료에 상당하는 액수의 지급 또는

③ 침해자가 불법사용으로 인하여 얻은 이익의 반환

첫 번째 것은 민법의 일반 원칙에 의한 것이고, 두 번째 것은 마치 실시허락이 있었던 것과 같이 손해배상의 문제를 처리하는 것이다. 실시계약의 유추해석의 방법이라고 한다. 가장 특이한 것은 세 번째의 경우로서 저작권법, 의장법에서는 명문화되었지만 특허법 및 실용신안법에서는 명문의 근거규정이 없으나 관습법적으로 인정된다고 한다.

(3) 유럽연합의 경우

유럽연합은 독일과는 달리 관련 지침 제6장 제13조에서 지식재산권 침해에 대한 적정한 손해배상을 규정하였다. 위 지침의 내용을 보면 제13조의 (a)에서 일실이익과 침해자의 부당한 이익, 비재산적 손해 등의 배상을 규정하고 (b)에서 실시료 상당액을 배상하도록 규정하고 있다.

(4) 미국의 경우

미국의 경우는 두 가지의 기본적인 손해배상액 산정방법이 있다. 미국특허법은 특허침해로 인한 손해배상에 대하여 제284조에서 특허권자가 '침해를 보상하기에 적합한' 그러면서도 실시료 상당액보다 적지 않은 손해배상을 받을 권리가 있다고 규정하고 있다. 또한 관련 지방법원은 계산방법에 대해 재량권을 갖는다 하였다.

다만, 시장에서 무수히 많은 경쟁자들이 유사한 제품을 동일한 경로를 통해 판매하고 있다면 법원은 다른 경쟁자들의 유사한 제품 판매로부터 발생한 손실로부터 침해자의 침해행위에 의한 손실을 가려내려고 할 것이다.

가) 일실이익의 증명

미국에서는 일실이익이라고 하면 이른바 한계이익을 말하는 것이 일반적이며, 판매수익에서 판매량이 늘어난다면 그에 따라 증가하게 될 비용을 공제한 것이라고 한다.

간단하게 다음과 같은 수식으로 나타낸다.

일실이익(lost profit) = 일실판매수익(lost sales revenue) - 증분비용(incremental cost)

이와 관련하여 아직까지도 미국에서 가장 자주 인용되는, 특허침해로 인한 손해배상의 기준이 되는 Panduit 판결이 있다(부록 참조). 판결에 의하면 일실이익 배상을 인정함에 있어서 다음의 4가지 요건이 충족되어야 한다.

① 특허제품에 대한 현존하는 수요가 있을 것
대개 특허권자나 그 실시권자 등이 실제 판매에 의하여 증명되지만 침해 제품의 판매에 의하여 증명될 수도 있다. 다만, 침해제품의 판매에 의하여 이 요건을 증명하는 경우에는 침해제품이 특허제품과 동등한 경우로 한정되어야 한다.

② 수용할 수 있는 비특허제품의 사용 가능성이 없을 것
특허를 침해하지 않으면서도 특허제품을 대체할 수 있는 제품이 없어야 한다.

③ 특허권자에게 침해자의 판매량을 생산할 수 있는 능력이 있을 것
특허권자는 침해자의 판매에 해당하는 부분에 관한 생상능력과 판매능력이 있음을 증명하여야 한다. 이것은 특허권자가 추가적인(침해된 부분) 생산능력과 판매능력을 가지고 있다는 것을 증명함으로써 요건을 충족시킬 수 있다.

④ 침해로 인한 일실이익의 수량화 가능성이 있을 것.
특허권자의 일실이익을 수량화할 수 있어야 한다. 따라서 이 요건은 다른 3 가지 요건들과는 달리 인과관계와 직접적으로 연관이 있는 것은 아니다.

판결에 따른 분석은 침해자가 특허제품에 관한 유일한 경쟁공급자일 때 가장 잘 적용되지만, 복수의 경쟁자가 있는 시장에서도 시장점유율이라는 도구를 통하여 여전히 적용하는 것이 가능하다.

나) 실시료 상당액

일반적으로 실시료 상당액은 특허제품을 만들거나 사용하거나 또는 판매하고자 하는 어떤 사람이 사업상으로 기꺼이 지급하고자 하는 실시료이면서 동시에 합당한 이익을 산출할 수 있는 것이라고 한다. 이와 관련하여 Georgia-Pacific 판결에서 15개의 고려요소들을 제시하였다. 단, 이 15개의 요소들은 확립된 실시료가 없는 경우에 적용한다.

15개 요소는 아래와 같으며 합리적 실시료의 금액에 대한 증명은 특허권자에게 있다.

- 특허권자가 받은 과거의 실시료

- 실시권자가 실제로 지불한 실시료
- 실시계약의 성질과 실시범위
- 특허권자의 확립된 정책
- 특허권자와 실시권자의 사업상 관계
- 비특허제품의 판매 촉진
- 실시계약의 기간
- 특허제품의 수익성과 인기
- 특허제품의 유용성과 유리함
- 특허발명의 성질과 특징
- 침해자의 사용의 정도
- 이익 기여율
- 발명이 기여한 이익
- 의견 증언
- 가상적 협상

8.2.2 사례

우리 특허법 제128조 제2항에 대한 사례는 다음과 같다.

(사례1)

사건번호 : 93가합40633(94.11.9.선고, 서울민사지법, 2심 취소

권리 : 특허 제29107호(타이케이블 휘팅 앵커부의 나사 가공방법)
손해배상액 : 일실이익(18억 8,345만원, 청구액 3,100만원)

피고 매출액(32억 3,340만 원) × 순이익 비율(58.25%)

순이익 비율 : 타이케이블의 통상제조비용 및 판매원가를 제외한 비율

96다43119(대법원 1997. 9. 12. 선고)
(1) 피고의 이익율을 원고의 이익율로 추인
(2) 128조 2항의 적용은 원고가 자신의 특허발명 실시를 주장, 입증

우리 특허법 제128조 제2항, 제3항에 대한 사례는 다음과 같다.

(사례2)

사건번호 : 96가합5952(98. 5. 1. 선고, 서울지방법원, 2심 조정)

권리 : 특허 제 39251호(전등갓으로 사용되는 한지의 제조방법) 손해배상액 : 일실이익(피고A : 4,980만원, 피고B : 1,625만원

〈피고A : 4,980만원, 원고실시기간에 대해서만 128조 2항 적용〉

원고가 업으로 실시하였던 기간
2,009만원 = 피고 총매출액 × 순이익율(25%) × (기여율 30%)

원고가 업으로 실시하지 않은 기간(폐업기간)
2,471만원 = 피고 순이익 × (실시료상당액 1/3)

위자료 : 500만원

〈피고B : 1,625만원, 원고실시기간에 대해서만 128조 2항 적용〉

원고가 업으로 실시하였던 기간
639만원 = 피고 총매출액 × 순이익율(25%) × (기여율 30%)

원고가 업으로 실시하지 않은 기간
786만원 = 피고 순이익 × (실시료상당액 1/3)

위자료 : 200만원

순이익율 : 동종업게 순이익율, **기여율** : 전게스탠드에서 한지전등갓이 차지하는 비율

실시료상당액 : 통상 기업의 이익은 자본, 영업능력, 특허권 등 3가지의 요소에 의하여 생긴다고 보아야할 것이므로, 특허법 제128조 제2항 소정의 실시료 상당액은 1/3 정도로 봄이 상당하다.

위자료 : 위 B는 원래 원고들이 운영하는 '선명조명'에서 근무하는데, 한지전등갓을 제조하는 이 피고들은 위와 같은 C등으로부터 한지전등갓을 저렴한 가격에 대량으로 구입한 사실, 피고들은 위와 같은 C등으로부터 한지전등갓을 생산하게 한 적도 있는 사실, 그리하여 원고들이 운영하던 위 '선명조명'은 그 판로를 개척하지 못하고 도산하게 되어 결국 세무당국에 의하여 직권으로 폐업까지 당하게 된 사실을 각 인정할 수 있고, 반증이 없는 바, 이러한 사정을 종합하여 보면 원고들에게 재산적 손해의 배상만으로는 회복될 수 없는 정신적 손해가 잔존하고 있다고 판단되고, 피고들로서는 위 C등의 이 사건 특허권의 침해행위에 자신들의 침해행위가 추가됨으로써 원고들의 사업체가 결국 도산할 수밖에 없고, 그로 인하여 원고들이 심한 정신적 충격을 받게 될 것임을 충분히 예견할 수 있다고 보여지므로, 피고들은 이러한 원고들의 정신적 손해에 대하여도 금전적으로나마 위자해 줄 의무가 있다고 할 것이다.

추가적인 사례는 '부록'을 참조하기 바란다.

8.3 특허기술의 축적

8.3.1 기술축적의 방법

1 기술축적의 의의

기술축적은 기업이 지속가능한 상태로 경영하기 위해서는 필수적으로 선행되어야 하는 부분이다. 모방의 단계에서 시작한 기술은 제품의 개선과 그에 따른 공정의 개선을 통해 경험과 기술지식이 지속적으로 축적되어야 한다. 기술축적은 이러한 경험과 지식이 사내에 공유되고 집적될 때 비로소 가능해진다. 그러나 이러한 기술은 관련 인력에게 내재적으로 체화되지 못하면 현실화되기가 어렵다. 따라서 기술축적은 관련 인력의 교육과 훈련이 지속적으로 필요하며, 또한 인센티브 등 보상체계가 제대로 구비되어야만 효율적인 성과를 얻어낼 수 있다.

2 기술축적의 필요성

우리나라의 자동차 산업은 그동안 끊임없는 기술혁신과 축적으로 오늘의 자동차 생산대국이 되었다. 만약 기술축적이 제대로 이루어지지 않는다면 그 이상의 발전은 기대하기 어려울 것이다. 왜냐하면 경쟁사는 경쟁우위 확보를 통한 시장점유율을 높이기 위해 경쟁적으로 기술혁신을 시도하면서 제품의 고도화 및 다양화를 추구할 것이기 때문이다. 더욱이 경쟁사 간에 상호 벤치마킹과 견제를 통해 자사의 기업경영 성과를 극대화시키고자 할 것이다. 따라서 기업은 특허경영을 통해 기술획득과 축적, 그리고 평가를 통한 기술 포트폴리오에 의한 기술 활용으로 연계되는 선순환적 구조를 구축하지 못하면 기업의 지속적 성장은 말할 것도 없고 기업 자체의 존립도 기대하기 어려운 시대에 도래해 있다.

3 기술축적의 과정

기술축적을 위한 과정은 대체로 업종에 따라 다소 다를 수 있지만 기본적으로는 다음과 같은 단계를 거친다.

(1) 외부 의존에 의한 기반기술 확충기

이 시기는 창의적 아이디어나 기술 도입을 통해 사업의 기반으로 다지는 초보적 단계로 보아야 할 것이다. 이는 자사의 창조적 역량을 투입하는 단계이기도 하다.

(2) 자제개발에 의한 초기 성장기

이 시기에는 기존 제품에 대해 생산원가를 줄이거나 시장의 요구 시항, 고객 니즈 등의 시장 변화에 따라 성능과 품질을 개선해 나가는 단계이다. 이제 자사의 독자적 특허를 보유하게 되고, 이러한 특허에 의해서 시장에서 장기간 독점적으로 시장을 점유할 기회도 가질 수 있는 단계이다.

(3) 다각화에 의한 고도 성장기

기존 제품의 생산성에 주력하면서 사내 연구 활동이 활발한 시기이다. 이 단계에서는 기존 제품이나 설비의 구조 및 설계에 대해 관심을 갖고 새로운 아이디어의 추가를 통해 개선하는 활동이 많아진다. 이러한 제품 개선 및 설비 개선에 대한 해결은 사전에 예측할 수 있는 능력을 보유해야 가능한 일이다. 이 단계에서는 내부적으로 기술 아이디어를 발굴하거나 외부로부터의 아이디어를 제공받을 때 자사 내에서 그 기술 아이디어에 대한 가치를 자체 평가할 수 있는 능력을 가져야 한다.

8.3.2 인적관리

1 인적 관리의 필요성

기술축적의 주체는 사람이고, 내부 인적 자원의 수준에 따라 기술축적의 성공 여부가 달려 있다 할 것이다. 따라서 기술축적을 위한 내부 인적 자원의 역량을 어떻게 키우고 어느 수준까지 끌어올려야 할 것인가를 경영자는 늘 고민해야 한다. 왜냐하면 기술축적은 단시간적으로 이루어지는 것이 아니고 수년에 걸친 숙련된 경험과 고도의 전문 지식이 해당 조직 구성원 간에 공유, 체화되어 있어야만 가능한 일이기 때문이다. 또한 연구 개발 인력의 이직은 기술축적을 어렵게 하고 기술 유출로까지 이어질 수 있기 때문에 관련 인력에 대한 처우 개선책은 항상 고려해야 한다. 기업의 생존을 위해서는 제품개발이 지속적으로 이어져야 하고 기술축적 없이는 개선된 제품개발을 기대하기 어렵다.

2 특허경영 전담인력의 역할

특히 특허경영을 담당하는 인력은 연구 개발 부서와 마케팅 부서와의 중간 연결자로서 주어진 역할이 크다. 예를 들어 초기 기술기획에 의한 신기술 개발에 앞서 선행특허 조사분석과 특허맵 등의 기술경영 도구를 활용하여 개발 대상군의 기술 선정을 조정하는 역할 뿐만 아니라 기술축적을 위한 관련 기술의 선별 또한 특허경영 담당자가 해야 할 중요한 역할이다. 이를 위해 기술기획 단계부터 연구 개발자와 협의하여 기업의 경영목표와 부합되는 시장지향의 기술을 선정하고 장기간에 걸쳐 축적되는 기술의 유지 및 관리, 활용을 위해 기술축적 대상 기술을 필터링해야 한다. 이러한 고도의 전문적 직무를 수행하기 위해서는 무엇보다도 특허경영 관련 인력에 대한 지속적인 전문 교육과 기술경영도구의 활용을 위한 숙달된 훈련이 필요하다.

8.3.3 기술자산관리

1 축적 대상 기술의 선별

기술개발의 종료와 함께 특허권리화를 추진한 후 축적 대상 기술로 선별하기 위해 여러 가지 방법을 시도할 수 있지만 특허포트폴리오를 이용하는 방법이 무엇보다도 간편하다. 선별 기준을 예시적으로 살펴 보면 개발된 특허기술이 기술매력도가 높고 특허기술의 강도가 높으면서 다양한 응용 분야에 기여할 수 있는 기술이라면 당연히 우선하는 것이 바람직하다.

〈그림 8-2〉의 포트폴리오는 이를 예시적으로 도시한 것이다. 여기서 원의 크기는 예를 들어 '기술의 파급 효과'의 크기를 나타낸다.

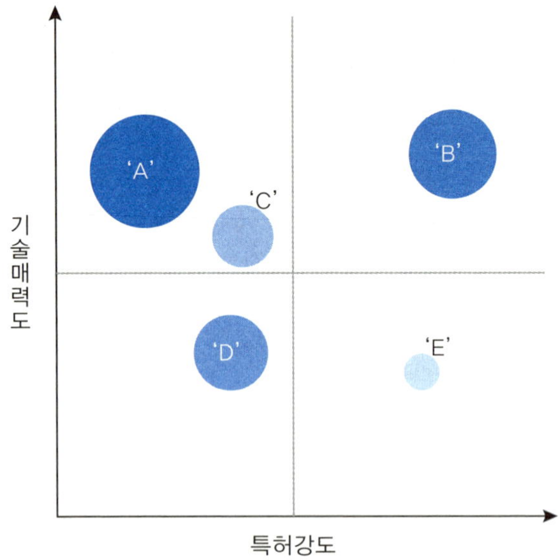

그림 8-2 축적대상 포트폴리오

〈그림 8-2〉의 포트폴리오를 이미 설명한 파이퍼(pfeiffer)에 의한 포트폴리오에 기초하여 설명하면 기술매력도는 기술의 잠재성을 전제로 하고 있다. 따라서 개발된 기술이 특허기술 'B'에 해당하는 경우라면 당연히 축적 대상 기술로서 가장 우선하는 것이 좋을 것이다. 그러나 'A'의 경우라면 특허강도를 높일 수 있도록 추가 보완한 후 축적 대상 기술로 분류할 수 있겠다. 만약 'C'의 경우라면 특허강도가 'A'에 비해 높지만 기술매력도에 있어서는 'A'에 비해 낮다. 이럴 경우에 기술매력도가 계속 낮다면 해당 기술을 일단 축적 대상 기술에서 제외시키는 것이 현명하다.

2 기축적기술의 선별

이미 축적기술로 장기간 보유한 기술에 대해서도 위에서 실시한 방법을 적용할 수 있다. 기술매력도가 높은 특허기술 'A', 특허기술 'B', 특허기술 'C'의 경우는 모두 기술축적 대상 기술로 분류할 필요가 있다. 왜냐하면 기술매력도에는 기술잠재성이 포함된 것을 전제로 하였으므로 일정 기간 관망할 필요가 있다. 그런데 일정 기간 이후에 또 다른 대체 기술이 출현할 경우 이미 기술의 잠재성은 상당 부분 위협을 받을 소지가 많으므로 축적 대상에서 제외시키고 활용 방안을 강구하는 것이 생산적이다.

이와 같은 유추 방법으로 다양한 시나리오를 생각할 수 있다. 따라서 축적기술을 상대로 일정 기간 간격으로 정기적으로 포트폴리오를 작성할 필요가 있다. 시장 상황 등 외부 환경은 항상 변하고 있지만 어떻게 변하고 있는지 바로 알 수 없기 때문에 정기적인 포트폴리오를 통해 시장을 모니터링하는 것은 매우 중요하다할 것이다.

특허기술 'E'의 경우는 특허강도가 높은 기술로 이 또한 축적 대상으로 분류하는 것이 바람직하다. 그러나 기술의 파급 효과가 커질 가능성이 적다면 일단 축적 대상에서 제외시키고 기술 양도나 기술 라이센스를 고려해 보는 것도 좋은 방안이 될 수 있다.

3 특허경영 시스템 구축의 필요성

연구 및 기술 개발자들이 보유하고 있는 기술을 공유하고 집적하여 기술 및 특허포트폴리오를 구축하기 위해서는 단순히 특허정보시스템만이 필요한 것이 아니라 특허정보를 활용하고 기술경영기법을 이용한 특허경영 시스템을 새로이 구축할 필요가 있다. 축적된 양이 많으면 많을수록 관리 비용은 상승하게 되므로 적시에 포트폴리오를 작성하고 기술을 평가하여 수익을 창출할 수 있는 활용 방안을 모색하는 것이 특허경영에 주어지는 가장 큰 기능이라 할 수 있다.

8.3.4 기술 도입에 의한 기술축적

1 장단점

기술을 축적하는 또 다른 방법으로는 기술 도입을 생각해 볼 수 있다. 자체 기술 개발에 의한 기술축적이 장기간에 걸친 축적이라면, 기술 도입에 의한 축적은 비교적 단기간에 이루어지는 일로 장단점이 있다. 특히 경쟁사의 M&A와 같이 인력과 기술 모두를 얻는 경우에는 비교적 자사의 기술축적에 연장하는 효과를 볼 수 있지만, 내부 조직 간 융합이 문제가 될 수 있는 단점이 있다. 또 한편으로는 핵심기술인력을 외부로부터 영입함으로써 자사의 기술축적에 도움을 받을 수 있다.

2 기술 도입의 효과

Lane & Lubatkin(1998)은 기업 간 학습에 있어서 기술선도 기업과 기술열위 기업 간의 전략적 제휴에 의한 열위기업의 지식 흡수능력을 연구하였다. 또한 Cohen &Levithal(1990)의 기업 흡수능력은 절대적인 기준에 의한 것이라고 주장하면서 기술선도 기업으로부터 기술열위 기업이 학습하는 상대적인 흡수능력(relative absorptive capacity)을 연구하였다. 이들은 바이오산업과 의약산업에 있어서 기술선도 기업과 기술열위 기업 간의 전략적 제휴를 파악한 결과, 기업의 흡수 능력은 기업 간 지식기반(knowledge base)이 유사하고 관리의 공식화 수준이 낮으며, 연구 집중적이고, 보상규정이 잘 되어 있을 뿐만 아니라 연구 구성체가 잘 형성되어 있을 때 지식의 이전 및 흡수가 원활하게 이루어진다고 주장하였다. 즉, 기술열위 기업이 흡수역량을 극대화하기 위해서는 자신과 유사한 유형의 선발기업과 제휴하는 것이 성과가 높다는 것이다. 이와 같은 견해는 Mowery et al.(1996)의 연구결과인 기술 기반이 비슷할 경우 기술이전 성과가 높다는 주장과 맥락을 같이한다. 또한 그들은 제휴시 지식이전에 이어서 키워드라고 할 수 있는 노왓(know-what), 노하우(know-how), 그리고 노화이(know-why)에 대한 정확한 문제의식의 정도가 흡수 능력에 영향을 미친다고 하였다.

8.3.5 기술유출방지

각국이 지식재산권 강화를 위해 국가역량을 집중함에도 불구하고 경제정보전은 더욱 치열해져 감에 따라 산업기술 정보의 불법 유출이 급속하게 늘어나고 있다. 2007에서 2008년까지의 피해 예방액만 약 180조 원에 이르는 천문학적 액수이며 계속 커질 것으로 예상된다. 이러한 핵심기술 유출 방법도 개인에 의한 것에서부터 연구 활동 참여자 전원이 가담하는 등 다양화, 조직화, 대형화되고 있기 때문에 기술을 개발하고 이를 지키는 것은 너무나도 당연한 일이다.

또한 고급두뇌들의 유출은 여러 가지 요인이 있을 수 있으나 일반적으로 처우 불만 등의 개인적 요인, 경력직으로서 노동시장의 악화, 연구의 제약, 국내외 산업 기술 환경 변화 등 다양한 요인에 의해 발생할 수 있다.

따라서 핵심인력 유출을 방지하기 위한 대책으로 각 기업체 및 연구소별 조직이나 업종에 따라 핵심인력 관리시스템을 체계적으로 구축하여 핵심인재에 대해서는 차별화된 처우와 보장, 감독을 실시해야 한다. 핵심인력이 다시 돌아올 경우 인사상 불이익을 주지 않고 외부 경험을 접목시키도록 배려하는 등 인사체제를 개방형으로 전환할 필요가 있다. 또한 국내외 대학에 업계 공동으로 연수를 보내는 등 상호 간의 협력과 자사 교육 시설의 확보를 통한 핵심인력의 양성 및 교육이 필요하다. 아울러 핵심인력의 유출은 각 기업체만의 문제가 아니며 외국에서도 국가적인 차원에서 핵심기술을 확보하기 위해 노력하고 있는 만큼 기업체와 유관기관의 공조체제가 매우 필요하다고 할 수 있다.

연구문제

1. 특허권을 보호하는 방법에 대해 논의하시오.

2. 방어특허의 구축 필요성과 한계를 논의하시오.

3. 특허 포트폴리오의 극대화에 대해 논의하고 그에 대한 타당성을 설명하시오.

4. 소위 '특허괴물(patent troll)'에 대한 도덕성에 대해 논의하고 그에 대한 타당성을 설명하시오.

5. 특허경영에 있어 '특허괴물(patent troll)'에 대한 대응 방안은 무엇인가?

6. 특허청구범위의 설계시 회피 설계 방안은 무엇인지 예를 들어 설명하시오.

7. 특허청구범위의 설계시 회피 설계의 성립 요건을 설명하시오.

8. 바람직한 회피 설계를 논의하시오.

9. 특허침해배상 문제에 있어서 배상 방법을 예를 들어 설명하시오.

10. Georgia-Paific 판결에 따른 '실시료 상당액'에서 15개 고려 요소는 무엇인지 설명하시오.

11. 기술축적을 위한 인적관리의 중요성을 특허경영인력의 역할과 연계하여 설명하시오.

12. 기술축적에 있어 축적 대상 기술을 선별하는 방법에 대해 논의하시오.

CHAPTER 9

특허활용

학습목표

이 장에서는 축적된 기술 중에서 일정 기간이 지난 후 특허활용을 통한 수익 창출의 측면에서 고려될 수 있는 사항에 대해서 살펴보기로 한다. 어떻게 보면 특허경영에 있어서 가장 중요한 분야라 할 수 있다. 유럽의 많은 주요국들은 라이센스를 통한 수익이 상당하며 이를 기술개발에 재투자하는 선순환적 모델을 가지고 있다. 다양한 방법의 수익 창출에 대한 연구가 필요하다. 특허활용 대상 기술로 선별하기 위해 축적된 기술을 특허포트폴리오를 통해 필터링하고 특허가치 평가를 하여 활용 대상 특허를 발굴한다.

9.1 특허의 활용 현황

9.1.1 최근 동향

특허의 활용은 그 의미가 점점 증가되고 있는 실정이다. 기업은 외부로 그들의 지식을 상품화하는데, 이는 보통 부가가치를 창출하기 위해 제품화하는 것을 말한다. OECD 국가를 보면, 라이센싱 활동이 매우 활발하며 지난 10년간 매우 큰 폭으로 상승하였다(Kamiyam, Sheehan, 및 Martinez 2006, Oliver Gassmann, Patentmanagement, Springer 2011 재인용). 지난 2000년에 8,000만 달러의 라이센싱 수입을 기록하였으며, 2004년에는 이미 1억 1,000만 달러를 기록하였다. 가장 두드러진 지역은 미국과 유럽연합, 그리고 일본으로 전체의 90%를 차지하였다.

이를 분석해 보면, 지난 10년간 라이센싱 수입 규모는 2배로 성장하였다. 이를 살펴보면 연구개발이 왕성한 산업으로 화학, 의약, 정보통신, 의공학, 계측, 전자, 컴퓨터 및 소프트웨어 분야로 라이센싱 수입 규모 면에서 매우 크게 증가하였으며, 이러한 분야에서 지식재산의 보호 및 라이센싱에 관한 사항이 중요하게 대두되었다.

〈그림 9-1〉에서 보면, 언급한 산업 분야는 1990년도부터 1998년도 사이에 라이센싱 수입을 통해 전체 수익의 평균 14%를 차지하는 현상이 나타났다. 이 경우에 R&D 비용의 17%가 라이센싱 수입으로 충당되었다. 또한 IBM의 경우 2010년에 연구 개발비용이 56억 달러, 라이센싱 수입이 11억 달러에 이르렀다.

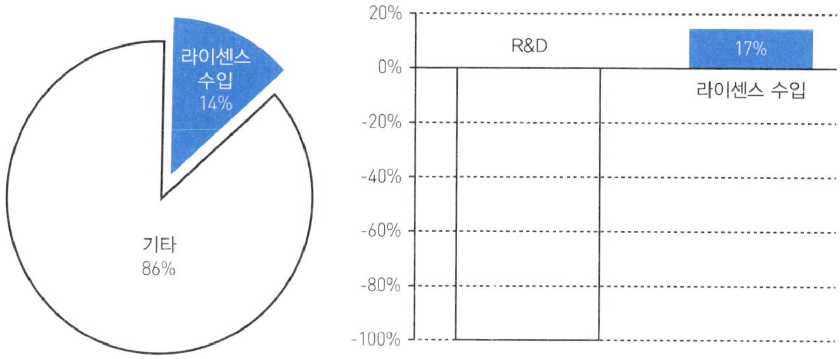

출처 : Gu und Lev(2000)

그림 9-1 성공적인 라이센스 사용료 및 연구 개발비

유럽의 특허활용에 대한 유럽 특허청의 수많은 연구 결과에 따르면, 특허 중 약 13% 정도가 라이센싱으로 활용되고 있는 것으로 아래 <표 9-1>과 같이 보고되고 있다(Giuri et al. 2007, Oliver Gassmann, Patentmanagement 재인용).

<표 9-1> 유럽의 특허활용

특허활용	전체 (N=7,714) (%)	화학 및 제약 (%)	장비 (%)	전자 (%)	기계 (%)	공정 (%)
내부 활용국한	50,5	37,9	47,5	49,2	56,5	54,6
라이센싱	6,4	6,5	9,1	3,9	5,8	7,4
크로스 라이센싱	3,0	2,6	4,9	6,1	1,8	2,0
라이센싱 및 내부 활용	4,0	2,5	4,3	3,6	4,2	4,9
경쟁자로부터 보호	18,7	28,2	14,4	18,3	17,4	15,4
비사용 (휴면특허)	17,4	22,3	19,8	18,9	14,3	15,7

출처 : Giuri et at. (2007)

물론 이 연구 결과에서는 많은 기업이 사용하고 있지 않은 특허를 많이 보유하고 있다는 것도 입증되었다. 이러한 비사용 특허는 유럽에서 약 17% 정도 차지하고 있다. 미국의 경우에도 특허화된 기술의 약 35% 이상이 활용되고 있지 않다. 또한 Kline는 핵심 제품에 적용되지 않은 특허의 비율이 70%~80% 정도라 밝혔다.

이러한 결과는 특허의 효과적인 사용에 대해 아직 잠재성이 매우 크다. 추가적인 가치 창출을 위한 특허의 활용에 대해 그 가능성을 보여주고 있다.

9.1.2 특허활용의 동기

특허는 본래 제품이나 공정에 적용된다. 이때 대부분의 적용 배경이 제품이나 공정에 대한 모방을 방지하고 자체 안전성을 확보하는데 있다. 또한 이를 통해 기업은 시장을 독점하고 수익을 얻는다. 또 다른 한편으로는 특허는 제품이나 공정 이외에도 적용할 수 있다. 사용되고 있는 대부분의 특허활용의 형태는 라이센싱이다. 또 다른 유형으로 크로스 라이센싱, 양도, 스핀 오프 또는 조인트 벤처, 공동 연구 및 개발을 위한 전략적 제휴, 기술마케팅 등에 쓰인다. 이제는 특허활용의 주된 동기가 제품이나 공정의 보호에서 부가가치 창출 쪽으로 더 옮겨 가고 있다.

〈표 9-2〉 특허활용의 동기

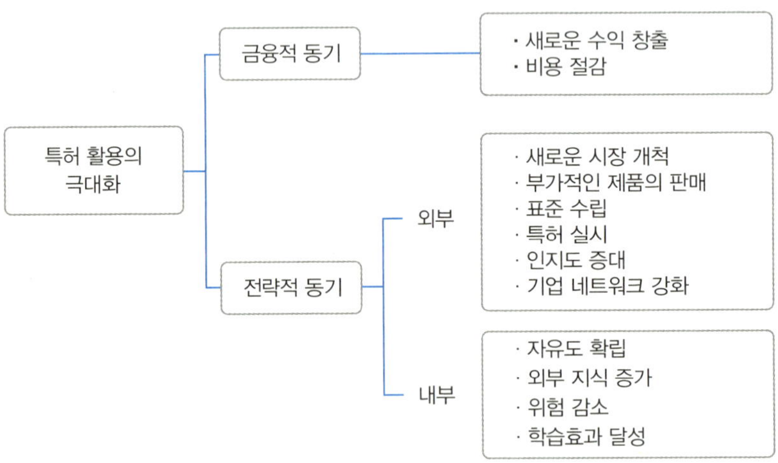

〈표 9-2〉는 특허활용의 동기에 대해 나타내고 있다. 기본적으로 단기적인 동기와 전략적인 동기로 나누어 생각해 볼 수 있다. 단기적인 동기는 기술금융 등과 같이 경제적인 것과 관련된 것으로 수익 창출이 주요 논점이며, 전략적인 동기는 여러 형태로 나타난다. 즉, 기업의 내부 또는 외부 영향으로 나누어 생각할 수 있다.

① 외부 측면에서의 전략적 동기

파트너 특허의 라이센싱을 통해 지금까지 자체 시장 진입이 어려웠던 지역이나 산업군에 새로이 진입할 수 있는 계기를 만들 수 있다는 것이다. 또 다른 동기로 표준화가 있다. 예를 들어 비독점 라이센싱을 통해 경쟁 기술을 견제하기 위해 기술의 확산을 시도하는 경우이다. 특히 정보통신산업이나 전자산업에서는 표준화가 매우 중요하다.

② 내부 측면에서의 전략적 동기

크로스 라이센싱의 경우 상호 특허권의 교환은 한편으로는 취급하기에 안전하면서 또 한편으로는 외부로부터의 지식을 비교적 쉽게 획득할 수 있는 이점이 있다. 대부분의 기업들은 늘어나는 복잡한 제품 기술과 자사가 어느 위치에 있는지를 가늠해 볼 수 있는 내부역량의 필요성을 잘 인식하고 있다. 리스크를 줄이려 하는 것도 크로스 라이센싱을 하는 이유 중의 하나이다. 특허권자는 예를 들어 추가적인 기술 개발과 제품의 시장 진입에 대해 위험성이 많다고 생각하거나 내부 자원이 충분치 않다고 판단될 때에는 라이센싱을 통해 추가 개발하는 것이 유리하다. 이로써 특허권자는 우선적으로 개발의 위험성을 줄이는 것이다.

실제로 특허의 활용은 여러 가지 다양하다. 기술금융적인 측면에 그 중요성이 인식되기도 하고 라이센싱을 통해 전략적으로 활용하여 기업 성과에 긍정적인 영향을 미치기도 한다. 오늘날 많은 기업들은 무형자산의 중요성을 인식하고 있으며, 그로 인해 특허를 집중화하고 전략적으로 활용하기도 한다. 이때 제휴나 파트너십은 매우 중요하다. 지식재산 서비스 관련 설문조사(스위스 쌍 갈렌 대학)에 의하면 특허활용의 경우 설문에 응한 기업 중 66%가 전략적 동기가 있다고 하였다. 스위스 지식재산관련 학자 가스만(Gassmann)에 의하면 특허활용의 가장 중요한 동기로서 기업 중 80% 이상이 외부 기술지식의 도입을 예로 들고 있다고 한다.

9.1.3 활용 대상 기술의 선별

아래 〈그림 9-2〉의 포트폴리오를 예시적으로 설명하면 특허기술 'A' 의 경우는 시장매력도는 높고 매출액도 크지만 특허강도는 비교적 낮은 경우이다. 이러한 특허는 추가적인 보완을 통해 특허강도를 높이지 않는다면 매출액이 크기 때문에 외부로부터 특허분쟁을 야기할 수도 있다. 타 경쟁사와의 분쟁 소지가 높다고 판단되면 차라리 크로스라이센싱을 협상하는 것도 분쟁을 회피하는 방법이 될 수 있다.

특허기술 'B'의 경우는 시장매력도, 특허강도, 매출액 모두 높은 경우로 일단 축적 대상 기술로 분류하는 것이 바람직하다. 그러나 제품수명시기가 다 되어가거나 또 다른 경쟁업체의 출현 등 시장의 변화가 생긴다면 기술양도 또는 기술라이센스를 통한 수익 창출을 고려해 볼 수도 있다.

특허기술 'C'의 경우는 특허기술 'A'의 경우와 유사하게 시장매력도는 높지만 특허강도는 비교적 낮고 매출액도 낮은 경우로 매출액을 더욱 올릴 수 없다면 시장지향적인 추가 기술개발을 통해 매출액을 극대화시킬 필요가 있다. 이때 특허권리화의 경우 특허강도를 더욱 높일수 있도록 설계해야 할 것이다. 만약 추가 개발이 어렵다면 시장매력도가 약화되기 전에 외부로 양도나 라이센싱을 통해 수익을 도모한다.

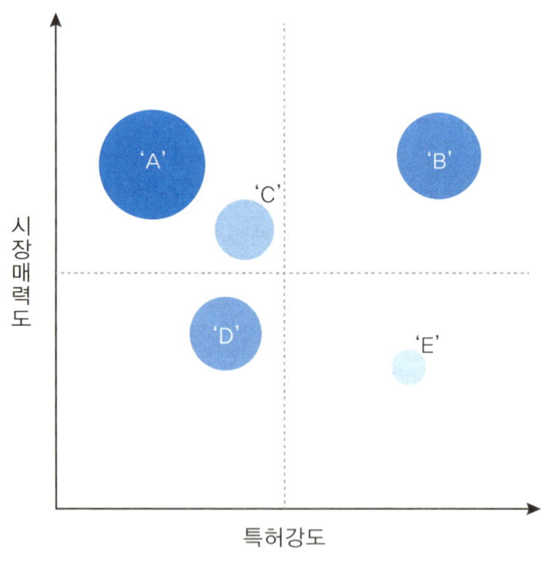

그림 9-2 기술의 선별

특허기술 'D'의 경우는 시장매력도와 특허강도 모두 낮아 특별히 전략적으로 활용하지 않는 한에는 기술을 양도하는 것이 바람직하다. 향후 추가적인 비용만 소모할 가능성이 크다. 특허기술 'E'의 경우는 특허강도는 비교적 높은 편이나 시장매력도가 낮고 매출액도 낮다. 이 경우는 일단 시장매력도를 높여 매출액의 변화가 있는지를 살피고 난 후 결정한다.

여기서 제시한 것은 예시적인 것으로 경영자 입장에서 나름대로의 전략적 방안을 따로 마련할 수 있다. 특허기술 'A'와 특허기술 'C'가 활용 대상군에서는 가장 유리하다고 볼 수 있다. 왜냐하면 기술이전 측면을 고려하면 이전 받는 입장에서 잠재력은 많으나 특허강도가 낮은 약점을 이용하여 협상을 유리하게 끌고 갈 여지가 많아 보이기 때문이다.

9.1.4 특허활용의 형태

기본적으로 라이센싱은 특허권자가 1인 또는 그 이상의 제3자에게 특허권을 통해 기술의 사용 실시를 허여하는 것을 의미한다. 이에 반하여 라이센싱을 받는자는 특허권자(라이센싱 허여자)에게 로열티를 지불한다. 특허는 여전히 라이센싱 허여자에게 남는다. 그러나 라이센스는 여러 형태의 특성을 갖고 있다. 다음은 3가지의 중요한 형태를 살펴보기로 한다.

첫 번째로는 라이센스는 독점성에 따라 구별한다. 독점적 라이센스라는 의미는 특허권자가 특허권의 사용 실시를 유일한 라이센시에게 부여하는 것을 말한다. 또한 특허 라이센스를 여러 명의 라이센시에게 제공할 경우 이를 비독점 라이센스라 부른다. 두 번째로 라이센스는 또한 거래되는 범위 및 내용에 따라 구별된다. 특허문서의 형태로 이전하는 특허의 경우는 기술지식의 전달없이 하며, 지식 전달이 있는 라이센스의 경우는 특허문서 이외에 노하우 및 기술전수가 전달된다. 세 번째 라이센스의 특성으로는 라이센스 공유이다. 이를 다시 설명하면 다음과 같다.

① 전용실시권 계약

라이센서가 라이센시에게 일정한 범위에서 업(業)으로서 권리의 독점적 배타적 실시를 허용하는 계약으로서, 등록에 의하여 성립한다. 라이센시는 허여받은 실시권의 범위 내에서 독점적 배타적으로 권리를 행사할 수 있다. 따라서 라이센서를 비롯한 제3자의 실시권 침해에 대하여 라이센시는 이를 배제할 직접적 권리를 가지며, 이러한 측면에서 라이센시의 권리는 물권적, 대세적 성격을 갖는다고 본다.

② 통상실시권 계약

라이센서가 라이센시에 대하여 일정한 범위에서 권리를 업(業)으로서 실시할 수 있는 권한을 부여하지만 라이센시의 권리는 전용실시권 계약과 달리 독점적, 배타적이지 않다. 라이센시의 권리는 채권적 성격을 갖는다.

③ 독점적 통상실시권 계약

라이센서와 라이센시 간의 통상실시권 계약이나, 계약자유의 원칙상 당사자가 합의에 의하여 '타인에게 실시권을 허락하지 않는다'는 특약을 부과하는경우를 말한다. 이러한 특약의 성격과 관련하여, 이는 등록 등을 할 수 없는 채권적 권리에 불과하므로 침해에 대한 직접적 구제가 불가능하다는 문제가 있다. 결국 라이센서에 대한 채무불이행의 문제로 귀결되므로 계약서 작성시 침해 대응 조항에 유의하여야 할 것이다.

9.2 기술협력

9.2.1 기술협력의 유형

일반적으로 기술협력에 있어서 하나의 이상적인 협력 형태가 있는 것은 아니다. 기업문화나 전략에 따라 협력의 형태가 달라질 수 있다. 기술협력에 있어서 여러 가지 형태가 있을 수 있지만 Specht (2002)는 기술협력의 유형을 기술협력 파트너의 특성에 따라 수평적 협력, 수직적 협력, 대각적 협력으로 나누었다.

수평적 협력은 동일 산업에 속한 두 개 이상의 기업이 같은 가치창출 단계에서 협력을 하는 것을 의미한다. 이 점에서 협력 파트너들은 현재의, 혹은 잠재적인 경쟁기업들이다. 이 같은 수평적 협력의 장점은 연구 개발비용의 절감, 높은 기술적 시너지 효과, 위험의 분산 등을 들 수 있으며, 단점으로는 긴밀한 기술적 연계에 따른 상호 의존성 및 높은 거래비용을 들 수 있다. 일반적으로 수평적 협력은 항공우주산업, 전자산업 등에서 많이 이루어진다.

수직적 협력은 협력 파트너들이 동일 산업에 속해 있기는 하지만 산업 가치사슬의 서로 다른 단계에서 활동하는 기업들 간의 협력이다. 그 결과 파트너들 간에는 경쟁관계보다는 수요자 - 공급자 관계가 형성된다. 이 같은 협력은 파트너들 간의 수요공급의 직접적인 관계를 갖는 세심하게 정의된 개발 프로젝트의 수행에서 종종 이루어진다. 수직적 협력의 장점으로는 개발시간의 단축을 들 수 있는데, 특히 가치사슬에 있는 여러 기업들이 참여한다는 점에서 복잡한 시스템의 개발에 적합하다. 그러나 이 유형의 단점으로는 협력과정에서 자체적인 기술적 노하우가 유출되어 기술적 선도성을 상실할 위험이 있다. 일반적으로 이 유형의 협력은 자동차산업, 소비재산업 등에서 많이 이루어진다.

대각적 협력은 사업의 가치 사슬에 있어서 직접적 관련 없는 파트너들 간의 협력을 의미한다. 이러한 협력의 참가자들은 서로 다른 산업에 속한 기업들이거나 혹은 공공연구기관, 대학들이다. 이 유형의 협력은 새로운 기술의 개발이 대단히 중요한데, 특히 기술의 개발에 다양한 영역의 지식이 필요할 때 대각적 협력이 이루어지며, 이와 같은 협력을 통해 개발된 기술은 다양한 산업부문에서 활용되는 경우가 많다. 이 유형의 협력에 대한 장점은 다양한 협력 참가자들의 지식의 결합을 통한 시너지 효과를 창출할 수 있는 점이고, 단점으로는 해당 기술을 활용하는 기업의 입장에서 기술의 활용에 많은 노력을 기울여야 한다는 것이다. 이와 같은 대각적 협력은 생명공학산업, 정보통신산업과 같은 첨단산업에서 이루어진다.

그러나 기술협력의 유형은 협력에 대한 기술 수요자의 참여와 상호의존성의 정도에 따라 기술구매, 위탁연구 개발, 기술라이센스, 연구컨소시엄, 전략적 제휴, 조인트 벤처 등으로 나누는 것이 일반적이다(〈그림 9-3〉 참조). 아래에서 이에 관해 상세하게 살펴보기로 한다.

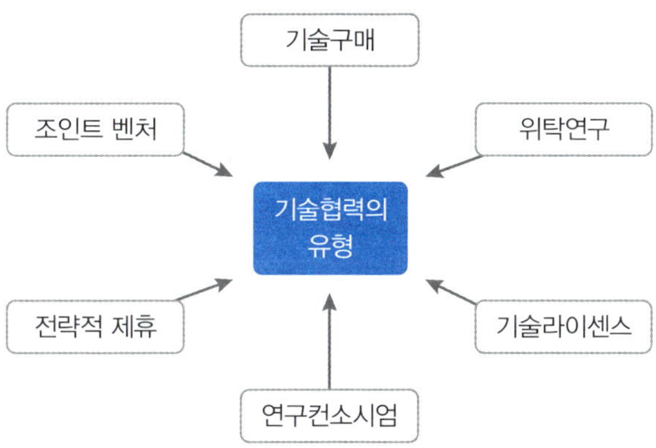

그림 9-3 기술협력의 유형

1 기술구매

기술구매는 기업이 필요로 하는 기술이 무엇인지를 확인하고 해당 기술의 구매를 통해 확보하는 형태를 말한다. 외부로부터 기술을 습득하는 이러한 형태는 기술이 문서와 경험 그리고 노하우 등에 결합된 형태로 이루어져서 바로 사용할 수 있는 형태인 경우가 많다. 따라서 기술을 기업 내 제조환경에 바로 적용해야 하는 상황에서 기술구매는 합리적인 방법이 될 수 있다.

이러한 형태의 협력이 성공적으로 이루어지기 위해서는 기업이 왜 그 기술을 원하는지에 대해 그 필요성을 인지하는 것이 매우 중요하며 기술거래 당사자 상호 간의 신뢰가 성공적인 협력관계를 달성하는 중요한 요소가 된다. 그럼에도 불구하고 외부에서 구입된 기술은 기업 내 다른 기술적 지식과 통합하는데 상당한 어려움이 있을 수 있다.

2 위탁연구

위탁연구는 기업이 외부의 다른 기업, 대학, 연구기관에 기술개발을 의뢰하는 형태이다. 기업이 기술을 내부적으로 개발할 능력이 되지 않거나 전략적 수지가 맞지 않아 관련 기술에 대한 전문성을 확보하고 있는 곳에 기술개발을 의뢰하는 것이다. 이러한 협력 관계는 기술협력을 통해 기술을 취하게 되는 기술 수요자의 참여나 상호 간 의존성이 낮은 형태이다.

기술개발 의뢰를 통한 협력은 상호 간 계약을 통해 이루어지는데 계약시 연구 개발규모, 예상기간, 연구 개발 결과를 명시해야 한다. 왜냐하면 외부에 기술개발을 의뢰하는 형태인 이 유형의 협력방법은 기술 수요자의 참여가 낮은 경우가 일반적인데, 이 경우 기술을 개발하는 기관과 기술개발을 통해 성과를 달성하려는 기업 간의 시각차가 존재할 수 있기 때문이다. 이에 따라 기술 수요자는 기술개발기관에게 왜 그러한 기술개발을 의뢰하게 되었는지에 대한 목표들을 명확하게 제시해 주어야 한다. 기업은 기술개발 의뢰의 초기단계에서 기술적 요구사항 뿐만 아니라 그 기술이 의도하는 사업적 니즈를 설명하는 데 많은 시간을 투자해야 한다. 이러한 형태의 협력에 있어서 균형적인 활동이 매우 중요하다. 왜냐하면 소극적인 참여는 프로젝트가 원하는 방향이 아닌 다른 방향으로 진행되게 할 수 있고 지나친 참여는 기술적 선입견으로 인해 실제 기술개발자의 창조성을 해칠 수도 있기 때문이다.

3 기술라이센스

기술라이센스란 다른 기업이 가지고 있는 기술을 사용할 권리를 의미하며 기업이 다른 기업의 지적 재산을 일시적으로 소유할 기회를 제공해 준다. 회수되는 라이센스는 구매자가 창출하는 수익에 대하여 로열티를 받는 조건으로 제공한다. 일반적으로 이 같은 기술협력은 다른 업종에 속해 있는 기업들 간에 혹은 같은 업종에 속해 있으나 지리적으로 다른 곳에 위치해 있는 기업들 간에 이루어진다. 예를 들어, 1950년대 일본의 전자회사들은 미국의 전자회사들로부터 트랜지스터 등 다양한 제품의 라이센스 구입을 통해 수많은 제품을 개발하여 시장에 출하하였다.

기술라이센스를 통해 기술을 획득하는 것은 내부의 연구 개발을 뛰어 넘어 많은 이점을 준다. 특히 낮은 기술개발비용과 시장에서 기술의 위험부담이 줄어든다. 또 빠른 제품개발과 시장 진입을 가능하게 한다. 그러나 기술라이센스는 일반적으로 라이센스 제공자로부터의 제한 조항이 있으며, 가격결정, 생산량, 품질 등과 관련하여 자주성을 확보하기 어렵고, 라이센스 제공자를 찾고 협상하는데 상당한 거래비용을 수반하는 문제점이 있다. 이 점에서 기술라이센스의 선택은 기술의 성격, 시장 전략, 기업의 기술능력에 따라 세심하게 결정하여야 할 것이다.

4 연구컨소시엄

연구컨소시엄은 일반적으로 잘 정의된 프로젝트에 대해 여러 기업들 간의 공동연구를 위하여 구성된다. 연구컨소시엄은 연구에 있어서의 비용과 위험을 줄이고 부족한 연구자원과 지식을 공동으로 활용하려는 목적으로 활용된다. 일반적으로 컨소시엄은 동일 업종에 있는 경쟁기업들에 의해 이루어지는데 많은 경우 경쟁전 단계의 연구나 산업표준을 설정하기 위한 목적으로도 구성된다.

컨소시엄은 다양한 형태를 가질 수 있는데 자원을 집중하여 공동의 연구시설 혹은 공동 설립하는 새로운 벤처에 투자하거나 혹은 느슨한 협력으로서 공동연구의 형태로 추진되기도 한다. 이렇게 연구컨소시엄을 통해 기술을 개발하게 되면 연구를 위한 내부시설에 많은 투자를 하지 않아도 되어 기업의 연구 개발비를 크게 줄일 수 있다. 일반적으로 컨소시엄은 대형연구 개발이나 기초연구분야에서 많이 이루어진다.

5 전략적 제휴

전략적 제휴도 신기술 및 신제품을 공동으로 개발하는데 많이 활용된다. 전술한 연구컨소시엄이 주로 기초연구 분야에서 이루어지는데 비하여 전략적 제휴는 개발지향적 프로젝트에서 많이 이루어진다. 전략적 제휴는 비공식적인 성격을 많이 가지는데 특정한 목표와 시간표를 가지고 협력이 이루어진다. 전략적 제휴는 동일한 산업의 경쟁기업들이 핵심기술을 공동으로 개발하려는 노력으로 이루어지는데 이 같은 제휴를 통하여 시간과 자금을 절약하고 장비와 기능을 공동으로 활용하려는 목적을 가진다.

이 같은 전략적 제휴는 국경을 초월하여 이루어지는 경우도 많기 때문에 서로 다른 연구문화를 잘 이해하여야 성공 가능성이 높다. 여러 기업들이 전략적 제휴를 하면 사실상 표준의 설정이 가능하다는 장점도 있다. 그러나 전략적 제휴에 참여하는 기업들은 경쟁기업들이라는 점에서 제휴의 해체도 세심하게 해야 하는 문제점이 있다.

6 조인트 벤처

조인트 벤처는 두 개 이상의 기업들이 매우 잘 정해진 영역에서 상대적으로 장기간에 걸쳐 협력을 하려는 목적으로 새로운 기업을 성립하는 협력의 유형이다. 새로 설립되는 기업의 소유권은 주식의 수에 따라 배분된다. 조인트 벤처가 성공하기 위해서는 협력의 분야를 잘 정의하고, 필요한 자원의 배분에 대해서도 명확한 협의를 하여야 할 것이다. 대표적인 조인트 벤처로 IBM, Motorola, Apple의 power PC chip을 개발하려는 조인트 벤처와 Motorola와 Toshiba의 조인트 벤처를 들 수 있다.

9.2.2 기술협력의 장단점

1 기술협력의 일반적 장단점

기술협력은 기업의 기술능력 확보에 매우 중요한 수단이다. 이는 기업의 내부 연구 개발 활동과 보완적으로 이용되면 대단히 많은 효익을 창출할 수 있다. 내부 연구 개발 활동과 비교하여 기술협력의 장점을 살펴보면 다음과 같다.

첫째, 기술협력으로 인한 기술 노출은 기업의 자체 연구 개발 능력 및 체제에 대한 객관적인 검증을 할 수 있게 해준다. 또한 기술협력은 기업이 상당한 정도의 연구 개발능력이 확보되어 있을 경우에만 가능하기 때문에 이 같은 협력을 통해서 기업의 기술능력을 객관적으로 검증할 수 있는 장점이 있다.

둘째, 기술협력을 통한 외부기술의 확보는 소위 비현지 발명의 문제점을 감소시킬 수 있다.

2 기술협력의 유형별 장단점

기술협력의 유형들은 앞에서 살펴본 바와 같이 서로 다른 특징과 장단점을 가지고 있다(〈표 9-3〉참조).

첫째, 기술의 획득기간을 살펴보면, 기술구매는 구매제약의 체결 즉시 기술을 습득할 수 있다는 점에서 가장 신속한 획득방법이다. 기술라이센스의 경우에는 라이센스의 계약기간과 동시에 기술을 활용할 수 있으나 계약기간 동안에만 기술을 활용할 수 있다. 위탁연구의 경우는 상대적으로 단기적인 협력방법인데 비하여, 연구컨소시엄 및 전략적 제휴는 비교적 중기적인 기간에 걸쳐 안정적인 기술협력을 추진하는 방법이다. 그러나 조인트 벤처는 독립된 연구단위를 설립한다는 점에서 가장 장기에 걸쳐 추진되는 협력방법으로 이해될 수 있다.

〈표 9-3〉 기술협력의 유형별 장점

협력의 유형	기술 획득 기간	장점	단점	기술 수명 주기	기술의 유형
기술구매	즉시	기술의 즉시 습득	기술의 전략적 중요성이 적음	후기	외부기술
기술 라이센스	고정기간	기술의 빠른 습득	계약비용과 제한	후기	
위탁연구	단기	원가와 위험 감소 시간 절약	자체기술능력 축적 부족 및 연구결과의 흡수노력 필요	중기	
연구 컨소시엄	중기	원가와 위험 감소 보완적 기술자산 활용	지식의 누수 컨소시엄의 관리	초기	
전략적 제휴	중기	전문지식, 표준, 자금지원 공유	지식의 누수 제휴의 관리	초기	
조인트 벤처	장기	보완적 기술자산 활용 위탁경영 가능 장기적 협력 가능	전략적 표류 문화적 불일치	초기	차별적 기술

출처 : 정선양, 전략적 기술경영

둘째, 기술협력의 유형들이 주안점을 두는 기술수명 주기는 상호 간에 중복은 있을 수 있으나 서로 다른 특징을 가지고 있다. 즉, 기술구매, 기술라이센스는 비교적 기술수명 주기의 후기에 속하는 기술을 조달하는데 활용되며, 위탁연구는 기술수명 주기의 중기에 속하는 기술을 중심으로 협력이 이루어진다. 그러나 연구컨소시엄, 전략적 제휴, 조인트 벤처는 기술수명 주기의 초기 혹은 경쟁전 단계의 기술을 중심으로 협력이 이루어지는 특징을 가지고 있다.

셋째, 각 기술협력 유형별 장단점을 살펴보면 다음과 같다.

① 기술구매는 기술을 즉시 습득한다는 장점은 있으나 이 같은 기술은 기업에게 전략적 중요성은 적은 것이 일반적이다.
② 기술라이센스는 기술을 조기에 활용하고 습득할 수 있으나 라이센스의 계약 및 협상에 있어서 비용이 발생하며 기술의 활용에 있어서 제한이 있다는 단점이 있다.
③ 위탁연구는 기술개발의 원가와 위험을 감소시키고 시간을 절약할 수 있다는 장점은 있으나 자체적인 기술능력의 확보가 부족하고 외부의 연구 결과를 흡수하여야 하는 어려움이 있다.
④ 연구컨소시엄의 경우 다양한 협력참가자들의 기술능력을 보완적으로 활용하고 원가와 위험을 감소할 수는 있으나 협력과정에서 지식의 누수 및 컨소시엄의 관리비용이 발생한다.
⑤ 전략적 제휴의 경우에도 전문지식, 표준, 자금의 공유를 통해 시너지를 창출할 수 있으나 지식의 누수가 있을 수 있으며 제휴의 관리체계를 확실히 할 필요가 있다.

9.3 기술이전

9.3.1 기술이전의 의의 및 효과

1 기술이전의 정의

기술의 이전 및 사업화 촉진에 관한 법률 제2조에 의한 정의에 따르면 '기술이전'이라 함은 기술이 양도, 실시권 허락, 기술지도, 공동연구, 합작투자 또는 인수·합병 등의 방법을 통하여 기술보유자(당해 기술을 처분할 권한이 있는 자를 포함한다)로부터 그 외의 자에게 이전되는 것을 말한다.

또한 미국의 DOE(에너지부)는 「기술이전은 특정기관에서 특정목적으로 개발된 특정분야의 기술, 지식 또는 정보를 다른 조직의 다른 분야에 다른 목적으로 적용하고 응용하는 과정이다」라고 정의하고 있다.

2 기술이전의 효과

경영학에서 기술이전은 보다 구체적인 차원에서 사용되고 있으며, 일반적으로 전문화된 노하우의 이전으로서 인식되고 있다. 그리고 기술이전은 기업의 경쟁력을 보유하고 유지하기 위한 수단이며, 기술개발에 참여하는 기업들에게 재무적 또는 그 외의 이익을 가져다주는 수단으로 보고 있다.

이전되는 기술은 중간생산물, 기계설비, 인적 능력, 생산유통체계, 마케팅 시스템 등 그 형태가 다양하다. 이전방법도 라이센싱 협정, 특허의 사용 허가, 경영계약 및 컨설팅 서비스 등의 기술계약에 그치지 않고, 오늘날에는 그 기능까지도 포함하는 일괄 이전이 특징이며, 다국적 기업의 직접투자에 의한 이전도 활발하게 이루어지고 있다. 기술이전은 생산성 향상을 위한 기술개발의 한 수단이므로, 개발도상국의 경제발전에 있어서 중요한 전략의 하나라고 볼 수 있다. 그러나 오늘날 효과를 발휘하고 있는 국제 간 기술이전의 대부분은 선진국 간에 이루어지고 있으며, 선진국에서 개발도상국으로의 기술이전은 거의 성과를 거두지 못하고 있다. 그 원인은 우선 특정한 재화 생산을 위한 기술은 보다 더 일반적인 생산에 관한 지식, 더 나아가서는 일정한 교육수준이나 사고방식을 전제로 하는 것으로, 국가 간에 일반적 지식수준의 격차가 클 경우, 생산에 관한 기술이전은 충분한 효과를 거둘 수 없기 때문이다. 또한 개발도상국에의 기술이전은 현실적으로 다국적 기업의 직접투자에 의해 이루어지는 예가 많은데, 이러한 경우 이전되는 기술이 개발도상국의 경제에 적합한가의 여부도 큰 문제가 된다. 마찬가지로 기업 간 기술이전도 기술을 도입하는 기업의 수준과 능력에 달려 있다. 따라서 기술 도입 기업은 기술도입을 실시하기 전에 사내외 자원과 역량을 먼저 살펴야 한다.

9.3.2 기술이전 절차

다음의 절차는 한국발명진흥회에서 제시하는 일반적인 절차를 소개한다.

기술이전의 개념에는 기술 도입, 기술거래 등을 포괄하는 광의의 개념으로 이해하고 기술이전 절차도 기술 도입자나 기술제공자의 입장에서 다소 차이가 있을 수 있다.

1 일반적인 기술이전 절차

1. 기술이전의 목적 검토 → 2. 기술이전 전략수립 → 3. 기술이전 마케팅 → 4. 이전조건 협상 → 5. 기술이전 계약 체결

① 기술이전의 목적 검토

기술제공자나 기술 도입자의 입장에서 해당 기술을 어떤 목적으로 이전하거나 이전 받으려고 하는지에 대해 검토가 있어야 한다. 기술 도입자의 입장에서는 기업의 경쟁력 제고를 위해 신기술을 도입하거나 부족한 기술을 보완하기 위해 타사가 보유하고 있는 핵심기술을 이전 받는 것이 보통이다.

이와는 달리 기술제공자 입장에서는 해당기술을 자체적으로 사용하여 생산, 판매하기보다는 보유하고 있는 기술을 타사에 이전하고 로열티를 징수하는 것이 보다 더 안전하고 이익을 극대화하는 방안이라고 판단되거나, 유휴시설, 부품 판매 및 협력관계 유지를 위해 기술이전을 추진하게 된다.

② 기술이전 전략수립

기술제공자는 어떻게 해당기술을 포장(이전대상 기술에 대한 평가 포함)하여 어떤 형태의 기술 실시권을 허여할 것인가를 검토하여야 한다. 또한 기술거래 당사자도 경쟁기업과의 관계 등을 고려하여 결정하도록 해야 한다.

기술 도입자의 입장에서는 해당 기술을 누가 경쟁력 있는 기술을 보유하고 있으며, 가장 좋은 조건으로 기술 실시권을 허여 받을 수 있는지 등에 대해 검토해야 한다. 또한 해당 기술에 대한 기술성 및 경제성을 검토하여 향후 실시조건협상에 대비해야 한다.

기술 가치 평가는 일반적으로 비용접근법, 시장접근법, 수익접근법 등의 기법을 활용하여 기술에 대한 미래가치를 현재가치로 환산하고 있다.

③ 기술이전 마케팅

이전대상기술이 선정되고 기술 가치 평가(기술성 및 경제성 평가)가 이루어지면 이전가능 지역 및 기업을 선정한 다음 어떤 매체를 통해 이전기술을 홍보하고 협상자를 물색

할 것인가를 검토하여야 한다.

이전기술홍보는 일반적으로 기술전시회(Techno Mart), 기술이전 중개사이트, 기술거래 전문기관(Agency)를 활용하고 있다.

마케팅 능력을 갖추지 못한 기업에서는 기술거래를 전문적으로 대행해주는 기관과 협력하여 이전대상지역과 기업을 발굴하는 것도 검토해 볼만하다. 특히 해외 기술이전을 추진하고자 할 경우에는 해당 국가의 기술이전 전문 에이전시(Agency)를 통해 기술이전을 추진하는 것이 더 효율적일 수 있다.

④ 이전조건 협상

이전대상기업이 발굴되면 기술거래를 위한 협상이 시작된다. 기술제공자와 기술 도입자의 입장이 완전히 반대 입장이기 때문에 어떻게 협상전략을 수립하여 협상테이블에서 주도권을 가지고 협상에 임할 것인가가 중요하다.

기술제공자의 입장에서는 기술의 가치 즉 상대방이 기술 도입으로 인해 어떤 혜택이 돌아갈 수 있는지를 부각시키고, 기술 도입자는 해당기술에 대한 지식재산권의 권리가 확보되어 있는지, 경쟁기업의 기술과 차별화가 되어 있는지, 상품화가 바로 될 수 있는 기술인지 등에 대해 조사하고 그 결과를 이전조건 협상에 활용해야 한다. 이전대상기술에 대한 검토를 위해서는 어느 정도 기술을 노출해야 되므로 반드시 사전에 비밀유지계약을 체결하고 기술설명자료를 제공해야 한다.

이전조건 협상은 중요한 조건들을 우선적으로 진행하되, 쉽게 접근할 수 있는 것부터 합의를 도출하는 것이 좋다. 다만 중요한 조건들은 기술료와 연계하여 기술 도입자 입장에서는 기술료를 얼마나 인하하는 효과가 있는지 비교분석이 필요가 있다. 우리나라 기업들은 기술료를 감액하는 것에 너무 집착하는 나머지 여타 이전조건들을 기술제공자의 요구에 쉽게 동의해 주는 경향이 있다.

그러나 기술료(착수금 또는 경상기술료율)를 얼마 감액하는 것보다 더 중대한 손실을 가져올 수 있는 조건, 예를 들면 분쟁처리 방법 등을 심각하게 검토할 필요성이 있다. 즉, 기술료 증감과 여타 조건들을 연계하여 조정하도록 협상력을 키워야 한다.

⑤ 기술이전 계약 체결

이전조건에 대한 협상이 완료되면 이를 총체적으로 정리한 기술이전 계약서 2부를 작성하여 기술제공자와 기술도입자 간에 서명하면 기술이전 계약이 성사되게 된다. 이후에는 기술이전 계약서에 따라 기술제공자와 기술 도입자의 권리의무를 준수하면 된다.

또한 기술제공 및 기술료 납부, 기술이전에 따른 분쟁처리도 계약서 상에 명시한대로 절차에 따라 처리하면 된다(출처 : 한국발명진흥회 - 인터넷특허기술장터).

9.3.3 기술이전의 형태

1 직접투자형 이전

선진기술을 보유하고 있는 외국기업이 국내에 자회사를 설립하거나 생산시설을 설치하는 등 직접 투자를 하면 선진 기술이 자연스럽게 이전되는 효과가 있다. 일반적으로 외국인 직접투자는 투자대상국의 저렴한 인건비 활용, 시장확보, 투자대상 정부로부터의 특별한 혜택 수혜 등의 이점을 누리기 위해 진출한다.

반면에 투자대상 국가는 인력의 고용·훈련에 의한 기술이전, 현지에서의 자체 연구 개발 활동과 상대국 연구기관과의 교류를 통한 이전, 현지의 부품 및 원·부자재 공급업자에 대한 하청과 그에 따른 기술적·재정적 지원과정에서의 기술이전, 현지 시장에서 판매하는 신제품에 체화된 기술의 이전 그리고 경쟁관계에 있는 현지 기업에 기술적 위기의식을 고양시켜 기술개발 노력을 촉진시킴으로써 기술파급 효과를 가져온다.

그러나 외국인 직접투자는 기술이전의 효과가 크다고 할 수는 없다. 왜냐하면 기술 그 자체를 기술보유자가 직접 통제하는 등 기술을 최대한 보호하면서 시장에서는 극대이윤을 확보하려고 하기 때문이다.

2 합작투자형 이전

합작투자란 두 개 이상의 기업, 개인 또는 정부기관이 자본투자를 통해 특정기업을 설립하여 공동소유의 형태로 운영하는 형태를 말하는데 이러한 합작투자의 특징은 다음과 같다.

① 기술이전 효과는 라이센싱보다는 낮고 직접투자보다는 높다고 할 수 있다.

② 일반적으로는 합작투자를 하는 선진기업은 기술이전보다는 자본이익의 극대화에 보다 큰 관심을 가지기 때문에 실제적인 기술이전의 효과는 크지 않다.

3 모방형 이전

모방은 기술이 낙후되어 있는 후발기업이 선진기술을 추격하기 위하여 가장 많이 사용하는 방법 중에 하나이다. 후발기업의 기술역량이 없거나 아주 낮은 경우에는 활용할 수 없다.

모방은 주로 완성품을 정밀분석하여 그 구조를 파악하는 역엔지니어링, 혹은 상대기업 측의 설비나 공정 등에 대한 주의 깊은 관찰을 통해서 이루어진다. 모방은 다른 기술이전 형태 보다는 비용이 저렴하다는 장점은 있으나 모방 이상의 기술역량 축적이 곤란하다는 약점이 있다.

4 인수합병형 이전

국내 기업이 해외 선진기업과의 기술협력 관계가 거의 없는 상태에서 신사업에 진출하고자 할 때 국내에 신사업에 필요한 기술을 가지고 있는 외국 기업이 있다면 국내 기업은 이 회사를 합병·인수함으로써 자사가 필요한 기술을 확보할 수 있다.

인수합병은 둘 이상의 기업이 하나로 통합되어 단일기업이 되는 합병과 어떤 한 기업이 다른 기업의 주식 또는 자산을 취득하여 경영권을 획득하는 매수가 결합된 의미이다.

인수합병은 피인수합병 기업이 점유하고 있는 시장에 신속히 진출할 수 있을 뿐만 아니라 기술·상표·유통경로 그리고 생산 및 경영 노하우들 일거에 획득할 수 있으며 신설기업의 설립 초기에 발생할 수 있는 법률적, 관리적, 문화적 비용을 줄일 수 있다는 장점이 있다.

그러나 대부분의 경우 인수합병되는 기업들은 경영악화, 적자누적 등 내부적 문제로 인해 인수합병되는 경우가 많기 때문에 인수합병 시 인수합병되는 기업의 장점 뿐만 아니라 약점까지도 함께 인수된다는 문제점을 내포하고 있다.

5 라이센싱

전통적으로 가장 보편화된 기술이전 형태의 하나인 라인센싱은 기술제공자가 소유하고 있는 특허, 제조공정, 상표, 노하우 등과 같은 지식재산권에 대하여 사용료를 지불하고, 기술 도입자에게 사용을 인정하는 기술이전 계약을 말한다.

9.4 기술금융

9.4.1 기술금융의 정의

1 기술금융의 개념

'기술금융'이란 기술과 금융이 결합된 기업금융의 한 분야로서 기술이 개발되어 사업화되는 일련의 과정에서 발생하는 금융을 말한다. 즉, 연구 개발을 포함한 기술혁신 활동과 사업화 과정에서 지원되는 투자·융자·보증 등 자금지원 형태를 불문한 총체적인 금융행위를 의미하는 것으로, 기술혁신의 전 단계에 걸쳐 기술금융 지원이 매우 중요하다.

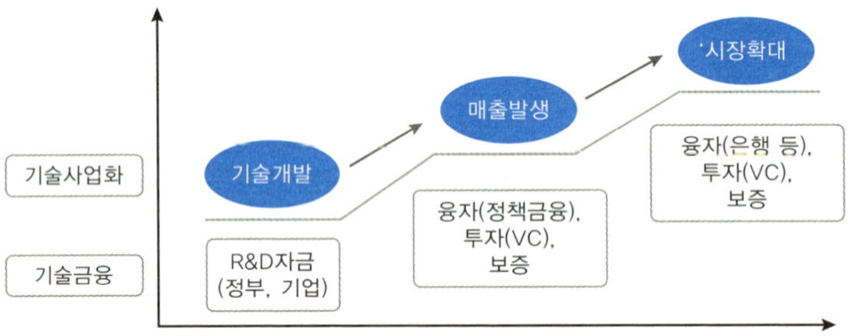

그림 9-4 기술금융과 기술사업화 과정

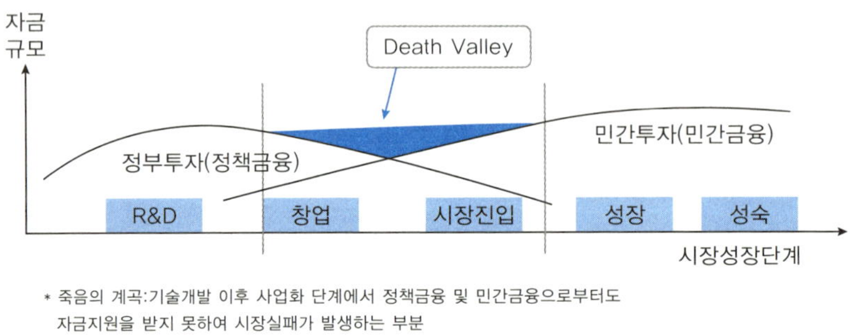

그림 9-5 기술발전 단계별 지원규모와 Death Valley

특히 〈그림 9-5〉에서 보는 것처럼, 창업하여 제품의 시장진입에 이르기까지 사업화 자금이 부족하여 시장에서 번번히 실패하는 사례가 많았다. 이를 사전에 방지하기 위해서는 정책금융이나 민간투자가 절실하다.

2 기술금융의 현황 및 필요성

최근 들어 선진국의 기술금융의 경향을 보면 정부주도로 유동화 프로그램, 투·융자 복합상품 등 새로운 금융상품을 개발해 기술금융에 적용하려 하고 있는 반면, 국내 기술금융은 융자·투자·출연·복합금융의 형태로 구분할 수 있지만 융자형태가 75% 이상으로서 신용디폴트스왑(CDS), 기술가치보험 및 기술자산의 유동화 등 파생 금융상품은 중개시장 미성숙으로 형성 초기 단계에 불과하다.

'창업에서부터 기술이전을 포함한 R&D → 사업화 성공 → 구조조정'에 이르기까지 일관된 종합 서비스를 제공할 수 있도록 기술금융의 활성화 및 지원체제의 효율화 방안이 시급하며, 무엇보다도 수요자 중심의 종합지원체계를 구축하는 것이 중요하다.

9.4.2 주요국의 지식재산권 유동화 현황

1 미국의 지식재산권 유동화

(1) 미국의 지식재산권 유동화 현황

미국기업들은 가치의 중심이 유형적인 요소로부터 무형적인 요소로 옮겨가고 있음을 인지하고 있으며 무형적인 요소의 비중은 기업의 순수가치 대비 90% 수준에 이르고 있다. 기업의 가치가 무형의 자산에 존재한다는 인식의 증가는 미국 기업의 구성요소가 물리적-자본집중적 부문으로부터 무형자산에 기업 가치가 집중된 제약 또는 소프트웨어 산업으로 이동되는 자연적 결과를 도출하였다. 이에 힘입어 미국의 지식재산권의 유동화(IPsecuritization)시장은 구조 및 방법론의 정교화와 기술혁신의 중요성 증대로 점차 기업과 투자자들로부터 인정받게 됨에 따라 지식재산권 유동화는 극적으로 증가하게 되었다.

미국에서 1997년부터 2003년까지 실행된 지식재산권의 유동화의 거래건수는 공표된 기준으로 26건, 자금조달의 총계는 약 40억 달러이며, 최근 그 금액은 증가하는 추세이다.

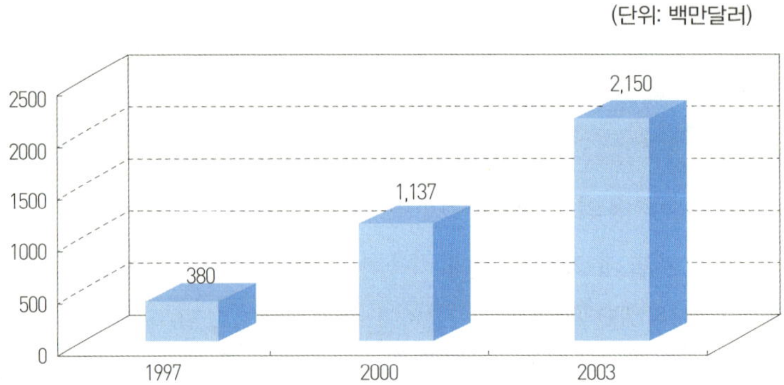

그림 9-6 연도별 지식재산권 유동화에 의한 자금조달액

(2) 미국 지식재산권 유동화 사례

■ 특허권의 유동화 사례

미국에서 특허권에 의해 발생하는 로열티의 유동화 사례는 두 건만 알려졌는데 2000년 예일(Yale)대학의 HIV 제약특허의 로열티채권에 대한 유동화가 최초이다.

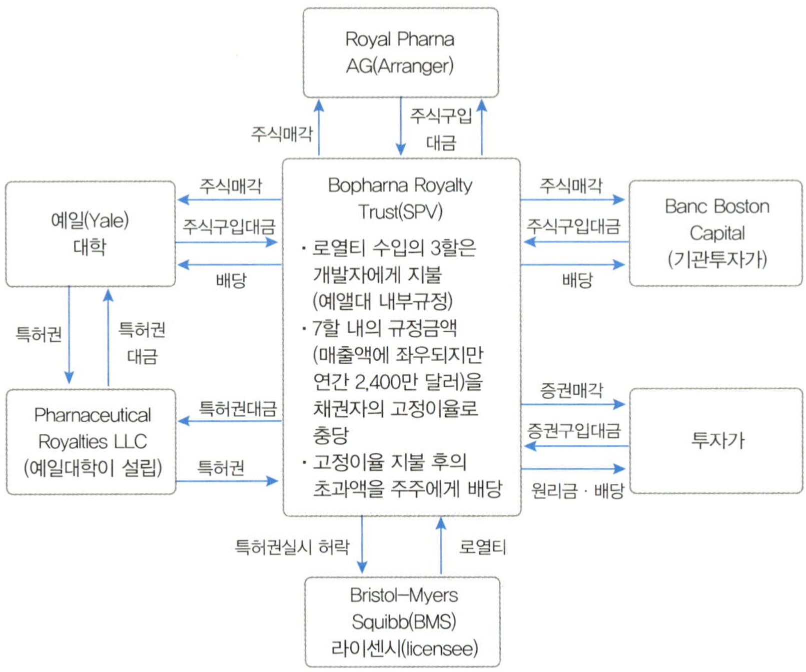

그림 9-7 예일대학, HIV 제약 특허의 로열티채권 유동화

특허권 로열티채권을 유동하는데 있어서 예일대학은 Limited Liability Company (Pharmaceutical Royalties LLC)를 설립하였고 예일대학은 신용평가기관인 S&P로부터 AAA의 등급을 취득하고 최상급의 신용력을 가지고 있지만, 유동화의 표면에 등장하는 것을 피하였다.

SPV로는 Biopharma Royalty Trust가 설립되었는데 BMS(Bristol-MyersSquibb, 제약회사)는 Biopharma Royalty Trust에 특허권 로열티를 지불하고 Biopharma Royalty Trust는 BMS에 대한 로열티채권을 담보로, 6년 만기 채권 8,000만 달러와 주식(equity)을 발행하고, 총액 1억 1,500만 달러의 자금을 조달하였다.

예일대학은 Biopharma Royalty Trust로부터 1억 달러를 일괄적으로 받고, 새로운 연구시설에 대한 투자자금으로 사용하였다. 로열티 수입 중 3할은 예일대학의 내부규정에 따라 제약 개발자에게, 나머지 7할은 발행채권의 이율로 충당하고 그것들의 지불 후 초과액을 주식부분에의 투자가(예일대학, 투자은행 등)에게 배당하였다.

이 외에도 컬럼비아(Columbia)대 및 스탠포드(Stanford)대학이 학내 특허 유동화를 검토한 일이 있고 미네소타(Minnesota) 대학은 에이즈 바이러스 치료약의 특허 유동화에 대해 금융기관 3사로부터 제안을 받았지만 거절한 사례가 있다.

2003년 7월에는 예일대학에 의한 HIV 제약특허의 로열티채권 유동화 결정을 맡아 했던 Royalty Pharma AG사가 가지고 있는 13건의 제약특허 로열티채권을 담보 2억 2,500만 달러의 유동화를 실행하였다.

2 일본의 지식재산권 유동화

(1) 일본의 지식재산권 유동화 현황

일본의 금융시장은 은행대출을 중심으로 한 간접금융이 주를 이루고 있는 까닭에 유동화에 의한 자금조달은 미국에 비해 뒤늦게 시작하였다. 이러한 이유로 2000년에 이르러서야 지식재산권분야에서 유동화에 의한 자금을 조달한 사례가 최초로 출현하였다.

이후 일본정부에서는 지식재산입국의 실현을 위해 기업 등 지식재산의 전략적 활용을 지원하는 측면에서 2004년에 지식재산 추진계획을 수립하고 지식재산의 유동화를 지원함으로써 일본에서도 지식재산권의 유동화가 본격적으로 진전되고 있다.

(2) 일본 지식재산권 유동화 사례

○ 특허권의 유동화 사례

일본에서 특허권의 증권화는 2000년에 들어서서도 법제도나 실무상의 여건의 미숙으로 인해 그 실현가능성이 없었고 2003년까지 그 사례를 찾을 수 없었다. 그 후 경제산업성으로부터 특허권의 유동화를 위한 일종의 실험사업을 위탁받고 있는「특허권 유동화·증권화 연구회」의 성과로 2003년 3월에 (주)재팬 디지털 콘텐츠(Japan Digital Contents : JDC)사11)의 주관 하에 약 2억 엔 규모의 일본 제1호 특허권 유동화가 실현되었다.

이 사례는 소규모 안건이어서 증권화 사업으로서 수지가 맞지 않는 점도 있지만, 향후 특허권의 증권화 사업에 미치게 될 영향에 의의가 있다.

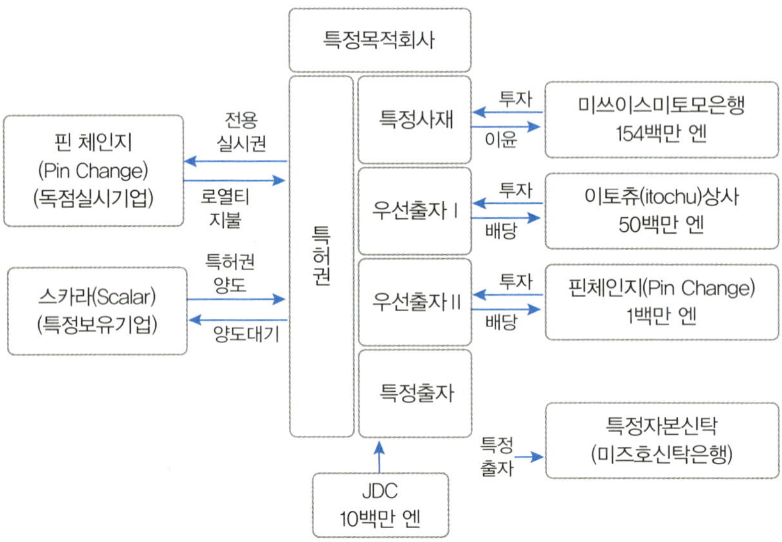

그림 9-8 핀 체인지가 참가한 특허권의 증권화 형태

특허권의 유동화를 시작함에 있어서 대상특허의 선정 및 특허를 이용한 비즈니스모델의 구성을 마쓰시타전기의 자회사인 Pinchange사가 행하였다. 핀 체인지사는 공동프로젝트를 계획하고 있던 광학계 벤처회사인 스카라사가 보유하는 특허를 이용함에 스카라사가 보유한 특허권을 TMK에 양도, 특허권을 유동화하여 프로젝트자금을 스카라사가 받는다. 핀 체인지사는 특허권의 보유자가 된 TMK에게 특허의 전용실시권을 인정받은 대신에 건강/미용기구를 개발 및

판매하여 로열티를 지불하게 된다.

한편 투자자측은 미쓰이스미토모은행/미즈호증권을 어드바이저로 하고, 특허권부 사채를 미쓰이스미토모은행이 우선출자를 이토츄상사, 핀체인지사가 인수하는 것으로 합의하였다. 투자자로부터의 조달된 자금은 TMK를 통해 특허권의 매입대금으로서 양도자인 스카라사에게 지불되고, 금후 TMK가 받는 로열티 및 특허권의 매각이익에서 투자에서의 수익을 받는다.

이상의 안건은 특허권 자체를 SPV에 양도하고 유동화한 형식을 채택하고 있지만 유동화 형태의 실제적 내용으로는 핀 체인지사로부터 지불된 로열티가 실질적인 담보가 되어 자금이 조달되고 있다고 보여진다. 해당 안건에 있어서 SPC에 의한 사채발행액은 154백만 엔이었지만 본 안건의 자산유동화 계획에 의하면 유동화 기간 중(사채상환시기까지)에 핀 체인지사로부터 SPV에 지불된 로열티의 최저 보증액(minimum guarantee)에 대한 총액이 170백만 엔이다.

9.4.3 우리나라의 지식재산권 유동화

(1) 우리나라의 지식재산권 유동화 추진 현황

〈그림 9-9〉에서와 같은 기술가치보험의 경우는 보험제도를 활용하여 기술매도자의 의무불이행이나 기술결함으로 인한 매수자의 손실보전을 통해 기술거래 안정성을 보강한다. 이는 기술가치금액을 한도로 기술의 매도자가 기술가치보험에 가입하고 보험증권을 발급받아 기술거래에 사용한다.

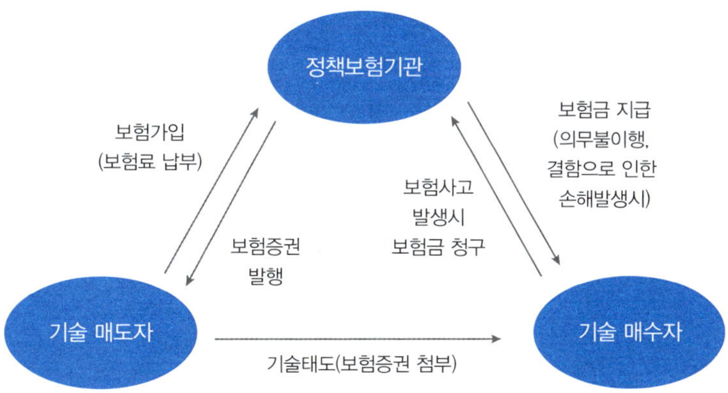

그림 9-9 기술가치보험 체계도

〈그림 9-10〉에서와 같은 기술유동화의 경우는 특허권 등 지식재산권 또는 기술의 사업화에 따른 현금 흐름을 기초 자산으로 하여 기술유동화증권(TBS)을 발행하고 자본시장에서 기술보유 기업의 자금조달을 지원한다.

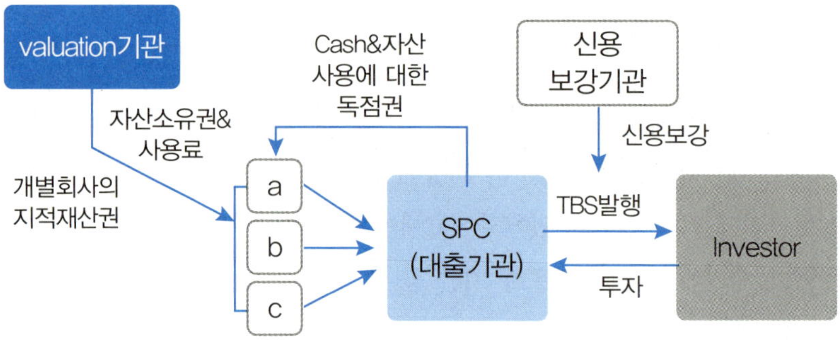

그림 9-10 기술유동화 체계도

연구문제

1. 특허를 활용할 수 있는 방법은 무엇인지 예를 들어 열거하고 이를 설명하시오.

2. 특허를 활용하는 동기는 무엇인지 아는대로 나열하시오.

3. 특허를 활용하는데 있어서 기업 내부 측면의 전략적 동기에 대해 서술하시오.

4. 활용 대상 기술은 어떻게 선별될 수 있는지 포트폴리오를 이용하여 설명하시오.

5. 기술협력의 유형에는 어떠한 것 들이 있는가?

6. 기술협력의 장단점을 설명하시오.

7. 기술이전은 어떤 경우에 필요하고 효과는 무엇인지를 기술하시오.

8. 기술이전 절차를 설명하시오.

9. 합작투자형 기술이전의 특징에 대해 논의하시오.

10. 기술금융을 정의하고 그 필요성에 대해 설명하시오.

CHAPTER 10

특허경영 전략

학습목표

특허경영에 있어서 최소의 비용으로 최대의 효과를 얻을 수 있는 최적의 특허전략을 수립하는 것은 매우 중요하다. 이를 위해서는 개발단계에서부터 유사특허 및 유사 제품 및 공정에 대한 사전 조사가 필수적이며, 개발 완료 후 특허 출원에 따르는 비용과 시장 진입을 위해서 기업이 처한 환경을 고려하여 전략을 수립하는 것이 바람직하다. 여기서는 일반적인 경영전략기법을 활용한 특허경영 전략의 일반에 대해 살펴보도록 한다.

10.1 전략수립 방법

10.1.1 전략수립의 절차

특허경영 전략은 일반적인 경영전략 수립과정을 따라 수립할 수 있으나 그 기반을 특허포트폴리오에 둔 특허전략을 포함한 전략으로 그 절차는 〈그림 10-1〉과 같이 구성할 수 있다. 여기서 중요한 것은 현황분석 단계에서는 경쟁사 모니터링, 전략방향수립 단계에서는 자사의 시장위치, 특허경영 전략수립 단계에서는 제품/기술/특허전략, 실행계획 단계에서는 실행과제 도출이 핵심적인 키워드이다.

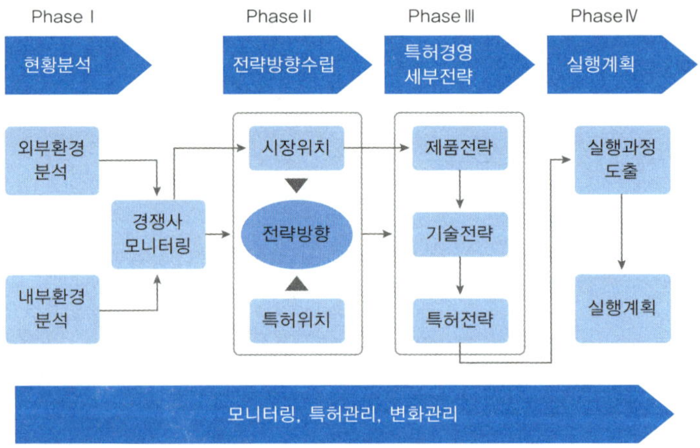

그림 10-1 특허경영 전략수립 절차

10.1.2 단계별 절차

1 현황분석을 위한 환경평가

환경평가는 기업 내·외부 환경으로부터의 정보를 모니터링·평가하는 것을 의미하며, 이러한 환경에는 제품(시장)환경, 기술환경, 특허환경으로 나누어 살펴 볼 수 있다. 이들 환경에 대한 평가 목표는 기업의 미래를 결정할 내·외부의 요인들에 의한 전략요인들을 도출하는데 있다. 이들 전략요인들은 SWOT분석을 통해 기업이 보유한 기술이 속하는 산업 환경으로부터 기회요인과 위협요인을 도출할 수 있다.

(1) 외부환경 분석

특허경영에서의 외부환경은 산업환경과 시장환경을 예로 들 수 있으며 이는 경영자의 의지와는 관계없는 조직 밖의 변수들, 즉 기회요인과 위협요인들에 대한 분석을 의미한다.

그 외 사회적 환경을 예로 들 수 있는데 기업의 장기의사 결정에 영향을 미치며, 대표적인 예로 기술적, 법적, 정책적 요인을 들 수 있다. 기업은 이와 같은 산업환경 및 시장환경, 사회적, 법적, 정책적 환경의 상호 관계 속에서 기업의 경쟁우위를 확보하고 유지하기 위해 기회요인과 위협요인을 도출하고 이에 대한 효과적인 대안을 강구할 필요가 있다.

(2) 내부환경 분석

특허경영에 있어서 내부환경은 기업 조직 내에 있고, 경영자의 의지에 의해 통제할 수 있는 변수들의 분석을 의미한다. 일반적으로 내부환경은 기업의 R&D조직구조, 발명문화, 인적자원 등으로 구성될 수 있다.

R&D조직구조는 연구원 간의 커뮤니케이션, 승진제도, 독창적인 아이디어 발굴시스템, 보상체계 등을 통해 기업의 R&D시스템이 조직되는 방법을 의미한다.

발명문화는 기업의 구성원들이 공통적으로 가질 수 있는 분야로 기업의 발명문화는 기업의 전략적 경영목표를 달성하는데 큰 도움을 줄 수 있다는 점에서 매우 중요한 전략요소이다.

인적자원은 기업이 재화 및 서비스를 생산하기 위한 원자재를 의미하는데 종업원의 능력, 특히 연구원의 능력 등을 예로 들 수 있다. 기업의 인적자원은 기업의 전략적 목표를 달성할 수 있는 가장 기본적인 수단이 되며 가장 중요한 전략요소이다. 이러한 내부환경의 분석을 통하여 전략요소로서 기업의 강점요인과 약점요인을 도출할 수 있다. 기업 내부의 강점요인은 기업이 경쟁우위를 확보·유지하기 위한 핵심역량으로 구성된다.

일반적으로 전략은 기업의 미션 및 목적을 어떻게 달성할 것인가를 나타내는 포괄적인 마스터 플랜을 나타낸다. 마찬가지로 특허경영 전략도 기업의 기술경쟁 관계에서 어떻게 우위를 차지하고 이로 말미암아 기업경영 성과의 극대화를 어떻게 추구할 것인가를 나타내어야 한다.

기업의 특허정책은 기업의 특허경영 전략으로부터 유추되어 조직되고 이에 대한 영향을 주는 최고경영자의 의사결정시스템을 의미한다. 또한 기업의 특허정책은 전체 종업원들이 기업의 특허경영목표 및 이에 따른 전략을 보조할 수 있게 의사결정하고 행동을 할 수 있게 하는 역할을 가져야 한다.

2 전략방향에 따른 특허전략수립

특허전략수립은 기업이 보유한 기술의 강점과 약점에 비추어 기업이 환경적인 기회와 도전을 효과적으로 극복하기 위한 대안을 개발하는 것을 말한다. 이를 세부적으로 살펴보면 특허경영의 미션과 목적의 정의, 달성 가능한 목적의 제시, 구체적인 특허전략의 개발, 특허정책에 대한 기준 설정 등이 필요하다.

조직의 미션은 그 조직이 존재하는 목적, 이유를 나타낸다. 이러한 미션은 기업이 사업 수행을 어떻게 해야 하고 종업원에 대해서는 무엇을 해야할 지를 고민하는 기업의 경영철학을 담고 있어야 하며, 기업이 당면한 현실을 중장기적으로 어떻게 발전시켜나가야 할 것인가에 관한 기업의 미래 비전에 대한 과제를 나타내 주어야 한다. 미션은 기업 전체의 공동 과제이며 이를 가지고 있는 기업이 그렇지 않은 기업들보다 경영활동을 보다 잘 관리하고 전략적 목표를 보다 잘 달성할 수 있다. 마찬가지로 특허전략도 미션을 가짐으로써 특허경영 활동을 보다 원활하게 하고 전략적 목표를 잘 달성해야 한다.

목적은 의도한대로 마지막 성과를 구현하는 것을 의미한다. 일반적으로 목적은 가능하면 계량화되어야 하며, 무엇이 언제까지 달성되어야 하는지를 나타내 주어야 한다. 기업의 목적 달성은 기업의 미션 완수로 이어져야만 한다. 기업의 목적으로 사용되는 지표로는 수익성, 효율성, 성장성 등을 예로 들 수 있다. 특허경영의 목적 또한 기업경영의 목적과 부합되어야 하고, 특허경영의 궁극적인 목적은 기업경영 성과의 극대화에 있다.

3 실행계획에 따른 특허전략집행

특허전략집행은 의사결정권자(CEO 또는 CTO)가 이미 수립된 특허전략과 특허정책을 예산의 배분과 이에 따른 업무절차의 개발을 통해 실제로 행동으로 옮기는 과정을 의미한다. 이 과정은 기업의 발명문화, 지식재산 관련 조직을 포함한 연구 개발 조직, 특허경영 시스템의 변화를 포함하게 된다는 점에서 일반 조직구조와도 매우 밀접한 관계에 있다. 특허전략의 집행은 일반적으로 최고기술경영층의 감독 하에 지식재산 관련 중간관리자와 하위관리자들이 추진하며 대체적으로 한정된 자원 때문에 일상적인 결정을 포함하기에는 부적절하다. 이에 따라 지식재산에 관한 최고의사결정권자는 전략의 집행보다는 전략의 수립에 더 많은 주안점을 두어야 한다. 많은 자원을 투입하여 수립된 전략이 효과적으로 집행되지 못하면 전략적 목표의 달성이 불가능하며, 그 결과 특허경영을 시작하지 않은 것보다 못한 결과를 가져올 수도 있다.

4 특허전략집행에 따른 특허평가와 통제

특허평가와 통제는 특허경영 활동과 성과를 모니터링하고 실제성과를 기대성과와 비교하는 과정이다. 이 과정은 특허 창출에서 특허 보호 및 축적에 이르기까지 가치있는 특허를 어떻게 선별하고 어떤 특허를 지속적으로 보호하고 축적해야 하는가 그리고 최종적으로는 어떤 특허를 활용할 것인가를 판단해야 하는 매우 중요한 과정이다. 이러한 평가와 통제는 특허경영 전략의 마지막 단계이지만 이 과정에서 취약점을 발견하고 향후 새로운 특허 창출 및 특허경영 전략과정을 보다 효율적으로 추진할 수 있게 해준다는 점에서 매우 의미있는 단계이다. 이런 과정은 바로 기업의 경영성과와도 연결될 수 있기 때문에 평가와 통제가 효과적이기 위해서는 지식재산에 대한 최고의사결정권자는 유사 기술에 대한 정보와 시장 및 관련 제품군에 대한 정보를 많이 받아야 한다. 물론 이때 기술경영의 도구적 방법론 등을 통한 정량화된 특허가치에 대한 분석을 기초로 한 정보이어야 효과적이다. 그렇지 않으면 정성적으로 판단하기란 한계가 있다. 이를 통하여 최고기술경영자는 실제 달성된 성과와 전략의 수립 단계에 원래 의도하였던 목표를 신속히 비교할 수 있다. 이렇게 하여 평가와 성과 통제는 전략적인 특허경영을 완성하며 최고(기술)경영자는 기업성과에 기초하여 앞으로 추진될 전략수립, 전략집행 혹은 양자에 대한 조정을 하게 된다.

10.2 전략수립전 단계별 분석

여기서는 위에서 설명한 수립 절차에 따라 경영 및 기술경영 도구를 활용하여 특허경영 조직 부서나 최고(기술)경영자가 의사결정을 올바르게 할 수 있도록 하는 것이 중요하다.

10.2.1 환경 분석

1 산업 환경 분석

환경 분석을 위해 외부 및 내부 환경을 구성하는 요소들을 살펴 보면 〈그림 10-2〉에서 보는 바와 같이 여러 형태의 미시적, 거시적 요인들로 둘러싸여 있는 것을 볼 수 있다.

여기서 중요한 것은 이러한 복잡한 환경 속에서 타 경쟁사와 비교하여 자사의 전략적 위치가 어디에 있는가를 파악하는 것이다.

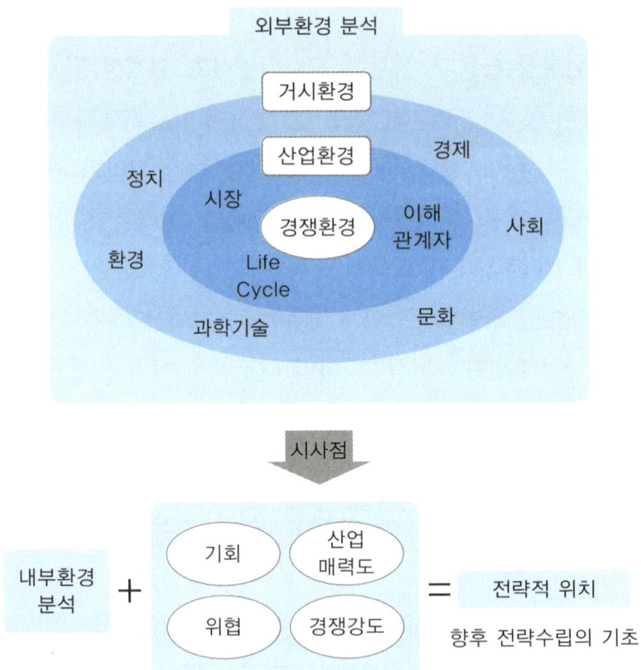

그림 10-2 외부 및 내부 환경 요소

산업분석이란 한 산업과 관련된 제품 시장에 관한 분석을 의미하며, 주요한 목적으로는 특정 산업에 대해 현재와 잠재적 진입자에게 그 산업의 매력도를 결정하게 하는 것과 특정 산업에서 성공할 수 있는 핵심요인이 무엇인가를 파악하려는 것이다.

산업구조분석은 기업 수준의 전략을 수립하는데 아주 중요한 역할을 한다. 기업전략은 그 기업이 어느 신규사업분야로 진출하고, 어느 사업분야에서 탈퇴할 것인가에 관한 결정을 한다. 그러한 결정을 내리기 위해서는 기업의 개별사업분야가 속해 있는 각각의 산업이 유망한가 또는 사양화단계에 있는가를 판단할 필요가 있다. 이러한 산업구조의 분석을 통해 궁극적으로 그 사업부에서 어떠한 전략을 수립하여야 기업의 수익률을 높일 수 있는가에 대한 해답을 구할 수 있다.

산업구조를 분석하는 기법을 처음으로 경영전략에 도입한 사람은 미국 Harvard 경영대학원의 Michael Porter이다. Porter는 1980년 「Competitive Strategy」라는 저서에서 경제학의 산업 조직론에서 발전된 산업구조분석을 기업에 적용하기 쉽도록 변형시킨 분석틀을 제시하였다. 그의 분석틀에 의하면 다섯 가지 경쟁적인 세력에 의해 산업의 수익률이 결정된다.

(1) 기존 기업과의 경쟁

대부분의 산업에서 경쟁의 양상과 산업 전체의 수익률을 결정하는 가장 중요한 요인은 이미 그 산업 내에서 경쟁하고 있는 기업들 간의 경쟁관계이다. 산업 내의 기존 기업들 간의 경쟁양상과 강도를 결정하는 요소는 다음과 같다.

① 산업의 집중도

집중도(concentration)란 동일산업에 속하는 기업의 수와 그 개별 기업의 규모를 말한다. 우리나라에서는 공정거래위원회에서 상위 3개 기업들의 시장 점유율을 더하여 3사 집중도(3 firm concentration)라는 지표를 발표했다. 산업이 집중되어 있을수록, 즉 그 산업에 참여하고 있는 기업의 수가 적을수록 산업의 전반적인 수익률은 상대적으로 높아지게 되며, 그 산업이 경쟁적일수록, 즉 많은 기업들이 경쟁에 참여할수록 산업의 수익률은 낮아지게 된다.

② 경쟁기업의 동질성과 이질성

동일산업 내에서 기업들 간의 경쟁을 피하기 위해 담합을 할 수 있는 가능성은 단순히 기업의 수에만 의존하지 않고 그 기업들의 전략, 목적에 따라 상당히 다양하다. 일반적으로 기업들의 전략, 목적 등이 유사할 경우에 훨씬 더 명시적이거나 암묵적인 담합을 하기가 쉬워진다.

그러나 일본기업이 미국시장에 진출하여 장기적인 이윤극대화 목표하에 적극적으로 가격을 내리고 시장점유율을 넓히는 전략을 취함에 따라 미국철강산업 내에서의 공존은 깨지고 산업 전반적으로 가격경쟁이 불붙기 시작했다. 이러한 사실은 국제경쟁이 심화될수록 이질적인 목표나 전략을 가진 국제기업들과 경쟁을 하게 되기 때문에 기업들 간에 상호 암묵적인 담합을 하기가 점차 어려워진다는 것을 의미한다.

③ 제품차별화

산업 내에서 경쟁하는 기업들이 제품의 디자인이나 품질 면에서 동일할수록 소비자들은 특정회사 제품을 선호할 이유가 없어질 것이다. 따라서 기업 입장에서는 동질화된 제품들에 대해서 가격 외에는 경쟁할 만한 수단이 없어지게 된다. 이러한 제품을 우리는 일상재(commodity)라고 부른다.

제품차별화가 많이 된 기업일수록, 예를 들어 의약품 혹은 빵 과지와 같이 소비자들의 제품브랜드에 대한 선호도가 높은 산업일수록 가격으로 경쟁하는 것을 피하고, 광고나 신제품발매 등의 차별화기법으로 경쟁하게 된다. 이렇게 차별화된 산업일수록 수익률이 높고 차별화가 적은 산업, 즉 일상재에 가까운 산업일수록 수익률이 낮아지게 된다.

④ 초과설비

산업의 수익률은 초과설비와 경기순환에 따라 민감하게 변하기도 한다. PIMS(Profit Imapact of Market Share)의 실증연구에 따르면 생산설비와 수요가 일치할수록 기업의 수익률이 높아진다고 한다. 불황기의 많은 기업들은 유휴설비를 갖는다. 특히 자본집약도가 높은 산업일수록, 즉 거대한 생산설비가 필요할수록, 불황기의 기업들은 고정비용을 줄이기 위해 가격을 인하해야 할 필요성을 느낀다. 이러한 불황기의 유휴설비로 인한 가격 인하는 산업의 수익률을 급격하게 악화시킨다.

그러나 주기적으로 불황과 호황을 반복하는 경기순환이 아니라 장기적으로 그 산업의 유휴설비가 있는 경우, 산업의 수익률은 퇴거장벽의 높이에 따라 결정된다. 퇴거장벽(exit barrier)이란 진입장벽(entry barrier)과 마찬가지로 산업에서 철수하는데 어려움이 있는 경우를 말한다. 만일 기업들이 쉽게 다른 산업으로 옮길 수 있다면 구조적인 불황에 있는 산업 내의 기업수는 자유롭게 조정이 되어서 산업 내의 유휴설비는 금방 없어지게 된다.

⑤ 비용구조

각각의 산업에서 기업들이 어느 정도 가격경쟁을 하는가는 산업의 비용구조에 따라 다르다. 비용구조는 고정비용과 가변비용의 비중을 뜻한다. 반도체산업의 비용구조를 살펴보면 자본설비에 대한 투자와 연구 개발에 대한 투자가 대부분을 차지하고 원재료비는 꾸준히 감소하는 추세다. 임금이 차지하는 비중은 극히 미미하고 유통비, 운송비 등이 차지 하는 비중은 전체에서 1~2% 정도로 아주 낮은 수준이기 때문에 대부분이 고정비용으로 구성되어 있어 기업들은 생산설비의 활용도를 높이기 위해 가격경쟁을 시도할 유인이 존재한다.

(2) 잠재적 진입자와의 경쟁

만일 어느 산업의 수익률이 상당히 높거나 그 산업이 정말 유망한 산업이라고 할 때, 모든 기업들은 그 산업에 진입하고 싶어할 것이다. 그러나 막대한 이익을 얻는다고 해서 모든 기업들이 반도체 시장에 진입할 수 있는 것은 아니다. 모든 산업들이 자유롭게 진입할 수 있다면 산업의 높은 수익률은 진입자들과의 경쟁에 의해 점차 낮아지게 될 것이다. 또한 실제적으로 진입이 일어나지 않는다고 하더라도 만일 다른 기업들이 언제든지 그 산업에 뛰어들 준비가 되어 있다면 그 산업에 있는 기존 기업들은 잠재적 경쟁자가 진입할 수 있다는 위협 때문에 가격을 높게 받지 못하고 경쟁적인 수준으로 낮추어 이러한 진입을 막을 필요가 없다.

이와 같이 기존 기업들이 신규 진입 기업에 비해 가지는 우위를 진입장벽(entry barrier)이라고 한다. 즉 진입장벽이란 신규 진입 기업들이 기존 기업들에 대해 부담하는 상대적인 불리함이다. 이와 같은 진입장벽들은 그 산업에서의 경쟁기업의 진입을 약화시키고 그 산업에서의 높은 수익률을 유지할 수 있게 한다. George Yip의 실증연구에 따르면 진입장벽이 효과적으로 신규 진입을 억제한다고 한다. 이러한 진입장벽에 대하여 신규 진입자들은 여러 가지 방법으로 이를 피해 가려고 한다. 신규 진입자들은 종종 새로운 방식으로 진입을 시도한다. 즉 새로운 기술, 새로운 경영능력, 새로운 브랜드를 가지고 효과적으로 진입에 성공하기도 한다.

다음은 진입장벽에 대한 주요 요소로 이를 간단히 살펴보기로 한다.

① 자본소요량

신규기업이 산업에 진입하는데 필요한 투자액이 굉장히 많은 경우에는 소수의 기업을 제외하고는 이런 산업에 진입하기가 힘들다. 예를 들어 항공기 제작산업에는 Boeing,

Airbus, McDonnell Douglas 등과 같은 세 회사만이 존재한다. 이렇게 자본소요금이 많은 산업에서는 신규기업의 진입이 원천적으로 저지되어 있다.

② 규모의 경제

자본집약적이거나 연구 개발 투자가 많이 소요되는 산업에서 효율적으로 조업하기 위해서는 대규모 투자가 필요하다. 예를 들어 자동차산업에서는 규모의 경제가 상당히 크기 때문에 연간 수십만 대의 자동차를 생산해서 판매까지 할 능력이 없는 기업들은 시장진입을 할 수 없다.

③ 절대적인 비용우위

기존 기업들은 신규 진입 기업들에 비해 때로는 절대적인 비용우위에 있기도 하다. 이러한 비용우위를 초기진입자의 이익(first mover's advantage)이라고 하는데, 산업에 일찍 참여함으로써 기존 기업들은 신규 진입기업들에 비해 원료를 싸게 구입할 수 있는 방법을 알고 있고, 경험효과(experience effect)의 이득을 더 많이 볼 수 있다. 경험효과는 생산에 대한 경험이 늘어남에 따라 수율이 높아지고, 공정이 개선됨으로써 발생한다.

④ 제품차별화

제품차별화가 가능한 산업에서 기존 기업들은 신규 진입 기업들에 비해 브랜드 인지도 및 소비자들의 상표 충성도 측면에서 상당한 이득을 보고 있다. 실증연구에 따르면 미국 소비자들은 비슷한 품질이라도 소비자에게 잘 알려지지 않은 기업들의 제품보다는 더 잘 알려진 기업들의 제품을 더 높은 가격을 주고서라도 구입한다.

이에 비해 신규기업들은 차별화된 시장에서 자사의 브랜드를 정착시키기 위하여 많은 광고를 하여야 한다. 따라서 제품차별화가 된 시장에 있어서는 자신의 브랜드에 대한 투자에 많은 비용이 소요되므로 자본력이 없는 기업에게는 이것이 진입을 저지하는 하나의 진입장벽으로 작용하게 된다.

⑤ 유통채널

기존 기업들이 이미 강력한 유통채널을 확보한 경우, 소매상들은 신규 진입 기업의 제품을 진열할 수 있는 공간은 한정되어 있으므로 잘 알려지지도 않은 신규기업들의 제품보다는 널리 알려진 제품을 진열하기를 원한다.

⑥ 정부규제와 제도적 진입장벽

사실상 정부규제는 신규기업의 진입을 막는 가장 효과적인 진입장벽이다. 예를 들어 정부는 개인택시 사업자의 수를 제한한다든가 버스회사 사업자들의 면허를 조정함으로써 경쟁을 제한한다. 최근 한국에서는 각종 불합리한 정부규제를 철폐함으로써 경쟁을 촉진하려는 여러 움직임이 일고 있다. 예를 들어 미국의 통상압력에 굴복하여 농수산물시장을 개방하였고 이로 인하여 농수산물시장에서 경쟁이 촉진되고 가격도 하락하고 있다.

⑦ 기존 사업사의 보복
위에서 열거한 진입장벽은 신규 진입자에 대한 기존 사업사의 보복가능성이 높으면 높을수록 훨씬 더 효과적이게 된다. 기존 기업들이 신규 진입자에게 가할 수 있는 보복은 여러 가지가 있지만 진입을 막기위한 가격인하, 광고 및 마케팅활동의 증대, 신규 진입자에 대한 법적 제소 등의 방법으로 신규 진입자들을 괴롭힐 수 있다.

(3) 대체재와의 경쟁

만일 산업의 수익률이 소비자가 그 제품이나 서비스에 대해 기꺼이 지불하려는 가격에 따라 결정된다면 산업의 수익률은 대체재(substitute)의 유무에 따라 굉장히 달라지게 된다. 이와 같이 대체재가 많으면 많을수록 기업들이 자신의 제품이나 서비스에 높은 가격을 받을 수 있는 가능성은 줄어든다. 이와 같이 대체재의 존재가 그 산업의 가격결정에 영향을 미치는 정도는 크게 두 가지 요소에 좌우된다.

- 첫째, 소비자들이 쉽게 대체재로 옮겨갈 수 있는가 하는 문제이다.
- 둘째, 대체재가 가진 유용성이다.

(4) 구매자 교섭력

어떤 산업에 있는 기업이든 궁극적으로는 소비자들에게 제품이나 서비스를 공급한다. 구매자의 교섭력을 결정하는데에는 다음 두 가지 요소가 중요하다.

① 먼저 제품차별화가 심할수록 구매자는 가격에 대해 민감하지 않게 된다.
예를 들어 과자, 의류 등과 같은 제품은 종종 원가보다 훨씬 높은 가격을 받고 있으며, 구매자들은 높은 가격을 지불하더라도 자신이 선호하는 제품을 사기 마련이다.

② 구매자의 교섭능력에 더 영향을 미치는 것은 판매하는 기업과 구매하는 기업 간의 교섭력의 차이이다.

- 첫째, 구매자의 공급자에 대한 상대적 크기가 중요한 요소이다.
- 둘째, 구매자들이 공급자의 제품, 가격, 비용구조에 대해 보다 자세한 정보를 가질수

록 구매자의 교섭력은 강해진다.

- 셋째, 구매자들이 공급선을 바꾸는 데 많은 전환비용(switching cost)이 든다면 구매자의 교섭력은 떨어진다.
- 넷째, 수직적 통합을 할 수 있는 경우 구매자의 교섭력은 훨씬 강화된다.

이와 같이 구매자의 교섭능력이 공급자들의 가격과 이윤을 낮춘다는 것은 이미 여러 실증연구에서 확인된 바 있다. PIMS데이터를 이용한 연구에 따르면 구매자가 더 큰 기업일수록, 구매자가 금액의 크기가 공급자의 매출에서 차지하는 비중이 크면 클수록, 구매자가 훨씬 가격에 민감할수록, 공급하는 기업의 수익률은 낮아지게 된다.

(5) 공급자의 교섭력

강력한 구매자가 교섭력을 행사하여 가격을 낮춤으로써 공급자로부터 이익을 빼앗을 수 있는 것처럼, 공급자들도 자신의 교섭능력이 강할 때 가격을 높임으로써 이윤의 폭을 넓힐 수 있다. 많은 산업에 있어서 일상재를 공급하는 기업들은 종종 자신의 교섭능력을 높이기 위해 카르텔을 형성하기도 한다. OPEC는 산유국의 교섭력을 높이려는 카르텔이고, 노동조합도 사실은 노동서비스를 공급하는 노동자들이 단체교섭력을 높여 구매자인 기업으로부터 더 많은 이익을 얻기 위한 조직이라고 이해할 수 있다.

포터모형의 유용성과 문제점

포터의 모형에 대한 가장 큰 비판은 산업구조분석기법이 기본적으로 정태적인 모형이며 이 모형에서는 경쟁과 산업구조가 동태적으로 변한다는 사실을 충분히 구체적으로 고려하고 있지 못하다는 점이다. 포토의 분석에 따르면 산업의 구조가 그 산업 안에 있는 기업들의 경쟁방식을 결정하고, 이러한 기업들의 행동이 산업 또는 기업의 수익률을 결정하는 요인이 된다는 것이다. 그러나 산업구조는 고정되어 있는 것이 아니라 항상 변화하고 있다.

포터의 모델이 이런 점에서 한계를 지니고 있음에 반해, 경제학에서의 Joseph Schumpeter는 일찍이 경쟁과 산업구조의 동태적인 상호작용을 인식하고 이에 주목하였다. Schumpeter의 지지자들은 현재 독점체제를 유지하고 있는 기업들도 새로운 기술, 새로운 유통망, 새로운 제품을 갖고 진입해 오는 새로운 경쟁자에 의해서 독점적 지위를 빼앗기고 시장은 점차 경쟁적인 체제로 바뀐다고 보고 있다. 따라서 어느 산업에서 구조적인 기업혁신으로 산업구조가 빠른 속도로 바뀌고 있다면, 고정된 시점에서 산업을 분석하는 포터의 방법은 기업들에게 별로 도움을 주지 못할 것이다. 그러나 Schumpeter가 말하는 기업혁신에 따르는 창조적 파괴의 과정은 상당히 느리게 진행된다. 산업의 흥망과 산업 내 기업들의 흥망성쇠 역시 대부분의 산업에서는 천천히 일어난다. 포터의 분석체계의 또 하나의 문제점은 기업들 간의 구체적인 경쟁전략을 묘사하지 못한다는 점이다. 어느 산업에서 한 기업이 가격을 인하하여 자사의 시장점유율을 높이려 할 때, 경쟁기업이 이에 대응하여 가격을 경쟁적으로 내린다면, 결국 두 기업 간에는 가격차이가 없어지고 원래 계획한대로 시장점유율을 탈취하기가 어렵게 된다.

다음의 예시는 제품(시장)에 적용한 분석이지만 이와 같은 기법을 활용하여 기술 및 특허에 대해 각각 적용해 볼 수도 있을 것이다.

〈예시〉 포터블 PC에 대한 5 Force의 예

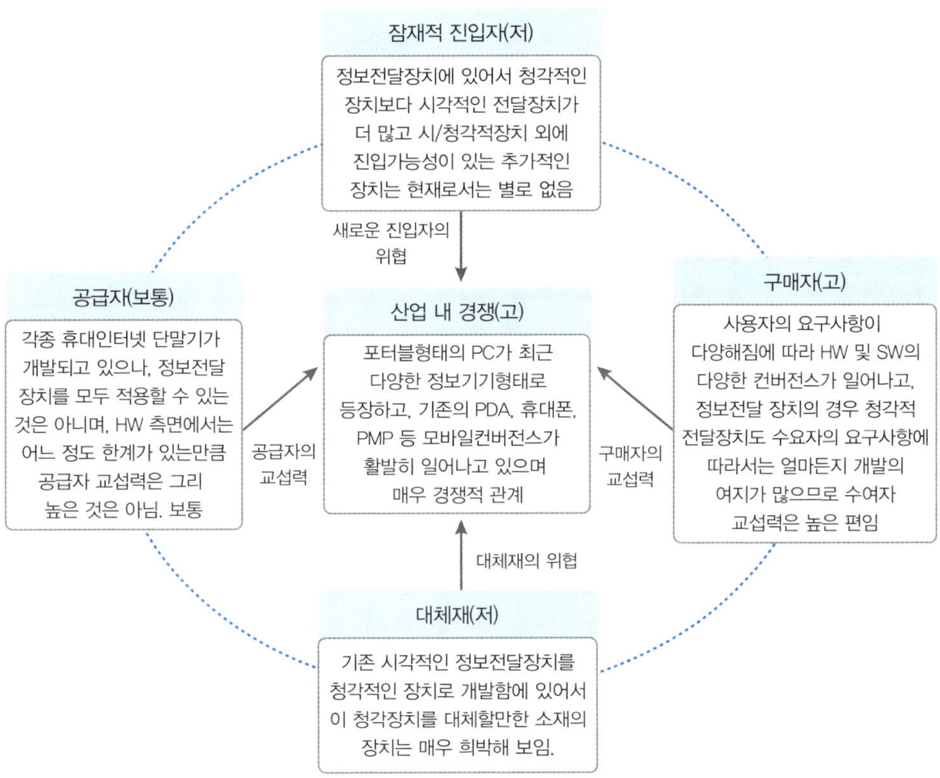

10.2.2 세부전략을 위한 포트폴리오 분석

1 제품포트폴리오 분석

오늘날과 같이 정보의 노출이 쉽고 또 용이하게 습득하는 산업 환경 속에서 어떠한 경우에도 유사 경쟁업체에 의한 유사 제품을 배제하기는 어렵다. 오히려 유사 제품을 연구하여 차별화할 수 있는 대상 제품을 찾아내는 것이 더욱 중요하다. 〈그림 10-3〉은 경쟁사와 비교하는 제품 포트폴리오의 한 예이다.

제품의 포트폴리오 분석은 이와 같은 것을 가능하게 해준다. 경쟁사의 유사 제품 조사에서 예를 들어 A사 제품에서 E사 제품까지 매출액을 계산하고 전년도 대비 매출 성장률을 계산하여 각각의 해당사 제품의 위치를 수평 및 수직 축 도표에 분포시키는 포트폴리오를 작성한다.

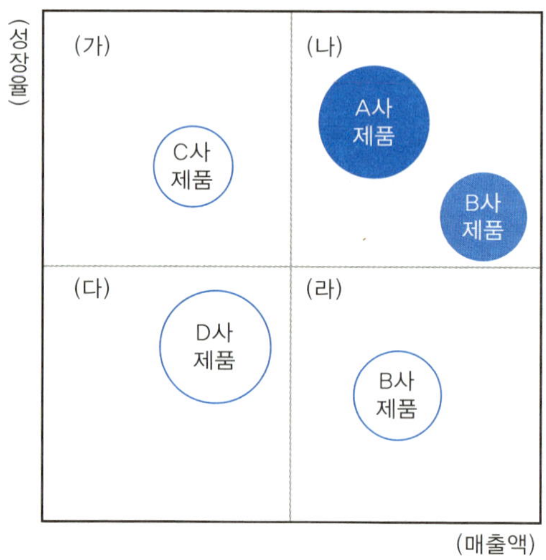

그림 10-3 경쟁사 비교 제품포트폴리오

여기서 (가)군에 속하는 기업의 제품일 경우 매출액은 낮지만 성장률은 비교적 높은 편이어서 시장의 잠재력은 어느 정도 있다고 추정할 수 있겠다. (나)군에 속하는 제품의 경우는 시장의 규모나 잠재력 모두 다 있다고 볼 수 있다. 또한 (다)군에 속하는 제품의 경우는 매출액과 성장률 모두 낮아 사업을 접어야 마땅할지 모른다. (라)의 경우는 매출액은 높은 편이나 성장률이 높지 않아 시장 확대에 어느 정도 제한적이지만 마케팅을 통해 적극적인 시장 확대를 꾀하든가, 또는 과감하게 사업을 축소해야 하는 결정이 필요할 수도 있다. 이렇게 유사 제품 간 비교를 통해 (나)군에 속하는 해당사 제품을 대상 제품으로 정해 볼 수 있는 것이다. 또한 절대비교보다 경쟁사 간의 평균 매출액 및 평균 성장률 등을 적용하여 비교하면 동종 업계에서의 자사 수준을 예상해 볼 수 있는 방법도 될 것이다.

2 기술 및 특허포트폴리오 분석

위의 제품 포트폴리오에서 분석대상 제품으로 결정된 제품에 대해 관련 특허를 조사 분석하고 유사한 특허군을 수집한다. 다음으로 특허포트폴리오를 통해 경쟁사의 특허를 면밀히 분석한다. 이때 쌍방간의 특허침해 가능성을 살펴 본다. 문제가 있다면 즉시 관련 기술에 대한 비교분석을 하는 것은 당연하다 할 것이다.

또한 신규사업을 위한 전략수립 시 여기서 얻은 정보를 활용하여 관련 유사특허를 중심으로 특허맵을 활용하여 공백기술군이나 신규사업으로서의 가능성이 있다고 판단되는 기술군을 찾아낸다. 다음으로 이러한 기술군에 해당하는 제품을 조사한다. 이때 다시 이와 관련된 특허를 조사하여 출원인을 통해 제품 제조사를 파악한다.

이와 같이 특허맵이나 포트폴리오는 선행기술 조사에 반드시 활용해야 하는 도구이므로 도구 사용과 이에 대한 올바른 분석은 전략수립에 있어서 전제되는 중요한 사항이다. 여기서 자료수집의 부적절성이나 분석의 오판은 잘못된 결과로 연결되고, 이러한 결과를 토대로 전략을 수립하는 것은 아무런 의미가 없는 일로 되어버릴 것이다.

10.2.3 전략 방향 분석

전략 방향을 분석하기 위해서는 예상 경쟁기업의 환경 분석이 선행되어야 한다. 우선, 특허맵 등을 통해서 공백기술이나 유망기술로 판단되는 대상기술이 선정되고 이와 관련된 제품이 결정되면 예상 경쟁기업의 환경 요인 분석을 해야 한다. 그 다음으로 해야 할 일이 이제 대상 제품군과 예상 경쟁기업을 고려하여 자사의 내외부 환경을 재검토하는 일이다. 이때 분석 방법으로는 SWOT 분석 기법을 사용할 수 있다. SWOT 분석이란 기업의 강점, 약점, 기회 및 위협에 대한 전반적인 평가를 의미한다. 사업단위는 중요한 거시적 환경요인(인구통계적/경제적, 자연적, 기술적, 정치적/법적, 사회적/문화적)을 조사해야 한다. 그리고 시장에서 수익을 획득할 수 있는 기업의 능력에 영향을 주는 미시적 환경요인(고객, 경쟁사, 유통업자, 공급업자, 판매상)을 조사해야 한다. 사업단위는 추세와 중요한 발전 등을 추적 조사하는 마케팅 정보시스템을 수립해야 한다. 그러고 나서 각각의 추세나 발전에 대해 마케팅 관리자는 연관되는 기회와 위협을 확인해야 한다.

〈그림 10-4〉는 SWOT 분석기법에 대한 예시이다.

그림 10-4 SWOT 분석

10.3 특허포트폴리오를 통한 특허경영 전략

10.3.1 특허포트폴리오

포트폴리오는 전략적 위치를 설정하기 위한 시각적 분석 도구이다. 포트폴리오는 그 목적에 따라 일반적으로 외부환경요인과 내부환경요인을 수직축 및 수평축에 배열하여 얻는다. 1990년대부터 기술 및 특허 경영에서도 적용하기 시작하였으며, 대표적인 학자로 갈러(Galler)를 예로 들 수 있는데, 그가 제안한 포트폴리오는 현재 유럽 등지에서 많은 기업에 의해 활용되고 있으며, 특허경영 전략 관련 연구소들에 의해 특허경영의 전략적 도구로 지속적으로 개발하고 있다.

다음은 갈러(Galler)에 의해 제안된 특허포트폴리오를 소개한다. 이는 기업의 전략으로 전환시키기 위해 시장 및 기술의 위치를 평가하는 일로부터 시작한다. 기업 전략의 비전과 미션은 고객이나 시장을 통해서 또는 경쟁자나 대체 기술을 통해 주어지는 요구 사항을 기초로 형성한다. 기업의 자원을 고려하면 우선 경쟁우위 요소나 기업의 기술 분야 또는 제품분야를 평가하여 위치를 정하는 것은 무엇보다도 중요한 일이다. 이러한 것은 하나의 표준 전략을 도출하고 궁극적으로는 관련 보호법에 의해 보호된다. 이런 표준 전략을 〈그림 10-5〉 특허경영 전략수립 절차도를 따라 살펴 보기로 한다.

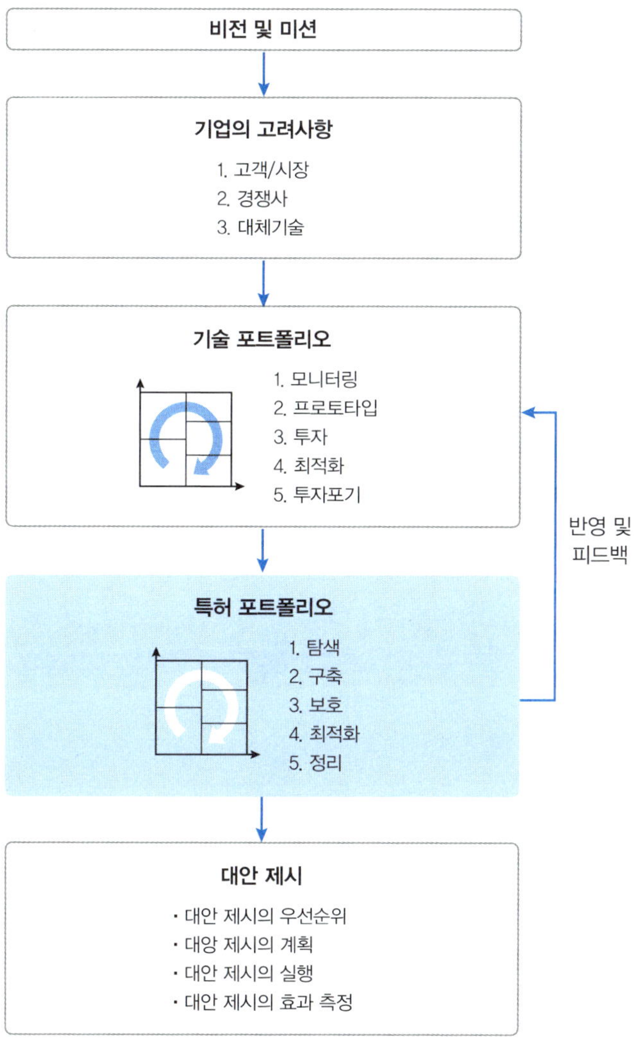

그림 10-5 특허경영 전략수립 절차도

10.3.2 특허경영 전략수립 절차 및 방법

1 1단계 : 비전과 미션

비전과 미션은 기업에 있어서 일반적으로 기업 전략의 틀을 다시 재정립하고 경영 방향을 수립하는 절호의 기회이다. 기술주도형의 기업의 경우는 더 더욱 그렇다. 새로운 기술의 개발에 따라 적용 제품군의 선택과 판매전략 등 기존 전략에서 무언가 달라져야 하는 중요한 시기에 봉착한다. 이러한 일은 기업의 중장기 목표와 연결되어야 하며 기업의 가치가 상승되는 일로 이어져야 한다. 이런 목표를 달성하기 위해서는 기업의 도전적인 경쟁우위가 무엇인지를 제대로 평가할 수 있어야 한다. 중요한 것은 이를 위해서 비전과 미션은 구체적이어야 하고 실현 가능해야 한다는 것이다. 예를 들어 시장에서 점유율 1위를 한다든지 고객 지향을 한다든지 하는 말은 주위 환경을 고려하지 않은 너무 막연한 비현실적인 얘기이다.

비전은 '어디서 언제까지 해야 할지'에 대한 분명한 답이 있어야 한다. 따라서 다음과 같은 예시적인 것들이 충분히 고려되어야 한다.

- 소정의 개발 목표
- 이상의 현실화
- 미래 지향
- 기간 내 구현 가능성

또한 미션은 비전을 위해 '무엇을 어떻게 해야할 지'에 대한 명쾌한 답이 있어야 한다. 이를 위해 다음의 요소를 기본으로 고려해 볼 수 있다.

- 개발에 대한 장벽 해소
- 도구를 활용한 전환에 초점
- 현재 지향

2 2단계 : 기업의 도전

이 단계에서는 기업이 서기 위해서 기술 도전을 해야만 한다. 이때, 기업은 기업의 경쟁우위전략에 있어서 3가지 측면에서 고려되어야 한다.

- 고객/시장
- 경쟁사
- 대체 기술

고객과 시장 측면에서 고려되어야 하는 것은 기업의 경쟁우위, 기업의 능력, 기술, 제품과 서비스가 고객과 시장으로부터 요구되는 사항을 반영해야 한다는 것이다. 선도 고객과 시장의 트렌드는 요구사항이 다를 수 있다. 예를 들면 독일의 자동차 BMW는 일시적인 수요량을 따지기보다는 시장에 신제품 출시를 위한 고객의 미래지향적 요구사항에 더 많은 관심을 가질 수 있다는 것이다.

경쟁사의 경우, 경쟁사의 활동과 상대적으로 비교하고 장단점과 강약점을 잘 분석해야 할 것이다. 기업은 예를 들어 선도 기술이나 선도 경쟁우위가 없을 경우 어떤 추격기업도, 또는 자사보다 훨씬 나은 기업도 없다고 생각할 수 있는가? 하는 물음에 대해 고민하지 않을 수 없다.

'대체기술'의 경우를 보면 기업의 내부 경쟁우위의 역량을 살펴보기 위해서는 새로운 외부 기술, 제품 또는 서비스를 평가해야 한다. 이때 자사의 새로운 내부 기술로 이들을 이겨낼 수 있는가를 판단하는 것은 중요하다. 새로운 신제품 출시가 어떤 장점이나 추가적인 이득도 많지 않고 기능개선도 없다면 대체 기술에 대해 충분히 생각해야 한다. 더욱이 내부 기술개발비용을 절감시키고 물류 비용을 줄일 수 있다면 기술 도입을 통한 대체 기술의 활용을 긍정적으로 생각해야 할 것이다. 타이완의 광다이오드 전문제조업체 후가 옵토텍의 경우를 예로 들면, 기존에 사용하는 사무실용 네온램프를 광다이오드로 대체시킨 일은 대표적인 사례라 할 것이다.

3 3단계 : 기술 포트폴리오

기술 포트폴리오는 기본적으로 2차원의 포트폴리오를 통해 쉽게 도출할 수 있다. 우선 경쟁우위요소의 측면에서 고객이나 시장, 또는 경쟁사나 대체기술 등을 포트폴리오 그림의 수직축에 표시하고 이에 대응할 수 있는 상대적인 기업의 자원정도를 조사하여 같은 포트폴리오의 수평축에 대응 위치시킨다. 여기서 기업의 기술에 대한 능력은 예를 들어 인프라 구조라든가 종업원, 기존의 지식들 그리고 경험 등이 고려되어지고 경쟁사와 비교하여 평가할 수 있다.

위에서 언급한 학자 갈러(Galler)는 이에 대해 5가지로 분류하여 나타냈고 결국 대표적인 표준 전략 중 하나가 되었으며, 이는 시간 경과에 따른 전형적인 제품과 수명과의 관계에 대한 것이다. 다음의 그림은 이에 대한 것으로, 각각 설명해 보기로 한다.

① 모니터링

기업의 경쟁우위를 확보하기 위해서 경쟁사 모니터링은 매우 의미있는 일이다. 하지만 보통은 이에 대해 예산도 없고 내부 기술책임부서의 경우도 이러한 감시망에 대한 책임은 없다. 그럼에도 불구하고 경쟁우위요소, 기술 분야, 제품분야, 서비스 분야에 대한 모니터링이 필요하며, 이에 대해 전시회나 학술회의, 전문잡지나 저널의 연구, 인터넷 또는 산학협력 등을 통해 가능하다.

② 프로토타입

고객과 시장, 경쟁사 또는 대체 기술의 측면에서 전략적 의미가 증가함에 따라 우선 독자적 경험과 능력이 예를 들어 프로토타입을 통해 구현될 수 있다. 이와 같은 범주에서 프로젝트는 성공의 위험성이 높을 경우 종종 넉넉하지 않은 예산과 싸워야 할 때가 있다. 또한 외부에서 파트너를 구할 때 사내의 경쟁우위 요소를 가능한 효율적으로 구축해야 한다.

③ 투자

내부 자원의 강도가 장기간 강할 경우 전략적 의미는 매우 크다. 그러므로 기존의 기술과 투자를 보장하고 경쟁사의 장점을 계속 저감시켜 나가기 위해 핵심역량 분야에서 장기적인 투자가 필요하다. 목표로 하는 자기자본이익률에 도달하는 것은 매우 오래 걸릴 수 있는 일로 단기적인 성공은 바로 기대하지 않는 것이 좋다.

④ 최적화

내부 자원의 강도가 높음에도 불구하고 중기적인 전략이 의미가 있을 경우 이럴 때 더 이상 큰 투자는 피하는 것이 좋고 최적화가 필요하다. 자기자본이익률을 단기간내 끌어올릴 수 있다.

⑤ 투자 포기

경쟁사의 장점이 향후 5년 내지 10년간 더 이상 나타나지 않을 경우로 보일 때 지금까지 연계된 자원의 투자는 새로운 기술잠재력을 준비하기 위해서 감소시켜야 한다. 물론 이익이 여전히 잔존하는 경우라면 기술과 제품은 당분간 지속시켜야 할 것이다. 단지 경쟁 요소가 줄어드는 상황에서 더 이상의 투자는 의미가 없다.

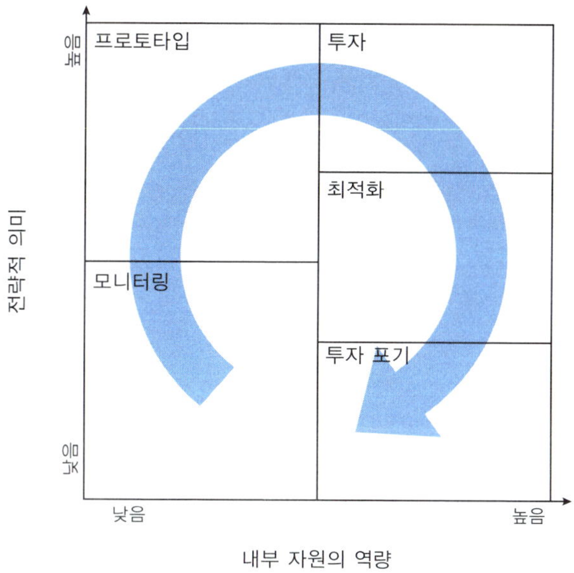

그림 10-6 전략적 기술 포트폴리오에 따른 표준전략

4 4단계 : 특허포트폴리오

기업의 전략으로부터 도출되는 특허전략은 한편으로는 사업의 잠재 가능성을 활용하는 것이며, 또 다른 한편으로는 기존의 잠재적 목표를 달성하는 것이다. 특허포트폴리오는 위에서 언급한 기술 포트폴리오를 기반으로 한다. 기업의 기술과 제품, 서비스 등의 경쟁요소가 사내 자원으로부터 준비할 수 있는 것이라면 이는 매우 큰 전략적 의미를 갖는다 할 것이다.

포트폴리오의 구축은 예를 들어 특허출원을 통하거나 라이센스를 통해 권리의 양도 또는 양수를 따른다.

특허포트폴리오 경영에서의 실질적인 기준은 상호 관련성에 따른 특허 분류이다. 여기서 중요한 것은 청구 범위의 보호폭이나 특허침해의 입증가능성이 특허의 가치에 대해 매우 중요한 역할을 한다는 것이다. 또한 특허포트폴리오 경영에 있어서 국가에 대한 평가도 고려되어야 하는데, 이는 예를 들어 어떤 국가의 시장 및 제품에 영향을 주느냐를 자사 또는 경쟁사의 측면에서 함께 생각해 볼 수 있기 때문이다. 포트폴리오의 또 다른 기준의 경우 라이센스 전용실시권이나 통상실시권이 있다.

제약산업에서는 연구성과물과 관련련 제품을 보호하기 위해 원천특허를 시도할 경우 수명 주기 관리가 중요한 역할을 한다. 기본적으로 물질특허는 시간이 지남에 따라 효과가 줄어들 수도 있다. 이는 급성장하는 일반 시장에서는 매우 큰 의미가 있다.

기술 포트폴리오의 단계는 기술수명 주기에 의한 특허전략에 있어서 해당 대안에 대한 근거로 사용된다.

갈러(Galler)는 특허포트폴리오 모델을 다음의 5가지로 나누었다.

- 탐색
- 구축
- 보호
- 최적화
- 정리

이러한 표준 전략은 3가지 측면의 핵심적인 특허전략에 기초하고 있다. 일반적으로 포트폴리오를 나타낼 때 전략적 의미가 있는 외부 측면에는 고객/경쟁사/대체기술을, 자사의 자원 역량을 나타내는 내부 측면에는 자사능력/경쟁요소를 반영한다.

① 탐색

'탐색'의 경우, 특허 검색을 통해 전 산업에 걸쳐 잠재 가능성을 파악한다. 이 단계에서는 기술 포트폴리오 및 기술로드맵을 기초로 하여 폭넓은 개념 특허로 출원되었는지의 여부를 결정해야 한다.

② 구축

수명 주기에 따른 특허포트폴리오의 '구축' 단계에서는 소정의 특허정보풀로부터 시작한다. 특허출원 시 전략적으로 경쟁사 장점을 고려하기 위해 선택한 경쟁사를 분석한다. 또한 문제가 있는 사항을 파악하여 관련 보호법에 의해 제거해야 한다. 이 단계에서는 필요한 경우 크로스 라이센스를 검토해 보고 모든 사항에 대해 현실적으로 고려한다.

③ 보호

'보호'의 단계에서는 특허의 보호를 확보하기 위해 체계적인 특허풀을 형성한다. '보호'를 더욱 강화하기 위해서는 기술 포트폴리오 및 기술로드맵을 기초로 한 원천특허와 특수한 변수(예를 들어 성장성)를 갖는 특허를 만드는 일이다. 기술금융에 영향을 줄 수 있는 '보호'를 장기적으로 가져가기 위해서는 라이센스를 생각해 볼 수 있다.

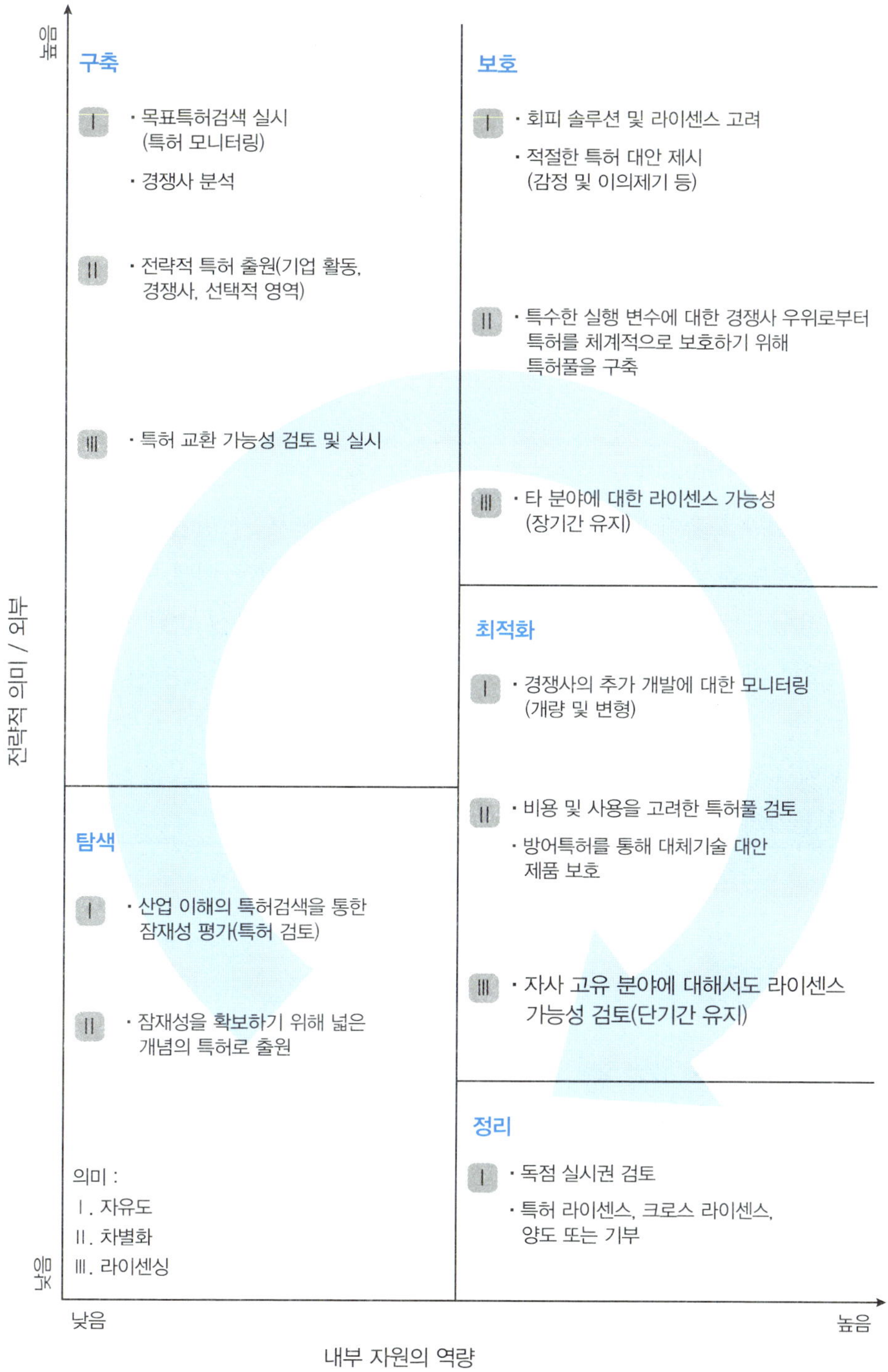
높음
구축
Ⅰ
・목표특허검색 실시 (특허 모니터링)
・경쟁사 분석
Ⅱ
・전략적 특허 출원(기업 활동, 경쟁사, 선택적 영역)
Ⅲ
・특허 교환 가능성 검토 및 실시
보호
Ⅰ
・회피 솔루션 및 라이센스 고려
・적절한 특허 대안 제시 (감정 및 이의제기 등)
Ⅱ
・특수한 실행 변수에 대한 경쟁사 우위로부터 특허를 체계적으로 보호하기 위해 특허풀을 구축
Ⅲ
・타 분야에 대한 라이센스 가능성 (장기간 유지)
전략적 의미 / 외부
최적화
Ⅰ
・경쟁사의 추가 개발에 대한 모니터링 (개량 및 변형)
Ⅱ
・비용 및 사용을 고려한 특허풀 검토
・방어특허를 통해 대체기술 대안 제품 보호
Ⅲ
・자사 고유 분야에 대해서도 라이센스 가능성 검토(단기간 유지)
탐색
Ⅰ
・산업 이해의 특허검색을 통한 잠재성 평가(특허 검토)
Ⅱ
・잠재성을 확보하기 위해 넓은 개념의 특허로 출원
정리
Ⅰ
・독점 실시권 검토
・특허 라이센스, 크로스 라이센스, 양도 또는 기부
의미 :
Ⅰ. 자유도
Ⅱ. 차별화
Ⅲ. 라이센싱
낮음
낮음
높음
내부 자원의 역량

④ 최적화

특허포트폴리오의 최적화는 단기적으로는 기술금융에 영향을 줄 수 있으며, 자체 기술 개발 전 영역에 걸쳐 라이센스의 가능성을 검토해 보는 것이 좋다. 또한 비용과 사용의 측면에서 특허풀을 고려해야 한다. 경쟁사의 상황에 따라서는 방어 특허를 통해 대체 기술을 보호할 수 있다.

⑤ 정리

마지막으로 '정리'의 단계로서 수명 주기에 따른 특허포트폴리오는 특허의 독점적 활용(양도, 독점 라이센스, 필요시 무상 양도)이 고려될 수 있다.

5 5단계 : 대안 제시

기술 및 특허전략의 도출에 따라 마지막 단계에서는 포트폴리오가 변환된다. 그러나 이러한 대안 제시가 때로는 분석을 통해서 오히려 혼란에 부딪칠 수도 있다. 이때, 무리하게 개발된 전략이라도 어떻게든 추진하려면 혼란을 야기시키는 모순에 대한 우선 순위가 필요하다. 전략 개발자는 중요한 대안 제시에 대해서는 사업 범위 내에서 상세한 계획을 해야 하고 이를 실행 변환시켜야 한다. 이를 통해 나중에 발생되는 특허 대안 제시의 간접적인 효과를 상술한 위협으로부터 피해야 한다. 분명한 것은 실행 가능한 목표를 어떻게 정기적으로 측정하고 관리를 해 나가야 하는가에 대해서는 이 단계에서 매우 의미있는 일이다.

10.4 보유특허전략

여기서는 특허의 내부 및 외부 활용에 대해서 알아본다. 내부 활용에 있어서는 자사가 개발한 기술을 제품화하는 것을 의미하며, 이때 타사에 비해 경쟁우위가 있을 만큼 자사의 핵심 역량을 이용하여 기술사업화 하는 것을 말한다. 이때는 자사의 강점이 무엇이고 약점이 무엇인지 냉철하게 분석해야 한다. 기술개발을 하고 특허까지 내놓고 사업화하는 과정에서 타 경쟁사와의 비교에서 비교우위가 떨어진다면 자체 사업화로 끌고 가기보다는 차라리 외부에 양도하거나 라이센싱하는 등 외부 활용에 대해 심사숙고하는 편이 나을 수 있다. 이 경우 포트폴리오 기법을 이용하여 무엇을 해야 할 지 결정하는 것이 바람직하다.

기업은 특허전략을 도입할 때 자사의 경쟁 요소에 해당하는 기술 분야가 무엇인지를 생각하고 이를 포함해야 한다. 기업은 자사가 사용할 수 있는 특허는 라이센싱으로 활용할 여지가 있어도 보통은 활용하지 않는다.

또한 기업 스스로 사용하지 않는 특허의 경우, 라이센싱이나 양도 전에 비활용에 대한 전략적 가치가 있는지의 여부도 검토해야 한다. 반대로 전략적 가치가 적으면 라이센싱이나 양도를 적극 모색해야 한다.

연구문제

1. 특허경영전략 수립의 절차를 설명하시오.

2. 전략수립전 환경분석은 무엇 때문에 필요한가?

3. '산업의 집중도'는 무엇인지 설명하시오.

4. 잠재적 진입자와의 경쟁에서 고려되어야 할 사항을 설명하시오.

5. 특정 제품을 선정하고 이에 대한 5 Force를 기술하시오.

6. 갈러(Galler)의 특허포트폴리오 모델을 설명하시오.

7. 갈러(Galler)의 특허포트폴리오를 이용한 특허경영전략 수립 절차를 설명하시오.

8. 기업의 경쟁우위전략에 있어서 고려되어야 할 3가지 사항은 무엇이며, 이를 간단히 설명하시오.

9. '기술포트폴리오'와 '특허포트폴이오'와의 관계를 기술하고 그 차이점을 설명하시오.

10. 특허경영전략 수립시 비전 및 미션 제시는 왜 중요한가?

APPENDIX

부록 1 : 트리즈의 변수 및 원리

1 트리즈의 39가지 변수

(1) 움직이는 물체의 무게

개체의 수량 또는 대량을 빠르고 쉽게 자신이나 외부 힘의 결과로 위치를 변경할 수 있다.

(2) 정지 물체의 무게

개체의 수량 또는 대량을 빠르고 쉽게 자신이나 외부 힘의 결과로 위치를 변경할 수 없다.

(3) 움직이는 물체의 길이

개체의 차원, 길이, 높이, 또는 너비를 빠르고 쉽게 자신이나 외부 힘의 결과로 위치를 변경할 수 있다.

(4) 움직이지 않는 물체의 길이

개체의 차원, 길이, 높이, 또는 너비를 빠르고 쉽게 자신이나 외부 힘의 결과로 위치를 변경할 수 없다.

(5) 움직이는 물체의 면적

개체 또는 외부 세력의 결과로 정의된 경계 내에서 표면을 빠르고 쉽게 자신의 위치를 변경할 수 있다.

(6) 움직이지 않는 물체의 면적

정의된 경계 내에서 표면에서 자신이나 외부 힘의 결과로 빠르고 쉽게 위치를 바꿀 수 없는 개체.

(7) 움직이는 물체의 부피

개체 점유 공간을 빠르고 쉽게 자신이나 외부 세력의 결과로 위치를 변경할 수 있다.

(8) 움직이지 않는 물체의 부피

개체 또는 외부 힘의 결과로 점유공간을 빠르고 쉽게 자신의 위치를 변경할 수 없다.

(9) 속도

거리를 움직이는 속도는 작업이 완료되거나 단위를 생산한다.

(10) 힘

두 개체 또는 시스템 간의 상호 작용을 운동에서 휴식 객체를 넣거나 객체의 움직임을 변경할 수 있다.

(11) 응력 또는 압력

시스템의 행동 세력이나 수량의 강도, 평방인치 당 압축의 힘

(12) 모양

외적 윤곽, 객체 또는 시스템의 외관

(13) 물체의 안정성

전체 또는 일부, 영구 또는 임시로 시스템의 무결성, 정수성에 있는 개체의 상호 작용의 수

(14) 강도

특정 조건 및 특정 한도 내에서 다양한 효과를 흡수하기 위한 시스템이나 개체의 능력

(15) 움직이는 물체의 작용 지속 시간

개체의 기능 기간이 빠르고 쉽게 자신이나 외부 힘의 결과로 위치를 변경할 수 있다.

(16) 움직이지 않는 물체의 작용 지속 시간

개체의 기능 기간이 자신이나 외부 힘의 결과로 위치를 변경할 수 없다.

(17) 온도

뜨거움과 추위의 정도를 온도계로 측정

(18) 밝기

빛 또는 조명의 정도의 수량, 시스템의 다른 빛의 특성

(19) 움직이는 물체에 의해 사용된 에너지

에너지를 빠르고 쉽게 스스로 하거나 외부 세력의 결과로 위치를 변경할 수 있는 개체 소비 자원의 금액

(20) 움직이지 않는 물체에 의해 사용된 에너지

빠르고 쉽게 자신이나 개체에 의해 소비 에너지 또는 자원의 양을 외부 세력의 결과로 위치를 변경할 수 없다.

(21) 힘

단위당 작업 시간

(22) 에너지 손실

전체 또는 부분적으로, 영구적 또는 일시적으로 일을 위한 시스템 용량의 손실

(23) 물질의 손실

영구적 또는 일시적으로 구성요소의 일부시스템(물질, 부품, 또는 서브시스템)에서 또는 부분적으로 완전히 손실

(24) 정보의 손실

영구적으로 또는 일시적 부분적으로, 시스템을 둘러 싼 세계의 일부 데이터, 또는 메시지의 시스템 손실

(25) 시간 손실

주어진 작업(조립, 수리, 운영, ATC)을 수행하기 위해 필요한 시간의 증가(전체 또는 일부, 영구 또는 임시)

(26) 물질의 양

완전히 또는 부분적으로, 영구적 또는 일시적으로 시스템 요소의 번호 또는 금액 변경(자료, 물질, 부품 또는 서브시스템)

(27) 신뢰성, 내구성

지속적으로 운영, 유지 보수, 수리 및 교통, 주어진 조건 하에서 특정 한도 이내의 특성을 유지하기 위해 소정의 기능을 수행하기 위한 시스템 용량

(28) 측정의 정확도

실제 수량 가치를 정확하게 측정할 수 있는 능력

(29) 제조의 정밀도

설계 사양에 밀접하게 대응하기 위해 생산되는 시스템의 능력

(30) 물체에 작용하는 유해요소

개체 혹은 시스템의 효율성이나 운영의 품질을 줄일 수 있는 외부 요인

(31) 유해한 부작용

시스템의 구조물 또는 체제의 개체작업 효율성과 품질을 줄일 수 있는 고유한 특성에 의해 생성되었을 유해한 부작용

(32) 제조의 편이성

편리, 편안함과 제조시스템 또는 개체의 용이성

(33) 사용의 편이성

편리, 편안함과 시스템의 물체의 사용 또는 작동의 용이성

(34) 유지 보수의 편이성

편리, 편안함과 시스템의 오류 및 결함의 복구의 용이성

(35) 적응성

변화하는 상호 작용 환경에 쉽게 적응과 방법을 다수에서 사용하거나 응용프로그램에 대한 시스템의 능력

(36) 장치의 복잡성

시스템 뿐만 아니라 관계를 구성하는 구성요소의 수와 종류, 또한 습득을 어려워하는 사용자에게 주어진 장치

(37) 조종의 복잡성

시스템이나 개체의 속성을 측정하거나, 성능을 모니터링의 비용과 복잡도

(38) 자동화 정도

객체의 혹은 인간의 간섭이나 도움 없이 운영하는 시스템의 능력

(39) 생산성

단위 시간 또는 시간의 양에 따라 시스템에 의해 수행 작업의 수는 단일작업에 보냈다.

2 트리즈의 40가지 해결 원리

(1) 분할(Segmentation, Division)

쪼개어 사용한다.

- 물체를 독립적인 부분으로 나눈다.
- 물체를 분해가 쉽도록 설계한다.
- 물체의 분해 정도를 증가시킨다.

(2) 추출(Taking out, Extraction)

필요한 것만을 뽑아 쓴다.

- 물체로부터 필요 없는 부분이나 물성(property)을 추출한다.
- 물체로부터 필요한 부분이나 물성만 추출한다.

(3) 국부적 품질(Local Quality)

전체를 똑같이 할 필요 없다.

- 물체의 구조 또는 환경을 균질 상태에서 비균질(non-uniform) 상태의 구조로 바꾼다.
- 다른 부품에 대해서는 다른 유익한 기능을 설정한다.

- 물체가 각 부분이 최상의 동작 조건이 되도록 한다.

(4) 비대칭(Asymmetry)

비대칭으로 바꾼다.

- 대칭형을 비대칭형으로 바꾼다.
- 객체가 이미 비대칭이라면 비대칭의 정도를 더 높인다.

(5) 통합(Consolidation, Merging)

한 번에 여러 작업을 한다.

- 동일, 유사, 또는 연관된 기능을 수행하는 물체들을 가깝게 또는 한 데 모은다.
- 동일, 유사, 또는 연관된 기능을 동시에 수행하도록 동작들을 결합한다.

(6) 다용도(Multifunction, Universality)

하나의 부품을 여러 용도로 사용한다.

- 하나의 객체가 여러 가지 서로 다른 기능들을 수행할 수 있다.
- 따라서 다른 부분들의 필요성을 줄인다.

(7) 포개기(Nesting, Nested dolls)

포개기, 안에 집어넣기.

- 하나의 객체를 다른 객체의 속에 넣는다.
- 하나의 객체가 다른 객체의 구멍을 통과한다.

(8) 공중부양(Counterweight, Anti-weight)

지구 중력으로부터의 무게를 회피한다.

- 올리는 힘이 커질 수 있는 다른 물체와 연결하여 대상의 무게를 상쇄시킨다.
- 환경(공기역학적 힘이나 유체역학적 힘, 부력 등)과 상호작용하여 물체의 무게를 상쇄시킨다.

(9) 사전반대조치(Preliminary Counter Action, Preliminary Anti-Action, Prior Counter Action, Preliminary Anti-Action)

- 미리 반대방향으로 조치를 취한다.
- 미리 요구되는 작용의 반대 작용을 수행한다.
- 지나치거나 바람직하지 못한 스트레스를 보정하기 위해 미리 반대의 응력을 준다.

(10) 사전조치(Preliminary Action)

미리 조치한다.

- 미리 요구되는 작용을 수행한다.
- 미리 물체를 가장 편리한 위치에 두고 공급에 필요한 시간 낭비를 줄인다.

(11) 사전예방조치(Preliminary Compensation, Beforehand cushioning)

미리 예방 조치를 취한다.

- 물체의 신뢰성이 낮으면 미리 준비된 비상수단으로 상쇄시킨다.

(12) 위치 유지(Equipotentiality)

위치(position) 변화를 제한한다.

- 물체를 들어 올리거나 내릴 필요가 없게 작업 조건을 변화시킨다.

(13) 역방향(Do It Reverse, The other way round)

반대로 해본다.

- 문제 해결에 요구되는 작용을 거꾸로 한다.
- 고정 부품은 움직이게, 유동 부품은 고정시킨다.
- 물체를 돌려라, 뒤집어라.

(14) 곡선화(Curvature Increase, Spheroidality) :

직선을 곡선으로 바꾼다.

- 물체의 형태를 직선에서 곡선으로 바꾼다.
- 롤러, 볼, 나선형, 돔을 이용한다.
- 직선 운동은 회전 운동으로 바꾼다.

(15) 자유도 증가(Dynamicity, Dynamics)

부분, 단계마다 자유롭게 움직이기.

- 물체의 특성이나 외부환경을 동작단계마다 최상이 되도록 가변시킨다.
- 물체를 서로 상대적으로 움직이도록 분리한다.
- 물체를 가변되게 또는 움직이게 한다.

(16) 초과나 과부족(Partial or Excessive Actions)

지나치거나 부족하게 행동하기.

- 100% 완벽한 것을 얻기 위해 비싼 대가를 치르기보다 '조금 더' 혹은 '조금 덜'하는 방법으로 해결한다.

(17) 차원변화(Dimension Change, Another Dimension)

X, 혹은 Y축 등으로 차원을 바꾼다.

- 1차원의 물체의 배치나 운동을 2차원, 3차원으로 바꾼다.
- 1층 대신에 다층을 활용한다.
- 물체를 기울이거나 돌린다.
- 물체를 다른 면을 이용한다.

(18) 진동(Mechanical Vibration)

진동을 이용한다.

- 물체가 진동 운동하게 한다.
- 물체의 고유 진동수 및 공진을 이용한다.

(19) 주기적 작용(Periodic Action)

연속적으로 하지 않고 주기적으로 한다.

- 연속적 작용은 주기적 순간작용으로 바꾼다.
- 작용이 이미 주기적이면 주파수를 바꾼다.
- 작용과 그 다음 작용 사이의 시간 터울을 이용하여 주기적 작용을 한다.

(20) 유용한 작용의 지속(Continuity of Useful Action)

유용한 작용을 쉬지 않고 지속한다.

- 지속적으로 유용한 작용을 가능하게 한다.
- 작용이 쉬지 않고 진행되도록 한다.
- 병목현상을 제거한다.

(21) 급히 통과(Rushing Through, Skipping)

유해하다면 빨리 진행해 버린다.

- 가장 위험하고 유해한 영향에서 벗어나기 위해서 고속진행한다.

(22) 전화위복(Convert Harmful to Useful, Blessing in disguise, Turn Lemons into Lemonade)

유해한 것을 유익한 것으로 바꾼다.

- 바람직한 효과를 얻기 위해서 헤로운 요소를 활용한다.
- 유해한 요소를 또 다른 유해한 요소와 결합하여 제거한다.
- 더 이상 유해하지 않을 범위까지 유해한 정도를 증가한다.

(23) 피드백(Feedback)

피드백을 도입한다.

- 피드백을 도입한다.
- 이미 피드백이 존재하면 그 크기나 영향을 바꾼다.

(24) 중간 매개물(Intermediate, Intermediary)

직접 하지 않고 중간 매개물을 이용한다.

- 작용을 수행하거나 전달하기 위해 중간 매개물을 사용한다.
- 객체에 쉽게 제거될 수 있는 다른 객체를 임시로 결합한다.

(25) 셀프서비스(Self-service)

저절로 기능이 수행되게 한다.

- 물체 스스로 유익한 작용을 하고 유지보수 할 수 있게 한다.
- 버리는 자원, 물질과 에너지를 이용한다.

(26) 복사, 복제(Copy, Copying)

복잡하고 비싼 것으로, 대신 간단한 것으로 복제한다.

- 비싸거나, 얻기 어렵거나, 깨지기 쉬운 원래 객체 대신에 값싼 복제품을 사용한다.
- 객체나 프로세스를 사진으로 대체한다.
- 일반 사진 복제품이 이미 사용되었으면 적외선이나 자외선 복제품으로 바꾼다.

(27) 값싸고 짧은 수명(Cheap Short Life, Cheap short living objects)

한번 쓰고 버린다.

- 비싸고 수명이 긴 물체 대신 값싸고 수명이 짧은 일회용품을 사용한다.

(28) 기계시스템의 대체(Replacing Mechanical System, Mechanics substitution)

기계적 시스템을 광학, 음향시스템으로 바꾼다.

- 기계적 수단을 시각, 청각, 미각, 후각과 같은 수단으로 바꾼다.
- 물체와 상호작용 할 수 있는 전기적, 자기적, 전기자기적 장(Field)을이용한다.
- 고정장은 유동장으로, 불규칙장은 규칙장으로 바꾼다.

(29) 공기 및 유압 사용(Pneumatics and Hydraulics System)

공기나 유압을 사용한다.

- 물체의 고체 부분을 기체나 액체로 대체한다.
- 기체나 액체 부분은 팽창을 위해 공기나 물을 사용한다.

(30) 얇은 막(Flexible Membrance and Thin Films, Flexible shells and thin films)

얇은 막 또는 필름을 사용한다.

- 통상적인 구조물을 유연한 막이나 얇은 필름으로 대체한다.
- 유연한 막이나 얇은 필름을 이용하여 격리시킨다.

(31) 다공성 물질(Porous Materials)

미세한 구멍을 가진 물질을 사용한다.

- 물체를 다공성으로 만들거나 다공성 물질을 사용한다.
- 물질에 있는 구멍을 이용한다.

- 이미 물질이 다공성이라면 구멍을 유익한 어떤 물질 또는 기능으로 채운다.

(32) 색깔변화(Changing Color, Color changes)

색깔 변화 등 광학적 성질을 변화시킨다.

- 물체 또는 환경의 색을 바꾼다.
- 물체 또는 환경의 투명도를 바꾼다.
- 관측을 용이하게 하기 위해 색 첨가제, 형광 첨가제를 사용한다.
- 첨가제가 상용되고 있다면 발광 추적자 또는 추적 원자를 이용한다.

(33) 동질성(Homogeneity)

같은 재료를 사용한다.

- 본체와 상호작용하는 주변 물체는 본체와 동일한 재료로 만든다.
- 동일한 재료가 불가능하면 비슷한 특성을 지닌 재료로 만든다.

(34) 폐기 및 재생(Rejection and Regeneration, Discarding and recovering)

다 쓴 것은 버리거나 복구한다.

- 사물이 기능을 다하면 폐기하거나 도중에 개조한다.
- 폐기하는 것에는 버리기, 녹이기 증발시키기 등이 있다.
- 기 사용된 부품은 작동 중에 직접적으로 원위치한다.

(35) 속성 변화(Parameter Changes)

물질의 속성을 변화시킨다.

- 시스템의 물리적 상태(기체, 액체, 고체)를 변화시킨다.
- 농도나 일관성을 변화시킨다.
- 유연성의 정도를 변화시킨다.
- 온도를 변화시킨다.

(36) 상전이(Phase Transformations, Phase Transitions)

- 상전이 현상을 이용한다.
- 상전이 때 부피 변환, 열의 발산, 형상의 변화 등을 이용한다.

(37) 열팽창(Thermal Expansion)

물질의 팽창과 수축을 이용한다.

- 온도변화에 의한 물질의 팽창 및 수축을 이용한다.
- 열팽창계수가 다른 여러가지 재료를 이용한다.

(38) 산화제(Oxyden, Strong Oxidants)

산화도를 향상시킨다.

- 한 수준의 산화로부터 더 높은 산화로 바꾼다.
- 일반 공기는 산소로, 산소는 오존으로 바꾼다.

(39) 불활성 환경(Inert Envirionment, Inert atmosphere) :

불활성 환경을 바꾼다.

- 정상적인 환경을 비활성 환경으로 바꾼다.
- 사물에 중성 물질이나 중성의 첨가제를 넣는다.
- 진공 속에서 작업한다.

(40) 복합재료(Composite Materials)

- 동질의 재료를 복합재료로 바꾼다.

부록 2 : 모순행렬표

		한 특성을 개선하려 할 때 악화되는 다른 특성																		
	개선하려는 특성(↓)	1	2	3	4	5	6	7	8	9	10	11	12	13	14	15	16	17	18	19
1	움직이는 물체의 무게		–	15, 8 29, 34	–	29, 17 38, 34	–	29, 2 40, 28	–	2, 8 15, 38	8, 10 18, 37	10, 36 37, 40	10, 14 35, 40	1, 35 19, 39	28, 27 18, 40	5, 34 31, 35	–	6, 29 4, 38	19, 1 32	35, 12 34, 31
2	정지한 물체의 무게	–		–	10, 1 29, 35	–	35, 30 13, 2	–	5, 35 14, 2	–	8, 10 19, 35	13, 29 10, 18	13, 10 29, 14	26, 39 1, 40	28, 2 10, 27	–	2, 27 19, 6	28, 19 32, 22	19, 32 35	–
3	움직이는 물체의 길이	8, 15 29, 34	–		–	15, 17 4	–	7, 17 4, 35	–	13, 4 8	17, 10 4	1, 8 35	1, 8 10, 29	1, 8 15, 34	8, 35 29, 34	19	–	10, 15 19	32	8, 35 24
4	정지한 물체의 길이	–	35, 28 40, 29	–		–	17, 7 10, 40	–	35, 8 2, 14	–	28, 10	1, 14 35	13, 14 15, 7	39, 37 35	15, 14 28, 26	–	1, 40 35	3, 35 38, 18	3, 25	–
5	움직이는 물체의 면적	2, 17 29, 4	–	14, 15 18, 4	–		–	7, 14 17, 4	–	29, 30 4, 34	19, 30 35, 2	10, 15 36, 28	5, 34 29, 4	11, 2 13, 39	3, 15 40, 14	6, 3	–	2, 15 16	15, 32 19, 13	19, 32
6	정지한 물체의 면적	–	30, 2 14, 18	–	26, 7 9, 39	–		–	–	–	1, 18 35, 36	10, 15 36, 37	–	2, 38	40	–	2, 10 19, 30	35, 39 38	–	–
7	움직이는 물체의 부피	2, 26 29, 40	–	1, 7 4, 35	–	1, 7 4, 17	–		–	29, 4 38, 34	15, 35 36, 37	6, 35 36, 37	1, 15 29, 4	28, 10 1, 39	9, 14 15, 7	6, 35 4	–	34, 39 10, 18	2, 13 10	35
8	정지한 물체의 부피	–	35, 10 19, 14	19, 14	35, 8 2, 14	–	–	–		–	2, 18 37	24, 35	7, 2 35	34, 28 35, 40	9, 14 17, 15	–	35, 34 38	35, 6 4	–	–
9	속도	2, 28 13, 38	–	13, 14 8	–	29, 30 34	–	7, 29 34	–		13, 28 15, 19	6, 18 38, 40	35, 15 18, 34	28, 33 1, 18	8, 3 26, 14	3, 19 35, 5	–	28, 30 36, 2	10, 13 19	8, 15 35, 38
10	힘	8, 1 37, 18	18, 13 1, 28	17, 19 9, 36	28, 10	19, 10 15	1, 18 36, 37	15, 9 12, 37	2, 36 18, 37	13, 28 15, 12		18, 21 11	10, 35 40, 34	35, 10 21	35, 10 14, 27	19, 2	–	35, 10 21	–	19, 17 10
11	장력/압력	10, 36 37, 40	13, 29 10, 18	35, 10 36	35, 1 14, 16	10, 15 36, 28	10, 15 36, 37	6, 35 10	35, 24	6, 35 36	36, 35 21		35, 4 15, 10	35, 33 2, 40	9, 18 3, 40	19, 3 27	–	35, 39 19, 2	–	14, 24 10, 37
12	모양	8, 10 29, 40	15, 10 26, 3	29, 34 5, 4	13, 14 10, 7	5, 34 4, 10	–	14, 4 15, 22	7, 2 35	35, 15 34, 18	35, 10 37, 40	34, 15 10, 14		33, 1 18, 4	30, 14 10, 40	14, 26 9, 25	–	22, 14 19, 32	13, 15 32	2, 6 34, 14
13	물체의 안정성	21, 35 2, 39	26, 39 1, 40	13, 15 1, 28	37	2, 11 13	39	28, 10 19, 39	34, 28 35, 40	33, 15 28, 18	10, 35 21, 16	2, 35 40	22, 1 18, 4		17, 9 15	13, 27 10, 35	39, 3 35, 23	35, 1 32	32, 3 27, 15	13, 19
14	강도	1, 8 40, 15	40, 26 27, 1	1, 15 8, 35	15, 14 28, 26	3, 34 40, 29	9, 40 28	10, 15 14, 7	9, 14 17, 15	8, 13 26, 14	10, 18 3, 14	10, 3 18, 40	10, 30 35, 40	13, 17 35		27, 3 26	–	30, 10 40	35, 19	19, 35 10
15	움직이는 물체의 지속성	5, 19 34, 31	–	2, 19 9	–	3, 17 19	–	10, 2 19, 30	–	3, 35 5	19, 2 16	19, 3, 27	14, 26 28, 25	13, 3 35	27, 3 10		–	19, 35 39	2, 19 4, 35	28, 6 35, 18
16	정지한 물체의 지속성	–	6, 27 19, 16	–	1, 40 35	–	–	–	35, 34 38	–	–	–	–	39, 3 35, 23	–	–		19, 18 36, 40	–	–
17	온도	36, 22 6, 38	22, 35 32	15, 19 9	15, 19 9	3, 35 39, 18	35, 38	34, 39 40, 18	35, 6 4	2, 28 36, 30	35, 10 3, 21	35, 39 19, 2	14, 22 19, 32	1, 35 32	10, 30 22, 40	19, 13 39	19, 18 36, 40		32, 30 21, 16	19, 15 3, 17
18	밝기	19, 1 32	2, 35 32	19, 32 16	–	19, 32 26	–	2, 13 10	–	10, 13 19	26, 19 6	–	32, 30	32, 3 27	35, 19	2, 19 6	–	32, 35 19		32, 1 19
19	움직이는 물체의 소비 에너지	12, 18 28, 31	–	12, 28	–	15, 19 25	–	35, 13 18	–	8, 35	16, 26 21, 2	23, 14 25	12, 2 29	19, 13 17, 24	5, 19 9, 35	28, 35 6, 18	–	19, 24 3, 14	2, 15 19	
20	정지한 물체의 소비 에너지	–	19, 9 6, 27	–	–	–	–	–	–	–	36, 37	–	–	27, 4 29, 18	35	–	–	–	19, 2 35, 32	–
21	동력	8, 36, 38, 31	19, 26 17, 27	1, 10 35, 37	–	19, 38	17, 32 13, 38	35, 6 38	30, 6 25	15, 35 2	26, 2 36, 35	22, 10 35	29, 14 2, 40	35, 32 15, 31	26, 10 28	19, 35 10, 38	16	2, 14 17, 25	16, 6 19	16, 6 19, 37
22	에너지의 낭비	15, 6 19, 28	19, 6 18, 9	7, 2 6, 13	6, 38 7	15, 26 17, 30	17, 7 30, 18	7, 18 23	7	16, 35 38	36, 38	–	–	14, 2 39, 6	26	–	–	19, 38 7	1, 13 32, 15	–
23	물질의 낭비	35, 6 23, 40	35, 6 22, 32	14, 29 10, 39	10, 28 24	35, 2 10, 31	10, 18 39, 31	1, 29 30, 36	3, 39 18, 31	10, 13 28, 38	14, 15 18, 40	3, 36 37, 10	29, 35 3, 5	2, 14 30, 40	35, 28 31, 40	28, 27 3, 18	27, 16 18, 38	21, 36 39, 31	1, 6 13	35, 18 24, 5
24	정보의 손실	10, 24 35	10, 35 5	1, 26	26	30, 26	30, 16	–	2, 22	26, 32	–	–	–	–	–	10	10	–	19	–
25	시간의 낭비	10, 20 37, 35	10, 20 26, 5	15, 2 29	30, 24 14, 5	26, 4 5, 16	10, 35 17, 4	2, 5 34, 10	35, 16 32, 18	–	10, 37 36, 5	37, 36 4	4, 10 34, 17	35, 3 22, 5	29, 3 28, 18	20, 10 28, 18	28, 20 10, 16	35, 29 21, 18	1, 19 26, 17	35, 38 19, 18
26	물질의 양	35, 6 18, 31	27, 26 18, 35	29, 14 35, 18	–	15, 14 29	2, 18 40, 4	15, 20 29	–	35, 29 34, 28	35, 14 3	10, 36 14, 3	35, 14	15, 2 17, 40	14, 35 34, 10	3, 35 10, 40	3, 35 31	3, 17 39	–	34, 29 16, 18
27	신뢰성	3, 8 10, 40	3, 10 8, 28	15, 9 14, 4	15, 29 28, 11	17, 10 14, 16	32, 35 40, 4	3, 10 14, 24	2, 35 24	21, 35 11, 28	8, 28 10, 3	10, 24 35, 19	35, 1 16, 11	–	11, 28	2, 35 3, 25	34, 27 6, 40	3, 35 10	11, 32 13	21, 11 27, 19
28	측정의 정확성	32, 35 26, 28	28, 35 25, 26	28, 26 5, 16	32, 28 3, 16	26, 28 32, 3	26, 28 32, 3	32, 13 6	–	28, 13 32, 24	32, 2	6, 28 32	6, 28 32	32, 35 13	28, 6 32	28, 6 32	10, 26 24	6, 19 28, 24	6, 1 32	3, 6 32
29	제조의 정확성	28, 32 13, 18	28, 35 27, 9	10, 28 29, 37	2, 32 10	28, 33 29, 32	2, 29 18, 36	32, 23 2	25, 10 35	10, 28 32	28, 19 34, 36	3, 35	32, 30 40	30, 18	3, 27	3, 27 40	–	19, 26	3, 32	32, 2
30	물체에 작용하는 해로운 인자	22, 21 27, 39	2, 22 13, 24	17, 1 39, 4	1, 18	22, 1 33, 28	27, 2 39, 35	22, 23 37, 35	34, 39 19, 27	21, 22 35, 28	13, 35 39, 18	22, 2 37	22, 1 3, 35	35, 24 30, 18	18, 35 37, 1	22, 15 33, 28	17, 1 40, 33	22, 33 35, 2	1, 19 32, 13	1, 24 6, 27
31	해로운 부작용	19, 22 5, 39	35, 22 1, 39	17, 15 16, 22	–	17, 2 18, 39	22, 1 40	17, 2 40	30, 18 35, 4	35, 28 3, 23	35, 28 1, 40	2, 33 27, 18	35, 1	35, 40 27, 39	15, 35 22, 2	15, 22 33, 31	21, 39 16, 22	22, 35 2, 24	19, 24 39, 32	2, 35 6
32	제조의 용이성	28, 29 15, 16	1, 27 36, 13	1, 29 13, 17	15, 17 27	13, 1 26, 12	16, 40	13, 29 1, 40	35	35, 13 8, 1	35, 12	35, 19 1, 37	1, 28 13, 27	11, 13 1	1, 3 10, 32	27, 1 4	35, 16	27, 26 18	28, 24 27, 1	28, 26 27, 1
33	사용의 편의성	25, 2 13, 15	6, 13 1, 25	1, 17 13, 12	–	1, 17 13, 16	18, 16 15, 39	1, 16 35, 15	4, 18 39, 31	18, 13 34	28, 13 35	2, 32 12	15, 34 29, 28	32, 35 30	32, 40 3, 28	29, 3 8, 25	1, 16 25	26, 27 13	13, 17 1, 24	1, 13 24
34	수리의 용이성	2, 27, 35, 11	2, 27 35, 11	1, 28 10, 25	3, 18 31	15, 13 32	16, 25	25, 2 35, 11	1	34, 9	1, 11 10	13	1, 13 2, 4	2, 35	11, 1 2, 9	11, 29 28, 27	1	4, 10	15, 1 13	15, 1 28, 16
35	적응성	1, 6 15, 8	19, 15 29, 16	35, 1 29, 2	1, 35 16	35, 30 29, 7	15, 16	15, 35 29	–	35, 10 14	15, 17 20	35, 16	15, 37 1, 8	35, 30 14	35, 3 32, 6	13, 1 35	2, 16	27, 2 3, 35	6, 22 26, 1	19, 35 29, 13
36	장치의 복잡성	26, 30 34, 36	2, 26 35, 39	1, 19 26, 24	26	14, 1 13, 16	6, 36	34, 26 6	1, 16	34, 10 28	26, 16	19, 1 35	29, 13 28, 15	2, 22 17, 19	2, 13 28	10, 4 28, 15	–	2, 17 13	24, 17 13	27, 2 29, 28
37	제어의 복잡성	27, 26 28, 13	6, 13 28, 1	16, 17 26, 24	26	2, 13 18, 17	2, 39 30, 16	29, 1 4, 16	2, 18 26, 31	3, 4 16, 35	30, 28 40, 19	35, 36 37, 32	27, 13 1, 39	11, 22 39, 30	27, 3 15, 28	19, 29 39, 25	25, 34 6, 35	3, 27 35, 16	2, 24 26	35, 38
38	자동화 수준	28, 26 18, 35	28, 26 35, 10	14, 13 17, 28	23	17, 14 13	–	35, 13 16	–	28, 10	2, 35	13, 35	15, 32 1, 13	18, 1	25, 13	6, 9	–	26, 2 19	8, 32 19	2, 32 13
39	생산성	35, 26 24, 37	28, 27 15, 3	18, 4 28, 38	30, 7 14, 26	10, 26 34, 31	10, 35 17, 7	2, 6 34, 10	35, 37 10, 2	–	28, 15 10, 36	10, 37 14	14, 10 34, 40	35, 3 22, 39	29, 28 10, 18	35, 10 2, 18	20, 10 16, 38	35, 21 28, 10	26, 17 19, 1	35, 10 38, 19

20	21	22	23	24	25	26	27	28	29	30	31	32	33	34	35	36	37	38	39	40가지 원리	
–	12, 36 18, 31	6, 2 34, 19	5, 35 3, 31	10, 24 35	10, 35 20, 28	3, 26 18, 31	3, 11 1, 27	28, 27 35, 26	28, 35 26, 18	22, 21 18, 27	22, 35 31, 39	27, 28 1, 36	35, 3 2, 24	2, 27 28, 11	29, 5 15, 8	26, 30 36, 34	28, 29 26, 32	26, 35 18, 19	35, 3 24, 37	분할	1
18, 19 28, 1	15, 19 18, 22	18, 19 28, 15	5, 8 13, 30	10, 15 35	10, 20 35, 26	19, 6 18, 26	10, 28 8, 3	18, 26 28	10, 1 35, 17	2, 19 22, 37	35, 22 1, 39	28, 1 9	6, 13 1, 32	2, 27 28, 11	19, 15 29	1, 10 26, 39	25, 28 17, 15	2, 26 35	1, 28 15, 35	추출	2
–	1, 35	7, 2 35, 39	4, 29 23, 10	1, 24	15, 2 29	29, 35	10, 14 29, 40	28, 32 4	10, 28 29, 37	1, 15 17, 24	17, 15	1, 29 17	15, 29 35, 4, 7	1, 28 10	14, 15 1, 16	1, 19 26, 24	35, 1 26, 24	17, 24 26, 16	14, 4 28, 29	국소적 성질	3
–	12, 8	6, 28	10, 28 24, 35	24, 26	30, 29	–	15, 29 28	32, 28	2, 32 10	1, 18	–	15, 17 27	2, 25	3	1, 35	1, 26	26	–	30, 14 7, 26	비대칭	4
–	19, 10 32, 18	15, 17 30, 26	10, 35 2, 39	30, 26	26, 4	29, 30 6, 13	29, 9	26, 28 32, 3	2, 32	22, 33 28, 1	17, 2 18, 39	13, 1 26, 24	15, 17 13, 16	15, 13 10, 1	15, 30	14, 1 13	2, 36 26, 18	14, 30 28, 23	10, 26 34, 2	통합	5
–	17, 32	17, 7 30	10, 14 18, 39	30, 16	10, 35 4, 18	2, 18 40, 4	32, 35 40, 4	26, 28 32, 3	2, 29 18, 36	27, 2 39, 35	22, 1 40	40, 16	16, 4	16	15, 16	1, 18 36	2, 35 30, 18	23	10, 15 17, 7	범용성/다용도	6
–	35, 6 13, 18	7, 15 13, 16	36, 39 34, 10	2, 22	2, 6 34, 10	29, 30 7	14, 1 40, 11	26, 28	25, 28 2, 16	22, 21 27, 35	17, 2 40, 1	29, 1 40	15, 13 30, 12	10	15, 29	26, 1	29, 26 4	35, 34 16, 24	10, 6 2, 34	포개기	7
–	30, 6	–	10, 39 35, 34	–	35, 16 32 18	35, 3	2, 35 16	–	35, 10 25	34, 39 19, 27	30, 18 35, 4	35	–	1	–	1, 31	2, 17 26	–	35, 37 10, 2	평형추	8
–	19, 35 38, 2	14, 20 19, 35	10, 13 28, 38	13, 26	–	18, 19 29, 38	11, 35 27, 28	28, 32 1, 24	10, 28 32, 25	1, 28 35, 23	2, 24 35, 21	35, 13 8, 1	32, 28 13, 12	34, 2 28, 27	15, 10 26	10, 28 4, 34	3, 34 27, 16	10, 18	–	선행반대조치	9
1, 16 36, 37	19, 35 18, 37	14, 15	8, 35 40, 5	–	10, 37 36	14, 29 18, 36	3, 35 13, 21	35, 10 23, 24	28, 29 37, 36	1, 3 40, 18	13, 3 36, 24	15, 37 18, 1	1, 28 3, 25	15, 1 11	15, 17 18, 20	26, 35 10, 18	36, 37 10, 19	2, 35	3, 28 35, 37	선행조치	10
–	10, 35 14	2, 36 25	10, 36 3, 37	–	37, 36 4	10, 14 36	10, 13 19, 35	6, 28 25	3, 35	22, 2 37	2, 33 27, 18	1, 35 16	11	2	35	19, 1 35	2, 36 37	35, 24	10, 14 35, 37	사전예방	11
–	4, 6 2	14	35, 29 3, 5	–	14, 10 34, 17	36, 22	10, 40 16	28, 32 1	32, 30 40	22, 1 2, 35	35, 1	1, 32 17, 28	32, 15 26	2, 13 1	1, 15 29	16, 29 1, 28	15, 13 39	15, 1 32	17, 26 34, 10	높이 맞추기	12
27, 4 29, 18	32, 35 27, 31	14, 2 39, 6	2, 14 30, 40	–	35, 27	15, 32 35	–	13	18	35, 24 30, 18	35, 40 27, 39	35, 19	32, 35 30	2, 35 10, 16	35, 30 34, 2	2, 35 22, 26	35, 22 39, 23	1, 8 35	23, 35 40, 3	반대로 하기	13
35	10, 26 35, 28	35	35, 28 31, 40	–	29, 3 28, 10	29, 10 27	11, 3	3, 27 16	3, 27	18, 35 37, 1	15, 35 22, 2	11, 3 10, 32	32, 40 25, 2	27, 11 3	15, 3 32	2, 13 25, 28	27, 3 15, 40	15	29, 35 10, 14	구형화	14
–	19, 10 35, 38	–	28, 27 3, 18	10	20, 10 28, 18	3, 35 10, 40	11, 2 13	3	3, 27 16, 40	22, 15 33, 28	21, 39 16, 22	27, 1 4	12, 27	29, 10 27	1, 35 13	10, 4 29, 15	19, 29 39, 35	6, 10	35, 17 14, 19	역동성	15
–	16	–	27, 16 18, 38	10	28, 20 10, 16	3, 35 31	34, 27 6, 40	10, 26 24	–	17, 1 40, 33	22	35, 10	1	1	2	–	25, 34 6, 35	1	20, 10 16, 38	과부족 조치	16
–	2, 14 17, 25	21, 17 35, 38	21, 36 29, 31	–	35, 28 21, 18	3, 17 30, 39	19, 35 3, 10	32, 19 24	24	22, 33 35, 2	22, 35 2, 24	26, 27	26, 27	4, 10 16	2, 18 27	2, 17 16	3, 27 35, 31	26, 2 19, 16	15, 28 35	차원 바꾸기	17
32, 35 1, 15	32	13, 16 1, 6	13, 1	1, 6	19, 1 26, 17	1, 19	–	11, 15 32	3, 32	15, 19	35, 19 32, 39	19, 35 28, 26	28, 26 19	15, 17 13, 16	15, 1 19	6, 32 13	32, 15	2, 26 10	2, 25 16	기계적 진동	18
–	6, 19 37, 18	12, 22 15, 24	35, 24 18, 5	–	35, 38 19, 18	34, 23 16, 18	19, 21 11, 27	3, 1 32	–	1, 35 6, 27	2, 35 6	28, 26 30	19, 35	1, 15 17, 28	15, 17 13, 16	2, 29 27, 28	35, 38	32, 2	12, 28 35	주기적 작동	19
	–	–	28, 27 18, 31	–	–	3, 35 31	10, 36 23	–	–	10, 2 22, 37	19, 22 18	1, 4	–	–	–	–	19, 35 16, 25	–	1, 6	유익한 작용 지속	20
–		10, 35 38	28, 27 18, 38	10, 19	35, 20 10, 6	4, 34 19	19, 24 26, 31	32, 15 2	32, 2	19, 22 31, 2	2, 35 18	26, 10 34	26, 35 10	35, 2 10, 34	19, 17 34	20, 19 30, 34	19, 35 16	28, 2 17	28, 35 34	고속 처리	21
–	3, 38		35, 27 2, 37	19, 10	10, 18 32, 7	7, 18 25	11, 10 35	32	–	21, 22 35, 2	21, 35 2, 22	–	35, 32 1	2, 19	–	7, 23	35, 3 15, 23	2	28, 10 29, 35	전화위복	22
28, 27 12, 31	28, 27 18, 38	35, 27 2, 31		–	15, 18 35, 10	6, 3 10, 24	10, 29 39, 35	16, 34 31, 28	35, 10 24, 31	33, 22 30, 40	10, 1 34, 29	15, 34 33	32, 28 2, 24	2, 35 34, 27	15, 10 2	35, 10 28, 24	35, 18 10, 13	35, 10 18	28, 35 10, 23	피드백	23 23
–	10, 19	19, 10	–		24, 26 28, 32	24, 28 35	10, 28 23	–	–	22, 10 1	10, 21 22	32	27, 22	–	–	–	35, 33	35	13, 23 15	매개체	24
1	35, 20 10, 6	10, 5 18, 32	35, 18 10, 39	24, 26 28, 32		35, 38 18, 16	10, 30 4	24, 34 28, 32	24, 26 28, 18	35, 18 34	35, 22 18, 39	35, 28 34, 4	4, 28 10, 34	32, 1 10	35, 28	6, 29	18, 28 32, 10	24, 28 35, 30	–	셀프 서비스	25
3, 35 31	35	7, 18 25	6, 3 10, 24	24, 28 35	35, 38 18, 16		18, 3 28, 40	13, 2 28	33, 30	35, 33 29, 31	3, 35 40, 39	29, 1 35, 27	35, 29 25, 10	2, 32 10, 25	15, 3 29	3, 13 27, 10	3, 27 29, 18	8, 35	13, 29 3, 27	복제	26
36, 23	21, 11 26, 31	10, 11 35	10, 35 29, 39	10, 28	10, 30 4	21, 28 40, 3		32, 3 11, 23	11, 32 1	27, 35 2, 40	35, 2 40, 26	–	27, 17 40	1, 11	13, 35 8, 24	13, 35 1	27, 40 28	11, 13 27	1, 35 29, 38	일회용품	27
–	3, 6 32	26, 32 27	10, 16 31, 28	–	24, 34 28, 32	2, 6 32	5, 11 1, 23		–	28, 24 22, 26	3, 33 39, 10	6, 35 25, 18	1, 13 17, 34	1, 32 13, 11	13, 35 2	27, 35 10, 34	26, 24 32, 28	28, 2 10, 34	10, 34 28, 32	기계시스템의 대체	28
–	32, 2	13, 32 2	35, 31 10, 24	–	32, 26 28, 18	32, 30	11, 32 1	–		26, 28 10, 36	4, 17 34, 26	–	1, 32 35, 23	25, 10	–	26, 2 18	–	26, 28 18, 23	10, 18 32, 39	공기/수압식 구조	29
10, 2 22, 37	19, 22 31, 2	21, 22 35, 2	33, 22 19, 40	22, 10 2	35, 18 34	35, 33 29, 31	27, 24 2, 40	28, 33 23, 26	26, 28 10, 18		–	24, 35 2	2, 25 28, 39	35, 10 2	35, 11 22, 31	22, 19 29, 40	22, 19 29, 40	33, 3 34	22, 35 13, 24	유연막/박막	30
19, 22 18	2, 35 18	21, 35 2, 22	10, 1 34	10, 21 29	1, 22	3, 24 39, 1	24, 2 40, 39	3, 33 26	4, 17 34, 26	–		–	–	–	–	19, 1 31	2, 21 27, 1	2	22, 35 18, 39	다공질 재료	31
1, 4	27, 1 12, 24	19, 35	15, 34 33	32, 24 18, 16	35, 28 34, 4	35, 23 1, 24	–	1, 35 12, 18	–	24, 2	–		2, 5 13, 16	35, 1, 25 11, 9	2, 13 15	27, 26 1	6, 28 11, 1	8, 28 1	35, 1 10, 28	색깔 변경	32
–	35, 34 2, 10	2, 19 13	28, 32 2, 24	4, 10 27, 22	4, 28 10, 34	12, 35	17, 27 8, 40	25, 13 2, 34	1, 32 35, 23	2, 25 28, 39	–	2, 5 12		12, 26 1, 32	15, 34 1, 16	32, 26 12, 17	–	1, 34 12, 3	15, 1 28	동질성	33
–	15, 10 32, 2	15, 1 32, 19	2, 35 34, 27	–	32, 1 10, 25	2, 28 10, 25	11, 10 1, 16	10, 2 13	25, 10	35, 10 2, 16	–	1, 35 11, 10	1, 12 26, 15		7, 1 4, 16	35, 1, 25 13, 11	–	34, 35 7, 13	1, 32 10	폐기 및 재생	34
–	19, 1 29	18, 15 1	15, 10 2, 13	–	35, 28	3, 35 15	35, 13 8, 24	35, 5 1, 10	–	35, 11 32, 31	–	1, 13 31	15, 34 1, 16, 7	1, 16 7, 4		15, 29 37, 28	1	27, 34 35	35, 28 6, 37	속성 변환	35
–	20, 19 30, 34	10, 35 13, 2	35, 10 28, 29	–	6, 29	13, 3 27, 10	13, 35 1	2, 26 10, 34	26, 24 32	22, 19 29, 40	19, 1	27, 26 1, 13	27, 9 26, 24	1, 13	29, 15 28, 37		15, 10 37, 28	15, 1 24	12, 17 28	상전이	36
19, 35 16	19, 1 16, 10	35, 3 15, 19	1, 18 10, 24	35, 33 27, 22	18, 28 32, 9	3, 27 29, 18	27, 40 28, 8	26, 24 32, 28	–	22, 19 29, 28	2, 21	5, 28 11, 29	2, 5	12, 26	1, 15	15, 10 37, 28		34, 21	35, 18	열팽창	37
–	28, 2 27	23, 28	35, 10 18, 5	35, 33	24, 28 35, 30	35, 13	11, 27 32	28, 26 10, 34	28, 26 18, 23	2, 33	2	1, 26 13	1, 12 34, 3	1, 35 13	27, 4 1, 35	15, 24 10	34, 27 25		5, 12 35, 26	산화가속	38
1	35, 20 10	28, 10 29, 35	28, 10 35, 23	13, 15 23	–	35, 38	1, 35 10, 38	1, 10 34, 28	18, 10 32, 1	22, 35 13, 24	35, 22 18, 39	35, 28 2, 24	1, 28, 7, 10	1, 32 10, 25	1, 35 28, 37	12, 17 28, 24	35, 18 27, 2	5, 12 35, 26		비활성 환경	39
																				복합재료	40

부록 3 : 기술수명주기

■ 차세대 이동통신

중분류	요소기술	기술수명
4G 기반 기술	고속이동용 적응 무선 전송기술 (120Mbps @ 120km/h)	4년
	고속이동용 적응 무선 전송기술 (140Mbps @ 120km/h)	4년
	저속이동용 적응 무선 전송기술 (1Gbps @ 3km/h)	4년
	저속이동용 적응 무선 전송기술 (3Gbps @ 3km/h)	4년~5년
공통	4세대 이동통신(IMT-Advanced)통합	5년
WiBro	가정용/기업용 WiBro 시스템 기술	4년
	WiBro Evolution 기술	5년
	WiBro Evolution 상용화 기술	4년
3G 진화	30MBPS급 OFDMA기반 패킷 모뎀	4년
	IP기반 진화형 RAN 기술 및 프로토콜	5년
	3G기반 IMT-Adanced 진화용 무선전송, 시스템, 단말기술	3년~4년
차세대 무선 LAN	비/저활용 대역용 소출력 무선 LAN기술(3Gpbs)	4년
	비/저활용 대역용 소출력 무선 LAN기술(6Gpbs)	4년
차세대 이동통신 멀티모드 단말	MIP기반 멀티미디어 수용 WIPI 플랫폼	5년
	개방형 API 기반 융합단말기 SW 플랫폼	5년
	2~3중 모드지원(HSDPA-WiBro) 사용자가 직접 동작 모드 선택	4년
	3~4중 모드지원(3G+3.5G+WiBro+DMB) 단말에서 최적 동작모드 선택	6년
	SDR 단말용 저전력 고정밀 ADC 기술	5년
	SDR 다중모드 단말 기술	7년
	차세대 TETRA단말기술	6년

출처 : IT기술가치평가 가이드, 정보통신연구진흥원, 2007

■ 텔레메틱스

중분류	요소기술	기술수명
차세대 네비게이션	3차원/실감 네비게이션 기술	5년~6년
	HUD 기반 실감네비게이션 기술	5년~6년
	교통정보수집/배포기술	4년
	상황인지 동적경로 처리/전송기술	5년~6년
차세대 안전	주행안전 검지기술	4년
	통신용 Blackbox 기술	5년
	차량진단시스템기술	5년
	운전자/차량 상황정보 수집 기술	4년~5년
	운전자/차량 상황정보 관리 기술	5년
	멀티홉 동기 및 라우팅 기술	4년
	GPS/센서 통합 차량간 통신 기술	5년
	고지향성 차량간 통신 기술	4년
	센서 기반 멀티홉 동기 및 라우팅 기술	5년
컨버전스	DSRC 통신기술	5년
	차량궤적정보 저장관리 기술	4년
	ECI연계정보 취득 기술	4년
	차량운행정보(ECU정보 및 궤적정보)마이닝 기술	5년
	타산업 연계 응용프로토콜 기술	4년
	타산업 연계 데이터 가공 기술	5년
인포테인먼트	Map Air Update 기술	4년
	대용량 컨텐츠 고속 업데이트 기술	5년
	양방향 방송용 컨텐츠 배포 기술	4년
	DMB 기반 컨텐츠 수집 기술	5년
	DR/GPS(L1/L2C)칩셋 기술	6년
	GNSS(GPS/Galileo) (단일주파, 이중주파수)칩셋/수신기 기술	4년~5년
	실내측위 기술(수신기, 알고리즘)	4년
	실내외 연속 측위 통합기술	5년
	개방형 LBS 플랫폼	4년~5년
	실내외 연속 측위 LBS 플랫폼	4년

■ 광대역통합망(BCN)

중분류	요소기술	기술수명
전달망 분야	품질보장형 융합서비스	5년
	모바일 멀티미디어 서비스	6년
	IPv6/QoS 지원 스위칭/라우터	5년
	이동성 지원 스위치/라우터	5년
	20G급 NoC	5년
	유무선 연동 미디어 게이트 웨이(음성)	5년
	유무선 연동 미디어 게이트 웨이(광대역음성 및 오디오)	5년
	ROADM 시스템	6년
	ASON 제어 시스템	5년
가입자망 분야	유무선 통합서비스(IPTV, MMS)	6년
	실감형 영상 통신, 광무선 모뎀 기반 홈 브로드 캐스드 서비스 고도화	4년
	100Mbps 급 광-무선 모뎀	5년
	300Mbps 급 광-무선 모뎀	5년
	WLAN/WPAN 액세스 서비스/단말기	4년
	멀티-엑세스 G/W 및 단말기	5년
	FTTx 기반 저가형 DCATV/위성/지상파 오버레이 방송 서비스	4년
	FTTx 기반 DCATV 전송시스템	6년

■ 홈네트워크

중분류	요소기술	기술수명
제품	통신방송융합 홈서버	5년
	상황인지기반 홈서버	5년
	에너지 절감 홈게이트웨이	4년
	에너지 절감 홈서버	5년
홈플랫폼	통신방송게임융합 홈서버 기술	8년
홈네트워킹	480Mbps급 UWB 상용화 기술	4년
	가전제어 WPAN 상용화 기술	4년~5년
정보가전	고화질 멀티미디어 재생 기술	6년
	Multi-Format HD 재생 기술	5년
	상황인지 정보가전 기술	6년
유비쿼터스 홈 컴퓨팅	프로파일 기반 지능형 에이전트	5년
	히스토리 기반 지능형 에이전트	6년
	음성/Motion 인식 기술	6년
	위치인식 기능 및 추적 기술	5년

■ 디지털 TV

중분류	요소기술	기술수명
인터렉티브방송서비스 시스템 분야 방통융합 방송시스템 분야	케이블 양방향 데이터방송 저작도구/서버/단말	3년
	TV 포털 서비스 서버/단말	4년
	개인정보맞춤형/적응형방송/저작도구/서버/단말	5년
	콘텐츠 대화형 방송 저작도구/서버/단말	4년
	기존방송망 통신망간 연동서버 및 단말 미디어 포맷변환 시스템	4년
	IP기반 이종망 품질적응 서버 및 단말 IP기반 이종망 QoS제어/관리 시스템 스케일러블 코덱	5년
실감방송시스템분야	양안식 3D DMB 방송 기능검증시스템	2년
	양안식 3D DMB 방송 시스템 및 단말	5년
	실시간 다시점 3D DMB 코덱	6년
	다시점 3D DMB 및 3DTV 방송시스템 및 단말	5년
이동방송시스템분야	T-DMB 단말 및 SoC	3년
	양방향 데이터방송 송수신시스템	4년
	리치미디어 서비스 송수신시스템 및 저작도구	5년
	맞춤시청형 방송단말 디지털라디오 수신기	5년
케이블 TV 방송시스템 분야	SD STB	2년
	HD STB 멀티스트림 케이블카드	4년
	Swit ched Broadcast 전송장치	2년
	하향 1Gbps 모뎀	4년
위성방송 시스템 분야	DVB-S 기반 시스템/셋탑박스/단말 SoC	5년
	DVB-S2 기반 시스템/셋탑박스/단말 SoC	4년
	Ka대역 DVB-S2 기반 시스템/셋탑박스/단말 SoC	2년
위성 항법시스템 분야	GPS 항법시스템 수신기/GPS 위성항법시스템 신호감시국 및 상황링크국	4년~5년
	다중위성(GPS+갈릴레오) 항법시스템 수신기 다중위성(GPS+갈릴레오) 위성항법시스템 신호 감시국 및 상황링크국	4년
위성통신 시스템 분야	이동형 DVB-S/RCS중심국 이동형 DVB-S/RCS 양방향 단말 위성추적 안테나 협대역 PPDR 무선단말 및 광대역 위성단말 고정밀저궤도 위성 관제시스템	3년~4년
	이동형 저궤도위성 관제시스템 와이드밴드 PPDR 시스템 및 단말	5년

■ 차세대 컴퓨팅 및 주변 기기

중분류	요소기술	기술수명
가상컴퓨팅시스템	서버 중신 협업 S/W	4년
	지능형 자율조직 협업 S/W	4년
실시간 지능형 데이터 처리 시스템	분산협업 이벤트 처리 시스템	4년
	지능형 이벤트 처리 시스템	4년
	10G급 I/O시스템	4년
	40G급 I/O시스템	4년
	분산공유 메모리 기반 데이터 처리 시스템	5년
	Tera급 메모리 기반 데이터 처리 시스템	5년
	정적 정보기반 응용 인지 스토리지 시스템	4년
	동적 정보 기반 응용 인지 스토리지 시스템	5년
인간 친화형 차세대 PC	액세서리형 컴퓨터	5년
	의복일체형 입는 컴퓨터	4년~5년
	모노 전자종이	5년
	Rollable 출력장치	5년
	음성/제스처/헵틱/향기	5년
	환경 융합 퍼스털 상황인식 Agent	4년~5년
	다중 생체신호 모니터링 시스템(바이오셔츠)	5년
	다중 생체신호 모니터링 시스템	5년
	비접촉식 다중 생체신호 모니터링 시스템	5년

■ 지능형 로봇

중분류	요소기술	기술수명
인프라	고가용성 서버	4년
	능동형 서비스 지원 서버	5년~6년
	이종 로봇 공용 및 감성형 콘텐츠 서비스	5년~6년
SW 플랫폼	환경적응형 HRI	5년~6년
	학습형 HRI	5년~6년
	인공표식 자율주행	5년
	정적환경용 자연 표식 기반 자율 주행	4년
	콘텐츠 개발 환경	7년~8년
HW 플랫폼	실내용 이동 로봇	5년
	작업 기능을 갖는 실내용 이동로봇	7년
	감성표현형 thin clinet형 소형 단말 플랫폼	5년~6년
	평탄면 자율 보행 휴머노이드	3년
	간단한 작업이 가능한 휴머노이드	5년~6년
부품 및 모듈	초음파, 관성, 촉각 등 핵심 센서	7년
	모듈형 액츄에이터	5년
	스마트 액츄에이터	6년

■ IT SoC 및 부품

중분류	요소기술	기술수명
3G/4G/WLAN 부품	3.5G 단말 및 기지국 모뎀 SoC/핵심 IP	5년
	3.5G 단말 RF 모듈 및 기지국용 전력 증폭기	5년~6년
	WiBro-WiFi 듀얼 모드 모뎀 SoC	5년~6년
WPAN/지능형 네트워크 부품	고속 WPAN 모뎀 SoC	4년~5년
	Multiband 중고속 WPAN 모뎀 SoC	5년
	10Gbps 16채널 RDADM	4년
	40Gbps 16채널 RDADM	4년
	2.5Gbps급 광인터커넥션칩	4년
U-safety/ U-Infotainment 부품	전방 측후방 충돌방지 개별 센서모듈	6년
	U-safety용 신호처리 및 제어부품	6년
	U-Infotainment용 신호처리 및 제어부품	6년~7년
Data/Multimedia 통합 SoC	VGA급 30f/s 멀티코어 코덱 SoC	5년
	XGA급 30f/s 멀티코어 코덱 SoC	5년
	리치미디어 Laser 기술	4년
	MMP(Multicore Multiformat Platform) 기반 SoC	5년
미디어프로세서/ 스크립처리 SoC	다중 미디어신호 처리 SoC	4년
	다중 미디어 네트워크신호 처리 SoC	5년
	다중 미디어신호 처리 SoC 방통융합단말기용 Security SoC	4년
	다기능 방통융합 단말기용 Security SoC	5년
Hybrid I/O 플랫폼	유무기 하이브리드 기판	7년
	플렉서블 온도 광 입력 센서	4년
	플렉서블 촉각센서	5년~6년
	플렉서블 Display 소자 및 소재	6년~7년
모바일 단말용 전원모듈	5W,100cc 급 모바일 단말용 연료전지	5년
	소형 2차 및 태양전지	4년~5년
	하이브리드소형 전원모듈	5년~6년
투명전자 소자 / Unified memory	투명절연체/반도체 소재/공정	5년
	저저항 투명 배선 공정	6년
	N형 투명 TFT 소자 기술	4년
	N형 TFT 어레이 기술	6년
	저소비전류(<300μA) unified 메모리	6년~7년
나노포토닉스소자	LED BLU	6년
	양자점 레이저	5년
	나노 포토닉스 개별 광부품	6년
고집적 3D 패키지	임베디드 기판 설계/공정기술	5년~6년
	Board to Board 기판 설계/공정기술	5년~6년
	초소형 3D패키지 무선 센서 모듈	6년

■ IT 융합

중분류	요소기술	기술수명
유비쿼터스 실버케어 시스템	체액성분 감지용 센서칩	6년
	일상생활 수행능력 측정기술(민첩성, 근지구력, 시청각 등) 심리상태 모니터링 기술	5년
	신체 자동 계측 기술	7년
생체이미징 시스템	PACS기반 원격진료시스템 모델 설정	4년
	DICoM-기반 영상처리	4년
	정밀검출기 기술	3년
	양자점 관원, 광부품 집적	4년~5년
	고새상 영상 신호처리	3년
실감통신 인터페이스 시스템	1:1 기기간통신, 고감도 단일센서	5년
	평판형 안경식 2D/3D 디스플레이	5년
	평판형 무안경식 입체디스플레이	4년
	멀티미디어신호 인터페이스 플랫폼	5년
	광프로젝션 입출력, RGB광원	6년
	10"급 RGB 광프로젝션 입출력 플랫폼, 고출력 RGB광원	5년
유비쿼터스 생화학센서 시스템	초소형 생화학센서 어레이 칩	4년
	다중 생화학물질 센서 어레이 칩	4년~5년
	센서 어레이 신호처리 기술	4년
	100개 이상 생화학센서 신호 네트워킹 기술	5년
국방/테러 경계 감시 시스템	초소형 단일 및 어레이 센서 주야시 이미지센서(반응파장 :350~950nm)	5년
	저전력(<450mW)무선통신기술	5년
	센서 네트워크 기반 피아식별 통합 시스템 설계	5년

■ RFID/USN

중분류	요소기술	기술수명
RFID 기술	동글형 Gen2 리더	2년
	모바일 RFID SoC	5년~6년
	저가형 배터리 지원 semi-능동태그	6년
	능동형 보안태그 및 리더	4년
	저전력 수동형 보안태그 및 리더	3년~4년
	Gen 2 호환 RFID 미들 웨어	4년
	모바일 및 센서태그 지원 RFID 미들웨어	5년~6년
센서네트워크	센서 실험 시제품/공정기반기술	3년
	센서실용시제품/감지회로 SoC	5년
	고정형 싱크노드/저속센서노드	5년
	노매딕 싱크노드/고속센서노드	7년
	이종망 연동 USN게이트웨이	5년
	IPv6센서 네트워크 연동 게이트웨이	7년
	트리/매쉬 라우팅 및 멀티캐스트 라우팅 프로토콜/ 계층적 네트워크 동기화	6년
	이종망 연동 라우팅 프로토콜/고정노드 위치 인식	6년
USN 플랫폼	센서 네트워크 공통 인터페이스/웹서비스	5년
	광대역망기반 서버연동	3년
	Pan기반 휴대 단말연동	6년
	Profile기반 센서 데이터 처리 경량화	5년
	모바일용 맞춤형 데이터 처리	6년
	센서 데이터 규칙화 생성	4년
	센서 데이터 Fast-Match 기술	5년
	상황정보 모델링 기술	4년
	상황정보 융합 및 추론 기술	6년
USN 응용	USN 네트워크 인프라 관리 모델	5년
	이동 네트워크 관리 모델	6년
	RFID 검색 시스템	5년
	USN 네트워크인증 및 보안 모델	4년~5년
	USN 네트워크 인증 및 보안 기술 및 인증 체계 구축	5년~6년
	센서노드용 정보보호 기술 모델	4년
	USN 센서노드용 정보보호 요소 기술	5년

■ 임베디드 SW

중분류	요소기술	기술수명
U-단말 공통 플랫폼	분야별 서비스 지원 플랫폼	4년~5년
	융복합 서비스(RFID, DMB 등) 지원 상황인식 지원 플랫폼	5년
차량전장용 임베디드 SW	ECU별 특화 도구	5년
	차량전장 ECU용 플랫폼 차량 멀티미디어 지원 특화 플랫폼	6년
모바일 게이트 웨어	글로벌 망간 서비스 연동 지원	4년
	글로벌/지역망간 서비스 연동 지원	6년
임베디드 자바플랫폼	Open Max/ Open GL Interpreter + Bare GC JIT + embedded GC원	6년
모바일 응용 SW 개발 환경	전통적인 모바일 응용 개발 환경	4년
	모바일 응용 SW 개발 및 동적 재구성 지원 서비스 아키텍처기반 모바일 응용 SW 개발환경	5년

■ 디지털 콘텐츠

중분류	요소기술	기술수명
디지털 영상	주연급 디지털 액터	5년
	디지털 생명체 및 역학 유체 기술 동역학 시뮬레이션 HW기반의 초고속 렌더러	5년
게임	온라인 3D 게임엔진 크로스플랫폼 게임 엔진 멀티코아 CPU/MPU 기반 F/W	4년
	온라인 모바일 게임 사용자 창작형 게임엔진 동시접속 10만명	5년
e-러닝	학습위계시스템 협력 학습기, 혼합현실 학습기	5년
	지식구축 시스템 에듀테인먼트 개인형 맞춤형 학습기	4년~5년
가상현실	몰입형 시뮬레이션 근전도 인터페이스	5년
	유비쿼터스 혼합현실 기반 실감형 가상체험 시뮬레이션 생체신호 기반 인터페이스	7년
콘텐츠보호/유통	단일콘텐츠 보호 DRM연동	4년
	Scalable OsMu 콘텐츠 보호 융합콘텐츠의 보호 디지털홈, 통방융합 환경에서의 DRM 연동	5년

■ SW 솔루션

<table>
<tr><th>중분류</th><th>요소기술</th><th>기술수명</th></tr>
<tr><td rowspan="2">운영체제</td><td>엔터프라이즈급 서버 리눅스 및 사무용, 고정 기능
데스크탑 리눅스</td><td>4년~5년</td></tr>
<tr><td>리눅스 서버 자원 통합 기술
플랫폼 독립적 리눅스 데스크톱</td><td>5년~6년</td></tr>
<tr><td rowspan="2">미들웨어</td><td>SW 스트리밍 서버/클라이언트 엔진</td><td>4년~5년</td></tr>
<tr><td>SW 유통 플랫폼 상용 시제품</td><td>5년~6년</td></tr>
<tr><td rowspan="2">음성/언어 SW</td><td>응용 특화된 대용량/대화형 음성 인터페이스 엔진</td><td>6년~7년</td></tr>
<tr><td>뉴스/방송 자막 및 종합 인터넷 신문 자동 번역 SW</td><td>6년~7년</td></tr>
<tr><td rowspan="2">차세대
인터넷 SW</td><td>유비쿼터스 환경 지원 개인용 미디어 관리 SW</td><td>4년</td></tr>
<tr><td>유비쿼터스 환경 시맨틱 정보 추론 엔진</td><td>5년~6년</td></tr>
</table>

■ 정보보호

중분류	요소기술	기술수명
공동/기반 보안 기술	고속 및 저전력 암호	6년
	익명성 및 프라이버시 보호 암호	5년
	도메인중심의 ID 관리	5년
	개인정보 통합 Db 암호	5년
	개인정보 분산 저장/추출	5년
	고성능 바이오 정보관리	6년
	고인식 다중 바이오인식 전용 칩셋	7년
	원거리 실시간 다중 바이오정보 획득 및 인식	5년
	실감형 공격분석 시각화	6년
	가상 토플로지 기반의 보안상황 시각화	5년
	컴퓨터 포렌식 및 모바일 포렌식	5년~6년
네트워크/응용 보안기술	IPv4/ IPv6 보안노드 및 보안관리	7년
	u-IT 연동 서비스용 공동보안	6년
	RFID암호/인증	7년
	서버 보안 플랫폼	6년
	홈디바이스 인증 및 인가	6년
	혈당 센서	6년
	Vital Sign 보안 센서 및 상황인지 서비스 플랫폼	6년
	u-IT 개별 및 연동 서비스용 DRM/CP & CAS/CP 연동 솔루션	6년
	모바일 웹 2.0 보안	5년

부록 4 : 기술별 중요도

■ 차세대 이동통신

중분류		소분류		요소기술	
구분	중요도	구분	중요도	구분	중요도
이동통신 서비스 기술	85.9	응용 서비스 기술	85.5	IMS 기술	90.2
				개방 API 기술	87.1
				컨버전스 기술	87.5
				위치 및 상황인지 기술	87.9
		이동성 지원 서비스 기술	87.0	개인화 서비스	89.3
				보안/인증 서버 기술	87.8
				UICC 기반 SIM 기술	85.0
				위치 등록 및 관리 기술	85.6
이동통신 시스템 기술	90.7	4세대 이동통신 시스템 기술	90.3	초고속 무선전송 시스템 기술	91.9
				Multi-hop relay 기술	84.2
				다중 사용자 MIMO 기술	88.3
				SDR 플랫폼 기술	85.0
				Ad-HoC 네트워크 기술	83.3
		WiBro 시스템 기술	89.0	스마트 안테나 기반 WiBro 시스템 기술	87.0
				WiBro Evolution 시스템 기술	86.4
		IMT-2000 고도화 시스템 기술	85.7	HSDPA/HSUPA 시스템 기술	86.4
				1x EV-DO rev. A/B 시스템 기술	83.0
				3G Evolution 시스템 기술	84.4
		무선 LAN 시스템 기술	83.2	무선 LAN AP 기술	81.7
				무선 LAN NIC 기술	81.4
		국방 및 재난구조 응용 시스템 기술	81.8	전술 이동통신 시스템 기술	79.3
				전술 데이터링크 시스템 기술	80.5
				공공안전 재난구조 통신 시스템 기술	83.3
휴대 단말 기술	88.8	융합 단말 기술	87.3	유무선 융합 단말 기술	87.5
				통신 방송 융합 단말 기술	88.8
				통신 금융 융합 단말 기술	86.7
		멀티모드 단말 기술	87.1	SDR 단말 기술	88.5
				다중 밴드/다중 모드 단말 기술	87.1
		지능형 멀티미디어 단말 기술	85.0	IP 멀티미디어 단말 기술	89.8
				생체 인식 기술	86.1
				초저전력 단말 기술	88.0

출처 : IT 기술가치평가 가이드, 정보통신연구진흥원, 2007.

■ 텔레매틱스

중분류		소분류		요소기술	
구분	중요도	구분	중요도	구분	중요도
서버	86.7	핵심 컨텐츠 (교통정보, 지도, POI 등)	89.5	텔레매틱스 정보(교통정보, 지도, POI 등) 통합, 수집 기술	90.5
				텔레매틱스 정보 분석 및 처리 기술	87.9
				무선 환경의 실시간 Map update 기술	86.9
		위치기반 서비스(LBS)	89.5	LBS 플랫폼/공통 컴포넌트 기술	86.5
				시공간 DBMS 기술	85.6
				위치기반 상황인식 기술	90.4
				LBS 응용 서비스 기술	87.6
		개방형 서비스 응용 프로토콜	83.0	유무선 전송 제어 프로토콜 기술	89.4
				음성서비스 프로토콜 처리 기술	82.6
				센터간 연동/단말-센터간 프로토콜 처리 기술	91.3
		ASP 서비스	80.2	온-디맨드 방식의 서비스 임대 기술	84.3
				무선 S/W 스트리밍 기술	87.8
단말	86.4	단말 S/W 플랫폼	85.8	단말 미들웨어 기술	89.9
				차량내 서버 기술	82.9
				차량간 통신 인터페이스 기술	82.3
				차량내 정보기기간 통신 인터페이스 기술	87.3
		HMI	86.7	키조작 및 터치스크린 기술	80.8
				음성 인식/합성 기술	85.7
				HUD(Head Up Display) 기술	87.0
		실감 네비게이션 기술	83.1	실시간 동적 경로 안내 제공 기술	86.7
				3D 기반 경로 안내 기술	81.5
				실사영상 기반 경로 안내 기술	85.2
		안전 지원	84.7	원격 차량 진단/제어 기술	88.9
				주행안전 검지센서 기술	88.1
				운전자 행동 모델링 기술	88.3
				차량 상태 센서 정보 통합 기술	88.9
				차량용 블랙박스/상황인식 기술	86.9
융합 기술	84.0	DMB 연동 기술	84.5	DMB 연동 단말기 플랫폼 기술	82.8
				DMB기반 양방향 텔레매틱스 서비스 플랫폼	87.0
		RFID/USN 융합기술	84.4	텔레매틱스 센서 네트워크 기술	87.3
				USN기반 텔레매틱스 서비스 플랫폼 (미들웨어 포함)	87.3

중분류		소분류		요소기술	
구분	중요도	구분	중요도	구분	중요도
융합기술	84.0	RFID/USN 융합기술	84.4	차량내 센서와 USN 연계지원 플랫폼	85.6
				센서 라우팅 기술	86.4
				IEEE 802.15.4 (ZigBee) 기술	85.7
				센서 DB/기반 측위 기술	82.9
				차량과 센서간 통신 기술	85.7
		광대역 (UWB/WiBro) 융합기술	85.1	C:DMA/WiBro 통합 서비스 단말 플랫폼 개발	87.1
				UWB을 이용한 교통정보 수집체계 개발	79.2
통신 및 인프라	85.5	차량과 서버간 통신	88.5	DSRC(Dedicate Short Range Communication) 기술	76.0
				WAVE(Wireless Access in Vehiclar Environments) 기술	85.7
				WiBro/DMB/무선LAN 등 무선통신 통합 기술	84.0
		차량간 Ad-hoc 통신	82.7	차량 Ad-hoc 통신망 기반 기술	85.0
				차량 Ad-hoc 통신 프로토콜 기술(P-P)	86.0
		차량내 통신	83.0	CAN(Controller Area Network) 기술	85.9
				MOST(Multimedia Oriented Systems Transport) 기술	85.8
				IDB1394/Bluetooth 기술	88.7
				LIN(Local Interconnect Network) 기술	86.5
				Flexray/UWB(Ultra WideBand) 기술	86.7
		고정밀 측위 기술	88.5	GPS/Galileo 복합 칩셋 기술	87.9
				MEMS DR(Dead Reckoning) 칩셋 기술	85.4
				통합 수신기 기술	84.3
				음영지역 측위기술(실내포함)	91.9
				Hybrid 측위 기술 (GNSS+DR/무선측위)	86.8
		테스트베드	80.5	무선통신/측위 시험 기술	80.7
				단말/서버 시험 기술	83.9
				솔루션(S/W) 시험 기술	80.8
				통합 시험/인증 기술	78.0

■ 광대역통합망(BcN)

중분류		소분류		요소기술	
구분	중요도	구분	중요도	구분	중요도
서비스 및 제어	90.1	서비스/망 관리 기술	89.6	통합 가입자 관리 및 인증	87.7
				서비스 생성 및 검증	85.9
				사업자간 연동/정책기반 망 관리	86.4
		개방형 서비스 플랫폼 기술	85.8	Open API 제어	85.8
				개방형 서비스 프레임워크	85.5
				개방형 서비스 Federation	81.0
		통합 서비스 제어 기술	88.4	서비스 브로커	85.7
				호/세션/이동성 제어	93.3
				스트리밍 서비스 제어	87.2
전달망	88.8	통합 네트워크 제어 기술	88.4	네트워크 자원 및 QoS 제어	88.0
				멀티캐스팅/브로드캐스팅 제어	83.4
				이종 망간 핸드오프 제어	89.2
		패킷교환 기술	86.5	IP 패킷(IPv4, IPv6, IPvx) 스위칭	90.6
				코어/에지 라우팅	86.6
				액세스 라우팅	88.2
				ATM 교환	72.3
		통합교환 기술	86.6	미디어 게이트웨이	85.3
				시그널링 게이트웨이	83.3
				GMPLS/MPLS	83.1
		광전송 기술	86.4	SDH/NG-SDH(OED, OXC, MSPP)	87.2
				WDM(ROADM, PXC, OTH)	87.2
				Quantum Cryptography/OCDMA	78.9
				RoF/광 무선	84.2
				OPS/OBS	74.2
가입자망	90.3	액세스 기술	90.2	xDSL	80.9
				HFC	81.4
				PON(E-PON, B-PON, G-PON)	87.3
				WDM-PON	87.8
				AON	80.8

■ 홈네트워크

중분류		소분류		요소기술	
구분	중요도	구분	중요도	구분	중요도
홈 플랫폼 기술	87.8	서버 기술	86.0	홈서버/홈게이트웨이 기술	89.7
				IPTV 플랫폼 기술	86.9
				개방형 서버 기술	83.0
				에너지 관리 기술	86.1
				가상 홈 플랫폼 기술	80.3
		홈보안 기술	87.5	인증 기술	86.7
				접근제어 기술	87.7
				침입방지 기술	89.3
홈 네트워킹 기술	86.1	유선 홈네트워킹 기술	82.9	Ethernet	81.1
				PLC	81.9
				IEEE1394	83.1
				USB	82.2
				HomePNA	74.1
				MoCA	80.4
		무선 홈네트워킹 기술	90.1	WLAN(802.11a/b/g/n)	89.1
				WPAN(UWB, ZigBee, 802.15.4a)	90.4
유비쿼터스 홈 컴퓨팅 기술	84.1	정보 가전 기술	83.7	지능형 정보가전	82.9
				홈센서 기술(센서, RFID)	87.5
		지능형 미들웨어 기술	85.1	홈네트워킹 미들웨어 기술	87.1
				상황적응형 미들웨어 기술	87.8
				밀티 모달 인터페이스 기술	85.7
홈네트워크 응용 및 서비스 기술	88.1	홈네트워크 응용 및 서비스 기술	88.1	홈네트워크 응용 및 서비스 기술	89.3

■ 디지털TV/방송

중분류		소분류		요소기술	
구분	중요도	구분	중요도	구분	중요도
방송매체 기술	85.8	지상파 TV방송	87.5	지상파 DTV 전송기술	89.4
				지상파 DTV 단말기술	89.5
				지상파 방송망기술	85.2
		케이블 TV방송	84.1	케이블 DTV 전송기술	84.1
				케이블 DTV 단말기술	88.7
		위성 TV방송	78.9	위성 DTV 전송기술	81.8
				위성 DTV 단말기술	86.3
방송 서비스 기술	88.5	데이터 방송	87.8	지상파 양방향 데이터방송	87.1
				케이블 양방향 데이터방송	89.4
				위성 양방향 데이터방송	82.0
		맞춤형 방송	83.5	매타데이터 전송기술	81.8
				맞춤형 방송 단말기술	89.6
		콘텐츠 보호관리	87.9	제한수신기술	92.0
				가입자 관리기술	79.9
				불법복제 방지기술	78.0
				방송 DRM 기술	87.2
이동방송 기술	90.9	지상파 이동방송	91.9	전송기술	88.0
				단말기술	90.9
				서비스기술	87.8
		위성 이동방송	83.6	전송기술	87.1
				단말기술	83.8
				서비스기술	85.8
방송 콘텐츠 기술	84.5	부호화	87.1	비디오 부호화 기술	87.6
				오디오 부호화 기술	84.0
				A/V 시스템 기술	84.8
		제작	83.7	저작기술	85.9
				편집기술	80.3
				콘텐츠 관리기술	84.5
				네트워크 스튜디오 기술	84.4

중분류		소분류		요소기술	
구분	중요도	구분	중요도	구분	중요도
방송 콘텐츠 기술	84.5	방송장비	82.6	스튜디오 장비기술	82.6
				다채널/고화질 서버기술	86.9
				저장장비기술	84.5
				오디오처리/저장기술	82.7
통합융합 기술	89.7	통방융합 콘텐츠	86.1	콘텐츠 패키지 생성기술	82.8
				콘텐츠 전달/분배기술	75.0
				콘텐츠 적응/QoS기술	82.9
				콘텐츠 소비/단말기술	85.9
		통합 네트워크 융합	89.4	리턴채널 기술	87.0
				통신/방송망 연동기술	89.0
				케이블 모뎀기술	83.3
				융합단말기술	90.2
		유비쿼터스 방송	85.2	착용형 방송단말 기술	77.4
				유비쿼터스 방송시스템 기술	86.9
실감방송 기술	80.6	3DTV 기술	83.7	3D 비디오 기술	91.7
				3D 오디오 기술	84.3
				3D 방송시스템 기술	82.8
				디스플레이 기술	93.5
				홀로그래피 기술	78.3
		초고화질 TV 기술	82.9	디스플레이 기술	90.7
				콘텐츠 처리	81.4
				콘텐츠 전송	83.4
				카메라 기술	84.6

■ 차세대 컴퓨팅 및 주변기기

중분류		소분류		요소기술	
구분	중요도	구분	중요도	구분	중요도
차세대 컴퓨팅 및 주변 기기 H/W	86.9	차세대 컴퓨팅 하드웨어 플랫폼	87.3	서버 플랫폼	85.3
				휴대 단말 플랫폼	86.8
				웨어러블 플랫폼 (전도성 섬유, 웨어러블 마더보드, 스마트 셔츠)	87.7
				인체 내장형/이식형 플랫폼	85.5
		주변장치	84.9	키보드, 마우스	67.9
				가상 입력장치, 3차원 입력장치	87.8
				오감센서, 생체센서	87.8
				햅틱 장치	83.6
				레이저 프로젝션 디스플레이	82.5
				마이크로 디스플레이	86.8
				플렉시블 디스플레이	88.5
				프린팅 기술	81.0
				스캐닝 기술	79.5
				사운드카드, 멀티미디어카드	78.6
				하드디스크, 광저장장치, USB 메모리	87.7
차세대 컴퓨팅 S/W	88.5	분산 시스템 S/W	86.6	분산 컴퓨팅 미들웨어 기술	81.7
				그리드 컴퓨팅 기술	85.9
				유틸리티 컴퓨팅 기술	83.3
				상황인식 지능형 미들웨어	86.2
		시스템 S/W	86.9	운영체제 및 컴파일러 기술	86.2
				시스템 분할S/W 기술	81.1
				동적 다운로드-재구성 기술	84.4

중분류		소분류		요소기술	
구분	중요도	구분	중요도	구분	중요도
차세대 컴퓨팅 S/W	88.5	시스템 S/W	86.9	자율·적응형 시스템 S/W	85.6
				클러스터링 S/W 기술	83.8
				시스템 관리 S/W 기술	83.5
		데이터 베이스	81.6	데이터 관리(DBMS) 기술	84.7
				데이터 마이닝	85.6
		HCI	87.3	오감 정보 인터페이스 기술	90.0
				제스터, 성대, 눈동자 추적인식기술	86.9
				BCI-뇌파 측정 인식기술	85.6
		지능형 S/W	89.4	지능형 Agent 기술	87.4
				퍼스널 컨텍스트 인식/관리 기술	88.5
차세대 컴퓨팅 네트워크	83.5	LAN	79.9	연결망 프로토콜 설계 기술	85.2
				연결망 정합 기술	83.2
				연결망 스위칭 기술	85.4
		PAN	84.3	개인 네트워크 프로토콜 기술	88.2
				인체통신 기술	84.8
차세대 컴퓨팅용 부품	85.3	SoC	85.3	SoC 플랫폼 기술	92.0
		차세대 컴퓨팅 공통부품	85.8	2차전지	90.7
				태양전지	85.5
				저장장치용 부품	91.1
				스플레이용 부품	92.8

■ 지능형 로봇

중분류		소분류		요소기술	
구분	중요도	구분	중요도	구분	중요도
감지 및 인지기술	91.5	감지 기술	90.9	감지 기술	88.5
				시각센서 제작 기술	90.0
				청각센서 제작 기술	84.3
				거리(적외선, 초음파 레이저) 센서 제작 기술	91.2
				기타 센서(후각, 미각 등) 센서 제작 기술	75.0
		인지 기술	89.6	시각 인식 기술	88.4
				청각 인식 기술	88.3
				촉각 인식 기술	85.3
				후각 인식 기술	76.4
인간로봇 상호작용	88.1	사용자 인식	86.1	얼굴검출 및 인식 기술	90.1
				화자 인식 기술	88.0
				신체 특징 인식 기술	83.6
				사용자 추적 및 관리 기술	89.2
		명령 인식	83.4	주의집중 기술	87.2
				음원추적 기술	86.7
				제스쳐 인식 기술	88.5
				목표물 추적 및 추종 기술	86.3
		의도 인식	82.3	표정인식 기술	86.5
				학습-추론 기반 상호작용 기술	87.4
		음성 인터페이스	87.7	음성인식 기술	91.7
				음향인식 기술	82.5
				음성합성 기술	86.7
제어	90.8	자기위치 추정	92.7	Dead Reckoning 기술	88.4
				인공 표식 인식 기술	88.1
				자연 표식 인식 기술	91.8
				위치 정보 융합 기술	90.3
		지도 작성	88.0	환경 정보 등록 기술	88.6
				지도 관리 및 수정 기술	89.1

중분류		소분류		요소기술	
구분	중요도	구분	중요도	구분	중요도
제어	90.8	경로 계획	86.4	전역 경로 계획 기술	88.6
				지역 경로 계획 기술	88.2
				장애물 회피 기술	91.7
		보행 제어	86.3	이족/사족/육족 보행 기술	86.7
		Manipulator 제어	85.9	Soft Manipulation 기술	86.6
				여유 자유도 제어 기술	87.5
				파지 제어 기술	88.3
로봇 지능	86.9	지식 표현	85.3	논리 기반 지식 표현 기술	86.0
				의도 파악 기술	85.0
				인지 기반 지식 표현 기술	87.5
		추론 엔진	83.1	추론엔진 기술	85.8
				내장형 추론엔진 기술	82.8
				시공간지식 추론 기술	86.4
				로봇 행위 제어 기술	87.5
		지식 학습	83.0	기호기반 학습기술	83.3
				부기호기반 학습기술	81.7
				개성 표출 기술	80.6
				대화기반 학습 기술	84.4
로봇 소프트웨어 아키텍쳐	82.8	자율 행위선택 메커니즘	81.7	가변우선순위 결정기술	83.1
				행위선택 학습기술	85.8
		미들웨어	81.7	로봇응용 배포 기술	76.4
				실시간 분산제어 미들웨어 기술	79.3
		임베디드 운영체제	82.6	커널 경량화 기술	77.2
				실시간 스케줄링 기술	83.3
		로봇 통신망	79.5	실시간 제어통신 프로토콜 기술	85.0
				네트워크 디바이스 드라이버 기술	81.4
				네트워크 프로토콜 스택 기술	82.1
		로봇 개발 환경	78.1	개발 방법론 제작 기술	78.5
				개발 도구 제작 기술	80.0

중분류		소분류		요소기술	
구분	중요도	구분	중요도	구분	중요도
네트워크 기반 로봇 소프트웨어 기술	80.0	네트워크 인프라 기술	81.4	유무선 실시간 네트워크 기술	85.0
				로봇 통신 프로토콜 기술	85.8
				원격 로봇 보안 프로토콜 기술	88.3
				센서 네트워크 활용 기술	90.0
		로봇 서버 기술	80.6	고가용성 서버 기술	80.4
				분산 처리 미들웨어 기술	85.7
				로봇 서비스 운용 기술	83.6
		소프트웨어 로봇 기술	79.7	상황인지 기술	91.0
				동적 적응 기술	83.1
				이동 에이전트 기술	81.0
				소프트웨어 인터페이스 기술	84.4
		웹기반 로봇 서비스 기술	80.2	시멘틱 서빗 탐색 기술	81.3
				로봇 서비스 프로세스 제어 기술	83.1
기구	82.6	이동기구	84.1	limbed vehicle 제작 기술	85.0
				wheeled mobile rotot 제작 기술	88.6
		manipulator	83.5	팔 및 링크 제작 기술	87.8
				손목 제작 기술	85.6
				손 제작 기술	79.4
				눈, 목 기구 제작 기술	86.1
		구동기	86.0	스마트 액츄에이터 제작 기술	86.1
				서보 모터 제작 기술	86.7
				신개념 구동기 제작 기술	86.1
		감속기	84.2	harmonic drive, rv 감속기, planetary gear 제작 기술	84.3

■ IT SoC 및 부품

중분류		소분류		요소기술	
구분	중요도	구분	중요도	구분	중요도
무선 통신 부품	92.0	이동통신 부품	92.9	이동통신용 RF/Analog	94.4
				이동통신용 Baseband	91.1
		디지털 방송 부품	89.2	디지털 방송용 RF/Analog	91.7
				디지털 방송용 Baseband	93.9
		무선네트워크 부품	88.6	무선 네트워크용 RF/Analog	91.1
				무선 네트워크용 Baseband	87.9
		RFID/USN 부품	88.0	RFID/USN 태그	90.3
				RFID/USN 리더	89.7
유선 통신 부품	80.3	전송 및 접속시스템 부품	82.6	전송	87.6
				IP 스위치, 라우터	90.0
				Gateway 장비	85.3
멀티미디어/정보처리 부품	90.0	멀티미디어 신호처리 부품	89.5	영상신호 처리	92.9
				음성신호 처리	89.5
		정보처리	86.2	이동기기용 CPU	90.8
				멀티미디어 기기요 DSP	89.4
		정보입출력 장치	86.2	디스플레이 관련부품	94.0
				이미지 센서	92.6
				MEMS 센서	89.8
공통부품/소재	90.0	전원장치	85.5	2차 전지	93.4
				연료전지	81.3
				태양전지	83.9
		SoC 기반기술	88.2	설계 방법론	90.9
				검증 및 시험	91.5
		공통 소자/소재	86.5	신소자	89.9
				유기소재	80.0
				무기소재	89.7
				패키징	85.0

■ IT 융합

중분류		소분류		요소기술	
구분	중요도	구분	중요도	구분	중요도
바이오/나노헬스	91.3	바이오 전자	90.0	바이오센서	93.2
				바이오칩	90.9
				생체이미징	88.3
		생체 정보	87.9	생체인식	86.1
				생체신호인터페이스	88.8
				생체정보보호	81.9
환경/안전	85.4	재해/테러	85.3	스마트 먼지 센서	82.8
				지능형 유도 센서	82.3
				생화학 센서	87.4
				테러/재해 예측 감지	86.8
		교통 안전	80.1	지능형 교통/도로 관리 시스템	85.3
				교통안전 정보망 구축	83.1
		기상/환경	84.0	기상/환경 모니터링	84.6
				기상/환경 정보망 구축	80.7
나노/바이오 통신	83.8	나노/바이오 정보생성	85.5	나노/바이오 센서	89.4
				오감 멀티 센서	82.2
		나노/바이오 정보처리	84.6	나오/바이오 정보 인식 및 표현	82.4
				나노/바이오 인터페이스	81.2
		나노/바이오 정보표시 및 저장	79.1	나노 바이오 정보표시	78.6
				나노 바이오 정보저장	78.0

■ RFID/USN

중분류		소분류		요소기술	
구분	중요도	구분	중요도	구분	중요도
RFID 기술	91.4	태그	90.0	안테나 및 RF 기술	91.3
				칩 기술	87.5
				박막형 밧데리 기술	89.8
				SAL(Smart Active Label) 기술	88.3
				Chipless 태그 기술	85.4
				패키징 기술	86.8
		리더	89.1	안테나 및 RF 기술	90.0
				저전력 모뎀 기술	87.4
				간섭회피 기술	92.5
				RTLS 기술	90.5
				모바일 RFID 기술	89.2
		RFID 미들웨어	88.4	리더 관리 기술	85.2
				RFID 데이터 처리 기술(ALE 표준)	90.6
				객체정보 관리 기술(PML, EPCIS표준)	86.4
				애플리케이션 통합 기술(legacy 시스템 연동)	88.3
센서 네트워크	89.2	센서	86.6	단일 센서 기술	82.6
				복합 센서 기술	88.3
				센서 인터페이스 기술	87.3
		센서노드/ 싱크노드 USN게이트웨이	88.5	근거리 무선통신 기술	87.8
				배터리 기술	90.0
				초소형 운영체제 기술	88.6
				SiP/SoC 기술	88.7
				저전력 네트워크 프로토콜 기술	90.3
		센서 네트워킹	87.5	노드 위치 검출 및 동기 기술	87.0
				멀티 홉 라우팅 기술	88.3
				망연동 기술	88.8
				네트워크 동기 기술	86.4
				Self-organizing 및 Ad-hoc 네트워킹 기술	89.8
				전력제어 기술	89.2
				센서 DB 기술	90.0
				노드 관리 및 망관리 기술	86.8

중분류		소분류		요소기술	
구분	중요도	구분	중요도	구분	중요도
USN 미들웨어 및 서비스 플랫폼	88.3	센서 정보 통합 관리	86.5	센서정보처리 기술	89.5
				센서데이터 마이닝 기술	88.1
		상황인식 (Context Aware)	87.9	상황정보 모델링 기술	91.7
				상황정보 관리 기술	89.7
				상황정보 제공 기술	85.8
		지능형 서비스 기술	83.8	지능형 에이전트 기술	89.2
				자율컴퓨팅 기술	89.6
		유비쿼터스 웹서비스	83.6	IP 기반 웹 서비스 기술	83.8
				센서 네트워크 기반 웹 서비스 기술	87.7
RFID/ USN 인프라	88.4	RFID 코드 체계	88.9	ISO 계열	89.9
				EPC 계열	86.5
		Directory 서비스 체계	84.5	USN ODS 기술	89.4
				RFID ODS 기술	89.7
		USN 네트워크 관리 기술	83.7	RFID 리더 관리 엔진	85.3
				싱크노드 관리 엔진	85.7
				USN 게이트웨이 관리엔진	85.9
				USN 통합관리 엔진	87.3
				IPv6 연동 기술	86.9
		보안 기술	88.8	USN 네트워크 보안기술	88.3
				센서 및 노드 보안기술	88.3

■ 임베디드SW

중분류		소분류		요소기술	
구분	중요도	구분	중요도	구분	중요도
임베디드 시스템 S/W	91.0	임베디드 운영체제	88.9	임베디드 운영체제 커널 기술	89.8
				USN용 초소형 운영체제 기술	89.7
				임베디드 공통 라이브러리 기술	84.5
				임베디드 윈도우 시스템 기술	83.4
				그래픽 시스템 기술	82.9
				플래시 메모리 지원 소프트웨어 기술	90.2
				이기종 망간 서비스 연동 지원 기술	84.4
		임베디드 미들웨어 및 보안시스템	88.5	유비쿼터스 컴퓨팅 미들웨어 기술	84.7
				응용 서비스 지원 미들웨어 기술	83.8
				Virtual Machine	83.8
				임베디드 보안 기술	90.8
				임베디드 시스템용 네트워크 보안 기술	90.0
임베디드 응용 S/W	85.4	임베디드 기본/공통응용 S/W	84.0	윈도우 매니저 기술	80.7
				멀티모달 인터페이스	79.7
				사무용 S/W 기술	71.3
				멀티미디어 협업 기술	77.8
		임베디드 소프트웨어 개발 도구	86.7	임베디드 SW 자동생성 기술	83.9
				임베디드 SW 시험검증 도구	87.8
				설계 자동화 도구 기술	87.3
				시험 자동화 도구 기술	85.3
				임베디드 S/W 개발방법론	86.7

■ 디지털 콘텐츠

중분류		소분류		83.9요소기술87.5	
구분	중요도	구분	중요도	구분	중요도
디지털 콘텐츠 제작	92.2	게임	88.0	실시간 그래픽 기술	91.3
				실시간 애니메이션 기술	89.0
				사운드 기술	87.2
				인공지능 기술	85.5
				서버/네트워크 기술	91.6
				크로스 플랫폼 게임 기술	81.4
				사용자 인터페이스 기술	88.9
		디지털 영상	89.3	모델링	90.3
				렌더링	92.6
				애니메이션	93.7
				CG/실사 합성	89.6
		e-러닝	83.0	학습 모델링 기술	88.1
				학습 전달기술	88.5
				학습 실행환경 API 기술	89.9
		가상현실	81.0	증강현실	86.6
				오감기반 HCI 기술	91.4
				몰입형 가시화 기술	86.2
				가상 시뮬레이션	90.3
디지털 콘텐츠 관리	86.9	콘텐츠 보호, 유통	88.2	정보은닉 기술	89.2
				콘텐츠 추적 기술	89.7
				특징점 기반 콘텐츠 검색 기술	90.0
				메타데이터 기술	83.9
				콘텐츠 패키징 기술	87.5
				라이센스 관리 기술	88.0
				DRM 연동 기술	91.5

■ S/W솔루션

중분류		소분류		83.9요소기술87.5	
구분	중요도	구분	중요도	구분	중요도
시스템 S/W	84.5	운영체제	85.6	공개 S/W 운영체제 기술	89.2
				상용 S/W 운영체제 기술	81.0
				실시간 운영체제 기술	88.0
		미들웨어	88.9	통신 미들웨어 기술	87.2
				DBMS 기술	86.7
				트랜잭션 관리 미들웨어 기술	85.0
				그룹에어 미들웨어 기술	83.1
				분산 관리 미들웨어 기술	90.0
		프로그램 언어	74.9	시스템 프로그램 언어 기술	80.5
				웹 프로그램 언어 기술	81.3
				컴파일러 기술	82.9
공통기반 S/W	86.1	음성/언어 S/W	80.4	정보검색 기술	86.9
				문서번역 기술	79.3
				음성인식 기술	87.4
				음성합성 기술	84.6
				자동통역 기술	71.3
		차세대 인터넷 S/W	87.1	시맨틱웹 기반 기술	88.2
				웹 서비스 기술	88.6
		소프트웨어 개발도구	82.2	SW 자동생성 도구 기술	85.5
				SW 시험검증 도구 기술	86.1
				설계 자동화 도구 기술	83.0
				시험 자동화 도구 기술	83.1
				개발방법론 기술	86.5
응용 S/W	82.4	IBT 융합 S/W	81.1	바이오 데이터 분석 기술	86.8
				바이오 데이터 관리 기술	85.0
				바이오 기능 예측 기술	82.7
		패키지 S/W 제작	79.7	일반 사무용 S/W 기술	77.8
				기업 관리용 S/W 기술	82.8
				물류 S/W 기술	84.4
		지식기반 서비스	81.5	IT 서비스(SI) 기술	83.2
				IT&솔루션 컨설팅 기술	82.1
				IT아웃소싱 서비스 기술	77.5
				디지털 지식 기술	81.9

■ 정보보호

중분류		소분류		83.9요소기술87.5	
구분	중요도	구분	중요도	구분	중요도
공통기반 보안기술	89.5	암호/인증 기술	88.5	암호	87.4
				인증	89.6
				접근제어	83.2
		개인정보보호 및 바이오 정보보호 기술	88.3	개인정보보호	92.2
				바이오인식/관리 (지문인식, 홍채인식 등)	88.9
				바이오 보안 (의료 정보보호 포함)	91.4
응용기반 보안기술	86.8	인프라 보호기술	88.0	BcN 보안 (IPv6 보안 포함)	87.5
				소프트인프라웨어 보안	84.8
				RFID/USN 보안	89.1
		디바이스 및 서비스 보호기술	85.8	무선 네트워크 보안	89.5
				모바일 단말용 공통 보안 플랫폼	86.9
				VoIP 보안	84.1
				홈 네트워크 서비스/기기 보안	86.0
				텔레매틱스 서비스/기기 보안	83.0
				지능형 로봇 보안	81.4
				지식 서비스 보안	86.4

부록 5 : 기술료

■ 우리나라의 기술료 지급형태 (기술도입 기준)

(단위 : 건, %)

구분		정액	정액+정상	경상	합계
전지전자 및 정보통신	반도체	21(40.4)	26(50.0)	5(9.6)	52(100.0)
	방송무선통신기기	29(67.4)	12(27.9)	2(4.7)	43(100.0)
	방송수신·영상·음향기기	19(45.2)	16(38.1)	7(16.7)	42(100.0)
	디스플레이	13(38.2)	15(44.1)	6(17.6)	34(100.0)
	소프트웨어	32(78.0)	6(14.6)	3(7.3)	41(100.0)
	정보처리 및 컴퓨터운영	19(82.6)	3(13.0)	1(4.3)	23(100.0)
	컴퓨터·하드웨어	3(50.0)	3(50.0)	0(0.0)	6(100.0)
	기타 전기전자	9(60.0)	5(33.3)	1(6.7)	15(100.0)
기계	광학의료기기	1(78.6)	1(7.1)	2(14.3)	14(100.0)
	정밀기계·신공정	10(43.5)	7(30.4)	6(26.1)	23(100.0)
	자동차	45(51.7)	26(29.9)	16(18.4)	87(100.0)
	자동차(엔진·엔진제어장치)	26(68.4)	7(18.4)	5(13.2)	38(100.0)
	항공기·위성·우주발사체	41(85.4)	5(10.4)	2(4.2)	45(100.0)
	선박·해양구조물·철도차량	12(70.6)	4(23.5)	1(5.9)	17(100.0)
소재 에너지 건축 방위 산업	방위산업	25(89.3)	2(7.1)	1(3.6)	28(100.0)
	신물질·정밀화학·생물산업	14(70.0)	4(20.0)	2(10.0)	20(100.0)
	재료소재	4(30.8)	7(53.8)	2(15.4)	13(100.0)
	LNG 저장탱크	20(90.9)	1(4.5)	1(4.5)	22(100.0)
	건설· 환경	10(90.9)	1(9.1)	0(0.0)	11(100.0)
	에너지·자원재생	15(83.3)	3(16.7)	0(0.0)	18(100.0)
	원자력	11(100.0)	0(0.0)	0(0.0)	11(100.0)
합계		339(64.8)	132(25.2)	52(9.9)	523(100.0)

출처 : 한국산업기술진흥협회 기술도입대가분석자료(2006)

■ 우리나라의 기술료 수준 ① (1990년~2000년대 초반 기술도입 기준)

* 대체로 매출액의 2~5% 수준임

<table>
<tr><th colspan="3">구분</th><th>3%미만</th><th>3~5%</th><th>5~10%</th><th>10%이상</th><th>기타</th><th>합계</th></tr>
<tr><td rowspan="11">전기 전자 및 정보 통신</td><td rowspan="5">반도체</td><td>50만달러 미만</td><td>3</td><td>0</td><td>3</td><td>0</td><td>1</td><td>7</td></tr>
<tr><td>50만달러~백만달러 미만</td><td>4</td><td>1</td><td>1</td><td>0</td><td>2</td><td>8</td></tr>
<tr><td>백만달러~5백만달러 미만</td><td>3</td><td>2</td><td>0</td><td>0</td><td>0</td><td>5</td></tr>
<tr><td>천만달러 이상</td><td>2</td><td>2</td><td>1</td><td>1</td><td>0</td><td>6</td></tr>
<tr><td>소계</td><td>12</td><td>5</td><td>5</td><td>1</td><td>3</td><td>26</td></tr>
<tr><td rowspan="6">방송 무선 통신 기기</td><td>50만달러 미만</td><td>0</td><td>1</td><td>0</td><td>0</td><td>2</td><td>3</td></tr>
<tr><td>50만달러~백만달러 미만</td><td>0</td><td>0</td><td>0</td><td>1</td><td>1</td><td>2</td></tr>
<tr><td>백만달러~5백만달러 미만</td><td>0</td><td>0</td><td>1</td><td>0</td><td>2</td><td>3</td></tr>
<tr><td>5백만달러~천만달러 미만</td><td>1</td><td>0</td><td>0</td><td>0</td><td>1</td><td>2</td></tr>
<tr><td>천만달러 이상</td><td>0</td><td>0</td><td>0</td><td>0</td><td>2</td><td>2</td></tr>
<tr><td>소계</td><td>1</td><td>1</td><td>1</td><td>1</td><td>8</td><td>12</td></tr>
</table>

출처 : 한국산업기술진흥협회

■ 우리나라의 기술료 수준 ② (1990년~2000년대 초반 기술도입 기준)

* 대체로 매출액의 2~5% 수준임

구분			3%미만	3~5%	5~10%	10%이상	기타	합계
기계	광학·의료기기	50만달러 미만	0	0	0	0	1	1
		소계	0	0	0	0	1	1
	정밀기계·신공정	50만달러 미만	1	1	1	0	0	3
		백만달러~5백만달러 미만	0	3	1	0	0	4
		소계	1	4	2	0	0	7
	자동차	50만달러 미만	1	7	1	0	1	10
		50만달러~백만달러 미만	0	4	0	0	0	4
		백만달러~5백만달러 미만	0	6	0	0	1	7
		5백만달러~천만달러 미만	1	0	0	0	2	3
		천만달러 이상	0	1	0	0	1	2
		소계	2	18	1	0	5	26
	자동차(엔진·엔진제어장치)	50만달러~백만달러 미만	0	1	0	0	0	1
		백만달러~5백만달러 미만	0	3	0	0	1	4
		5백만달러~천만달러 미만	1	0	0	0	0	1
		천만달러 이상	0	0	0	0	1	1
		소계	1	4	0	0	2	7
	항공기·위성·우주발사체	50만달러 미만	1	0	1	0	2	4
		5백만달러~천만달러 미만	0	0	1	0	0	1
		소계	1	0	2	0	2	5
	선박·해양구조물·철도차량	50만달러 미만	2	0	0	0	0	2
		백만달러~5백만달러 미만	0	1	0	0	1	2
		소계	2	1	0	0	1	4

출처 : 한국산업기술진흥협회

■ 우리나라의 기술료 수준 ③ (1990년~2000년대 초반 기술도입 기준)

* 대체로 매출액의 2~5% 수준임

구분			3%미만	3~5%	5~10%	10%이상	기타	합계
전기 전자 및 정보 통신	방송수신·영상·음향기기	50만달러 미만	2	2	0	0	1	5
		50만달러~백만달러 미만	2	1	0	0	0	3
		백만달러~5백만달러 미만	7	0	0	0	0	7
		5백만달러~천만달러 미만	1	0	0	0	0	1
		소계	12	3	0	0	1	16
	디스플레이	50만달러 미만	2	2	0	0	0	4
		50만달러~백만달러 미만	2	1	0	0	0	3
		백만달러~5백만달러 미만	7	0	0	0	0	7
		5백만달러~천만달러 미만	1	0	0	0	0	1
		소계	12	3	0	0	0	15
	소프트웨어	50만달러 미만	0	0	0	0	3	3
		50만달러~백만달러 미만	0	0	0	1	0	1
		5백만달러~천만달러 미만	0	0	0	1	2	2
		소계	0	0	0	2	5	6
	정보처리 및 컴퓨터 운영	50만달러 미만	0	0	0	0	2	2
		50만달러~백만달러 미만	0	1	0	0	0	1
		소계	0	1	0	0	2	3
	컴퓨터 하드웨어	50만달러 미만	0	1	0	0	1	2
		백만달러~5백만달러 미만	1	0	0	0	0	1
		소계	1	1	0	0	1	3
	기타 전기 전자	50만달러 미만	0	2	0	0	1	3
		5백만달러~백만달러 미만	0	0	1	0	0	1
		백만달러~5백만달러 미만	1	0	0	0	0	1
		소계	1	2	1	0	1	5

출처 : 한국산업기술진흥협회

■ 미국의 주요 업종별 기술료율

업종 구분	통계건수	최저(%)	최고(%)	평균(%)
자동차	35	1.0	15	4.0
화학품	72	0.5	25	3.6
컴퓨터	68	0.2	15	4.0
소비자상품	90	0.0	17	5.0
전자	132	0.5	15	4.0
에너지, 환경	86	0.5	20	5.0
식품	32	0.3	7	2.8
헬츠케어품	280	0.1	77	4.8
인터넷	47	0.3	40	7.5
기계, 공구	84	0.5	25	4.5
미디어, 음악	19	2.0	50	8.0
의약, 바이오	328	0.1	40	5.1
반도체	328	0.0	30	3.2
소프트웨어	119	0.0	70	6.8
전기통신	63	0.4	25	4.7

출처 : 오사카공업대학 MIP 코스 田浪 和生 교수 강의자료 재인용

부록 6 : Panduit사의 사례

1 손해 배상 관련 일실 이익의 입증 요건

Panduit Corp. v. Fibre Works, Inc., 575 F.2d 1152 (6th Cir. 1978)

1. 서지사항

원고(항소인)	Panduit Corp.
원고 대리인	Roy E. Petherbridge
피고(피항소인)	Stahlin Bros. Fibre Works, Inc.
피고 대리인	A. James Valliere
사건번호	575 F.2d 1152
판결일자	1978년 4월 25일
판사	PHILLIPS, CELEBREZZE, MARKEY
1심법원	미시간 서부 지방법원
1심법원 판결일	1975년 9월 15일
관련특허	(US PAT 3,024,301) 전기통제시스템 배선관의 덮개
관련법령	35 U.S.C. § 284
관련기술	전기통제시스템 배선관의 덮개

2. 사건의 배경

(1) 사건의 개요

Pandiut사에 의해서 1995년부터 제조, 판매되는 배선관의 덮개는 그의 사장인 Jack Caveney에 의해 발명되었다. 1956년 특허출원을 진행하게 되었는데 특허청에서 저촉심사(Interference) 절차가 진행되어, GE의 직원인 Walch가 그 덮개의 첫 발명자임이 결정되었다. 그 특허는 Walch를 특허권자로 1962년 등록되었고 Panduit사는 그 특허를 매입하게 되어 타인이 그 덮개를 생산 판매하지 못하도록 전용 실시권을 가지게 되었다. 1957년부터 Stahlin사는 'Lok-Slot'와 'Web-Slot' 덮개를 생산, 판매를 시작하였고, 특허가 등록된 이후에도 판매행위를 계속 진행하였다. 또한 1963년 1월에 Stahlin사는 자사 제품의 가격을 약 30% 낮추어 판매를 하였다. 1964년 원고인 Panduit사는 Stahlin Bros사에 대해 피고의 전기 배선관 덮개가 자사 US 3,024,301 특허에 침해된다는 것을 주장하며 소송을 제기하였다. 1969년 연방지방법원은 Stahlin에 의해 판매된 'Lok-Slot'과 'Web-Slot'이 청구항 5항에 침해되며, 특허는 유효하다고 판결을 내렸으며 추가적인 침해를 금지하였다. Panduit사는 Stahlin사가 처음 판매를 개시한 1962년 3월 6일부터 1970년 8월 7일까지의 판매 감소에 의한 일실 손실 배상액으로 $808,003 또는 35%의 로열티에 해당하는 $625, 940을 요구하였다. 또한 Stahlin 의 가격 인하에 의한 일실 손실액 $4,069,000을 추가로 요구하였다.

(2) 사건 특허발명

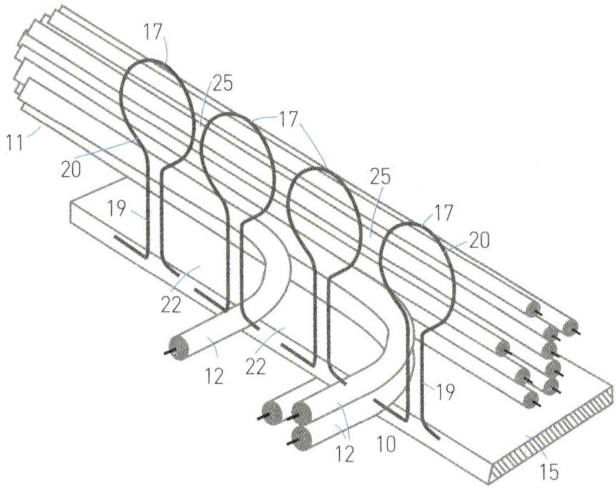

(US PAT 3,024,301) 전기통제시스템 배선관의 덮개

이 발명(US PAT 3,024,301)은 전선묶음을 지지하고, 배선되어야 할 여러 장비들에 배선을 하기 위한 장치에 사용되는 와이어링 그릴(wiring grilles)에 관련된 것이다. 본 발명의 목적은 동로를 뚫고 지나감 없이 배선될 수 있도록 하는 새롭고 개선된 와이어링 그릴(wiring grilles)을 제공함에 있다. 이로써 전선을 수용하는데 그릴(grilles)의 최대한의 공간이 이용가능하다.

3. 소송에서의 쟁점

이 사건에서는 일실이익의 인과관계 및 손해배상액 산정에 관하여 특허 실시권의 침해에 따른 손해배상의 범위와 손해배상의 범위를 정하는 기준이 주요 쟁점이었다.

4. 소송 경과 및 원심 법원의 판단

(1) History Map

1975. 09. 15. 1심 판결 C.A. Nos. 4935 and G293-71 (W.D.Mich. 1975)
침해금지, 손해배상
1978. 04. 25. CAFC 판결 575 F.2d 1152 (6th. Cir. 1978)
파기 환송

(2) 원심법원의 판단

지방법원은 법원 주사에게 284조에 따라 손해액을 결정하기 위해 보고서를 작성할 것을 명하였고 그 보고서에서는 매출액에서 평균 4.04%의 이익을 얻는다는 Stahlin의 증언과 합리적 로열티는 특허 실시권자의 일정 정도 수익을 의미한다는 개념에 의해 총 매출액의 2.5%에 해당하는 $44,709.60을 손해액으로 제시하였고, 법원은 이것을 확정하였다.

이에 대해 원고는 불복하여 항소하였다. 항소 이유는 침해자의 침해 행위가 없었더라면, 손해배상액 산정은 특허권자가 얼마나 수익을 얻을 것인가를 정하는 것이라고 주장하면서 지방법원이 원고의 일실이익 또는 35%의 로열티를 배척하였고, 피고의 가격 인하에 대한 일실 손실도 인용하지 않음으로 명백히 잘못된 것이라고 항소이유를 붙였다.

5. 항소심법원의 판결

법원은 원고주장을 판단함에 있어서,

첫째, 일실매출액에 대한 일실이익에 관하여 『특허권자는 ① 특허품에 대한 수요 ② 대체 가능한 비침해 제품의 존재 ③ 수요에 대응하는 권리자의 제조 및 판매능력 ④ 특허권자가 판매하여 얻었을 수익의 총액을 입증하여야 한다」고 밝혔다. 또한 법원은 ①, ③에 관하여는 더 이상 논의하지 않고 ②에 있어서 법원주사의 판단에 잘못이 있었을 지라도 ④에 관하여 원고의 입증이 이루어지지 않았기 때문에 일실이익에 대한 배상을 인정할 수 없다고 판시하였다.

둘째, 가격인하에 따른 손해의 주장에 대하여 항소법원은 원고의 가격인하로 인한 손해는 인하된 가격에서 인하 전보다 많은 양을 판매하여 얻은 이익으로 보상되므로 문제되지 않는다고 판시하였다.

셋째, 실시료 상당액은 특허권침해로 인한 일실이익의 손해배상에 대한 법적 의제방법으로 실시허락자와 실시권자에 의하여 가상적 교섭을 통하여 이루어진 결과를 말한다. 실시료율을 정함에 있어서 일차적으로 양 당사자가 합의할 내용을 근거로 판단하고 그 밖에 여러가지 요소를 가지고 판단한다. 이때 Georgia-Pacific 사건 판결에서 제시된 여러 사항은 이에 적절하게 사용될 수 있다.

결국 Panduit 사건의 항소법원은 수용성 있는 비침해 대체물의 존재여부, 실시계약에 관한 원고의 회사방침, 사업의 장래성 및 침해목적물의 시장가치를 재검토하여야 하므로 이에 대하여는 원심을 파기·환송한다고 판시하였다.

6. 판결이유 및 쟁점분석

(1) 일실이익 배상의 증명

특허침해사건에서 일실이익의 배상, 즉 침해행위가 없었다면 특허권자가 얻을 수 있는 이익을 배상하는 것이 원칙이다. 특허권자의 일실이익에는

① 판매의 감소
② 판매가격의 인하
③ 비용의 증가 등

이 고려되고, 특허권자는 침해행위가 없었다면 특허권자는 보다 많은 판매를 할 수 있었고, 특허권자는 보다 높은 가격으로 판매할 수 있었다는 사실 또는 비용이 절약될 수 있었다는 사실의 인과관계를 입증하여야 하고 다음으로 일실이익의 액수를 입증하여야 한다. 인과관계입증은 확실한 것까지 요하지 않고 합리적 개연성으로 족하다. 일실이익의 배상은 특허권자에게

가장 유리한 배상이 된다. 특허권자가 일실이익을 증명하려면 특허권 침해가 없었다면 침해자의 판매분도 특허권자가 판매하였을 것이라는 사정과 그로 인해 생긴 이익을 증명해야 한다. 특허권자가 합리적인 수준에서 일실이익을 입증하면 입증책임은 침해자에게 전환되고 침해자는 특허권자의 입증에 대하여 반박하여야 한다. 일실이익 배상을 인정함에 있어서 인과관계를 입증하는 하나의 방법으로 Panduit테스트가 있으며 미국에서 가장 많이 인용되고 있다. 이 원칙에 의해 특허권자가 다음 사항을 입증하면 특허권자는 침해제품과 동등한 판매액을 일실한 것으로 추정을 받게 된다.

(2) 특허품의 수요

어떤 물품에 대한 경제적 가치는 수요·공급에 의하여 결정되는 시장가격에 따른다. 따라서 물건에 대한 수요는 시장에서의 가치를 평가하는 기본 요소이다. 특허품에 대한 수요를 논할 때 특허권자는 특허품에 대하여 수요를 결정하는 요인과 수요량의 정도를 밝히는 일이 중요하다. 이에 관한 여러 방법이 있으나 주로 특허권자는 침해자가 유사한 제품을 판매하는 경우 침해품의 판매에 대한 입증이 곧 특허품에 대한 수요를 입증하는 것이 된다. 이때 침해자의 특허품에 대한 광고, 침해자의 특허품에 대한 계속적 사용, 침해의 위험성에 대한 인식 등이 특허품에 대한 수요를 입증하는 또 다른 증거에 해당된다.

특허품에 대한 수요의 입증은 특허권자와 침해자의 물품 상호 간에 교환될 수 있음을 전제로 하여 특허권자와 침해자가 실질적으로 동일물품을 판매할 수 있어야 한다. 만일 특허권자와 침해자가 동일한 시장에서 경쟁하지 않는 경우 일실이익이 아닌 실시료 상당액을 계산하게 된다.

특허권자와 침해자의 물품은 가격과 물품의 특성이 유사해야 한다. 만약 침해자의 제품이 동일 소비자에 대하여 동일 시장에서 특허권자의 제품과 충분히 경쟁할 수 없다면, 침해자의 고객은 침해자의 생산품이 없을 경우 특허권자의 물품으로 그들의 수요를 전환하지 않을 것이다. 특허권자는 자기 또는 침해자에 의하여 특허된 물품의 매출을 제시함으로써 수요를 확인할 수 있다.

(3) 대체가능한 비침해제품의 존재

문제된 특허를 침해하지 않은 제품으로서 특허품 대신 쓸 수 있는 물건(비침해 대체품)이 시장에 있었다면 침해품에 대한 수요가 특허건의 침해가 없었다면 모두 특허품에 대한 수요가 되었을 것이라고 볼 수는 없다. 왜냐하면 침해품에 대한 수요가 특허권의 침해가 없었다면 특허품 뿐만 아니라 비침해 대체품으로도 몰렸을 것이기 때문이다. 그러므로 특허권자가 침해품에 대한 수요가 특허침해가 없었으면 모두 자신의 제품에 대한 수요가 되었을 것이라고 주장하려면 비침해 대체품이 없었음을 증명해야 한다. 비침해하는 대체품의 부재를 입증하기 위하여 특허권자는

① 시장의 일반적 소비자가 특허품의 장점에 근거하여 구매할 것이라는 점
② 침해품을 구매한 소비자가 특허의 장점에 근거하여 구매하였다는 점을 보여야 한다. 특허품의 장점을 가지지 않는 제품은 대체품으로 인정되기 어려울 것이다.

즉 소비자가 특허품에서만 존재하는 특징으로 인하여 특허품을 구매한다면, 그러한 특징을 가지지 않는 제품은 대체품으로 인정되지 않는다. 소비자 수요가 관련 시장 및 대체성을 결정하며 그 결정을 위하여 소비자의 사용목적, 특허품과 대체품의 형상 및 기능의 유사성을 판단한다. 쟁점이 되는 제품이 특허품에 비하여 가격이 비싸거나 특허품과 다른 특성을 가지는 경우 대체품으로 인정되지 않는다.

1989년 State Industries 사건이 특허권자가 대체품의 부존재를 입증하는 부담을 없애고 특허권자의 시장점유율을 기준으로 일실이익을 입증할 수 있도록 하였다.

즉, State Industries 사건에서의 시장점유율 법칙(Market Share Rule)은 특허권자가 40%의 시장점유율을 가지고 60%의 시장점유율을 가지는 피고가 다른 경쟁자가 침해를 하지 않는 대체품을 판매하는 경우에도 특허권자는 40%의 판매에 기초하여 일실이익을 주장할 수 있고 나머지에 대하여는 실시료 상당액에 기초하여 배상을 받았다.

그러나 특허권자와 침해자 양자만이 관련 시장에 존재하는 경우 시장점유율 법칙(market share rule)이 적용되지 않으며, 대체품이 침해기간 중 시장에 존재하지 않은 경우 법원은 대체품이 입수 가능하지 않은 것으로 추정하나, 대체품이 실제로 시장에서 판매되지 않았더라도 제조를 위한 관련 사항이 모두 알려진 경우 대체품이 존재한 것으로 인정될 수 있다.

(4) 권리자의 제조 및 판매능력

아무리 특허품에 대한 수요가 있었다 하더라도 특허권자에게 이 수요를 충족시킬 만한 제품의 제조 및 판매능력이 없었다면 특허권자에게 판매이익의 상실이 있었다고 할 수 없다. 예컨대

특허권자가 특허를 등록했을 뿐 이를 사업화하기 전에 다른 사람이 그 특허권을 침해하는 제품을 제조·판매했다면 특허권자는 후술하는 적정한 실시료의 배상을 받을 수 있을지언정 상실된 판매이익을 배상 받을 수는 없을 것이다. 그것은 설령 특허권의 침해가 없었다 하더라도 특허권자는 특허 제품을 제조·판매하지는 않았을 것이기 때문이다. 때로는 특허권자가 여건상 수요의 일부만 충족시킬 수 있는 제조 및 판매능력을 가진 때도 있을 수 있는데, 이 경우는 그 비율에 따라 일부에 대하여는 상실된 이익의 배상, 나머지에 대하여는 적정한 실시료의 배상이 이루어져야 할 것이다. 결국 이 요건은 구체적인 경우의 사실확인의 문제라고 할 것이다.

그러나 권리자의 제조 및 판매능력을 고려함에 있어서 특허권자가 반드시 독자적으로 제조 및 판매를 할 필요는 없고, 큰 어려움 없이 하청을 주어서 시장의 수요를 충족할 수 있는 경우 특허권자가 수요를 충족하는 것으로 해석된다.

(5) 특허권자가 판매하여 얻었을 수익의 총액

1) 의의

특허권자는 침해자의 판매분을 자신이 판매했다면 올렸을 이익을 증명하여야 한다. 이 판매이익의 계산은 한계이익의 계산방식에 의한다. 즉 만일 일정량의 상품을 생산한 결과 고정 생산비가 모두 탕감되었다면 그 후 추가로 생산되는 상품으로부터의 이익, 즉 한계이익은 현저히 높아진다. 이런 이유로 상실된 판매이익율을 50~60%로 인정하는 판례가 있으며, 침해자가 아주 낮은 가격으로 침해제품을 판매했을 때에는 특허권자의 상실된 이익 총액이 침해자의 침해제품 총매출액을 초과하기도 한다.

경쟁자가 2명 존재하는 Two supplier market에서 자주 사용되는 일실이익 산정방법은 침해품 개수에 특허권자의 해당 제품에 대한 증분 수익율을 곱하는 것이다. 증분수익을 결정하기 위하여 봉급, 재산세, 보험 등 고정비용은 계산에서 제외되고, 재료, 노동, 전기 등 가변비용만 계산된다. 일실이익의 주장·입증은 추론적인 것에 머물러서도 안 되지만 확정적인 계산에 의할 필요는 없고 합리적 확실성을 보이면 족하다. 일실이익의 불확실성은 침해자에게 불리하게 해석되며, 제1심법원은 개략적인 손해액을 계산하는 방법을 선택할 수 있는 재량권을 가진다.

2) 일실이익의 총액계산

가. 판매손실(actual lost sales)

침해자가 판매한 제품을 특허권자가 판매하였을 경우 매출액에 비용을 감하여 계산한다. 부가적인 판매를 위하여 고정비용은 변동이 없는 경우 고정비용은 감하지 않을 수 있다.

나. 예상 판매증가액(projected lost sales)

① 침해 이전에 판매가 증가추세에 있었고
② 침해시기에도 판매가 증가할 것이 합리적으로 예상되고
③ 예상 판매가 침해자와 특허권자의 판매의 합보다도 크다는 것을 특허권자가 입증하는 경우 예상 판매증가액을 기초로 일실이익 산정이 가능하다.

다. 가격침식(price erosion)

침해가 없었더라면 침해가 발생한 경우보다 가격을 더 높게 책정할 수 있었다는 것을 특허권자가 입증하는 경우 그 높은 가격을 기준으로 일실이익 산정이 가능하다. 하지만 가격이 높으면 판매량이 축소되는 것이 일반적인 경제학 논리이므로 가격침식과 판매손실을 동시에 적용하는 것은 불합리하다는 주장이 강력하게 제기되고 있다.

라. 비용상승(increased costs)

침해자와 경쟁하기 위하여 홍보비 등을 추가로 지출한 것에 대하여 일실이익을 부가할 수 있다.

마. 전체시장가치(entire market value)

특허가 해당 제품의 일부분을 커버하더라도 특허부품이 매우 중요한 경우 해당제품의 전체의 가격을 기초로 손해액 산정이 가능하다. 특허부품이 전체 제품을 구매하는 원인이거나 특허부품과 비특허부품이 일체로 기능하는 것을 특허권자가 입증하는 경우 해당 제품 전체의 가격을 기초로 일실이익 산정이 가능하다.

바. 부대판매(convoyed salcs)

특허제품과 기능적으로 관련을 가지는 부대제품의 판매하락 등에 관하여도 일실이익 산정이 가능하다. 전체시장가 원칙과 유사하게 부대판매에서도 특허제품과 부대적으로 판매되는 제품

이 기능적으로 불가분의 관계를 가져야 한다. 단지 편리함으로 인하여 같이 판매된 제품은 부대판매로 인정되지 않는다.

사. 연관판매(collateral sales)

침해가 없었더라면 당연히 발생하였을 A/S제공, 소모품 판매 등에 대하여도 일실이익 산정이 가능하다.

자. 부가적 테스트(Alternative Tests)

Panduit Test는 유일한 판단방법은 아니며 법원은 원고가 제시하는 판단방법이 합당하다고 인정하는 경우 그 방법을 채용할 수 있으며, 그 부가적 테스트에는 ①Two-Supplier Market 테스트와 ② Mini-Market 접근법 등이 있다.

7. 관련 판례

(1) State industries, inc., v. Mor-Flow Indus., Inc., 883F.2d1573 (C.A.Fed., 1989) 특허권자 이외의 경쟁자가 시장에 존재하는 경우에는 특허권자가 잃어버린 판매량은 침해자의 판매량 전부가 아니라 침해가 일어난 시점에서의 특허권자의 시장점유율에 의하여 계산하여야 하고, 그 이상의 침해자의 판매량에 대해서는 특허권자가 실시료 상당액만을 청구할 수 있다.

(2) Grain Processing Corp. v, America Maize-Prods. Co., 185 F.3d 1341 (Fed. Cir., 1999) 비침해 대체품이 침해발생 기간에 실제로 제조되고 있거나 판매되고 있지 않아도 비침해 대체품의 제공이 가능하였다면, 비침해 대체품이 존재한다는 것으로 인정한다.

8. 시사점

특허침해로 인한 손해배상의 범위를 정하는데 있어서 상당인과관계는 민법상 개연성 이외의 특허법상 시장가치라고 할 수 있는 추가적인 판단 척도를 요구한다. Panduit 사건은 특허권자의 시장지배력을 인과관계의 판단기준으로 제시하였다는 점에서 의의를 가지는데, 실질적으로 손해배상의 범위가 '상당성'의 판단으로부터 정해지므로, 위 판결에서 제시한 특허물품에 대한 수요, 비침해 대체품의 부존재 및 수요에 부응할 생산능력의 세 가지 요소가 가지는 의미는 매우 크다.

그러나 Panduit 테스트는 특허제품과 침해품이 동일 시장에서 충분히 경합할 정도로 유사하다는 것을 전제로 하고 있고, 일실이익의 인과관계를 입증하는 하나의 방법이지만 유일한 방법은 아니다. 또한 두 공급자로 한정된 시장을 전제로 논의하는 것이므로 셋 이상의 공급자에 의하여 시장이 구성된 경우에는 적용하는데 타당하지 않다는 것에 유의하여야 할 것이다.

[출처 : 한국지식재산보호협회]

2 특허침해로 인한 상당 실시료의 산정

대법원 2006. 4. 27. 2003다15006 판결

1. 서지사항

원고(피상고인)	코닌클리케 필립스 일렉트로닉스 엔 브이
원고대리인	변호사 백창훈 외 1인
피고(상고인)	주식회사 에스케이씨
피고대리인	변호사 김영환
사건번호	2003다15006
판결일자	2006년 04월 27일
판사	재판장 김지형
1심법원	서울지방법원
1심법원 판결일	2001년 6월 22일
관련특허	등록특허 10-20064호
관련법령	특허법 제130조, 특허법 제128조 3항, 5항
관련기술	2진 데이터비트블록열을 2진 채널비트블록열로 코딩시키는 방법

2. 사건의 배경

(1) 사건의 개요

원고(피상고인)은 1978년 세계 최초로 CD를 개발하여 세계 각국에 특허를 받았다. 피고는 1997.3.2 소외 에스케이씨에게 노래와 연주가 녹음된 마스터 테이프 혹은 마스터 CD(CD제작

의 1단계)를 제공하고 에스케이씨는 피고와의 도급계약에 따라 CD제작의 2내지 4단계 공정을 거쳐 만든 스탬퍼를 제작하여 피고에게 공급하거나 혹은 5단계까지 완료하여 완성된 CD를 공급하였다.

피고는 에스케이씨로부터 공급받은 스탬퍼로 CD를 찍어내어 판매하였다. 한편 에스케이씨는 원래 원고로부터 이 사건 특허발명을 실시하기 위한 라이센스를 받아 놓은 상태였는데, 그 라이센스 계약이 적용되는 범위는 자신이 직접 CD를 제조 판매하는 것에 국한되었고, 스탬퍼를 제작하여 공급함에는 미치지 아니하였다.

이에 원고는 피고의 행위가 자신의 특허권을 침해하였다고 주장하면서 이에 따른 손해배상청구를 하게 되었다. 1심 법원에서는 청구를 기각하였고, 2심 법원에서는 손해배상 판결을 내렸다. 원고는 손해액 산정이 잘못되었다는 이유로 대법원에 상고하였다.

(2) 소송 특허의 개요

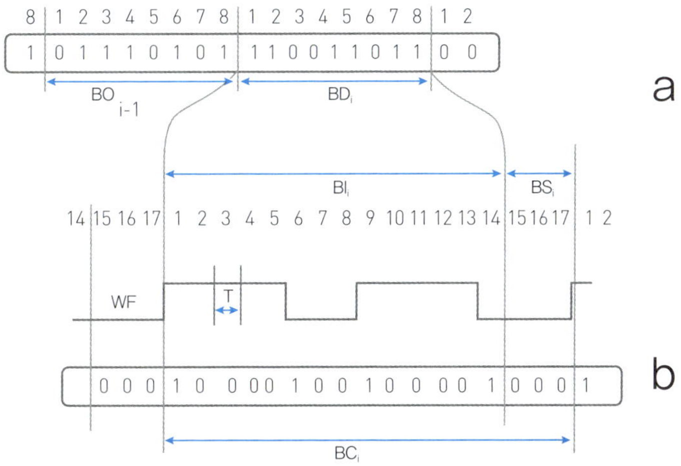

이 사건 특허발명(등록특허 10-20064호)은 Audio-CD의 제조과정에 관한 것으로, 내용은 다음과 같다.

(가) 1단계 : 노래·연주 등의 소리(원음)를 녹음하여, 노래·연주 등의 음성신호를 아날로그 신호 또는 디지털 신호로 저장한 마스터테이프를 만드는 과정

(나) 2단계 : 노래·연주 등의 음성신호가 아날로그 신호로 저장된 마스터테이프의 경우에는 아날로그 신호를 디지털 신호로 먼저 전환한 후, 마스터테이프의 디지털 신호를 Audio-CD에 기록하기에 적합하도록 하는 과정

(다) 3단계 : Audio-CD에 기록하기에 적합하도록 코딩되어 CD테이프마스터에 저장되어 있는 디지털 신호를 레이저커팅과 현상 등의 과정을 통하여 유리(glass) 원판에 수록함으로써 글래스마스타(Glass Master)를 제작하는 과정

(라) 4단계 : 글래스마스타를 원판으로 하여, 니켈 등의 금속으로 글래스마스타의 본을 떠서 메탈 마스터(Metal Master, Metal Father라고도 한다)를 만들고, 다시 메탈 마스터(Metal Master)의 본을 떠서 메탈 마더(Metal Mother)를 만들고, 다시 메탈 마더(Metal Mother)의 본을 떠서 스탬퍼(Stamper)를 제작하는 과정

(마) 5단계 : 스탬퍼를 사용하여 폴리카보네이트 재질의 Audio-CD를 찍어내는 과정

3. 소송에서의 쟁점

이 사건에서는

① 특허법 제130조의 규정 취지 및 타인의 특허발명을 허락 없이 실시한 자가 과실의 추정을 벗어나기 위하여 주장·증명하여야 할 사항,
② 특허법 제128조 제3항에 의한 손해배상액의 산정 방법,
③ 특허침해로 인한 손해액의 증명이 어려운 경우, 손해액의 산정 방법이 주요 쟁점이었다.

4. 소송 경과 및 원심 법원의 판단

(1) History Map

2001. 06. 22 . 서울지방법원 99가합31563 청구기각
2003. 02. 10 . 서울고등법원 2001나42518 손해배상
2006. 04. 27 . 대법원 2003다15006 손해배상

(2) 1심 법원의 판단

이 사건 특허발명은 일련의 CD제조과정 중 반드시 거쳐야 할 하나의 과정에 해당하지만 이 사건 특허발명을 시행하기 위하여 투입되는 것은 2진 데이터비트 블록열로 이루어진 음성, 영상 등의 디지털 신호에 관한 데이터이고 위 특허발명의 시행결과 나오는 결과물 역시 2진 채널비트 블록열로 코딩된 음성, 영상 등의 디지털 신호이기 때문에, 이 사건 특허발명은 단순한 방법의 발명에 해당하고, 물건을 생산하는 방법의 발명에는 해당하지 아니하는 점을 인정할 수 있다.

원고는, 이 사건 특허발명이 물건을 생산하는 방법에 관한 발명이라고 주장하나, 이 사건 특허발명의 시행결과 나오는 데이터를 수록한 스탬퍼와 CD등 유형의 기록매체가 위 특허발명을 사용하여 생산된 생산물에 해당한다고 볼 수 없으므로 원고의 주장을 받아들이지 않는다며 청구를 기각하였다.

(3) 2심 법원의 판단

1996. 1. 1.부터 2001. 7. 11.까지 피고의 이 사건 특허발명에 대한 침해행위로 인한 손해배상액을 결정하면서 그 채택증거에 의하여 원고가 장기간에 걸쳐 이 사건 특허발명을 비롯하여 CD의 제조에 필요한 특허발명의 실시를 허락하는 계약을 다수 체결하면서 실시를 허락하는 특허발명의 수에 관계없이 특허발명들을 실시하여 제조한 CD의 수량을 기준으로 하여 정형적으로 실시료를 정하여 온 사실과 피고가 제조·판매한 CD의 경우 실시료로 CD 1장당 미화 3센트를 받아 온 사실을 각 인정한 다음, 피고에 대해서도 위 실시계약의 내용을 그대로 유추 적용하여 피고가 제조·판매한CD의 수량에 위 실시료 및 위 기간 중 달러에 대한 원화의 월별 최저기준 환율을 곱하여 8억 32,129,970원을 위 기간에 대한 손해배상액으로 산정하였다.

즉, 1993.1.1부터 1995.12.31까지의 손해액은 변론에 나타난 여러 사정과 관련 증거들을 고려하여 금 50,000,000원으로 인정되었고 1996.1.1부터 2001.7.11까지의 손해배상은 환율을 고려하여 832,129,970원으로 결정되어 피고가 배상하여야 할 금액은 금 882,129,970원이라고 판결하였다.

5. 대법원의 판결

특허법 제128조 제3항에 의하여 특허발명의 실시에 대하여 통상 받을 수 있는 금액에 상당하는 액을 결정함에 있어서는, 특허발명의 객관적인 기술적 가치, 당해 특허발명에 대한 제3자와의 실시계약 내용, 당해 침해자와의 과거의 실시계약 내용, 당해 기술 분야에서 같은 종류의 특허발명이 얻을 수 있는 실시료, 특허발명의 잔여 보호기간, 특허권자의 특허발명 이용 형태, 특허발명과 유사한 대체기술의 존재 여부, 침해자가 특허침해로 얻은 이익 등 변론종결시까지 변론과정에서 나타난 여러 가지 사정을 모두 고려하여 객관적, 합리적인 금액으로 결정하여야 하고, 특히 당해 특허발명에 대하여 특허권자가 제3자와 사이에 특허권 실시계약을 맺고 실시료를 받은 바 있다면 그 계약 내용을 침해자에게도 유추적용하는 것이 현저하게 불합리하다는 특별한 사정이 없는 한 그 실시계약에서 정한 실시료를 참작하여 위 금액을 산정하여야 하며, 그 유추적용이 현저하게 불합리하다는 사정에 대한 입증책임은 그러한 사정을 주장하는 자에게 있다.

위 법리와 기록에 비추어 살펴보면, 피고의 이 사건 특허발명에 대한 침해가 시작된 이래 원심 변론종결 당시까지도 이 사건 특허발명의 잔여 보호기간이 줄어듦에 따라 실시료가 큰 폭으로 감액되었다거나 그 밖에 위 기간 동안 피고의 특허침해에 대하여 위 실시료를 유추적용함이 현저하게 불합리하다는 사정에 관한 입증이 부족한 이 사건에서 원심의 위와 같은 조치는 옳은 것으로 수긍이 가고, 거기에 채증법칙 위배나 법리오해 등의 위법이 있다고 할 수 없다.

6. 판결이유 및 쟁점분석

(1) 손해배상 산정 규정

(가) 문제의 소재 : 원심은 2001.2.3 개정된 현행 특허법 제128조 제3항과 제5항에 의거하여 손해배상액을 산정하였지만, 문제는 특허권 침해에 따른 손해배상규정이 이 사건 특허발명 출원일 1981.7.11 이후 2번의 개정이 있어서, 현행 제128조 제3항과 제5항의 적용이 적법한지가 문제가 된다. 원고의 이 사건 청구는 현행 특허법 제128조 제3항 및 제5항에 근거한 것이고, 피고의 항변은 위 개정 전의 특허법 제156조 제2항과도 일부 관계가 있으므로, 이 사건 특허침해로 인한 손해배상청구와 관련된 규정은 ① 1990.1.13 전문 개정전의 규정 ② 위 개정 후 2001.2.3 개정되기 전의 규정 및 ③ 현행 특허법으로 3분할 수 있고, 이 사건 특허발명의 경우 1987.7.11 출원되었으므로 그중 어느 규정을 적용하느냐에 따라 결론이 달라진다.

(나) 개정 법률의 부칙해석 : 1990.1.3 법률 제4207호로 전문 개정된 특허법 부칙 제9조는 "이 법 시행 전에 청구한 심판, 항고심판, 재심 및 소송에 관한 절차 및 손해배상 등은 종전의 규정에 의한다"와 같이 규정되어 있어서, 손해배상에 관한 경과규정은 손해배상의 청구일

과 개정법의 시행일을 신법과 구법 적용을 구분하는 기준일로 삼고 있으므로, 위 개정법의 시행 후에 청구한 손해배상의 경우는 위 경과규정이 적용되지 아니하여, 설령 침해된 특허의 출원일이 개정법 시행일 이전이라 하더라도 개정된 법률이 적용된다고 보아야 할 것이고, 1995.12.29 법률 제 5080호로 개정된 특허법은 부칙 제5조에서 "이 법 시행전에 이루어진 행위에 대하여 청구한 심판, 항고심판, 재심 및 소송에 관한 절차, 비용 및 손해배상 등은 종전의 규정에 의한다" 고 하여 손해배상액 산정에 관한 개정은 없었고, 현행 특허법 제128조 제5항을 도입한 2001.2.3 법률 제6411호의 개정은 부칙 제3호에서 '일반적 경과조치'라는 제목으로 "이 법 시행 당시 종전의 규정에 의하여 제출된 특허출원에 대한 심사, 특허등록, 특허권, 특허이의신청, 심판, 재심 및 소송은 종전의 규정에 의한다'라고 규정하고 단서에서 "다음 각호의 1에 해당하는 경우에는 그러하지 아니하다"라고 하여 예외 사항을 정하였는데 단서의 각호에는 손해배상의 산정에 관한 규정을 열거하지 아니하였다.

(2) 물건을 생산하는 방법의 인지 여부

제1심에서 원고의 청구는 피고의 스탬퍼가 원고의 물건을 생산하는 방법의 특허발명을 실시하여 제작된 것이므로 손해배상하라는 것으로 해석될 여지는 있지만, 원심에 이르러서의 원고의 청구는 피고가 자신의 특허발명을 허락없이 사용하여 CD를 제작하였으므로, 원고가 제3자에게 통상 받는 실시료(CD 1장당 3센트)를 특허법 제128조 제3항에 의하여 배상하고, 피고가 CD를 얼마나 제작하였는지 근거 자료가 없는 기간 동안에는 특허법 제128조 제5항에 의한 상당한 금액을 배상하라는 것이므로, 이 사건 특허발명이 물건을 생산하는 방법의 발명이든 아니면 단순한 방법의 발명이든 아무런 상관이 없는 경우가 된다.

(3) 피고의 이 사건 특허발명 침해 여부

원심은 그 채택 증거들을 종합하여 피고는 자신이 직접 CD제작을 기획하거나 음반기획사 등 고객으로부터 의뢰를 받아 CD를 제작·판매하여야 할 필요가 있는 경우에 CD에 담길 노래·연주 등 음원이 담긴 마스터테이프 등을 주식회사 에스케이씨(이하 'SKC'라고만 한다) 등 음반제작업체들에게 건네주면서 CD제작에 필요한 스탬퍼를 제작하도록 하고, 그들로부터 이 사건 특허발명을 실시하는 단계를 거쳐 만들어진 스탬퍼를 공급받아 CD를 제작·판매한 사실을 인정한 다음, 피고가 SKC 등에게 스탬퍼를 제작하게 한 경위나 제반 사정 등에 비추어 보면 SKC 등 음반제작업체들이 스탬퍼를 제작하기 위하여 이 사건 특허발명을 실시하는 것은 피고가 이 사건 특허발명을 실시하는 것으로 평가하여야 할 것이고, 설사 그렇지 않다고 하더라도 피고는 SKC 등 음반제작업체들의 스탬퍼 제작행위를 교사한 자로서 그들과 함께 공동불법행위자로서의 책임을 부담할 것이라고 판단하였다. 기록에 비추어 살펴보면 이 사건 특허발명은 CD를 제작하기 위해서는 반드시 실시하여야 하는 필수적인 공정에 관한 것으로서 CD제작을 위한 스탬퍼를 제작함에 있어서는 이 사건 특허발명을 실시하지 아니할 수 없다는 점 등을 고려할 때 원심의 위와 같은 판단은 옳은 것으로 수긍이 가고, 거기에 채증법칙 위배 및 심리미진으로 인한 사실오인이나 법리오해 등의 위법이 있다고 할 수 없다.

(4) 피고의 과실 여부

특허법 제130조는 타인의 특허권 또는 전용실시권을 침해한 자는 그 침해행위에 대하여 과실이 있는 것으로 추정한다고 규정하고 있고, 그 취지는 특허발명의 내용은 특허공보 또는 특허등록원부 등에 의해 공시되어 일반 공중에게 널리 알려져 있을 수 있고, 또 업(業)으로서 기술을 실시하는 사업자에게 당해 기술 분야에서 특허권의 침해에 대한 주의의무를 부과하는 것이 정당하다는데 있는 것이고(대법원 2003.2.11선고 2000다48272 판결 참조), 위 규정에도 불구하고 타인의 특허발명을 허락 없이 실시한 자에게 과실이 없다고 하기 위해서는 특허권의 존재를 알지 못하였다는 점을 정당화할 수 있는 사정이 있다거나 자신이 실시하는 기술이 특허발명의 권리범위에 속하지 않는다고 믿은 점을 정당화할 수 있는 사정이 있다는 것을 주장·입증하여야 할 것이다. 위 법리와 기록에 비추어 살펴보면 피고가 이 사건 특허발명의 존재를 모르고 고가의 CD복제용 기계를 구입하여 설명서대로 조작한 것뿐이라거나 이 사건 특허발명을 실시한 결과물이 유형적 형상으로 남아 있지 아니하다는 등의 사정만으로 피고가 이 사건 특허발명의 존재를 몰랐다는 점, 또는 자신이 실시하도록 한 기술이 이 사건 특허발명의 권리범위에 속하지 아니한다고 믿었던 점을 정당화할 수 있는 사정이 입증되었다고 할 수 없으므로, 피고에 대해서는 여전히 특허침해에 관하여 과실이 있는 것으로 추정된다고 판단한 원심의 조치는 옳은 것으로 수긍이 가고, 거기에 심리미진 등의 위법이 있다고 할 수 없다.

(5) 원심의 통상 받을 수 있는 금액의 산정방법

(가) 특허법 제128조 제3항에 의하여 특허발명의 실시에 대하여 통상 받을 수 있는 금액에 상당하는 액을 결정함에 있어서는, 특허발명의 객관적인 기술적 가치, 당해 특허발명에 대한 제3자와의 실시계약 내용, 당해 침해자와의 과거의 실시계약 내용, 당해 기술 분야에서 같은 종류

의 특허발명이 얻을 수 있는 실시료, 특허발명의 잔여 보호기간, 특허권자의 특허발명 이용 형태, 특허발명과 유사한 대체기술의 존재 여부, 침해자가 특허침해로 얻은 이익 등 변론종결시까지 변론과정에서 나타난 여러 가지 사정을 모두 고려하여 객관적, 합리적인 금액으로 결정하여야 하고, 특히 당해 특허발명에 대하여 특허권자가 제3자와 사이에 특허권 실시계약을 맺고 실시료를 받은 바 있다면 그 계약 내용을 침해자에게도 유추적용하는 것이 현저하게 불합리하다는 특별한 사정이 없는 한 그 실시계약에서 정한 실시료를 참작하여 위 금액을 산정하여야 하며(대법원 2001.11.30선고 99다69631 판결 참조), 그 유추적용이 현저하게 불합리하다는 사정에 대한 입증책임은 그러한 사정을 주장하는 자에게 있다고 할 것이다.

(나) 원심은, 1996.1.1부터 2001.7.11까지 피고의 이 사건 특허발명에 대한 침해행위로 인한 손해배상액을 결정하면서 그 채택 증거에 의하여 원고가 장기간에 걸쳐 이 사건 특허발명을 비롯하여 CD의 제조에 필요한 특허발명의 실시를 허락하는 계약을 다수 체결하면서 실시를 허락하는 특허발명의 수에 관계없이 특허발명들을 실시하여 제조한 CD의 수량을 기준으로 하여 정형적으로 실시료를 정하여 온 사실과 피고가 제조·판매한 CD의 경우 실시료로 CD 1장당 미화 3센트를 받아 온 사실을 각 인정한 다음, 피고에 대해서도 위 실시계약의 내용을 그대로 유추적용하여 피고가 제조·판매한 CD의 수량에 위 실시료 및 위 기간 중 달러에 대한 원화의 월별 최저기준 환율을 곱하여 8억 32,129,970원을 위 기간에 대한 손해배상액으로 산정하였다.

(다) 위 법리와 기록에 비추어 살펴보면 피고의 이 사건 특허발명에 대한 침해가 시작된 이래 원심 변론종결 당시까지도 이 사건 특허발명의 잔여 보호기간이 줄어듦에 따라 실시료가 큰 폭으로 감액되었다거나 그 밖에 위 기간 동안 피고의 특허침해에 대하여 위 실시료를 유추적용함이 현저하게 불합리하다는 사정에 관한 입증이 부족한 이 사건에서 원심의 위와 같은 조치는 옳은 것으로 수긍이 가고, 거기에 채증법칙 위배나 법리오해 등의 위법이 있다고 할 수 없다.

(6) 상당한 손해배상액의 산정 방법

(가) 특허침해로 손해가 발생된 것은 인정되나 특허침해의 규모를 알 수 있는 자료가 모두 폐기되어 그 손해액을 입증하기 위하여 필요한 사실을 입증하는 것이 어렵게 된 경우에는 특허법 제128조 제5항을 적용하여 상당한 손해액을 결정할 수 있고, 이 경우에는 그 기간 동안의 침해자의 자본, 설비 등을 고려하여 평균적인 제조수량이나 판매수량을 가늠하여 이를 기초

로 삼을 수 있다고 할 것이며, 특허침해가 이루어진 기간의 일부에 대해서만 손해액을 입증하기 어려운 경우 반드시 손해액을 입증할 수 있는 기간에 대하여 채택된 손해액 산정 방법이나 그와 유사한 방법으로만 상당한 손해액을 산정하여야만 하는 것은 아니고, 자유로이 합리적인 방법을 채택하여 변론 전체의 취지와 증거조사의 결과에 기초하여 상당한 손해액을 산정할 수 있다.

(나) 위 법리와 기록에 비추어 살펴보면 원심이 피고의 CD 제조·판매량에 관한 기록이 폐기되어 이를 알 수 없게 된 1993. 1. 1.부터 1995. 12. 31.까지의 상당한 손해액을 산정함에 있어서 특허법 제128조 제5항을 적용하여 그동안의 환율의 변동추이, 피고가 1996. 1. 1.부터 2001. 7. 11.까지 사이에 제조·판매한 CD의 수량 및 그 밖에 이 사건 변론에 나타난 여러 사정과 관련 증거를 종합하여 5,000만 원을 상당한 손해액으로 산정한 조치는 수긍이 가고, 거기에 부대상고이유에서 주장하는 바와 같은 법리오해 등의 위법이 없다.

7. 관련 판례

(1) 대법원 2009.1.30.선고 2007다65245

불법행위로 인한 손해배상청구권의 단기소멸시효의 기산점이 되는 민법 제766조 제1항의 '손해 및 가해자를 안 날'은 손해의 발생, 위법한 가해행위의 존재, 가해행위와 손해의 발생과의 사이에 상당 인과관계가 있다는 사실 등 불법행위의 요건사실에 관하여 현실적이고도 구체적으로 인식하였을 때를 의미하고, 피해자 등이 언제 불법행위의 요건사실을 현실적이고도 구체적으로 인식한 것으로 볼 것인지는 개별 사건의 여러 객관적 사정을 참작하고 손해배상청구가 사실상 가능하게 된 상황을 고려하여 합리적으로 인정하여야 한다.

(2) 대법원 2007.04.12.선고 2006다 10439

부정경쟁방지법 제14조의2 제5항에 따르면 법원은 부정경쟁행위에 관한 소송에 있어서 손해가 발생된 것은 인정되나 그 손해액을 입증하기 위하여 필요한 사실을 입증하는 것이 해당 사실의 성질상 극히 곤란한 경우에는 변론 전체의 취지와 증거조사의 결과에 기초하여 상당한 손해액을 인정할 수 있다. 비록 위 규정은 2001. 2. 3. 법률 제6421호로 개정된 부정경쟁방지법에서 비로소 신설된 조항이기는 하나 개정된 부정경쟁방지법 부칙은 '이 법은 2001년 7월 1일부터 시행하고, 제2조 (다), (사)목의 개정규정에 의한 부정경쟁행위를 한 자에 대하여는 2001. 12. 31.까지는 제18조 제3항의 벌칙을 적용하지 않는다'는 취지로 규정하고 있을 뿐 제14조의2 제5항과 관련하여 별도의 경과규정을 두고 있지 않은 점, 위 규정은 손해배상의 성립요건에 관한 것이 아니라 손해액의 산정 방법에 관한 것으로서 손해가 발생된 것은 인정되나 그 손해액을 입증하기 위하여 필요한 사실을 입증하는 것이 해당 사실의 성질상 극히 곤란한 경우에 그 손해액의 입증을 용이하게 하기 위하여 마련된 것에 불과한 점 등을 고려하여 보면 개정된 부정경쟁방지법 시행 전에 발생한 부정경쟁행위에 관한 소송의 경우에도 법원은 제14조의2 제5항을 적용할 수 있다고 봄이 타당하다(대법원 2005. 5. 27. 선고 2004다60584 판결, 2006. 4. 27. 선고 2003다15006 판결 등 참조).

8. 시사점

이 판결은 1990.1.13 및 2001.2.3 개정된 특허법 제128조 제3항 및 제5항에 대한 최초의 대법원 판결로서 손해배상액 산정의 기준을 제시하였다는 점에서 의의가 있으며, 또한 위 규정에 대한 적용시기를 명확하게 하였고, 특허법 제130조의 과실의 추정이 복멸될 수 있는 요건에 대해서도 기준을 제시하였다는 점에서 의의가 큰 판결이다. 그동안 특허법 제128조 제3항의 규정에도 불구하고, "특허발명의 실시에 대하여 통상 받을 수 있는 금액에 상당하는 액"에 대한 명확한 기준이 없어 각 사건마다 손해액이 산정에 편차가 있었다. 그러나 본 판결로 인하여 "특허발명의 실시에 대하여 통상 받을 수 있는 금액에 상당하는 액"을 산정함에 있어 서 고려하여야 할 구체적인 요소를 특정하였을 뿐만 아니라 만약 특허권자가 침해자 이외의 제3자와 당해 특허발명에 대하여 실시를 허락하면서 실시료를 정하였다면 그 실시료는 침해자에게 바로 유추 적용할 수 있음을 처음으로 판시하였다. 그리고 제3자에게 적용된 실시료를 침해자에게 유추 적용함이 현저하게 불합리하다는 사정에 대한 입증은 침해자에게 있다고 결정함으로써 앞으로는 권리자는 특허권침해를 원인으로 하는 손해배상청구소송에서 제3자와 실시계약을 맺고 실시료를 받았다면 그 실시료액만을 입증함으로써 손쉽고 빠르게 보호를 받을 수 있게 되었다.

[출처 : 한국지식재산보호협회]

부록 7 : 경고장

1 경고장 샘플

警 告 狀

발신번호 :

수 신 : 주식회사 ***

경기도 ***

대표이사 ***

제 목 : 특허권 침해사실 통보와 침해중지 요청 및 이에 대한 답변요구

1. 귀사의 사업이 날로 번창하시길 진심으로 기원합니다.

2. 본인(****)은 "****"이란 발명의 명칭으로 200*년 2월 1일자로 특허출원을 하여 200*년 2월 10일자로 등록을 받았습니다. 이와 같은 등록사실은 첨부 1 특허등록원부를 통하여 확인할 수가 있습니다.

상기 이건 등록특허(등록번호10-*****)****의 특허청구범위 제1항은 '**** 더 크게 형성되는 것(이하 '자전거'라 한다)을 특징으로 하는 ****'이라고 기재되어 있습니다. 이와 같은 기재사실은 첨부 2 등록특허공보를 통하여 확인할 수가 있습니다.

3. 위 사실을 기초로 하여 본인은 귀사에서 본인의 특허권과 동일한 자전거(첨부 3)를 ********으로부터 구입을 하여 본인의 특허권을 침해하는 물품을 사용하고 있다는 사실 및 본인의 특허권이 침해당하고 있다는 사실을 확인하고 이를 매우 유감스럽게 생각하며 이와

같이 경고장을 보내는 바입니다.

따라서 본인은 본인의 특허권에 대한 귀사의 침해행위에 대해 곧바로 법에 따른 자위적 조치를 취하기에 앞서 귀사에서 본인의 특허품인 자전거를 사용하여 제조 및 판매하고 있는 ***은 본인의 특허권을 침해하는 것임을 알리고 귀사가 스스로 이와 같은 침해행위를 중지함과 동시에 본인의 요구에 따를 것을 요청하는 바입니다.

4. 본인의 특허권에 해당하는 물품인 자전거를 제조 및 판매하는 귀사의 실시 행위는 특허권 침해의 성립요건인 i) 특허발명의 실시 ii) 보호범위 내의 실시 iii) 업으로 실시 iv) 정당한 권원이 없는 실시에 해당하므로 현재 본인의 특허권을 침해하고 있습니다.

5. 따라서 귀사에서도 이미 잘 알고 계시는 바와 같이,

민사상 구제수단으로 특허법 제126조 제1항에는 "특허권자 또는 전용실시권자는 자기의 권리를 침해한 자 또는 침해할 우려가 있는 자에 대하여 그 침해의 금지 또는 예방을 청구할 수 있다"라고 규정되어 있고 동법 동조 제2항에는 "특허권자 또는 전용실시권자가 제1항의 규정에 의한 청구를 할 때에는 침해행위를 조성한 물건의 폐기, 침해행위에 제공된 설비의 제거 기타 침해의 예방에 필요한 행위를 청구할 수 있다"라고 규정되어 있어 본인은 침해금지청구권을 행사할 수가 있으며, 손해배상청구권을 행사할 수가 있습니다.

또한 귀사의 본인의 특허권을 침해한 물품을 제조 및 판매로 인한 부당이득의 반환을 청구하는 부당이득반환청구권을 행사할 수 있습니다.

그리고 형사적 구제수단으로 특허법 제225조 "특허권자 또는 전용실시권자는 고의로 특허권을 침해한 자에 대하여 침해죄로 고소할 수 있으며, 침해한 자는 7년 이하의 징역 또는 1억 원 이하의 벌금에 처한다"라고 규정되어 있어 귀사의 계속적인 침해행위는 고의가 입증되므로 침해죄가 성립될 수 있고, 따라서 본인은 귀사를 고소할 수 있음을 알려드립니다.

또한 특허법 제231조에 몰수규정에 따라 귀사의 침해품을 몰수할 수가 있습니다.

6. 따라서 본인의 특허권의 침해중지 요청에도 불구하고 본 경고를 무시하고 계속적인 침해의 시정이 이루어지지 않고 계속적으로 침해를 할 경우 상기 민사적 구제 및 형사적구제 수단을 적극적으로 이용하여 법률이 허용하는 범위 내에서 강력하게 대처할 것임을 경고하는 바이며 이하 다음과 같은 이행을 촉구하는 바입니다.

- 다 음 -

(1) 이 경고장을 받는 즉시 본인의 특허권을 침해하는 물품의 제작 및 판매 등 일체의 실시행위를 즉각 중지하여 주시기 바랍니다.

(2) 귀사가 본인의 특허권을 침해하는 물품을 공급한 업체(주소, 연락처, 대표자명 포함), 공급량, 공급기간 및 공급단가 일체의 정보를 문서화하여 본인에게 200*년 *월 **일까지 송부하여 주시기 바랍니다.

(3) 본인의 특허권을 침해하는 물품으로서 금일 현재 귀하가 보유하고 있거나 시중에 배포되어 있는 물품을 200*년 *월 **일까지 모두 수거하여 본인의 입회 하에 폐기하여 주시기 바랍니다.

(4) 차후로는 본인의 특허권에 대한 침해행위를 절대로 자행하지 않겠다는 취지의 각서를 작성하여 200*년 *월 **일까지 본인에게 도달되도록 송부하여 주시기 바랍니다.

(5) 귀사의 현재에 이르기까지의 본인의 등록특허를 실시함에 따른 손해배상액(또는 합의금)을 본인과 협의하여 주시기 바랍니다.

- 첨 부 자 료 -

첨부 1. 특허등록원부(등록번호10-******) 사본 1부

첨부 2. 등록특허공보 사본 1부

첨부 3. 귀사가 구입하여 사용하는 본인의 특허권을 침해한 자전거의 사진. 끝.

2009년 1월 20일

발 신 : 주식회사 ***

경기도 ***

2 경고장에 대한 회신문 샘플

회 신 문

발신번호 :

수 신 : 주식회사 甲

경기도 ***

대표이사 ***

제 목 : 특허침해금지 및 손해배상청구 경고에 대한 회신의 건

1. 귀사의 사업이 날로 번창하시길 진심으로 기원합니다.

2. 당사는 귀하가 2005년 9월 22일 발송하신 경고서, 이에 첨부된 특허등록원부 사본 및 특허기술내용 요약문을 검토하고 난 후 이건 문서를 귀하께 발송하게 되었습니다.

3. 귀하는 상기 경고장을 통해,

『2005. 9. 30.까지 귀사에게 아래와 같은 내용을 이행해 주실 것을 요청 드리고자 합니다. 첫째, 귀사의 특허침해에 대하여 사과문을 정식으로 보내 주시고, 둘째, 특허발명을 침해하는 프로그램이나 솔루션의 생산, 사용, 양도, 대여, 전시, 양도나 대여를 위한 청약, 수입하는 행위 뿐 아니라, 제3자에게 침해된 특허물품의 대여, 제공, 배포하는 행위, 이와 같은 특허침해된 물품을 이용하여 시스템을 구축하는 행위 등을 중단하여 주시기 바라며, 셋째, 위 같은 기간 내에 특허를 침해하여 생산된 물건이나 매출 등 이를 확인할 수 있는 과거 또는 현재의 회계자료, 계약서, 세금계산서, 납품실적, 하도급 내역서 등 자료를 당사에 제시하여 주기 바랍니다.』라고 통보하였습니다.

4. 당사는 당사가 현재 실시하고 있는 기술이 귀하의 전용실시권을 침해하는 것인지 여부를 신중하게 검토한 결과, 당사가 실시하는 기술은 귀하가 송부한 특허발명1 내지 3의 보호범위에 속하지 않음을 발견하였습니다.

즉, 당사의 실시 기술은 송부된 특허발명1 내지 3의 청구항들에 기재된 일련의 단계들 중 핵심적인 단계를 포함하지 않으므로, 구성요소완비의 원칙에 의해서 특허발명1 내지 3에 설정된 귀하의 전용실시권을 침해하고 있지 않다고 판단됩니다.

4. 또한 당소에서는 특허발명1 내지 3에 대해 출원일 전에 이미 공지된 기술에 대해 검색 작업을 수행하였으며, 그 결과 특허발명1 내지 3과 동일성이 있거나 당사가 현재 실시하고 있는 제품과 동일한 선행기술을 다수 검색하여 보유하고 있습니다.

따라서 당사가 현재 실시하고 있는 기술이 상기 특허발명1 내지 3에 기재된 발명과 관련성이 있다고 하더라도, 특허발명1 내지 3은 당사가 현재 확보한 그 출원일 이전에 이미 공지되어 있는 기술과 동일하거나 공지된 기술만으로 이루어진 것으로서,

「등록된 특허의 일부에 그 발명의 기술적 효과발생에 유기적으로 결합된 것이 아닌 공지사유가 포함되어 있는 경우 그 공지부분에까지 권리범위가 확장되는 것이 아닌 이상 그 등록된 특허발명의 전부가 출원 당시 공지공용의 것인 경우에도 특허무효의 심결의 유무에 관계없이 그 권리범위를 인정할 수 없다.」

라고 판시한 대법원 81후56 판결(전원합의체) 등을 참조해 볼 때, 당사가 현재 실시하고 있는 기술이 특허발명1 내지 3의 보호범위에 속하는지 또는 특허발명1 내지 3과 유사한지 여부에 관계없이 특허발명1 내지 3의 권리범위에 속하지 않습니다.

나아가 특허발명1 내지 3이 그 출원일 전에 이미 공지되어 있는 기술과 동일하지 않다고 하더라도,

「어느 발명이 특허발명의 권리범위에 속하는지를 판단함에 있어서 특허발명과 대비되는 발명이 공지의 기술만으로 이루어지거나 그 기술 분야에서 통상의 지식을 가진 자가 공지기술로부터 용이하게 발명할 수 있는 경우에는 특허발명과 대비할 필요 없이 특허발명의 권리범위에 속하지 않게 된다.」

라고 판시한 대법원 99후710 판례 등을 참조해 볼 때, 당사가 현재 실시하고 있는 기술은 특허발명1 내지 3과 관계없이 공지기술만으로 이루어지거나 당업자가 공지기술로부터 용이하게 발명할 수 있는 것으로서 특허발명1 내지 3과 대비할 필요 없이 특허발명1 내지 3의 권리범위에 속하지 않습니다.

6. 또한 위와 같이 특허발명1 내지 3은 무효사유가 있는 것이 명백하므로,

「법원은 특허에 무효사유가 있는 것이 명백한지 여부에 대하여 판단할 수 있고, 심리한 결과 당해 특허에 무효사유가 있는 것이 분명한 때에는 그 특허권에 기초한 금지와 손해배상 등의 청구는 특별한 사정이 없는 한 권리남용에 해당하여 허용되지 아니한다.」

라고 판시한 대법원 2004. 10. 28. 선고 2000다69194 판결 등을 참조해 볼 때, 무효사유가 명백한 귀하의 특허권에 기한 경고장 발송과 같은 권리 행사는 권리남용에 해당하는 행위로서 허용되지 아니합니다.

7. 설령, 당사가 실시하는 기술이 특허발명1 내지 3과 관련성이 있다고 하더라도, 당사가 상기 특허발명1 내지 3의 특허권자와 해당 기술에 대해 사용 계약을 체결하고 현재까지 정당한 대가를 지불하여 왔습니다. 따라서 당사는 상술한 논의와 전혀 관계없이 특허발명1 내지 3을 자유롭게 실시할 수 있는 정당한 권원이 있습니다.

그럼에도 불구하고, 귀하는 당사에게 전용실시권의 배타적 권리를 행사하였습니다. 이러한 행위는 특허권자와 실시 계약을 맺어 건전한 거래 질서를 유지하기 위한 당사에게 부당한 권리 행사라고 판단됩니다.

8. 따라서 상술한 바와 같이 당사는 귀하의 전용실시권을 침해하고 있지 않으며, 귀하가 요청한 사과문, 회계자료, 계약서, 세금계산서, 납품실적, 하도급 내역서 등 자료 제출에 응할 이유가 전혀 없는 것으로 사료되므로, 당사에 대한 요청을 명시적으로 철회하여 주시기를 정중히 요청드립니다.

또한 당사는 송부된 특허발명1 내지 3의 무효 사유를 이유로 특허발명1 내지 3에 대한 권리범위확인심판 및 무효심판을 제기할 수 있음을 알려드립니다.

9. 아울러 당사가 귀하의 전용실시권을 침해하지 않았음이 이처럼 명백함에도 불구하고, 귀하가 명시적인 사죄 의사를 표시하지 않은 상태에서 불특정 다수에게 당사가 귀하의 전용실시권을 침해한 것처럼 허위 사실을 유포하거나 민, 형사 소송을 제기하는 등 당사의 사업에 지장을 초래한다면, 당사는 귀하가 악의적으로 사업을 방해하려는 것으로 판단하여 가능한 모든 법적 수단을 취할 수도 있음을 아울러 알려드립니다.

이상과 같은 사항은 당사가 취할 수 있는 제반사항 중 최소한의 것으로서 이점 각별히 유념하시어 동종업자간 불필요한 다툼으로 비화되지 않기를 진심으로 고대합니다.

2009년 1월 20일

발신인 : 주식회사 乙

서울시 ***

지식재산권부 *** ⇒ 대표이사 이름을 피할 것

3 계약서 샘플

[특허기술통상실시권허락계약서]

특허기술통상실시권허락계약서

특허권자△△△(이하 '갑'이라 함)와 실시권자 ○○○(이하 '을'이라 함)는 갑이 권리를 보유하고 있는 특허의 실시와 관련하여 다음과 같이 계약을 체결한다.

- 다 음 -

제1조 (목적)

본 계약은 갑이 을에 대해서 갑 소유인 제2조에 기재된 특허권(이한 '본건 특허'라 함)에 대해 통상실시권을 설정함에 있어 필요한 제반사항을 정함을 그 목적으로 한다.

제2조 (특허권의 표시)

계약의 목적이 되는 본 건 특허의 내용은 다음과 같다.

특허번호 :

발명의 명칭 :

제3조 (실시권의 하락)

갑은 을에 대하여 을이 '본건 특허'를 실시한 제품을 생산 또는 판매하거나 기타의 처분을 하기 위한 '본건 특허'에 대한 통상실시권을 허락한다. 본 실시권은 비독점적이다. 따라서 을은 본건 특허를 제3자에게 양도할 수 없고 담보로 제공할 수도 없으며 갑의 사전 서면승인 없이 제3자에게 재실시하지도 못한다.

제4조 (실시권의 범위)

본 계약에 따른 본건 특허의 실시권 허여 범위는 다음과 같다.

1. 실시기간 : '본건 특허'에 대한 실시권은 계약체결일로부터 ( )년간 존속한다. 을이 계약연장을 원하는 경우에는 계약만료일 ( )개월 이전에 계약기간 연장의사를 갑에게 통보하여야 하고 계약만료일 전에 재계약을 체결하여야 한다. 을이 정해진 기간에 계약기간 연장의사를 통보하지 않은 경우에는 계약기간만료로써 본 계약은 확정적으로 종료된다.
2. 실시권의 종류 : 통상실시권
3. 실시지역 : 대한민국 전역

제5조 (실시권의 설정등록)

갑은 을이 자기의 비용으로 본 계약에 의해 허락된 실시권을 설정 등록하는 것에 동의하고, 을의 청구권에 따라 이에 필요한 서류를 무상으로 제공하여야 한다.

제6조 (실시료)

1항 : 을은 본 계약에 따른 실시권에 대한 대가로 갑에게 다음과 같은 실시료를 지급하여야 한다.

1. 선급금 : 금 원을 본 계약 체결 후 ( )일 이내 현금으로 기급함.
2. 경상실시료 : 본 건 특허를 사용한 제품의 제조·판매로 발생된 총매출액의 %를 지급함.

2항 : 경상실시료의 정산은 매년 1회 하는 것을 원칙으로 한다. 을은 매년 2월말까지 전년 1월 1일부터 12월 31일까지의 기간 동안에 발생한 실시료를 갑에게 지급하여야 하고, 본 계약기간 만료연도에는 만료일부터 60일 이내에 지불하여야 한다.

3항 : 을이 경상실시료를 기간 내에 지급하지 않을 경우에는 지체일수에 그 당시의 갑의 주거래 금융기관(은행)의 정기예금 금리(또는 대출금리)를 적용한 지체상금을 지불하여야 한다.

4항 : 제1항 제2호 소정의 경상실시료 지급에 관하여는 별도로 정하는 양식에 따라 생산수량, 판매수량, 재고수량, 매출금액 등을 갑에게 보고하여야 한다.

5항 : 을은 본 계약 체결일 이후에 제조된 제품의 생산, 수주량 및 판매액을 기록한 장부를 비치하여야 하며, 갑은 필요한 경우 언제든지 관련 장부를 검사할 수 있다.

제7조 (기록의 보관 등)

1항 : 을은 계약기간 및 계약만료 후 ( )년 동안 본 계약에 따른 실시료 산정에 관한 회계자료를 보관하며 갑의 제출요구가 있을 경우 이를 갑에게 제출한다.

2항 : 갑은 필요에 따라 갑의 직원 또는 갑이 지정한 공인회계사를 파견하여 실시료 산정에 관련한 을의 제반 서류를 조사할 수 있다.

제8조 (개량발명)

을이 본건 특허에 기초한 새로운 발명을 하거나 기술을 개발한 경우 이러한 개량발명에 대해서는 갑과 을이 협의하에 그 귀속을 결정하기로 하되, 합의가 이루어지지 않을 경우에는 갑과 을의 공유로 한다. 만약 이러한 개량발명에 대해 특허권 등을 출원하고자 하는 경우 그 비용부담은 갑과 을의 공동부담으로 한다.

제9조 (실시료의 감액과 변경)

다음 각호의 사유에 해당하는 경우 을은 갑에게 실시료의 감액을 청구할 수 있다. 다만, 을의 감액청구가 실시료의 부당한 감액을 목적으로 함을 입증할 경우 갑은 을의 감액청구를 거절할 수 있다.

1. 을이 본 건 특허를 실시하여 제품을 생산함에 있어서 본 건 특허에 대한 실시 이외의 제3자가 소유하고 있는 특허권을 실시하여야만 하는 경우
2. 을의 기술지원 요청을 받고도 갑이 기술지원 및 협력의무를 이행하지 않거나 태만시할 경우

제10조 (특허의 관리)

1항 : 갑은 계약기간 동안 본건 특허에 관한 관리의무를 부담한다. 만약 을이 자신의 비용으로 본건 특허의 관리를 위한 조치를 취할 경우 을은 그로 인한 비용을 갑에게 지불하는 실시료에서 공제할 수 있다.

2항 : 제3자가 본 건 특허를 침해할 경우, 을은 자신의 비용으로 침해 배제에 필요한 조치를 취할 수 있다. 이 경우, 갑은 을에게 침해 배제에 필요한 모든 협조를 제공한다.

3항 : 제3자의 침해로 인하여 배상받게 되는 손해배상금은 침해배제를 위하여 자신의 비용으로 법률적 조치를 취한 당사자의 이익으로 한다.

제11조 (비밀유지 의무)

1항 : 을은 본건 특허와 관련한 비밀정보를 타인에게 누설하여서는 안된다.

2항 : 갑은 을이 전항의 규정에 위반했다고 인정할 때에는 이를 객관적으로 증명한 후 즉시 본 계약을 해제하고 손해 배상을 청구할 수 있다.

제12조 (계약의 해지 등)

1항 : 다음 각호에 해당하는 사유 발생시 타방당사자는 ( )일의 기간을 정하여 위반 당사자에게 그 시정을 요구할 수 있고, 그 기간 내에 시정이 이루어지지 않는 경우에는 서면으로 본 계약을 해지 할 수 있는 권한을 가지며, 그에 따른 손해의 배상을 청구할 수 있다.

이 경우, 손해배상금은 금 원으로 예정한다.

1. 갑이 본건 특허의 실시권 설정행위를 완료하였음에도 을이 ( )일 이내에 실시를 포기한 경우와 명백히 포기한 것으로 볼 수 있는 경우
2. 을이 조업을 중단하여 상당기간 동안 조업이 재기될 가능성이 없다고 인정되는 경우
3. 갑이 본건 특허의 실시권을 성실히 부여하지 않은 경우
4. 계약당사자 중 일방이 본 계약상의 의무를 위반하여 본 계약의 목적을 달성하기 어

렵다고 객관적으로 판단되는 경우

2항 : 을이 본건 특허를 실시하는 과정에서 경제성, 상업성이 없다고 판단하여 본 계약의 목적을 달성하는 것이 어렵다고 확정적으로 판단한 경우 을은 계약을 해지할 수 있다. 다만, 이 경우에도 을은 이미 지급한 선급금의 반환을 요구할 수 없다.

3항 : 을이 해산·청산·파산·지급불능 등의 사유로 인하여 그 사업을 계속할 수 없거나 을의 대표이사가 그 소유 주식 및 회사에 대한 경영권을 제3자에게 양도하여 본 계약서 관련 사업에서 벗어나게 된 경우 본 계약에 의한 을의 실시권은 자동으로 소멸한다. 다만, 이 경우 을은 선급금을 포함하여 갑에게 이미 지급한 실시료의 반환을 청구할 수 없다.

제13조 (불가항력)

본 계약의 어느 일방도 본 계약을 이행함에 있어 천재지변 또는 불가항력으로 발생하거나 기타 일방의 고의, 과실 또는 태만에 의하지 아니한 하자로 인하여 발생한 여하한 성격의 손실 또는 손해에 대하여도 그 일방은 상대방에게 책임을 지지 아니한다.

제14조 (분쟁해결)

본 계약과 관련하여 혹은 쌍방의 의무이행과 관련하여 분쟁이나 이견이 발생하는 경우 갑과 을은 이를 상호 협의하여 원만히 해결토록 노력하여야 하며, 이러한 분쟁이나 이견이 해결되지 않은 경우에는 ___________법원을 제1심 관할법원으로 한다.

제15조 (계약의 효력)

1항 : 본 계약의 효력은 쌍방이 서명 날인한 날부터 유효하다.

2항 : 본 계약은 갑과 을 간 기술실시에 관한 기본적인 사항을 규정한 것으로 이전에 갑과 을간의 모든 문서에 우선한다. 또한 본 계약과 관련 있는 다름 협의나 계약은 이 계약서에 언급되고 서면으로 작성되어 권한 있는 당사자의 서명이 없는 한 그 효력이 없다.

제16조 (해석)

본 계약에 명기되지 아니하거나 본 계약상의 해석상 이의가 있는 사항에 대하여는 쌍방의 합의에 의하여 결정한다.

본 계약의 체결을 증명하기 위하여 본 계약서 2통을 작성하여 양 당사자가 각 기명 날인한 후 각 1통씩 보유하기로 한다.

첨부 : 1. 갑과 을의 법인인감증명서 1부.

2. 갑과 을의 사업자등록증 사본 1부.

2005. __. __.

갑 : ____

을 : ____

[특허기술양도계약서]

특허기술양도계약서

특허권이 있는 기술의 특허권자인 양도인 ○ ○ ○(이하 '갑'이라 함)과 양수인 ○ ○ ○(이하 '을'이라 함)는 특허권의 양도에 관하여 다음과 같이 계약(이하 '본 계약'이라 함)을 체결한다.

- 다 음 -

제1조 (계약의 목적)

본 계약은 갑이 을에게 자신의 특허권(이하 '본건 특허'라 함)을 양도하는데 있어 필요한 제반사항을 정함을 그 목적으로 한다.

제2조 (본건 특허의 표시)

계약의 목적이 되는 본 건 특허의 내용은 다음과 같다.

제3조 (양도의 범위)

갑은 을에게 본건 특허 일체를 양도한다.

제4조 (특허권의 이전 등록)

갑은 을이 자기의 비용으로 본 계약에 의해 특허권을 이전하고 이를 등록하는 것에 동의한다. 따라서 갑은 을의 청구에 따라 이에 필요한 서류를 무상으로 을에게 제공하여야 한다.

제5조 (특허권의 권리 변동 사항)

갑은 본 계약 이전에 본 특허기술에 대하여 제3자에게 질권을 설정하였거나 특허기술의 일부 또는 전부를 양도, 이용 허락을 한 사실이 있어서는 안되며 이로 인해 을에게 손해가 발생하였을 경우 갑은 을에게 그 손해를 배상해야 한다.

제6조 (저작 재산권 양도대금)

1항 : 을은 갑에게 제1조에 의한 본 특허기술을 양도하는 대가로 금 ○○○원을 지급한다.

2항 : 을은 갑으로부터 이전등록에 필요한 서류를 교부받은 때에 위 1항의 대가를 현금으로 지급한다.

제7조 (제3자에게의 특허권의 양도 등)

을은 본 특허를 타에 일부 또는 전부 양도하거나 담보로 제공할 수 없으며, 갑의 사전 서면승인 없이 임의로 제3자에게 본 특허에 대한 재실시권을 설정할 수 없다. 이는 본 계약의 가장 본질적인 내용으로서 을이 이를 위반했을 경우 갑은 을에 대한 일방적인 통고로써 본 계약을 해지할 수 있으며, 해지시까지 을로부터 교부받은 일체의 금원은 이를 반환하지 않는다.

제8조 (개량발명)

을이 본건 특허에 기초한 새로운 발명을 하거나 기술을 개발한 경우 이러한 개량발명에 대해서는 갑과 을이 협의하에 그 귀속을 결정하기로 하되, 합의가 이루어지지 않을 경우에는 갑과 을의 공유로 한다. 만약 이러한 개량발명에 대해 특허권 등을 출원하고자 하는 경우 그 비용부담은 갑과 을의 공동부담으로 한다.

제9조 (계약의 변경)

본 계약의 일부 또는 전부를 변경할 필요가 있는 경우에는 갑과 을의 서면합의에 의하여서만 이를 변경할 수 있으며, 그 변경내용은 변경한 날 그 다음날부터 효력을 발생한다.

제10조 (계약의 해지)

갑, 을은 다음 각 호의 사유 중 어느 하나에 해당하는 경우 그 사유에 해당하는 상대방에 대한 서면 통지로 본 계약을 해지할 수 있다.

1. 본 계약상의 중대한 의무를 이행하지 아니하거나 본 계약을 이행함에 있어 중대한 협조사항을 이행하지 아니한 경우 각 이에 대한 상대방의 시정요구에 ○○일 내에 응하지 아니한 때

2. 재산상태가 악화되거나 그와 같은 위험성으로 인해 본 계약의 정상적인 지속이 불가능하다고 인정할 만한 충분한 사유가 있을 때

3. 소유 재산에 대한 압류, 가압류, 가처분, 경매, 공매처분, 조세처분 기타 이에 준하는 처분을 받거나 파산의 신청이 있음으로 인해 본 계약의 정상적인 지속이 불가능하다고 인정할 만한 충분한 사유가 있을 때

제11조 (불가항력)

본 계약의 어느 일방도 본 계약을 이행함에 있어 천재지변 또는 불가항력으로 발생하거나 기타 일방의 고의, 과실 또는 태만에 의하지 아니한 하자로 인하여 발생한 여하한 성격의 손실 또는 손해에 대하여도 그 일방은 상대방에게 책임을 지지 아니한다.

제12조 (분쟁해결)

본 계약과 관련하여 혹은 쌍방의 의무이행과 관련하여 분쟁이나 이견이 발생하는 경우 갑과 을은 이를 상호 협의하여 원만히 해결토록 노력하여야 하며, 이러한 분쟁이나 이견이 해결되지 않은 경우에는 ______법원을 제1심 관할법원으로 한다.

제13조 (계약의 효력)

본 계약의 효력은 쌍방이 서명 날인한 날부터 유효하다.

제14조 (해석)

본 계약에 명기되지 아니하거나 본 계약상의 해석상 이의가 있는 사항에 대하여는 쌍방의 합의에 의하여 결정한다.

본 계약의 체결을 증명하기 위하여 본 계약서 2통을 작성하여 양 당사자가 각 기명 날인한 후 각 1통씩 보유하기로 한다.

첨부 : 1. 갑과 을의 법인인감증명서 1부.

2. 갑과 을의 사업자등록증 사본 1부.

2005. ___. ___.

갑 : ______________________________

을 : ______________________________

부록 8 : 손해배상액(판례 : 1997년~2007년)

■ 판례목록 요약표

<table>
<tr><th colspan="2">판례분석</th><th>연도</th><th>예시</th></tr>
<tr><td rowspan="20">제128조</td><td rowspan="4">제1항</td><td>2001</td><td>사례8, 사례10</td></tr>
<tr><td>2002</td><td>사례11, 사례12</td></tr>
<tr><td>2005</td><td>사례20</td></tr>
<tr><td>2006</td><td>사례31</td></tr>
<tr><td rowspan="7">제2항</td><td>1997</td><td>사례1, 사례2, 사례3, 시례4,사례5,</td></tr>
<tr><td>2000</td><td>사례6</td></tr>
<tr><td>2001</td><td>사례9</td></tr>
<tr><td>2002</td><td>사례13</td></tr>
<tr><td>2003</td><td>사례17, 서례19, 사례22</td></tr>
<tr><td>2004</td><td>사례23, 사례24, 사례25</td></tr>
<tr><td>2006</td><td>사례26, 사례32</td></tr>
<tr><td rowspan="3">제3항</td><td>2001</td><td>사례10</td></tr>
<tr><td>2002</td><td>사례13</td></tr>
<tr><td>2003</td><td>사례15, 사례21</td></tr>
<tr><td rowspan="6">제4항</td><td>2001</td><td>사례7</td></tr>
<tr><td>2002</td><td>사례14</td></tr>
<tr><td>2003</td><td>사례15,사례16,사례18</td></tr>
<tr><td>2005</td><td>사례27, 사례28, 사례29</td></tr>
<tr><td>2006</td><td>사례30</td></tr>
<tr><td>2007</td><td>사례33</td></tr>
</table>

■ 판례분석 (제128조제2항)

(사례1)

사건번호 : 97가합.선고, 서울지방지법 , 2심 취소)

권리 : 의장 제99098호{어항(FRP수족관)} 등 4건
손해배상액 : 1억1,100만원

피고의 최소 총 매출액(2억2,200만원) X 피고 순이익율(50%)

피고 순이익율 : 수족관 1개의 판매가격 중 재료비가 차지하는 비율 40%, 인건비가 차지하는 비율 10%를 제외

(사례2)

사건번호 : 97가합36342(2001.6.15.선고, 서울지방지법 , 상고심 패소)

권리 : 실용신안등록 제76984호{건물용 셔터)
손해배상액 : 9,990만원

피고의 총판매개수(6,660개)X원고의 개당 이익액(15,000원)

96다43119(대법원 1997. 9. 12. 선고)
(1) 피고의 이익율을 원고의 이익율로 추인
(2) 128조 2항의 적용은 원고가 자신의 특허발명 실시를 주장, 입증

(사례3)

사건번호: 97가합68882(본소)98가합19252(반소)(99.7.9.선고, 서울지법)

권리 : 의장 제134170호(건물 옥상용 파이프 덮개)
반소 권리(실용신안등록 제72229호)
손해배상액 : 2,814만원(반소청구액 : 1,265만원)

〈본소 부분〉

(피고의 총수입 1억1,257만원) X (피고의 순이익율 25%)

〈반소(가처분결정 기간 동안 판매하지 못한 손실에 대한 손해배상) 부분〉

(피고가 판매하지 못한 수량) X {피고의 개당 순이익(=피고의 개당 판매가격−매출원가)}

〈동일한 취지의 판결 : 98가합114331(서울지방법원 2000. 4. 28. 선고)〉

(사례4)

사건번호 : 97가합8798(98.6.19.선고, 서울지방법원, 상고심 파기)

권리 : 특허 제69698호(의복 단추 생크부의 감침방법 및 장치)
손해배상액 : 4,080만원(피고A), 3570만원(피고B)

〈판결 요지〉
피고 B는 1996. 1.경부터 같은 해 12.경까지 이 사건 제2기계장치를 총 51대 정도 제조하여 피고 A에게 1대당 금 700,000원에 판매하였고, 피고 A는 이를 제3자에게 1대당 금 1,500,000원에 판매한 사실을 인정할 수 있고,반증이 없다. 따라서 피고들이 원고에게 배상하여야 할 손해의 액수는, 피고 A는 금 40,800,000원(= 금 800,000원 x 51) 이고, 피고 B는 금 35,700,000 원(=금 700,000 원 X 51) 이 된다.

(사례5)

사건번호 : 2,000가단44925(2001.3.15.선고, 대구지방법원)

권리 : 실용신안 제103055호(쥐잡이 매트용 점착제 자동도포 기계장치)
손해배상액 : 1,160만원

피고 총판매 개수(232,000장)X피고의 개당 이익액(50원)

피고의 개당 이익액(50원) 산정방법 :
(쥐잡이 매트 1장의 판매가 150원)− {매트 1장의 생산·판매비용 100원(종이 40원 + 접착제 35원 + 포장인건비 15원 + 운송비 10원)}

위자료 청구에 대하여 :
위자료 5,000,000원의 지급을 주장하나, 실용신안권 침해로 인한 정신적 손해는 위와 같은 재산상 손해의 배상으로 회복된다 할 것이고, 그로써도 회복되지 아니하는 정신적 손해가 있음을 인정할 증거가 없으므로 위 주장은 이유 없다.

(사례6)

사건번호 : 2001가합15539(2003.2.17.선고, 서울남부지원, 2심 패소)

권리 : 특허 제142382호(쓰루홀형 버저)
손해배상액 : 3억2,469만원

피고의 매출액(27억350만원) X 평균마진율(12.01%)

평균마진율 산정 이유 :
원고는 매출액의 20%로, 피고는 매출액의 12.01%로 각 주장하나, 쌍방 이에 대하여는 아무런 증거를 제출하지 못하고 있으므로, 다툼이 없는 범위 인 매출액의 12.01%로 인정한다.

변리사 수임료 청구에 대하여 :
이 사건 특허에 관한 피고의 소송제기로 인하여 원고가 변리사수임료를 부담하게 되었고, 당해 소송에서 소송비용으로 전보되지 아니하는 부분은 피고가 원고에게 손해배상하여야 한다고 주장하면서, 그 변리사수임료로 1,000만원의 지급을 구하나, 이를 인정할 만한 구체적인 주장, 입증이 없으므로 원고의 이 부분 청구는 받아들이지 아니한다.

■ 판례분석 (제128조제5항)

(사례7)

사건번호 : 2001가합18969(2002.2.1.선고, 서울지방법원, 2심 패소)

권리: 특허 제93683호(1996.1.등록운전면허기능시험채점시스템 및 방법)
손해배상액 : 2억원

종합하여 보면, 이 사건에 있어서 원고의 손해액이 적어도 원고가 구하고 있는 금 2억원을 초과하는 점은 명백하다.

〈판결요지〉
(1) 피고기 침해기간 동안 (가)호 발명을 실시하여 얻은 이익의 이익은 응시자 1인당 5,000원 정도인 점,
(2) 위 기간 동안 응시자가 약 12,784,026명으로 추산되는 점,
(3) 원고는 이 건 특허의 전용실시권자로 응시자들이 피고에게 지급하는 응시료로 인한 이익 중 상당 부분을 통상 실시료로 지급받을 수 있었던 점 등

판례분석 (제128조제1항)

(사례8)

사건번호: 2001가합4,579(2002.9.6.선고, 서울지법, 2심, 상고심 원고 패)

권리 : 특허 제196030호(1999.2.18. 등록, 시트벨트장치용벨트결합금구)
손해배상액 : 1억7,460만원

(피고가 판매한 수량, 5,291,137개) X {원고의 개당 순이익(33원)}

특허법 제128조 제1항에 의하면 특허권이나 전용실시권 침해의 경우 침해품의 판매수량에 권리자의 제품단위당 이익액을 곱한 금액을 권리자의 일실수입으로 할 수 있다.
원고의 개당 순이익 : 33.15원이나 원고가 구하는 바에 따른다.

판례분석 (제128조제2항)

(사례9)

사건번호 : 2001가합6681(2002.7.26.선고, 수원지법, 2심 원고 패)

권리 : 특허 제41635호(이동식 지보공을 이용한 교량 상판 시공 방법)
손해배상액 : 14억5,611만원

{(1span당 기존공법비용, 1억6,630만원) – (1span당 특허기술공법 비용, 1억1,237만원)} X (피고 실시 span수, 27)

특허침해자가 그 침해행위에 의하여 이익을 받은 때에는 그 이익의 액은 특허권자가 받은 손해의 액으로 추정되는 것이다.

판례분석 (제128조제1, 3항)

(사례10)

사건번호 : 2001가합8692(2003.2.선고, 서울남부지원, 2심, 상고심원고패)

권리 : 특허 제62865호(1993.6.18. 등록)
(탄성처리된 측면 포킷이 있는 일회용 기저귀)
손해배상액 : 원고A(피고 C,D,E 566억, 피고 D 23억)
원고B(피고 C,D, E 1억6,158만원)

특허법 제128조 제1항에 의하면 특허권이나 전용실시권 침해의 경우 특허권자 또는 전용실시권자가 생산할 수 있었던 물건의 수량을 한도로 한 침해품의 판매수량에 권리자의 제품단위당 이익액을 곱한 금액을 권리자의 일실수입으로 할 수 있다.

〈전용실시권자인 원고 A가 자체 생산 라인으로 추가 생산할 수 있는 범위내의 피고들의 생산 수량에 원고 A의 단위당 이익액〉

1996년 - 2001년 합계(589억9,667만원)

〈전용실시권자인 원고 A가 자체 생산 라인으로 추가 생산할 수 있었던 범위를 초과하는 수량에 대해서는 특허법 제128조 제3항에 의한 실시료 상당액〉

(1999년, 2000년 피고의 순매출액 X 2.5%)
피고의 순매출액 = {원고 제품의 판매단가 X 피고의 총매출액에서 순매출액이 차지하는비율(95, 6%, 96%) }

(1) 실시료율 계산 방법 : 원고가 미국에서 체결한 다른 업체와의 실시료율(2.5%)
(2) 피고의 총매출액에서 순매출액이 차지하는 비율 계산 방법

{총매출액- (매출 에누리+매출환입+운반비+판매수수료)}/총매출액

■ 판례분석 (제128조제1항)

(사례11)

사건번호 : 2002가합51833(2003.12.19.선고, 서울지법)

권리 : 특허 제76431호(1994.8.18. 등록, 복원성 밀봉제품)
손해배상액 : 9,715만원

(피고가 판매한 열 수축관 수량, 51,936개) X (원고의 개당 이익율,10%)

특허법 제128조에 제1항에 따라 피고의 위와 같은 침해행위가 없었다면, 피고가 소외 회사에 판매한 열수축관에 포함된 슬리이브의 수량만큼, 원고가 원고로부터 슬리이브를 공급받아 소외 회사에 열수축관을 제조, 판매하는 OO 주식회사와 주식회사 XX에게 슬리이브를 제작, 판매할 수 있었을 것이라고 추정된다.

■ 판례분석 (제128조제1항)

(사례12)

사건번호 : 2002가합5550(2004.10.30.선고, 서울동부지원)

권리 : 특허 제255764호(2000.2.16. 등록, 판상 단열재용 고정못)
손해배상액 : 4,265만원

(피고가 판매한 열 수축관 수량, 51,936개) X (원고의 개당 이익율,10%)

손해배상의 범위 [배상의 범위는, 원고가 구하는 바에 따라, 2000. 7. 1.부터 2001. 6. 30.까지 사이에 제조·판매한 고정못에 대하여는 특허법 제128조 제2항에 따라 산정한 손해액으로,
2001. 7. 1.부터 2002. 2. 28.까지 사이에 제조·판매한 고정못에 대하여는 같은 조 제1항(2001. 2. 3. 법률 제6411호로 신설되어 2001. 7. 1.부터 시행됨)에 따라 산정한 손해액으로 정한다]

〈판례 16은 1993. 이후 2001. 7. 까지의 침해에 대해서 신설된 제128조 제5항을 적용하였다.〉

1,398만원 = (피고가 판매한 고정못 수량, 4,662,000개) X {(피고의 고정못 개당 판매가, 10원) – (원고가 개당 제조 판매하는데 소용되는 총 비용, 7원)}

2,866만원 = (피고가 판매한 고정못 수량, 2,205,000개) X {(원고의 고정못 개당 판매가, 20원) – (원고가 개당 제조판매하는데 소요되는 총 비용, 7원)}

■ 판례분석 (제128조제2, 3항)

(사례13)

사건번호 : 2002가합71707(2004.5.21.선고, 서울중앙지법, 2심 조정)

권리 : 특허 제28242호(1989.6.27. 등록)
(파라졸술포닐우레아 유도체의 제조방법)
손해배상액 : (피고A, B 6억6,974만원), (피고B, 1억4,327만원)

(피고가 판매한 열 수축관 수량, 51,936개) X (원고의 개당 이익율,10%)

대법원 판결(98후522, 특허법원에 환송, 권리범위에 속한다는 취지) 선고 전인 2001. 8. 20.까지는 피고들에게 그 침해에 대한 과실이 없었다고 할 것이나, 이러한 사정만으로는 2001. 8. 21. 이후에도 과실이 없었다는 피고들의 주장을 인정하기에 부족하고, 달리 이를 인정할 만한 증거도 없으므로, 피고들의 위 주장은 위 인정 범위 내에서 이유 있다.

〈주위적 청구 : 손해배상 2001. 8. 21. – 2003. 2. 26.〉

피고A, B의 이익액 = 3억3159만원, 2억1,490만원
이 건 특허발명의 기여율(2/3, 이 건 특허발명이 침해물의 일부분만을 차지한다는 점, 피고의 인지도 판매망 등을 고려)
피고 A, B의 손해배상액 = 2억2,106만원, 1억4,327만원

특허법 제128조 제2항에 의하면 특허권을 침해한 자가 그 침해행위로 인하여 이익을 받은 것이 있는 때에는 그 이익의 액을 영업상의 이익을 침해당한 자가 받은 손해의 액으로 추정하는바,

〈예비적 청구 : 부당이득반환, 1995. - 2001. 8. 20.〉

1. 부당이득반환의무의 발생
손해배상청구가 받아들여지지 않는 기간에 대하여 보건대, 앞에서 본 바와 같이 ㈎호 발명이 이 사건 특허발명을 이용한 관계에 있었던 이상, 피고가 ㈎호 발명을 업으로 실시하기 위해서는 원고로부터 실시허락을 받아야만 하고, 원고가 이 사건 특허발명을 이용하여 제조한 PSE를 대한민국에도 수출하고 있었던 사정 등에 비추어, 그 실시형태는 원고가 피고에게 통상실시권을 부여하는 것이었으리라고 봄이 상당하다. 결국 피고는 위 기간 동안 원고로부터 통상실시권을 설정받아 통상실시료를 지급함이 없이 ㈎호 발명을 실시하여 통상실시료 상당의 이득을 취하고, 원고로 하여금 동액 상당의 손해를 입게 하였다 할 것이므로, 원고에게 통상실시료 상당액을 부당이득으로 반환할 의무가 있다.

부당이득액(통상실시료 상당) = 4억4,868만원(매출액 X 3%)

원고에게 지급할 통상실시료를 계산하기 위한 전제인 통상실시료율에 대하여 보건대, 증거들의 각 기재에 의하면 일본에서 의약품 기타 화학제품 분야의 선급금 없는 경우의 평균실시료율이 1988년부터 1991년까지는 5%, 1992년부터 1998년까지의 7.1%인 사실, 이와 같은 실시료율은 다른 기술분야와 비교하였을 때 전체 4위 정도인 사실, 원, 피고들을 포함한 농약제품 제조 회사들이 농약제품의 개발에 투여하는 연구기간이 상당히 장기간이고, 투자하는 연구 개발비도 상당한 규모에 이르는 사실, 원고가 최근에 PSE 제품과 유사한 화합물인 제초제에 대하여 제3자에게 영국을 포함한 24개국에 실시권과 재실시권을 부여하면서 매출액의 6.5%를 실시료로 지급받기로 하는 계약을 체결한 사실, 피고가 1999. 12. 24. 제3자로부터 고활성 제초제의 특허권을 이전받으면서 그 대가로 순매출액의 3%를 지급하기로 하는 계약을 체결한 사실, 피고들의 경상이익이 평균적으로 매출액의 20%를 상회하는 사실을 각 인정할 수 있는바, 위 인정사실 및 앞에서 본 바와 같이 이 사건 특허발명이 PSE 매출에 기여한 정도가 2/3인 점 등을 고려하면 원고의 ㈎호 발명에 대한 통상실시료율은 3%로 봄이 상당하다고 하겠다.

■ 판례분석 (제128조제5항)

(사례14)

사건번호 : 2002가합8693(2004.7.30.선고, 서울중앙지법, 2심 조정)

권리 : 의장 제187362호 등(1996.10.14. 등록, 환풍 배관용 셔터)
손해배상액 : 839만원

이 사건 (가)호 의장 및 제1(가)호 고안이 피고가 판매하는 환풍기의 일부분인 점에 비추어 볼 때 구체적인 피고의 판매량 및 위 판매로 인한 피고의 순수익이나 원고 ○ ○ ○의 실제 손해액을 산정하기 위하여 필요한 사실을 입증하는 것이 성질상 극히 곤란하고 피고가 그에 관한 자료를 제출하지도 아니하므로,
의장법 제64조 제5항 및 실용신안법 제46조에 의해 준용되는 특허법 제128조 제5항에 따라 변론 전체의 취지와 증거조사의 결과에 기초하여 상당한 손해액을 인정하기로 하되, 상당한 손해액의 산정은 아래와 같이 피고가 이 사건 의장권 및 제1실용신안권을 침해하여 얻은 이익액을 대략적으로 산정하는 방식으로 한다.

피고의 전체 매출액 중 환풍기의 판매액이 차지하는 비율 :
11.38% (2002, 2003년 평균)

피고의 환풍기 매출액(1999-2003년) : 7억3,321만원 상기 기간 동안 피고의 총 매출액 X (11.38%) 피고의 환풍기 판매로 인한 이익액 : 7천5,521만원 피고의 환풍기 판매액 X 소득표준율(10.3%)

기여율{이 건 등록의장(고안)}이 환풍기에서 차지하는 비중 : 1/9 손해배상액 = 7천5,521만원 X (1/9)

■ 판례분석 (제128조제3, 5항)

(사례15)

사건번호 : 2003다15006(2006. 4. 27. 선고, 대법원)

특허법 제128조 제3항에 의하여 특허발명의 실시에 대하여 통상 받을 수 있는 금액에 상당하는 액을 결정함에 있어서는, 특허발명의 객관적인 기술적 가치, 당해 특허발명에 대한 제3자와의 실시계약 내용, 당해 침해자와의 과거의 실시계약 내용, 당해 기술분야에서 같은 종류의 특허발명이 얻을 수 있는 실시료, 특허발명의 잔여 보호기간, 특허권자의 특허발명 이용 형태, 특허발명과 유사한 대체기술의 존재 여부, 침해자가 특허침해로 얻은 이익 등 변론종결시까지 변론과정에서 나타난 여러 가지 사정을 모두 고려하여 객관적, 합리적인 금액으로 결정하여야 하고, 특히 당해 특허발명에 대하여 특허권자가 제3자와 사이에 특허권 실시계약을 맺고 실시료를 받은 바 있다면 그 계약 내용을 침해자에게도 유추적용하는 것이 현저하게 불합리하다는 특별한 사정이 없는 한 그 실시계약에서 정한 실시료를 참작하여 위 금액을 산정하여야 하며 (대법원 2001. 11. 30. 선고 99다69631 판결 참조), **그 유추적용이 현저하게 불합리하다는 사정에 대한 입증책임은 그러한 사정을 주장하는 자에게 있다고 할 것이다.**

특허침해로 손해가 발생된 것은 인정되나 특허침해의 규모를 알 수 있는 자료가 모두 폐기되어 그 손해액을 입증하기 위하여 필요한 사실을 입증하는 것이 어렵게 된 경우에는 특허법 제128조 제5항을 적용하여 상당한 손해액을 결정할 수 있고, 이 경우에는 그 기간 동안의 침해자의 자본, 설비 등을 고려하여 평균적인 제조수량이나 판매수량을 가늠하여 이를 기초로 삼을 수 있다고 할 것이며, 특허침해가 이루어진 기간의 일부에 대해서만 손해액을 입증하기 어려운 경우 반드시 손해액을 입증할 수 있는 기간에 대하여 채택된 손해액 산정 방법이나 그와 유사한 방법으로만 상당한 손해액을 산정하여야만 하는 것은 아니고, 자유로이 합리적인 방법을 채택하여 변론 전체의 취지와 증거조사의 결과에 기초하여 상당한 손해액을 산정할 수 있다.

■ 판례분석 (제128조제5항)

(사례16)

사건번호 : 2003가단7403(2005.11.17.선고, 인천지법부천지원)

권리 : 실용신안등록 제203387호(2001. 7.14. 등록, 가변저항기)
손해배상액 : 500만원

원고의 손해액이나 피고의 영업상 이익액을 산정하기 위하여 필요한 사실을 입증하는 것이 성질상 극히 곤란하고 피고가 그에 관한 자료를 제출하지도 아니하므로, 실용신안법 제46조, 특허법 제128조 제5항에 따라 변론 전체의 취지와 증거조사의 결과에 기초하여 상당한 손해액을 인정할 수밖에 없다고 할 것인바, 피고는 이 사건 등록고안과 동일한 내용의 가변저항기 30,000개를 생산한 점, 이 사건 가변저항기의 개당 단가는 140원인 점 등 변론에 나타난 제반 사정을 감안하면, 피고가 원고에게 배상하여야 할 손해액은 5,000,000원으로 정함이 상당하다.

■ 판례분석 (제128조제2항)

(사례17)

사건번호 : 2003가합15888(**2005.5.24.선고**, 대구지법)

권리 : 의장등록 제213094호 등(1997. 12.31. 등록, 꽃 받침대)
손해배상액 : 121만원

피고의 화분받침대 총 판매수량(78박스) X 박스당 꽃 받침대 개수(8개) X 제품 개 당 판매가격(1940원) X 제품 개 당 이익율(40%)

〈위자료 청구〉
일반적으로 타인의 불법행위 등에 의하여 재산권이 침해된 경우에는 그 재산적 손해의 배상에 의하여 정신적 고통도 회복된다고 보아야 할 것이므로 재산적 손해의 배상에 의하여 회복할 수 없는 정신적 손해가 발생하였다면, 이는 특별한 사정으로 인한 손해로서 가해자가 그러한 사정을 알았거나 알 수 있었을 경우에 한하여 그 손해에 대한 위자료를 청구할 수 있다 할 것인데, 이와 같은 점에 관하여 이를 인정할 만한 증거가 전혀 없으므로 원고의 위자료 청구는 이유 없다.

■ 판례분석 (제128조제5항)

(사례18)

사건번호 : 2003가합3476(**2004.10.28.선고**, 서울동부지법, 2심 화해)

권리: 실용신안 제62386호(1992. 1. 15. 등록)
(약품 포장용 블리스터 패킹머신의 성형드럼 착탈장치)
손해배상액 : 피고 A, B, C(4,000만원), 피고 D(1,500만원)

피고들의 위와 같은 부정경쟁행위 및 실용신안권 침해행위로 인하여 원고의 영업상 이익이 침해되었고, 그에 따라 원고에게 상당한 정도의 재산상 손해가 발생하였음은 넉넉히 인정되나, 개별적인 수출계약에 따른 주문생산으로 판매되는 캡슐제조기의 특성상 구체적인 피고들의 순수익이나 원고의 실제 손해액을 산정하기 위하여 필요한 사실을 입증하는 것이 성실상 극히 곤란하고 피고들이 그에 관한 자료를 제출하지도 아니하므로, 변론 전체의 취지와 증거조사의 결과에 기초하여 상당한 손해액을 인정할 수밖에 없다고 할 것인바,
피고 C는 피고 A의 대표이사인 피고 B로부터 '창성자동기'에서 제작하는 기종과 동일한 의료기기를 만들어 줄 것을 의뢰 받아 피고 A에게 캡슐제조기 4대를 납품하였던 사실에 비추어 보면 피고 A, B, C는 그 불법행위나 의사의 관련성이 밀접해 보이나, 피고 D는 피고 C로부터 의뢰를 받아 캡슐제조기 부품을 만들어 준 것에 불과한 점, 원고는 피고 A, B, C에 대하여는 캡슐제조기 4대분의, 피고 D에 대하여는 2대분의 손해배상을 구하고 있는 점, 원

고의 캡슐제조기의 기존 판매가격, 캡슐제조기의 제작에 소요되는 비용 등을 종합하면, 피고 A, B, C가 각자 원고에게 배상하여야 할 손해액은 40,000,0000원으로, 피고 D가 원고에게 배상할 손해액은 15,000,000원으로 정함이 상당하다.
원고 주장 피고 제품의 대당 통상가격 : 2억4,538만원(이익율 : 62%)

■ 판례분석 (제128조제2항)

(사례19)

사건번호 : 2003가합71469(**2003.12.12.선고**, 서울지법, 2심 화해)

권리 : 실용신안등록 제161616호(1999.9.2. 등록)
(안전테가 형성된 부채살)
손해배상액 : 2,400만원

특허법 제128조 제1항의 적용에 대하여 특허법 제128조 제1항은 ——고 규정하고 있고, 권리자가 위 규정에 따른 손해배상을 구하려면, 침해제품의 제조, 판매가 없었더라면 권리자가 침해제품과 같은 수량의 제품을 판매할 수 있었다는 점, 즉 침해행위로 그만큼의 권리자 제품의 판매수량이 감소되었다는 사실을 입증하여야 한다. 이 사건의 경우, 피고 제품 100만개의 제조, 판매가 없었더라면 원고가 그와 같은 수량의 플라스틱 부채를 판매할 수 있었던 사실, 즉 피고의 위와 같은 침해행위로 원고 제품의 판매수량이 100만개 만큼 감소되었다는 점에 대하여 원고 승계참가인의 아무런 주장, 입증이 없으므로, 특허법 제128조 제1항을 적용하여 손해액을 산정할 수는 없다.

특허법 제128조 제2항의 적용 원고의 손해액 = 피고의 총 판매 개수(100만개) X 제품 1개당 피고의 이익액(24원)

〈제품의 1개당 피고의 이익액(24원) 계산 방법〉
제품 1개당 판매금액 : 120원피고 제품(부채)를 제조하기 위한 종이 : 20원, 인쇄비 4원, 접지 3원, 접착비 : 15원, 박스대 : 4원, 운송비 : 5원, 손잡이 : 45원 등 합계 96원

■ 판례분석 (제128조제1항 단서)

(사례20)

사건번호 : 2005다36830(**2006.10.13.선고**, 대법원)

의장법 제64조 제1항 단서는 의장권자가 침해행위 외의 사유로 물건을 판매할 수 없었던 사정이 있는 때에는 그러한 사유로 판매할 수 없었던 수량에 의한 금액을 같은 항 본문의 손해배상액에서 빼야 한다고 규정하고 있는바, 그러한 사유란 침해자의 시장개발 노력·판매망, 침해자의 상표, 광고·선전, 침해제품의 품질의 우수성 등으로 인하여 의장권의 침해와 무관한 판매수량이 있는 경우를 말하는 것으로서, 의장권을 침해하지 않으면서 의장권자의 제품과 시장에서 경쟁하는 경합제품이 있다는 사정이나 침해제품에 실용신안권이 실시되고 있다는 사정 등이 그러한 사유에 포함될 수 있음은 물론이나, 위 단서를 적용하여 손해배상액의 감액을 주장하기 위하여 **침해자로서**는 그러한 사정으로 인하여 의장권자가 판매할 수 없었던 수량에 의한 금액에 대해서까지 주장과 입증을 하여야 할 것이다.

■ 판례분석 (제128조제3항)

(사례21)

사건번호 : 2003가합74949(**2005.7.15.선고**, 서울중앙지법, 2심 기각)

권리 : 특허 제58739호(1993.1.26. 등록, 수류탄 및 그 제조방법

손해배상액 : 1억5,431만원

손해배상액(통상실시료 상당액) =피고의 수류탄 매출 총액(102억8747만원) X 통상실시료율(1.5%)

〈통상실시료율 계산 방법〉

제1항 발명의 내용, 피고의 확인대상 수류탄 제조 방법의 효율성(증인의 증언), 피고와 --- 사이에 체결된 1997. 3. 29.자 특허실시권 및 기술이전 계약상 양도 대가, 위 수류탄 제조·판매로 인한 피고의 이익률(이 법원의 현장검증시 4 내지 5%라고 진술하였다), 수류탄의 제조·판매에 있어서의 특수성 등 이 사건 변론에 나타난 제반 사정을 종합하면, 이 사건 제1항 발명의 통상실시료는 이를 사용하여 수류탄을 제조·판매하였을 경우 얻을 수 있는 매출 총액의 1.5%에 해당하는 금액이라고 봄이 상당하다.

■ 판례분석 (제128조제2항)

(사례22)

사건번호 : 2003가합81756(**2005.7.15.선고**, 서울중앙지법, 2007나9353)

권리 : 특허 제24509호(1987.11.16. 등록, 앨범대지의 연속 제조장치

손해배상액 : 3억4,835만원

손해배상액(통상실시료 상당액) =피고의 수류탄 매출 총액(102억8,747만원) X 통상실시료율(1.5%)

감정인 ooo의 감정결과에 변론 전체의 취지를 종합하면, 피고 회사 등은 이 사건 특허발명과 다른 '동시부착방식'의 앨범대지 제조장치(이하, '1호기'라고 한다)와 대상발명과 같은 앨범대지 제조장치(이하, '2호기'라고 한다)를 함께 사용하여 앨범대지를 생산·판매하였는데, 2호기가 1호기보다 단위시간당 생산량이 20% 정도 더 많은 사실, 피고 회사 등이 2000. 9.경부터 2001. 8.경까지 2호기를 사용하여 앨범대지를 생산·판매함으로써 얻은 이익을, 피고 회사가 앨범대지 생산량의 60%를 2호기를 통해 생산한다는 가정 아래 계산하면, 그 이익액이 임가공 매출이익과 일반 매출이익을 더하여 합계 348,358,930원인 사실을 인정할 수 있다.

■ 판례분석 (제128조제2항)

(사례23)

사건번호 : 2004가합42512(**2005.8.18.선고**, 서울중앙지법, 2심 원고 패, 상고심 진행)

권리 : 특허 제281757호(2000.11.21. 등록, 쓰레기 매립장의 누출 방지를 위한 제방 우수 배제부재 및 그 시공방법
손해배상액 : 8,000만원

원고가 현재까지 쓰레기 매립장 또는 그 내부의 우수배제부재 설치공사에 관하여 직접 설계, 시공 등의 업무를 수행한 적이 없는 사실을 인정할 수 있으므로, 이 사건 공사로 인하여 원고가 이 사건 특허발명을 실시할 수 없게 되는 손해가 발생하였다고 보기 어렵다고 할 것이어서, **특허법 제128조 제2항에 의해서는 이 사건 손해배상액을 산정할 수 없다고 할 것이다.**

영양군 매립장 조성공사에 관한 기술사용료 200,000,000원 중 이 사건 특허발명이 차지하는 비중은 50%인 100,000,000원 정도로 평가되는바, 영양군 매립장과 이 사건 매립장의 규모 및 공사대금을 비교할 때 이 사건 매립장이 총 공사대금은 더 많으나 이 사건 특허발명과 직접적인 관련이 있는 우수배제부재 설치공사대금은 더 적다는 점, 피고들의 이 사건 특허권 침해 행위가 고의에 의한 것이 아니고 침해 행위로 인하여 피고들이 이익을 얻은 것으로 보이지도 아니하는 점, 원고가 이 사건 매립장과 관련하여 직접 매립작업설계 업무를 수행한 점 등 이 사건 변론에 나타난 모든 사정을 종합하면, 이 사건 특허권 침해로 인한 손해배상금은 80,000,000원으로 정함이 상당하다.

판례분석 (제128조제2항)

(사례24)

사건번호 : 2004가합54300(2005.10.21.선고, 서울중앙지법)

권리 : 특허 제218069호(1999.6.8. 등록, 약 공급기 장치
손해배상액 : 5억3,089만원(청구액 2억원)

피고의 총매출액(65억5423만원) X 피고 침해 물품의 비중(90%) X 피고의 표준소득율(9%)

피고의 총 매출액 : 의정부 세무서장에 대한 사실조회결과 등
표준 소득율 : 세무당국이 침해기간의 과세기간 동안 피고에 적용한 표준 소득율.

판례분석 (제128조제2항)

(사례25)

사건번호 : 2004가합5842(2005.6.3.선고, 수원지법성남지원, 2심 원고 패, 상고심 진행중)

권리 : 실용신안등록 제207109호(2001.5.18. 실용신안등록유지결정, 천막지붕의 보강장치
손해배상액 : 5,325만원

피고의 천막지붕용 지지캡을 부착하여 완성한 천막제품 판매수(150동) X (피고의 개당 순이익 355,022원)피고의 개당 순이익 = (평균판매가, 1,156,151) – (생산원가, 801,149)

원고는 피고가 판매한 완성된 천막 제품 개수에 원고의 제품 1개당 순이익인 1,231,420원(=제품 1개당 판매가격 1,591,000원–생산원가 359,580원)를 곱하는 방법으로 산출하여야 한다고 주장하나, 위와 같은 산출방법은 침해자의 순이익률이 입증되지 않은 상태에서 권리자의 해당 제품 판매에 있어서의 순이익률보다는 작지 않다고 추인할 수 있는 경우에 사용될 수 있다 할 것인데, 이 사건의 경우 침해자인 피고의 순이익이 위에서 본 바와 같이 입증되어 인정되었을 뿐만 아니라 원고의 위 주장 자체로도 앞서 인정된 피고의 제품 1개당 순이익이 원고의 제품 1개당 순이익보다 적음이 명백하므로, 원고의 위 주장은 받아들일 수 없다 할 것이다.

〈기여율에 대하여〉

피고는, 이 사건 등록고안인 천막지붕 보강장치는 완성된 천막 제품의 일부품에 불과하므로 그 기여율을 위 인정된 손해배상액에 곱하는 방법으로 원고의 손해배상액을 산정하여야 하는데, 위 기여율은 이 사건 등록고안인 천막지붕 보강장치의 제조원가가 완성된 천막 제품의 제조원가에 차지하는 비율인 1.248% (=10,000원/801,149원)라고 주장하므로 살피건대,
이 사건 등록고안인 천막지붕 보강장치가 완성된 천막 제품의 일부품인 사실은 인정되나, 한편 갑제6호증의 기재와 증인 원명상의 증언에 변론 전체의 취지를 종합하면 이 사건 등록고안은 천막 제품 전체의 수명과 안정성을 결정하는 가장 중요한 부품이고, 천막을 판매하여 이익을 얻는데 핵심을 이루는 부품인 사실이 인정되는바, 위 인정사실에 의하면 이 사건 등록고안의 천막 제품에 대한 기여율은 거의 전부에 미친다고 봄이 상당하므로, 피고의 위 주장은 받아들일 수 없다.

■ 판례분석 (제128조제2항)

(사례26)

사건번호 : 2006다1831(**2006. 10. 12. 선고**, 대법원)

자백의 구속법칙은 권리의 발생소멸이라는 법률효과의 판단에 직접 필요한 주요사실에 대해서만 적용되는 것이다(대법원 1994. 11. 4. 선고 94다37868 판결, 2002. 6. 28. 선고 2000다62254 판결 등 참조). 기록에 의하면, 원심은 특허법 제128조 제2항을 적용하여 피고의 특허침해행위로 인한 수입액에서 그에 상응하는 비용을 공제하는 방법으로 원고의 손해액을 산정함에 있어서 피고의 비용은 여러 가지 항목으로 구성되어 있으나 어느 항목도 이를 정확하게 산정할 수 있는 증거가 제출되지 아니하여 피고의 비용을 구성하는 각 항목을 추산할 수밖에 없었는데, 피고는 2004. 5. 18.자 준비서면에서 자신이 지출한 비용 중 임차료 비용과 인건비 항목은 전체 임차료와 인건비에 피고의 전사업부문의 매출액에서 이 사건 침해제품의 매출액이 차지하는 비율을 곱하여 계산하더라도 무방할 것이라고 주장하면서 동시에 피고가 특허침해행위에 의하여 받은 이익액의 크기에 대해서는 원고의 주장에 못 미치는 금액을 주장하였고, 원고가 위 계산방식을 이익으로 원용한 후에 피고는 다시 위 비용항목들에 대하여 위 방식과는 다른 비용산출 계산방식(유기감광체 드럼 사업부만의 임차료 및 인건비 × 이 사건 감광드럼 매출액/유기감광체 드럼 사업부 매출액)을 적용할 것을 주장하면서 그 이익액에 있어서는 일관하여 원고의 주장보다 적은 금액을 주장하였음을 알 수 있는바, 이러한 비용산출 계산방식이 특허법 제128조 제2항의 적용에 있어서 주요사실에 해당한다고는 할 수 없을 뿐만 아니라 피고의 위 준비서면은 그 전체의 취지에 있어서 원고가 주장하는 특허침해행위로 인한 이익액을 다투는 것으로 볼 수 있으므로, 재판상 자백이 성립되지 않았음을 전제로 한 원심의 판단은 옳고, 이를 탓하는 상고이유의 주장은 받아들일 수 없다.

■ 판례분석 (제128조제5항)

(사례27)

사건번호 : 2005가합340(**2005.9.30.선고**, 청주지법, 2심 원고 패, 상고심 진행중)

권리 : 실용신안등록 제243471호(2002.5.7. 실용신안등록유지결정)
(일체형 공기모터식 밸브)
손해배상액 : 1억203만원

5회에 걸친 입찰에서 원고와 피고가 참가했으나, 피고에게 낙찰되므로, (원고가 얻지 못한 순이익, 6,667만원) + (피고의 위약금, 3,536만원)

〈위약금에 대하여〉
한편 피고들이 추후 이 사건 등록고안·이 사건 제1차 고안과 관련하여 원고의 공기모터식 밸브조작기를 영원히 제조·판매하지 아니할 것을 약속하면서 이를 위반하여 원고에게 손해가 발생된 때에는 원고에게 발생한 손해 이외에 별도로 위약금 35,360,000원을 지급하기로 이 사건 합의를 한 사실은 앞에서 본바와 같으므로,

(사례28)

사건번호 : 2005가합5573(**2006.11.24.선고**, 수원지법성남지원)

권리 : 의장등록 제327072호 외 (2003.6.11. 등록, 방음벽 지주 가림판)
손해배상액 : 721만원

이 사건 변론에 나타난 원고들의 영업규모와 인지도, 피고들의 영업규모와 판매방식, 이 사건 침해제품의 제조공정 및 판매단가, 피고들의 의장권 및 실용신안권 침해행위의 태양, 횟수 및 기간, 원고들과 피고들이 영위하는 영업의 동종성, 일반 제조업계의 관행상 이익액은 총공사대금의 7% 정도인 점 등의 제반 사정을 종합하여 보면, 의장권 및 실용신안권 침해로 인하여 원고 OOO이 입은 재산상 손해액은 7,210,000원(판매가격 103,000,000원 × 순이익률 7%) 정도가 된다고 봄이 상당하다.

〈기여율에 대하여〉
이 사건 지주가림판은 방음벽 전체의 가장 중요한 부품 가운데 하나이고, 이 사건 지주가림판을 사용함으로써 피고들이 신도종합건설로부터 위 방음벽공사를 도급받을 수 있었던 사정이 인정되는바, 위 인정사실에 의하면 이 사건 지주가림판의 방음벽에 대한 기여율은 거의 전부에 미친다고 봄이 상당하다.

■ 판례분석 (제128조제5항)

(사례29)

사건번호 : 2005가합74769(**1999.4.30.선고**, 서울중앙지법, 2심 진행)

권리 : 특허 제211168호 (1999.4.30. 등록, 관죠인트) 손해배상액 : 피고 A(16억원), 피고 A, B(3억6,000만원)

① 피고 A의 1999. 5. 1.부터 2004. 12. 31.까지 전체 제품 매출액은 84,786,862,999원인 점, ② 피고 A의 대표이사가 피고생산제품이 회사 전체 매출액에서 차지하는 비율은 20 내지 25%, 피고생산제품의 이익률은 10 내지 15%라고 자인하고 있고, 국세청이 정한 철강관연결구류 산업의 2004년 기준경비율은 15.1%인 점, ③ 피고 A는 2004. 9. 1. 가처분 결정에 따른 집행이 이루어지기 직전에 피고생산제품 3,614,800,347원 상당을 피고 B에게 매도하였고, 피고 B는 피고 A의 대표이사가 97%의 지분을 가지고 있으며, 이사로 등재되어 실질적으로 지배하고 있고,―――――등 제반 사정을 종합하면,

피고 A에 의해 원고가 입은 손해액 =16억원(피고 A의 매출액 합계, 84,786,862,999원) X (20%) X (10%)피고 A, B에 의해 원고가 입은 손해액 = 3억6,000만원('04 피고B가 피고A로부터의 상품을 매입하여 판매한 금액, 3,614,800,347원) X (10%)

■ 판례분석 (제128조제5항)

(사례30)

사건번호 : 2006가합220(**2007.11.14.선고**, 대전지법천안지원, 2심진행)

권리 : 특허 제264342호 (2000.5.29. 등록, 선박용 전선) 손해배상액 : 1억9,805만원(손해배상액만)

피고의 판매금액(3,961,000,000원) X 원고의 평균이익율(5%)

판매금액은 3,961,000,000원에 이르는 사실을 인정할 수 있으며, 원고가 이를 통상적으로 피고에게 OEM방식으로 생산을 맡겨 제품을 납품받은 후 판매하였을 때 원고가 얻을 수 있는 평균 순이익율이 매출액의 3~5% 정도라는 점은 피고도 인정하고 있다(원고는 평균 순이익율이 10.2%라고 주장하나, 달리 이를 인정할 증거가 없다).

■ 판례분석 (제128조제1항)

(사례31)

사건번호 : 2006가합4735(**2007.11.30.선고**, 서울북부지법)

권리 : 특허 제397535호 (2003.8.28. 등록, 주름진 압박밴드 및 그 제조방법)
손해배상액 : 2억7,407만원)

피고의 판매수량(3,922개) X 원고의 개당 이익액(69,881원)

"당해 침해행위 외의 사유로 판매할 수 없었던 수량"에 따른 금액의 공제 **불인정**피고은 원고의 시장점유율이 71.07%이고 피고의 점유율은 2.01%이며, 나머지 업체들의 점유율은 26.92%인바, 위와 같이 산정된 손해액 중 적어도 침해자인 피고의료기를 제외한 전체 시장에서 권리자인 원고 이외 나머지 업체들의 점유율에 해당하는 약 27.47%{ = 0.2692 ÷ (0.7107 + 0.2692)}부분은 제128조 제1항의 단서 규정에 의해 공제되어야 한다고 주장한다. 사실조회결과 위 나머지 업체들이 허리견인벨트를 생산하고, 그 중 일부가 시장에 유통되었음이 사실상 추정된다 할 것이나, --한편 나머지 업체들의 제품이 이 사건 특허발명의 목적과 효과를 충족하여 원고가 판매하는 제품의 대체품으로서 기능하였다는 점에 관하여 --이를 인정하게 부족하고 달리 이를 인정할 증거가 없는 이상, 위와 같이 복수의 공급자들이 존재하였다는 사정만으로는 그로 인하여 특허법 제128조 제1항 단서 소정의 "당해 침해행위 외의 사유로 판매할 수 없었던 수량"이 발생하였다고 보기에 부족하고 달리 이를 인정할 증거가 없다.

■ 판례분석 (제128조제2항)

(사례32)

사건번호 : 2006가합8618(**2007.12.26.선고**, 서울동부지법, 2심 진행)

권리 : 특허 제29468호 (1989.9.25. 등록, 방직기용 실 저장 및 공급장치)
손해배상액 : 5억8,620만원)

피고의 연도별(2000년 내지 2004년) 이익액 합계

■ 판례분석 (제128조제5항)

(사례33)

사건번호 : 2007가합17856(**2008.1.16.선고**, 서울중앙지법)

권리 : 특허 제403566호 (2003.10.16. 등록, 부정형 자연석이 수직 전면에 설치되는 보강토 옹벽) 손해배상액 : 1,500만원

이 사건 옹벽공사에서 피고측 실시발명이 사용된 '성토부' 부분의 공사비가 132,572,451원인 점, ◇◇의 2005년도 공사수입금은 3,912,811,213원, 공사원가는 3,346,112,911원인 점 및 이 사건 침해행위의 태양, 기타 변론 전체에 나타난 사정을 종합하여 볼 때, 이 사건 침해행위로 인한 원고의 손해액은 15,000,000원이라고 봄이 상당하다.

참고문헌

- 기술로드맵 작성을 위한 특허분석방법론, 특허청 외
- 기술혁신2, kati.or.kr
- 기술혁신이론 개관, 과학기술정책원구원, 2005.5
- 김재정 외 3인, 제품개발론, 한올출판사, 2006
- 김현수, DCF의 확장과 리얼옵션, Korea investors service, 2001.10
- 김홍균, 특허·노하우 라이센스 계약 (I), 고분자과학과 기술 제15권 2호, 2004
- 남수현, 기술금융의 현황과 발전 방향, 2009.6
- 박성수, 특허침해로 인한 손해배상액의 산정, 2007, 경인문화사
- 박용태, 기술지식경영, 생능출판사, 2007
- 박창규, 알기쉬운 기술경영, 신론사, 2010
- 배대헌, 특허권침해와 손해배상, 세창출판사, 1997
- 신영수, 장성근, 양손잡이 R&D 경영, 새로운 제안, 2010
- 신용하, 신기술경영, 2001
- 오경철, 안세훈, 트리즈 마인드맵, 성안당, 2012
- 윤권순, 이승현, 지식재산권의 유동화에 관한 최근 동향, IP 리포트, 2005
- 이국환, 김성호, 유치영, 제품개발과 기술사업화전략, 한티미디어, 2009
- 이문섭, 특허발명의 보호범위와 회피설계, 실무통신 제47호
- 이재규, 지식경영학원론, 박영사, 2003
- 장만철, 특허권 침해에 따른 손해배상액 산정 방법, 2008
- 전국경제인연합회, 기업의 전략적 기술관리, FKI미디어, 2009
- 정선양, 전략적 기술경영, 박영사, 2007
- 정성철, 윤문섭, 장진규, 특허와 기술혁신 및 경제발전의 상관관계,과학기술정책연구원, 2004
- 정연덕, 특허기술거래 활성화를 위한 Invention Capital 도입 필요성 검토, 특허청, 2008.12
- 정형지, 홍대순 외, 제3세데 R&D 그 이후, 경덕출판사, 2007
- 조영복, 정동섭, 경영전략, 대명출판사, 2003
- 존 터닌코 외 2인, 체계적인 이노베이션, 한국트리즈협회, 2003

- 중소기업을 위한 지식재산관리 매뉴얼, 대한변리사회 부설 지식재산연구소, 2006.3.
- 한일재단, 새로운 기술에 적응하는 조건, 일본지식정보센터
- 허재관, ROYALTY 이지로얄티, 이지펙스, 2012
- 후지스에 켄조, 신용하(역), 기술 경영 전략 길라잡이, 남양문화, 2003
- 코넬리스 외1인, 송재용(역), 전략이란 무엇인가?, 3mecca, 2007
- 특허경영전략, www.cheric.org/ippage/p/ipdata/2006/10/file/p200610-601.pdf
- 특허전략에서의 공백기술과 주변기술의 차이,www.cheric.org/ippage/p/ipdata/2006/10/file/p200610-2001.pdf
- 서울대학교 산업공학과, 특허지도상에서의 공백기술의 발견을 통한 신제품 개발지원시스템의 개발, 2003.8.
- IT 기술가치평가가이드, 정보통신연구진흥원, 2007
- 한국특허청, www.kipo.go.kr/
- 유럽특허청, www.epo.org/
- Ernst, H., Patentinformationen füer die strategische Planung von Forschung und Entwicklung. Gabler: Wiesbaden, 1996
- Ernst, H., Patentmanagement, Gabler: Wiesbaden, 2002
- Ernst, H., Omland, N., Patentmanagement junger Technologieunternehmen, Zeitschrift füer Betriebswirtschaft, 2003
- Gerpott, T.J. Strategisches Technologie- und Innovationsmanagement, Schäffer-Poeschel: Stuttgart, 1999
- Hofinger, Patentmanagement, 1999
- Moser, U., Patentmanagement, Folie 2, 2004
- Oliver Gassmann, Martin A. Bader, Patentmanagement, Springer, 2011
- Reitzig, M., Die Bewertung von Patentrechten, DUV-Verlag: Wiesbaden, 2002
- Vivian Niche, Patentmanagement, 2007
- Wurzer, A. Wertorientiertes Patent-Porfolio, 2005

찾아보기